Alexandra von Ilsemann

Identität durch deutsche Geschichte

Alexandra von Ilsemann

Identität durch deutsche Geschichte

R. G. Fischer Verlag

Bibliografische Information der Deutschen Nationalbibliothek:
Die Deutsche Nationalbibliothek verzeichnet diese Publikation in der Deutschen
Nationalbibliografie; detaillierte bibliografische Daten sind im Internet über
http://dnb.dnb.de abrufbar.

Dieses Buch widme ich meinen beiden unvergessenen und fabelhaften Großmüttern: Karinmaria und Viktoria. Mein persönlicher Dank gebührt wie immer meiner Familie und den mich unterstützenden Freunden.

Inhalt

Vorwort

Keine Frage, es gibt zahlreiche Bücher über Geschichte und ganz besonders über die eigene, die deutsche Geschichte. Warum also hier ein Weiteres? Dieses Buch ist aus einem E-learning Programm entstanden, wofür ich mir in zehn Einheiten, alleine vor meinem Laptop sitzend, mit Studenten, die ich nicht sah und damit auch nicht abschätzen konnte, wie viele sich dies wirklich antaten, in jeweils einer Stunde ein entscheidendes Kapitel der deutschen Geschichte zumutete. Ein solches Unterfangen birgt mehrere Gefahren. Erstens die Frage, was ist wirklich relevant, zweitens, wieviel kann in jeweils eine Vortragsstunde gepackt werden und drittens, ob bei einem solch kompakt verarbeiteten Lehrstoff überhaupt etwas hängenbleiben kann. Ehrlicherweise hatte ich mich länger geziert, diese Online-Vorlesung überhaupt zu übernehmen. Was mich doch dazu bewog, war die politische Botschaft, die sich hinter dem Titel »*Kulturelle Integration*«[1] verbarg. Auf dem Höhepunkt der Diskussionen um Bürgerkriegsflüchtlinge aus Syrien im Jahr 2015, den Fragen um deren Anzahl und deren Integrationsmöglichkeiten, erschien mir dies plötzlich als Chance. Der Begriff der »*Leitkultur*« tauchte in der politischen Diskussion auf, selbst wenn ich persönlich ganz deutlich die Umschreibung »*kulturelle Identitäten*« bei weitem vorziehe. Aber ich fragte mich wie viele andere, was hier eigentlich wirklich gemeint ist. Was ist unsere eigene, typisch deutsche Kultur? Durch welche Faktoren wurde sie geformt? Ist sie einheitlich, eine »Identität« oder mehrheitlich, dann »Identitäten«? Wie hat sie sich entwickelt und gibt es hierzu einen roten Faden, eine Traditionslinie? Welche Brüche gibt es, in welcher Weise sind gerade diese Brüche erhalten geblieben oder wurden sie wieder gekittet?

Hier fühlte ich mich als Historikerin und Politologin gefragt: *Identität durch Geschichte*. Das stellte eine mögliche Fragestellung dar, die in den Titel und das Thema führte: *Wie die Deutschen deutsch wurden.* Von den Germanen bis heute, von den Anfängen als ein Stamm unter vielen im Schatten des Römischen Imperiums bis zu einer demokratischen Staatlichkeit mit genau definierten Gesetzen, in der sich die Gesellschaft aufgrund von Zuwanderung Fragen ihrer eigenen Identität stellt. Vielleicht eine längst überfällige Debatte, insofern sie nicht in fehlgeleiteten Nationalismus und Fremdenfeindlichkeit führt. Wer sich seiner eigenen Identität sicher ist, wird sich nicht dieser Gefahr aussetzen. Die Kenntnis der Geschichte ist hier ein Mittel zum Zweck: Wer die Vergangenheit kennt, versteht die Gegenwart und formt die Zukunft.

Mit Geschichte als einer wesentlichen Grundlage der deutschen Kultur bleibt die Frage im Raum: Wenn schon Geschichte, dann in welcher Form? Viele Menschen haben die Erinnerung daran, dass Geschichte ein unfassbar langweiliges Fach in der Schule war. Geplagt von zu vielen Daten, auswendig zu lernenden Ereignissen, die scheinbar keine Relevanz mehr für unser heutiges, schnelllebiges Dasein haben. Aber muss dies so sein? Nicht wenn der Betrachtungswinkel stimmt. Geschichte ist immer die Geschichte von Menschen, die zu einer anderen Zeit und unter anderen Bedingungen gelebt haben. Alles was uns umgibt, die Straßen, die Dörfer, die Städte und die Landschaften, die Technik, alles wurde von Menschen geschaffen und erbaut, die in einem Zeitabschnitt vor uns gelebt haben. Wir sind deren Erben und deshalb können wir den Zustand unserer heutigen Welt, insbesondere deren Probleme besser einordnen, falls wir es vermögen, sie in historischen Zusammenhängen zu sehen. Der beste Beweis dafür ist die **Migrationswelle**, die Deutschland **2015** erlebte. Menschen, die aus Bürgerkriegsgebieten fliehen, Menschen, die aus Ländern kommen, die ihnen keine Freiheit und Sicherheit mehr bieten, erleben nichts anderes als die Auswirkung einer Vorgeschichte, durch die ihr eigenes Leben in dramatischer Weise bestimmt wird. Als historische Konsequenz ist eine Flucht von Menschen vor Kriegshandlungen, durch Vertreibungen und durch Hunger immer eine erzwungene Wanderungsbewegung zur Rettung von Leib und Leben. Das ist keine freiwillige Verlegung des Lebensmittelpunktes, sondern der Endpunkt einer humanen Katastrophe. Diese Wanderungen waren und sind häufig die Folge historisch-politischer Entwicklungen, deren Ursachen sich im menschlichen Versagen finden.

Als sachlich thematische Anmerkung: Jedes Buchprojekt ist nicht nur etwas zutiefst Persönliches – schlimmer noch – es ist zwangsläufig etwas »Unvollendetes«. Und zwar als Notwendigkeit, falls nicht die Möglichkeit gegeben ist, eine zehnbändige Enzyklopädie herausgeben zu können. Das Schwierigste ist nicht die Auswahl der Themen oder der Prozess des Schreibens, es ist der des Weglassens. Immer wieder muss man sich als Autorin fragen, ob nicht genau dieser Faktor, diese wesentliche Erkenntnis, diese spezielle Fragestellung einen entscheidenden, vielleicht sogar den entscheidenden Beitrag liefern würde. Da ich mir vorgenommen habe, die deutsche Geschichte von Anbeginn bis heute in eine überschaubare Seitenanzahl zu verpacken, war es eine Grundbedingung, vieles wegzulassen. Neben der Beschränkung auf das Wesentliche – ein sehr subjektiver Ansatz – war es die Aufgabenstellung: Geschichte greifbar und übersichtlich darzustellen. Um den Verlust an Detailreichtum auszugleichen, ist im Anhang eine sehr umfangreiche Bibliographie »zum Weiterlesen« gegeben, die bevorzugt aktuelle Literatur zu den Einzelthemen aufführt. Hinter der Konzentration auf die Traditionslinien unserer Geschichte steht die Idee, sich damit der eigenen nationalen Identität anzunähern. Das verbindet sich mit der Vorstellung, dass falls wir Deutsche diese für uns selber hinterfragen und definieren, wir für die Bleibenden und Gäste in unserem Land Antworten geben können. Folglich fungiert dann Geschichte als Integrationsmittel, warum auch nicht? Bei dem Entlangschreiten an den geschichtlichen Ereignissen entwickelt sich hier ein ambitioniertes Projekt, wenn von den Germanen bis heute als historische Zeitspanne ausgegangen wird. Dieses Vorgehen unterliegt zwei relevanten Faktoren: erstens dem schon erwähnten notwendigen Weglassen von vielem, was immer eine individuelle Auswahl der Geschehnisse darstellt und natürlich umstritten sein kann. Und zweitens der Verdichtung der historischen Ereignisse, je weiter ich mich der »Jetztzeit« annähere. Daraus folgt ein gewisses Ungleichgewicht, denn weiter zurückliegenden Ereignissen wird weniger Raum eingeräumt als denen der neueren Zeit. Das ist beabsichtigt, denn je weiter wir in der Geschichte voranrücken, umso mehr ist diese schon das Konzentrat des Zurückliegenden. Der jeweilige thematische Schwerpunkt verändert sich von Kapitel zu Kapitel: Ein Versuch ganz unterschiedlichen Fragestellungen gerecht zu werden. Grundsätzlich handelt es sich hier weitgehend um die Nacherzählung der klassischen »Geschichte von oben«, das heißt, der der jeweils Herrschenden und Mächtigen, die das Leben der »Untertanen«, die erst spät als Mitbürger definiert wurden, bestimmten. Deutsche Geschichte verlangt immer eine geographische Festlegung auf den Ort des Geschehens. Die Geschichte eines zentralistischen Landes nachzuzeichnen ist dahingehend einfacher. Deutschland war immer geographisch divers und gefangen in seinen föderalen Strukturen. Nicht eine Geschichte, sondern viele verschiedene Geschichten müssten eigentlich erzählt werden. Wenn die Konzentration auf der Geschichte Preußens liegt, dann wird die Geschichte Badens oder Bayerns vernachlässigt. Das ist der Nachteil eines historisch gewachsenen Föderalismus, für den Deutschland ein herausragendes Beispiel ist.

Selbstverständlich ist der Schwerpunkt der jeweiligen Themen immer

12

auch dem individuellen Standort eines Autors oder einer Autorin geschuldet. Persönliches Interesse lässt manche historischen Ereignisse mehr in den Vordergrund rücken oder sie wiederkehrend thematisieren. Bei meiner Darstellung sind häufig *außenpolitische Themen* und immer wiederkehrende historische *Migrationsbewegungen* ganz klar ein Leitmotiv dieses Buches, außerdem Verweise auf *soziale Entwicklungen* in punkto Demographie und Lebensbedingungen. Als sehr persönliches Steckenpferd wird hier *Frauengeschichte (Geschlechtergeschichte* = »gender history«) abschnittsweise behandelt. Festzustellen ist, dass der Kampf um mehr Rechte von Seiten der Frauen viel früher begann als offiziell als solcher benannt. Der Kampf um eine gleichberechtigte gesellschaftliche Teilnahme konnte allerdings immer nur in ganz kleinen Schritten erfolgen. Frauenrechte als Menschrechte anzusehen, diese Idee war neu und zog sich in vielen ermüdenden Schritten von 1789 bis 1918 und über 1968 bis heute. Gerade erst jährte sich der 100. Geburtstag des Wahlrechts für Frauen und noch nie waren Frauen in Zahlen so wenig repräsentiert in Deutschlands Parlamenten wie gerade jetzt.

Wenn die Zugehörigkeit zu einer Nation auf der Grundlage von geographischen Grenzen, der Sprache, der Religion und politischen Formen angenommen wird, dann fehlt ein wesentlicher, verbindlicher Baustein. Nämlich der der Kultur auf der Grundlage *geistesgeschichtlicher Entwicklungen.* Von der mittelalterlichen Klosterkultur über die Renaissance bis hin zur Aufklärung prägten ideengeschichtliche Bewegungen, zumeist europaweit, die Vorstellungen kultureller Verbindlichkeiten. Politisch-kulturelle Ansichten waren intellektuelle Bausteine der deutschen Entwicklung, von der Reichsgründung 1870/71 bis zur Gründung der Bundesrepublik 1949 und dem heutigen, wiedervereinten Deutschland. Gesamtgesellschaftliche Prozesse waren Ergebnisse oder Ausgangspunkte dieser Entwicklungen. Falls heute Diskussionen um die nationale Zugehörigkeit stattfinden, dann basieren diese vielfach auf dem 19. Jahrhundert als Geburtsstunde zahlreicher politischer Ideologien (und Parteienbildung), die interessanterweise bis in unsere Tage den politischen Diskurs bestimmen. Daraus resultierend begleitete mich, als **roter Faden dieser historischen Nacherzählung** anhaltend die Frage: Was ist deutsch? Etwas Verbindliches, etwas Einheitliches, etwas, worüber ein Konsens besteht? Etwas, was jeder Deutsche (oder besser Inhaber eines deutschen Passes) bei Bedarf für sich und andere definieren kann? Die Antwort hierzu ist aus meiner Sicht kein »Ja«, sondern eher etwas von allem und das **widerspricht damit ausdrücklich der vorgeblich ethnischen, einheitlichen Identität als Herleitung für das Deutschsein**. Und genau darin besteht der Anlass für dieses Buch. Wir Geschichtsschreiber sehen uns ja immer aufgerufen und dazu veranlasst, politische Botschaften zu senden.

1. Deutsche Identität: Was ist das?

Eine innenpolitische Diskussion brach los, als im »Schicksalsjahr 2015« (Zitat der Bundeskanzlerin Merkel) **rund eine Million Flüchtlinge** zu uns nach Deutschland kamen. Aufgrund des Zuzuges vieler Menschen, die aus anderen Kulturkreisen stammen, wurde Nabelschau betrieben und in der politischen Arena machte das Wort von einer »*deutschen Leitkultur*« die Runde. Ob es Leitkultur genannt oder als uns einende kulturelle Identität verstanden wird, gemeint waren damit die uns einenden Werte kultureller, politischer und religiöser Art, die ganz erheblich aus unserer Geschichte erwachsen sind. Wichtig ist in diesem Zusammenhang, dass Deutschland nicht als eine vereinte Kultur zu beschreiben ist, denn es hat derer viele. Und was im politischen Kontext als »normal« in Form des **Föderalismus** angesehen wird, sollte dies ebenfalls im Kulturellen, denn viele einzelne Elemente tragen zur Vielfalt eines großen Ganzen bei. Deutschland ist kein zentralistisch gewachsener, sondern ein föderaler Staat. Heute mit sechzehn Bundesländern ausgestattet, und in der Regel ist es der regionale und lokale Patriotismus, der vor Ort die Bürger trägt und vermutlich mit dem Begriff Heimat gleichzusetzen ist. Das steht im Gegensatz zu Frankreich, das mit dem Begriff der »Nation«, genauer, der »großen Nation« ein selbstverständliches Kultur- und Staatsverständnis hat, das von jedem Franzosen ganz leicht benannt werden kann. Im Vergleich zu unserem Nachbarland können wir auf diese Art gewachsenen und unkritischen Patriotismus so nicht bieten. Deshalb muss sich der Frage der deutschen Identität auf eine andere Weise genähert werden. Eine Möglichkeit ist der historische Betrachtungswinkel, denn um die deutsche Identität zu verstehen und richtig einordnen zu können, ist ein Blick zurück in die historische Vergangenheit hilfreich. Für einen linearen Fortschrittspfad steht die deutsche Geschichte genauso wenig wie andere nationale Geschichten. Historische Einzelentwicklungen bilden Traditionslinien, die manchmal – aber nicht immer – einen Identitätsgewinn abbilden.

Dennoch sprechen wir bei der sehr komplexen Frage der **Identität** hier zunächst über eine ethnische Gruppe. Diese Gruppe eint folgendes: Eine gemeinsame Sprache (bei uns immer als *Muttersprache* benannt); ein gemeinsamer geographischer Raum und eine gemeinsame Abstammung. Dann gibt es noch die juristische Seite, denn deutsche Staatsbürger bilden das deutsche Staatsvolk: also hier die Einteilung in eine Nation aufgrund der rechtlichen Zugehörigkeit. Praktisch markiert dies der Besitz des deutschen Passes. Gemeinsame Abstammung, geographischer Raum, Sprache und deutsche Staatsbürgerschaft, damit haben wir schon den Sprung zurück in die Geschichte geschafft, denn ohne das Verständnis der Geschichte kommen wir gar nicht erst zu diesen vier Identifikationsmerkmalen. Deshalb ist die Geschichte wichtig, deren Kenntnis wertvoll, auch als ein mögliches Integrationsinstrument, das in beide Richtungen wirken kann. Die Idee dahinter ist, den Blick auf die eigene Identität zu schärfen und Identität als Integrationshilfe für Neuankömmlinge, die bleiben möchten, um Bestandteil dieser Gemeinschaft zu werden.

Zu Deutschlands historischem Beginn: Am Anfang war **die Einwanderung**! Insofern greift es zu kurz, sich mit populistischen Tendenzen verklärend auf eine ethnisch fundierte Volksgemeinschaft als Ursprung zu beziehen. Deutschland war immer vielfältig und kann nicht als pur ethnisch homogen bezeichnet werden. Denn falls nach einer gemeinsamen Abstammung geforscht wird, landen wir direkt bei der Völkerwanderung über den Zeitraum von 375–568. Das war ebenfalls eine

Migrationswelle, und zwar eine heftige und langandauernde, die sich über fast zweihundert Jahre erstreckte. Die Folge waren die verschiedenen germanischen Stämme, die sich seit der Zeit der Römer zusammenrauften und letztlich den Ursprung des heutigen deutschen Staatsraums bildeten. Und wie unterschiedlich sind die Regionen und ihre Bewohner noch heute: Alemannen, Schwaben, Sachsen, Franken, Bayern?

Der **geographische Raum**, aus dem das heutige Deutschland besteht, ist auf das Reich Karls des Großen (800), genauer genommen auf den östlichen Teil, das Ostfrankenreich, zurückzuführen. Deshalb wird dieses als Ausgangspunkt für unseren Gang durch unsere Geschichte gewählt. Das erste richtige Reich der Deutschen unter dem sperrigen Begriff »*Heiliges Römisches Reich Deutscher Nation*« gab es seit den Ottonen, also rund tausend Jahre nach den Karolingern, und damit bildet dies eine erste deutsche Verfassungswirklichkeit in Form dieser Reichskonstruktion. Das Wort »*Heilig*« in der Bezeichnung des Reiches verweist schon auf die durchdringende Kraft der Religion. Die Entwicklung im frühen deutschen Mittelalter wurde entscheidend begleitet vom Siegeszug des römischen Christentums, das ab dem Jahr 400 über das antike Rom in den Bereich der deutschen Stämme kam und zur alles durchdringenden Religion wurde. Nachdem germanische Gottheiten ausgedient hatten, war das Christentum einer der entscheidenden Zivilisationsbringer und formte nicht nur die deutsche, sondern die weltweite Geschichte in einem nie dagewesenen Maße. Mit der Religion kamen die Glaubensauseinandersetzungen, die Frieden und Versöhnung nicht als Heilsbotschaft, sondern als reales Machtmittel verwendeten. Als Missionierungswerkzeuge fungierten bevorzugt Kriege. Der Zweck der Bekehrung von Ungläubigen mit allen Mitteln wurde zum Gebot des Christentums (Stichwort Kreuzzüge). Insofern kann die Religion in ihrer historischen Form auf jeden Fall als eine kriegerische Glaubensgemeinschaft bezeichnet werden. Mit dem konfessionellen inneren Frieden war es vorbei, als der Wunsch nach einer Glaubensreform mit Martin Luther direkt aus der klösterlichen Mitte der Kirche kam. Dieser brachte nicht nur die Glaubensspaltung hervor, sondern gilt als einer der Begründer der deutschen Sprache.

Unsere **gemeinsame Sprache** als ein wesentliches Identifikationsmittel verdanken wir im hohen Maße Luther, das heißt seiner Übersetzung der Bibel von 1521/22. Das frühe sechzehnte Jahrhundert mit Luther als Begründer des Protestantismus, dem prägenden Ereignis der Reformation und einer gemeinsamen Umgangssprache mit ihrer Verbreitung, wäre ohne die revolutionäre Erfindung des Buchdruckes (1446) nicht möglich gewesen. In der Vormoderne war eine ethnische oder gar politische Identifikation durch Sprache nicht möglich, obwohl natürlich erfolgreich kommuniziert wurde. Zumeist geschah dies in gebildeter, lateinischer Sprache. Auch heute hat Deutschland viele Sprachen neben der offiziellen deutschen, genau wie die meisten Deutschen in der Lage sind, andere Sprachen zu erlernen und zu sprechen. Sprache wurde begleitet durch rechtliche Festlegungen oder andersherum: Gesetze sollten verstanden und damit anwendbar sein. Sprache als Medium war wichtig, aber entscheidend für die Herausbildung der rechtlichen Bürgerlichkeit war immer das Verlangen nach Verfassungen, die **Rechte festschrieben** und garantierten. Das Recht und seine Entwicklung stellen eine wesentliche Sichtachse zum Thema historische Identität dar. Von den ersten Rechtsverordnungen im Fränkischen Reich über den Sachsenspiegel fügte sich Baustein zu Baustein und bildete jeweilig einen zivilisatorischen Standpunkt ab. Die rechtliche Seite beleuchtete nicht nur die jeweilige Regierungsform, sondern war gleichzeitig ebenfalls ein Spiegel des gesellschaftlichen Wertekanons. Der berühmten Erklärung der Menschen- und Bürgerrechte der Französischen Revolution waren bereits derartige Bestrebungen vorausgegangen und sie folgten immer wieder: Stichwort Revolution von 1848. Insofern bildeten sie die Grundlage für die heutige Rechtslage, allen voran das Grundgesetz, das letztendlich das stark überarbeitete Produkt aus Jahrhunderten von Recht und Gesetzen in Form von Verfassungen darstellt. Das 20. Jahrhundert ist wie kein anderes ein Jahrhundert der historischen und menschlichen Katastrophen und daraus wurden staatsrechtliche Konsequenzen gezogen. Die **deutsche Staatsbürgerschaft** in ihrer heutigen Form verdanken wir den Vätern und Müttern des Grundgesetzes (1949), die nach den grauenhaften Erfahrungen des Dritten Reiches und des Zweiten Weltkrieges eine Verfassung auf den Weg brachten, *die individuelle Freiheit und einen Wertekanon* definiert, welche es uns erlaubt, in gesicherten Verhältnissen und im Vertrauen auf unsere Rechte so zu leben, dass wir sogar Flüchtlingen aus anderen Ländern eine Heimat auf Zeit oder für immer bieten können.

Bei den hier erwähnten Hauptmerkmalen des Deutschseins nimmt die **christliche Religion** einen herausragenden Platz ein – zumindest als anerkannte Grundlage unserer Kultur. Das Christentum gehört zu Deutschland wie zu vielen anderen Ländern der Welt. Leider ist das Religionsthema, beziehungsweise sind die Religionsunterschiede, der in unserem Land (teilweise auf Zeit, teilweise für immer) lebenden Bürger verschiedener ethnischer Herkunft in den vergangenen Jahren so polemisch behandelt worden, dass es schwierig ist, dies in einen deutschen Identifikationskanon gesondert aufzunehmen. Deutschland ist Heimat von mehr als nur der christlichen Religion. Und zahlenmäßig gesehen räumen nur noch wenige Menschen der Religion in ihrem Leben einen herausragenden Platz ein. Für die Deutschen und ihre Religion gilt, dass im Angesicht der zahlreichen Kirchenaustritte beider Konfessionen viele Menschen im besten Fall nur noch einer »*saisonalen Frömmigkeit*« huldigen: das heißt zu Weihnachten, Ostern, bei einer Heirat oder Taufe und dann bei der Beerdigung. Aber selbstverständlich spielte die Religion, die Kirche, vormals alleinig die römisch-katholische Kirche, in der Geschichte eine tragende Rolle. Historisch war die Religion für Deutschland immens wichtig: die christliche Religion als Wiege der abendländischen Kultur, der europäischen, nicht nur der deutschen. Geschichte kann diesem Thema gar nicht entkommen. Vom Einzug des Christentums in die germanischen Gebiete bis zur Neuzeit steht die Kirche im Mittelpunkt sämtlichen Geschehens und dies bedeutete des Alltags für alle. Die Auseinandersetzungen zwischen dem Kaiser- und Papsttum, der weltlichen und geistlichen Macht, der Durchdringung des Christentums in jeden Lebensbereich des mittelalterlichen Menschen wird deshalb ein besonderer Platz eingeräumt werden.

2. Die Ur-Deutschen: Die Germanen

Seit wann und wo gibt es ein Gebiet, das nur annähernd als eine Art »deutsches Gebiet« bezeichnet werden kann? Im besten Fall war es das Territorium, in dem sich seit ungefähr 1000 v. Chr. »*wilde Stämme*« tummelten, und zwar vornehmlich diejenigen, die unter dem Namen **Germanen** zusammengefasst wurden. Das erklärt schon einmal den Namen Deutschlands: Germanien, Germanen und in Englisch: Germany. Der Name kam von außen, und zwar wurde er von einem geschichtsschreibenden Griechen geprägt.[2] Das geschah 80 v. Chr., als Poseidonios ihn für die Germanen (Kelten), die am Rhein siedelten, nutzte, indem er sie als »*germanoi*« bezeichnete. Der universalgelehrte Grieche, als dessen Spezialität die Sammlung ethnographischer Kulturen außerhalb des griechisch-römischen Universums galt, war damit eigentlich zu spät dran, denn die Römer hatten inzwischen schon längst kriegerische Bekanntschaft mit den Germanen gemacht. Seit 600 v. Chr. siedelten die germanischen Stämme, entwicklungsmäßig noch in der Bronze- und Eisenzeit[3], zwischen Weser und Ostsee. Das Gebiet kann nur grob eingeteilt werden und ist mit »vermutlich« zu überschreiben, denn die Germanen waren viel auf der Wanderschaft. Die am Niederrhein siedelnden Stämme waren zunächst keltisch und nahmen über die Zeit alle Gebiete zwischen dem Rhein und der Weichsel, von der Ostsee bis zu den Alpen in ihren Besitz. Genau genommen gab es keinen einzelnen Stamm, der »Germanen« hieß. Der Begriff konnte nur als Sammelbegriff benutzt werden: Goten, Vandalen, Langobarden und Franken, mit sämtlichen Unterstämmen, alle fielen darunter. Als **Germanen** bezeichneten die Römer die Völker und Stämme, die sich in der Mitte und im Osten Europas und damit nicht unter ihrer Herrschaft befanden. Dass dieser Name bestehen blieb, ist den **Franken** zuschreiben. Sie waren in der Folge diejenigen, die aus der Völkerwanderung den größten Nutzen zogen und mit Karl dem Großen, dem Herrscher »Germaniens«, diesem Gebiet den Titel Frankenreich gaben.[4]

Fast alles, was heute über die urdeutschen Völkerscharen bekannt ist, entstammt den römischen Quellen und deren Beschreibungen sind wenig schmeichelhaft. Die schlechte Quellenlage lag von Seiten der germanischen Stämme in fehlender Schriftlichkeit und mangelnder Bildung (so die römische Beurteilung) begründet: Bis 160 n. Chr. hatten die Germanen keine Schrift und alle Überlieferungen waren ausschließlich mündlichen Ursprungs. Damit musste die historische Deutungshoheit anderen überlassen werden, in diesem Fall römischen Historikern,[5] die die Primitivität der Germanen im Kontrast zur Kultiviertheit der Römer genussvoll beschrieben. Die magere Quellenlage verhindert, dass allzu viele wirklich aufschlussreiche Details über das Leben der germanischen Stämme überliefert sind. Selbst Gräberfunde, Waffen und steinerne Monumente sind nicht ausreichend, um sich ein genaues Bild zu machen. Der römische Feldherr **Gaius Julius Caesar** hatte ebenfalls seinen Anteil an den Berichten über die unbekannten rechtsrheinischen Stämme und dessen Rückschlüsse waren zum einen von seinen Erfahrungen mit den aufsässigen Galliern (Kelten) beeinflusst – wie jeder Leser von Asterix und Obelix weiß – zum anderen hatte er sich persönlich schon dahingehend festgelegt, dass eine Eroberung germanischen Gebietes die Mühen nicht wert wäre.[6] In den Jahren 55 sowie 53 v. Chr. hatte Caesar je eine kurze Expedition über den Rhein unternommen, um sich von der sehr niedrigen Kulturstufe der Germanen persönlich zu überzeugen. Er befand sich in einem Rechtfertigungszwang, da seine Stellung in Rom unsicher war und er sich – aus der Ferne – als künftiger Kandidat für Ämter

empfehlen musste. Bei seiner Schilderung der germanischen Verhältnisse führte Caesar als überzeugende Beispiele den Mangel an substan-
tiellen Göttern, unzureichende Kleidung, die Jagd als Lebensmittelpunkt sowie ihr nomadisches Leben an. Mit der Beschreibung der
Lebensform der Germanen, in deren Mittelpunkt die Jagd und Raub-
züge in Form von Überfällen auf benachbarte Stämme standen, hatte er
nicht Unrecht. Die Beschreibung des zu erjagenden Wildes entsprang
allerdings komplett Caesars Phantasie und der Legende. Dies gipfelte
in der Beschreibung der germanischen Jagdroutine, bei der sich
Auerochsen, Elche und Einhörner schlafend an Bäume lehnten, die die
Germanen zuvor listig angesägt hatten. Amüsant zu lesen ist seine
Beschreibung des germanischen Elches. Caesar hatte ihn mit Sicherheit nie gesehen, als er diesen als buntscheckig, mit zwei Hörnern und
formlosen Beinen beschrieb. Es könnte eine Kuh gewesen sein. Aller-
dings darf nicht vergessen werden, dass Caesars Berichte vor allem im
Hinblick auf ihre propagandistische Wirkung in Rom geschrieben wur-
den. Rom war weit weg und ob Caesars Berichte aus dem fernen
Germanien der Wahrheit entsprachen oder nicht, konnte dort nicht nach-
geprüft werden. Insgesamt handelte es sich jedoch um einen Mangel an
Information, der dann von Seiten der Römer mit phantastischen
Annahmen ausgeschmückt wurde. Angesichts der Tatsache, dass die
Germanen (genauer, germanische Stämme in Vielfalt) seit 1000 v. Chr.
existierten, waren sie noch im 6. Jahrhundert v. Chr. eine erstaunlicherweise unbekannte Kultur. Nur westlich des Rheins hatten die Römer
schon mit den Galliern (Kelten) zu tun, während eben diese neuen
unbekannten Volkstämme (Germanen) weiter weg siedelten. In einem
Gebiet, das sich nach römischer Arroganz und dank der *fake news*
Caesars zum Erobern nicht lohnte. Ab 325 v. Chr. gab es Gerüchte, die
weniger auf Fakten als auf ausufernden Fantasien beruhten und diese
wurden weiter getragen. Da war von Urwäldern, Einhörnern, Auer-

ochsen und Kannibalen die Rede, von »*schmutzigen Riesen*« mit eigenartigen Ess- und Trinkgewohnheiten wurde berichtet, die schon zum Frühstück große Mengen von Fleisch zu sich nahmen, welche mit Milch und unverdünntem Wein heruntergespült wurden. Den Wein vertrügen sie schlecht und betrunken seien sie noch leichter erregbar als sonst und würden sich gegenseitig im Rausch totschlagen[7].

Dieser schlechte Ruf änderte sich nicht, als die beiden unterschiedlichen Kulturen zum ersten Mal unfallmäßig aufeinander prallten. Der Anlass war die Wanderung einiger germanischer Stämme Richtung Süden, als deren Folge sie zum Ärgernis für das Imperium Romanum wurden. Die Römer, die ab 750 v. Chr. ihr Reich erbauten – im Prinzip rund ums Mittelmeer – aber ab und zu nordwärts zogen, immer im Bestreben, das eigene Reich zu vergrößern und weitere Völker zu unterjochen, mussten auf diese Weise die germanischen Stämme identifizieren. Flapsig ausgedrückt könnte die Geburtsstunde Germaniens als aufsässiges Ärgernis gegenüber einem etablierten Reich mit durchgreifenden militärischen Strukturen bezeichnet werden. Die germanischen Stämme standen sozusagen plötzlich den Römern im Weg und sie fielen durch kriegerisches und ganz allgemein unzivilisiertes Benehmen auf. Abgesehen davon, dass die Römer jedes Volk, das sich ihnen nicht direkt unterwarf und dankbar die Hochkultur des Imperiums übernahm, als barbarisch bezeichneten, lagen sie im Falle der Germanen ziemlich richtig und vieles entsprach den voraus geeilten Gerüchten. Ausgelöst wurde ein Aufeinandertreffen durch eine Wanderungsbewegung: Ab 106 v. Chr. hatte sich ein germanischer Stamm, unterteilt in Kimbern und **Teutonen** (hier kommt der Begriff »teutonisch« her) auf den Weg gemacht, vermutlich weil Sturmfluten ihre Dörfer vernichtet hatten. Ein immer größer werdender Treck von ungefähr 30.000 Menschen bewegte sich Richtung Süden und kam 117 v. Chr. im Gebiet des heutigen Kärntens an, das unter römischer Hoheit stand. Das eilig herbeigerufene römische Heer wurde geschlagen. Weitere Wanderungsbewegungen führten diese Germanen nach Gallia Narbonensis (die heutige Provence) und **105 v. Chr.** wurden die Römer in der **Schlacht von Arausio** vernichtend geschlagen. Von dieser Schlacht gibt es Beschreibungen, wie die römischen Legionäre von halbnackten, bemalten Kriegern wie von Tieren angesprungen und unter weiblichem Kampfgeschrei aus dem Hintergrund niedergemetzelt wurden. Ungefähr 80.000 römische Soldaten und 40.000 Mann Tross ließen hierbei ihr Leben. Als besonders traumatisch galt das Massaker, das an den Toten und Halbtoten verübt wurde: Die siegreichen Germanen sollen sich in einem wahren Blutrausch befunden haben. Diese Tat ging als *»Furor Teutonicus«* in die Geschichte ein. Die Römer hatten zunächst Glück, dass die Germanen, in diesem Fall die Teutonen, nicht weiter in ihr Reich Richtung Süden zogen. Allerdings hatten die Römer aus ihren Niederlagen gelernt und stellten ein neues, besser trainiertes Heer unter der Führung des römischen Feldherrn Gaius Marius zusammen. Mit dem Erfolg, dass sie daraufhin zweimal die germanischen Heere schlugen: in den Jahren 102/101 v. Chr., zuerst in der Provence und dann südlich von Mailand. Diesmal hatten die Römer die Oberhand und konnten bezeugen, wie die Germanen auf militärische Niederlagen reagierten. Sie wurden als komplette Demütigungen angesehen, die verbliebenen Kämpfer wurden umgebracht oder brachten sich selbst um. Germanische Familien begingen kollektiven Selbstmord, um sich der Schande der Gefangenschaft und Knechtschaft zu entziehen. Dies war das Ende des ersten Kapitels Germanen gegen Römer und des großen Trecks der Kimbern und Teutonen, der erfolgreich siebentausend Kilometer durch Europa gezogen war.

Als das nächste Mal als die Germanen und Römer dramatisch-kriegerisch aufeinandertrafen, war mehr als ein Jahrhundert vergangen. Der Sieg der Germanen, bei der berühmten **Schlacht im Teutoburger**

Wald,[8] genau genommen bei Kalkriese (nördlich von Osnabrück) **9 n. Chr.** unter dem Cheruskerfürsten Arminius, mit dem lateinischen Namen C. Julius Arminius (18/17 v. Chr. – 21 n. Chr.), war genau genommen eine Geschichte des Verrats. Denn Arminius[9] hatte sein Kriegshandwerk in römischen Diensten gelernt. Aber der Reihe nach: Zunächst hatten die Römer sich der Gebiete östlich des Rheins unter dem Statthalter Publius Quinctilius Varus bemächtigt. Vorher bildeten unausgesprochen der Rhein und die Donau die Grenze zwischen beiden Kulturen. Jetzt waren Gebiete östlich des Rheins doch interessant geworden und die germanischen Stämme erlebten zähneknirschend die Realitäten einer römischen Besatzung. Währenddessen war einer der ihren, der cheruskische Fürst Arminius, mit germanischen Hilfstruppen an der Seite des Provinzstatthalters auf dessen Inspektionsreise in Germanien. Begleitet wurde Varus, mit beabsichtigtem Pomp die Macht des Imperium Romanum repräsentierend, von drei römischen Elite-Legionen. Schon fast auf der Heimreise berichtete der Cherusker Arminius Publius Quinctilius Varus von einem angeblichen Aufstand ferner germanischer Stämme und schlug vor, diesen Aufstand mit seinen eigenen, germanischen Truppen niederzuschlagen. Varus war gewarnt, glaubte aber nicht an die Heimtücke eines als glänzend ausgezeichneten 25-jährigen Cheruskers, der von Kaiser Augustus zum Ritter geschlagen worden war und somit dem zweithöchsten römischen Stand angehörte. Arminius hatte bei seinem Verrat nichts dem Zufall überlassen und Varus sogar den Weg, den dieser mit seinen Legionen nehmen sollte, vorgeschlagen: Dieser führte sehr schnell ausschließlich durch tiefe Wälder, was ausgesprochen ungünstig für breit aufgestellte Legionen war. Währenddessen hatte Arminius seine cheruskischen Soldaten, wie mit Varus verabredet, schnell wieder versammelt. Da diese offiziell den römischen Legionären zur Hilfe gegen die aufständischen germanischen Völker kommen sollten und sie nach römischer Art gekleidet und bewaffnet waren, kam was dann folgte vollständig überraschend: Die Legionäre wurden von den eigenen Verbündeten brutal angegriffen. Sie befanden sich in voller Montur und zu Pferde im dichten Wald und konnten sich nur mit Mühen wehren. Dieses Schlachtengetümmel zog sich über Tage. Und obwohl die Römer sich bereits aller extra mitgeführten Materialien entledigt hatten, waren sie der ungehemmten Kampftaktik der Cherusker nicht gewachsen. Diese wiederum, obwohl zahlenmäßig unterlegen aber ausgestattet mit der Kenntnis der römischen Kampftaktik, wurden zu Siegern. Im germanischen Gebiet bekamen die Cherusker zudem Unterstützung von benachbarten Volksgruppen, die sich vor allem reiche, römische Beute versprachen. Selbst das Wetter und die Topografie war auf Seite der Germanen: Dauerregen und morastige Böden mündeten in Verzweiflung auf Seiten der Römer und letztendlich in einen weiteren Hinterhalt in Form eines Engpasses, der es den römischen Soldaten erschwerte durchzubrechen. Die Folge davon war, dass die Legionen des Varus sich auflösten, das heißt, was davon nach tagelangem Kampf noch übrig war. Varus selbst beging Selbstmord und ihm folgten viele Legionäre in den Tod.[10] Wie umgekehrt bei den Niederlagen germanischer Kämpfer waren Kriegsgefangenschaft, eine freiwillige Kapitulation oder zum Feindüberlaufen keine Optionen. Denn dann wurde man seiner römischen Bürgerrechte beraubt, für tot erklärt und seines Besitzes enthoben. Wer diesem Kodex nicht folgte, war den siegreichen Germanen ausgeliefert. Brutale Marterungen und blutige Rache waren deren Vergeltung, mit Hingabe zum Detail beschrieben durch den römischen Historiker Cornelius Tacitus, der den Ruhm Arminius' als einzigem Besieger der Römer unsterblich machte: »*Unstreitig war er der Befreier Germaniens, der das römische Volk nicht in den ersten Anfängen der Macht, wie andere Könige und Heerführer, sondern in der höchsten Blüte des Reiches herausgefordert hat. […] und noch*

heute besingt man ihn bei den Barbarenvölkern.«[11] Und hier irrte
Tacitus: Er besang Arminius, den Befreier und sah dies aus römischer
Sicht und, noch viel wichtiger, im zeitlichen Nachgang. Auf der ande-
ren Seite war Tacitus ein Germanenkenner, nicht weil er ins Land der
Germanen gereist war, sondern was das mögliche und zugängliche
Quellenmaterial betraf.[12]

Hundert Jahre waren ins Land gegangen und die Römer hatten im
2. Jahrhundert n. Chr. unter Kaiser Domitian gegen die aufständischen
Barbaren aus dem Norden einen Grenzwall gezogen: den **Limes**.
Damit verlief die römische Reichsgrenze nördlich, mit einer Standort-
und Schutzfunktion. Der Limes sollte die Römer vor den Germanen
schützen, nicht andersherum und war nicht mehr und nicht weniger als
eine 550 Kilometer lange Grenzbefestigung. Sie führte vom Hessischen
ins Baden-Württembergische bis hin ins Bayerische: alles Gebiete, die
in der Folge als romanisiert galten. Der Limes veränderte die Perspektive auf das Geschehen, selbst wenn sich in dem ersten Jahrzehnt nach
der Varus-Arminius-Schlacht die germanischen Stämme östlich des
Rheins befreit fühlen konnten. Das Land zwischen Weser und Rhein
war keine römische Provinz mehr und die erbeuteten Reichtümer konnten genossen werden. Dass die drei Prachtlegionen des römischen
Reiches mit den Nummern 17, 18 und 19, vollkommen vernichtet worden waren, konnte vom Kaiser Augustus (63 v. Chr. – 14 n. Chr.) nur
mit ungläubigem Staunen zur Kenntnis genommen werden. Die größte
römisch-militärische Niederlage ist mit seinem klagenden Aufruf:
»Quinctilius Varus, gib die Legionen zurück!«[13] in die Geschichte eingegangen. Weit weniger verlustreich als die Schlacht bei Arausio mit
80.000 Legionären stand die Vernichtung dreier Legionen für den Tod
von 18.000 römischen Soldaten. Aber das Undenkbare war passiert und
dies hatte eine durchschlagende Wirkung auf das ansonsten sehr stabile
Selbstbewusstsein des Imperium Romanum. Die verheerende römi-

sche Niederlage wirkte praktisch gesehen weiter nach. Militärische Auseinandersetzungen waren in der Folge unter dem Eindruck des Geschehens begrenzt. Die erste Strafexpedition erfolgte unter Kaiser Tiberius (14–37 n. Chr.), dem adoptierten Nachfolger des Kaisers Augustus, der die wieder erstarkte Rheinarmee übernommen hatte. Bereits im Jahr 13 n. Chr. ging sie an dessen Heerführer und Neffen Claudius Germanicus über. Der Name war Programm: Er war der Nachfolger des Varus als Provinzstatthalter in Germanien. Immer noch mit im Spiel war der verräterische Arminius, der sich inzwischen mit seinen cheruskischen Verwandten angelegt hatte. Das familieninterne Ärgernis war die Entführung der Tochter seines Onkels, einer Germanin namens Tusnelda. Quellen sind sich fast sicher, dass die mit einem anderen verlobte sich persönlich gern von Arminius entführen ließ, der dafür sorgte, dass sie schnell schwanger wurde. Der Onkel wandte sich an die Römer um Hilfe, die er auch bekam. Das Ergebnis war eine Tochter in römischer Gefangenschaft, die einen Sohn des Arminius auf die Welt brachte, der allerdings nicht lange überlebte. Das endgültige Ergebnis dieser dysfunktionalen Familiengeschichte war der Tod des Arminius, der im Alter von 37 Jahren von seinen Verwandten erschlagen wurde. Das was wie ein Groschenroman der Antike klingt, wurde die Geburtsstunde der Siegfried-Sage, die als mythische Herkunftslegende Generationen von Deutschen faszinierte.[14] Dass die Schlacht des Arminius zum deutschen Mythos einer epochalen Befreiung von den expansionistischen Römern wurde, passierte zeitverzögert, nämlich erst ab dem 16. Jahrhundert im Zuge des Humanismus (Wiederentdeckung der Antike), als man sich der römischen Geschichte wieder annahm. Germanentum kam in Mode, etwas, das mehrmals in der Geschichte der Deutschen vorkam. Die Idee eine eigene Kultur zu haben, die noch älter und bedeutender war als die der Römer und Griechen, hatte etwas Bestechendes. Das Narrativ, dass es hier einen Heerführer gab, der ein Held der Geschichte war – der Befreier Germaniens – passte gut, und flugs bekam Arminius einen deutschen Namen: Aus dem lateinischen *dux belli* wurde der Kriegsführer, und somit der »Heer-Mann«, Hermann der Cherusker.[15] Die ausführlichen Schilderungen von Cassius Dios und Tacitus bildeten die Grundlage des deutschen Heldenepos, das zuerst von Ulrich von Hutten nach dessen Tod (1529) unter »Arminus« herausgegeben wurde. Dank literarischer Größen wie Heinrich von Kleist und Heinrich Heine bis hin zum Komponisten Richard Wagner dominierte später die Idee des mannhaften Freiheitskampfes Hermanns des Cheruskers, der die römische Besatzung Germaniens beendete. Wenn auch historisch angreifbar, wurde dies zum nationalen Geburtsmoment seit den Napoleonischen Freiheitskriegen. Besonders im neugegründeten Deutschen Kaiserreich mit dem Bedarf an einer nationalen Identität, die in einer längeren Tradition steht, kam es zu einer Renaissance der Schlacht im Teutoburger Wald.[16] Nach der Varus-Schlacht führten die Römer nur noch kleinere Scharmützel gegen die aufständischen Stämme des Nordens. Kaiser Tiberius verzichtete pragmatisch auf die Errichtung einer rechtsrheinischen Provinz Germania und rief 16 n. Chr. seine Truppen zurück. Dies nahm die Stimmung der römischen Regierung auf, bei der sich Stimmen gemehrt hatten, die die Ansicht vertraten, dass falls sich die Germanen selbst überlassen blieben, diese sich selbst zugrunde richten würden, was das Ende des Arminius ja illustrierte. Die Stämme befehdeten sich in der Folge endlos: Das germanische Territorium versank im Chaos, bis es im Gefolge der Völkerwanderung wieder von sich reden machte, als Ärgernis für das untergehende Reich der Römer. Was allerdings nicht heißt, oft falsch dargestellt, dass dies der Zeitpunkt der Unabhängigkeit Germaniens war und dieses Gebiet somit auf dem direkten Wege der historischen Selbstfindung. Von einer deutschgermanischen Nation war man weit entfernt. Die Römer mussten aufgeben, weil ihnen die militärische und wirtschaftliche Puste ausgegangen war. Ihr Reich war zu groß und sie hatten ihre Streitkräfte weit verteilt. Deutschland allerdings ist erst am Ende der Völkerwanderung und mit Hilfe des Franken Karl dem Großen auf dem Weg zur Nation. Wer waren die Germanen, die dafür sorgten, dass die Römer sich hinter ihren Limes zurückzogen? Sie waren kein einheitliches Volk oder Stamm, sondern eine Anzahl derer und können deshalb auch nicht »gesammelt« als Vorfahren der Deutschen stehen. Um die erste Jahrtausendwende vor Christus waren es die Sachsen und Friesen, die Hessen und die Mainfranken, die Alemannen und die Schwaben und als letzter dazugekommener Stamm, ungefähr 550 v. Chr., die Bayern. Erst später gesellten sich Franken und die Burgunder und weitere hinzu. Die Idee eines eher einheitlichen Germanenreiches wurde sowieso erst im Nachgang, nämlich im 12. Jahrhundert geboren. Bei aller Vielfalt, nach den römischen Quellen gab es Charakteristika, die vermutlich mehr oder weniger alle germanischen Stämme aufwiesen, falls nach deren Aussehen, deren Stammesorganisation, den Lebensgewohnheiten und ihrem Glauben geforscht wird. Abgesehen von der wenig schmeichelhaften **römischen Beschreibung** »Barbaren« waren die Germanen in der Tat anders. Zunächst im Aussehen, nach der Beschreibung Tacitus: Großgewachsen, rothaarig, wild um sich blickend, mit blauen Augen, und im Charakter sehr angriffslustig. Außerdem schienen sie es mit der Hygiene nicht so genau genommen zu haben, immer wieder wird erwähnt, dass sie stanken. Ansonsten galten sie als ziemlich abgehärtet gegen Kälte und Hunger, aber nicht gut im Ertragen von heißem Klima. Hier wird der Unterschied zu den Römern deutlich hervorgehoben: Blond und blauäugig war ein römisches Schönheitsideal und großgewachsen gleichfalls.[17] Gesichert ist, dass die Germanen im Großen und Ganzen ein wehrhaftes Volk von Bauern waren, gewohnt, ihren Besitz gegen feindliche Attacken von außen, in der Regel gegen feindliche Stämme und später eben die Römer, zu verteidigen. Im Mittelpunkt eines jeden germanischen Lebens stand **der Kampf**, die Kampfbereitschaft – eine absolute Überlebensbedingung. Als strategische Überlegung interessierten sich die Römer ganz besonders für die germanische Kampftechnik und Taktik. Im Gegensatz zu den Römern kämpften die Germanen eher zu Fuß, aber als Söldnerarmee setzten die Römer selber fremde Reitereinheiten ein. Dazu gehörten dann auch germanische Reiter. Bezogen auf die germanischen Krieger lässt sich eine Entwicklung vom bewaffneten Fußvolk bis zu einer allumfassenden Reiterei erkennen. Der Zeitraum war vermutlich ein längerer, etwa von 50 v. Chr. bis 400 n. Chr., und somit dann schon während der Völkerwanderung. Die Spezialität der germanischen Krieger, welche die römischen Soldaten im wahrsten Sinne des Wortes zu Tode erschreckte, war der schnelle Angriff von wild aussehenden Horden, begleitet vom Geheul und Geschrei der germanischen Frauen, und alles in einer sehr unorthodoxen Kampfweise. Der Guerilla-Methode der Germanen waren die in ordentlichen Reihen kämpfenden Römer kaum gewachsen. Besonders die Tatsache, dass Frauen an den Kämpfen teilnahmen, verschreckte die zivilisierten Römer. Was diese nicht verstanden, nicht verstehen konnten, war das generell andere Verhältnis der Männer zu den Frauen bei den germanischen Völkern. Da alles dem Kampf und der Wehrhaftigkeit untergeordnet war, galt dies ebenso für das Miteinander der Geschlechter. Es handelte sich bei den Germanen nicht um ein »modernes« **Frauenbild**, sondern alle mussten kampfbereit und wehrhaft sein. Deshalb wurde die Frau eher als Gefährtin des Mannes betrachtet als eine zu schützende Hausfrau. Dies versinnbildlichten schon die Mitgift, beziehungsweise der Brautpreis. Nicht Gold und Geschmeide waren Werbungsgeschenke, sondern eher martialische Gegenstände: Der Mann hatte ein Ross, Schild, Speer und Schwert mitzubringen und die Frau schenkte ihm ebenfalls eine Waffe. Geschützt wurde die Stellung der Frau, indem sie als Vertreterin ihrer Familie/Sippe anerkannt war und somit nicht automatisch zum Besitzstand des Ehemannes wurde. Dies war im Sinne familien- und sippengebündelter Wehrhaftigkeit zu sehen. Das verstanden Caesar und Tacitus, die Chronisten germanischer Kultur allerdings anders. Hier wird, als Spiegelung der römischen Verderbtheit der Frauen, vor allem die »*edle Einfalt und stille Größe*« der Germaninnen belobt. Dies übersetzte sich in eine kriegerisch-diplomatische Realität und die Römer forderten germanische Frauen als Geiseln. Die Idee dahinter war, dass diese als Abmachungs-sicherheit für die Männer galten. Die ewigen Klagen über die erotische Unzuverlässigkeit der römischen Frauen verleiteten die römischen Ethnografen zu manchen Annahmen. So zu der Überzeugung, dass germanische Frauen nur einmal im Leben heirateten. Das war mitnichten wahr und die Germaninnen waren so praktisch veranlagt wie alle Frauen: Fiel der Mann, sorgten sie gut für sich und ihre Kinder. All dies war natürlich nicht der Gleichberechtigung im modernen Sinne geschuldet, sondern den damals üblichen Abhängigkeitsformen: Freie und Unfreie, Verheiratete und Jungfrauen und vor allem Jungen und Mädchen. Richtig war, dass **Kampfbereitschaft** über allem stand. Folgerichtig wurde als eines der schwersten Verbrechen Feigheit vor dem Feind geahndet: an ein Kreuz gebunden und im Moor versenkt zu werden war die Strafe hierfür. Wehrhaftigkeit und Kampfbereitschaft standen neben der Landwirtschaft ganz klar im Mittelpunkt des germa-nischen Lebens, die Gemeinschaft definierte sich durch die Aufrüstung und das Training ihrer eigenen Mitglieder, in steter Bereitschaft zu kriegerischen Handlungen. Caesar (100–44 v. Chr.) beschreibt dies folgendermaßen: »*Es gilt bei den Stämmen als höchster Ruhm, wenn sie um ihr Gebiet herum einen möglichst breiten Streifen brachliegen-der Einöde besitzen. Sie halten es für ein Kennzeichen von Tapferkeit,* *wenn die Anwohner ihrer Grenzen von ihrem Land vertrieben abziehen und niemand wagt, sich in ihrer Nachbarschaft niederzulassen. Gleichzeitig wird damit die Furcht vor einem plötzlichen Einfall beseitigt, so dass sie glauben, sie seien dadurch sicherer.«* [18] Die Beziehungen zwischen jungen Männern und jungen Frauen werden von beiden römischen Chronisten, Tacitus und Caesar, sehr gelobt.[19] Das sollte eine erzieherische Wirkung auf die verlotterten römischen Verhältnisse haben. Bei den Germanen gab es keinen Geschlechtsverkehr vor dem Alter von zwanzig Jahren, obwohl Mädchen und Jungen miteinander aufwuchsen und *»nur halbnackt bekleidet«* waren. Die Idee dahinter war, dass lange Enthaltsamkeit zur Festigung der Muskeln und der Kampfbereitschaft beitrüge. Bei den römischen Legionären war das Gegenteil die herrschende Überzeugung: mehr Sex gleich mehr Kampfeslust. Tacitus behandelt hierbei gleich noch das Thema eheliche Treue mit. Die germanischen Ehen waren wohl im Gegensatz zu den römischen von Monogamie geprägt. Dem schließt sich dann ein Jammern über die sittliche Verwahrlosung in Rom an. Wir schreiben das Jahr 98 n. Chr.

Im Prinzip hatten sich die verschiedenen germanischen Stämme (lose Bünde größerer und kleinerer Stämme) dem Nomadentum verschrieben. Ein starkes Charakteristikum germanischen Lebens war neben den ständigen Fehden mit den Nachbarstämmen das Wandern von einem Gebiet in ein nächstes. Dieses war allerdings eine agrarische Notwendigkeit, denn sobald die bearbeiteten Felder erschöpft waren, mussten neue Ackergebiete gesucht werden. Ein weiterer Faktor wird wohl in immer wieder auftretenden Naturkatastrophen zu finden gewesen sein. Für die Zeiten der Sesshaftigkeit lebten die Stämme in kleineren Siedlungen (keine Städte!) und gehörten zumeist zu einer **Sippe**, die wiederum von den Oberhäuptern der agrarischen Siedlungsgemeinschaften geleitet wurden. Land und Acker gehörten der Gemeinschaft und wurden gemeinsam bewirtschaftet. Ackerbau, Viehzucht und Fischfang bildeten die Nahrungsgrundlagen der Germanen, allerdings mit häufigen Dürre- und Hungerperioden. Die Germanen führten ein von der Saison und den Naturgegebenheiten stark abhängiges Leben, mit offenen Feuerstellen und den Tieren in der Stube. In Freilichtmuseen kann man zuweilen noch die Nachbildung der ersten Siedlungen mit ihren Häusern sehen.[20] Die Gebäude waren nicht gemauert und bestanden aus Naturmaterialien, wie Reet, Holz und Lehm und waren schon deshalb nicht für die Dauer gebaut. Über den **Glauben der Germanen** ist nicht wirklich viel bekannt. Er bestand in ständiger Abhängigkeit von den Naturgegebenheiten und der Jahreszeit. Dem entspricht, dass angenommen wird, dass die Germanen an die Wirkkraft von Bäumen und Pflanzen glaubten. Pflanzen und Kräuter wurden ebenfalls zur Heilung eingesetzt. Frauen waren instrumental bei der Weissagung. Caesar berichtete, dass es bei den Germanen Brauch sei, dass Familienmütter mit Hilfe von Runen und dem Stand des Mondes bestimmten, wann eine Schlacht günstig zu schlagen sei. Davon wurde das germanische Kriegsglück abhängig gemacht. Dem pflichtete Tacitus bei, der berichtete, dass germanischen Frauen etwas Heiliges und Seherisches innewohne. Die Germanen glaubten an Götter, Geister und magische Riten, allerdings mit einer grausamen Komponente: Sie nahmen Menschen- und Tieropfer vor, vermutlich um ihre Gottheiten gnädig zu stimmen. Dieses lässt sich ebenfalls mit Moorleichen, die vor allem im Norden Deutschlands und in skandinavischen Gebieten gefunden wurden, belegen. Auch Kultstätten – oft in Waldhainen – an denen Riten wie Opferungen vorgenommen wurden, sind wieder aufgespürt worden. Interessant und anders war das Weitergeben von **Gesetzen**, das nur auf mündlicher Basis funktionierte. Also im starken Kontrast zu dem römischen Recht, das frühzeitig in schriftlicher Form niedergelegt wurde. Das bedeutete keine Gesetzlosigkeit, sondern stand für ein Gewohnheitsrecht, das den gewissen Vorteil hatte, sich verändernden Gegebenheiten anzupassen. Eine spezifisch germanische Rechtsform war die des Wergeldes (nicht Wehrgeld). Damit war für jeden und jede eine Art Kopfprämie festgelegt, mit der der Idee der Blutrache entgegengetreten wurde. Eine materielle Buße, die sich am Wert einer Person bemaß. Ein männlicher Kämpfer war mehr wert als eine Frau, ein Junge mehr als ein Mädchen, ein Freier mehr als ein Unfreier. Interessant war, dass bei diesen Gelegenheiten die Obrigkeiten jedes Mal mitkassierten. Das förderte einen Fehdeverzicht und stand für frühes Steueraufkommen. Auch die Germanen entgingen der Schriftlichkeit nach römischem Vorbild nicht. Ab 418 gab es erste schriftliche Festlegungen in Form von Edikten und ab 475 ein Gesetzeswerk.[21] Die mündlichen Rechts-Überlieferungen trugen zu der Idee der geringen Geistesgaben der Germanen bei, weil von der Schriftlosigkeit auf Dummheit geschlossen wurde, wenn auch nicht ganz richtig, wie frühe Runenfunde zeigten. Das mit der Sprache war allerdings ein Problem. Ohne eigene Schriftlichkeit wurden die Germanen selbst von außen–hier haben wieder die Römer Schuld–benannt, und zwar als: »*Die Grimmigen*«, »*die Schreienden*«, sowie aufgrund ihrer Waffen, »*die Streitaxtleute*«. Eine **Schrift**, vermutlich durch die Wikinger, den Nachfolgern der Germanen, gab es in Form von Runen. Aber verhältnismäßig spät, genau genommen ab Christi Geburt bis ins erste Jahrhundert danach, dienten sie als eine Art von Kommunikationsmittel, die häufig sakrale und geheimnisvolle Nachrichten (= runa) weitergaben. Die Schriftzeichen, aus schrägen und geraden Linien sollen einer Annahme nach eine gewisse Anlehnung an das lateinische Alphabet aufweisen. Runen wurden nur auf Steinen, Waffen und ähnlichem benutzt und dienten keiner Überlieferung. Nachdem sich eine Unterscheidung der alten Stämme in Form von Kelten (Galliern mit römischer Prägung) und Germanen (römisch nicht erobert) durchgesetzt hatte, entwickelte sich die Sprache ab circa 500 n. Chr. Eine berühmte Lautverschiebung ist das »b«: Es wurde zum urgermanischen »p«. Am Beispiel Apfel erläutert: keltisch:»aball«; germanisch, angelsächsisch: Apfel, apple. Nicht nur in der Sprache wird hier die Abgrenzung der Kelten (linksrheinisch, südlich) von den Germanen (rechtsrheinisch, nördlich) deutlich. Die Kelten waren durch die längere Besatzung der Römer sozusagen fortgeschrittener: Weniger rückständig und technologisch weiterentwickelt. Bei Tauschgeschäften hatten demzufolge die Germanen weniger anzubieten. Dies führte ebenfalls zu verstärkten Wanderbewegungen, immer auf der Suche nach neuen Acker- und Weidegründen in einer sich selbstversorgenden agrarischen Kultur. Trotzdem blieb der Einfluss der Römer nicht statisch bei den Kelten, sondern wanderte ebenfalls. So nahmen die Germanen nolens volens die römische Kultur mit auf und die ersten germanischen Ursprungssiedlungen waren bereits von dieser Kultur geprägt. Noch heute finden sich in Deutschland überall **Spuren der Römer.** Dafür sollte eigentlich eine gewisse Dankbarkeit herrschen, denn kultivierende Einflüsse konnte das Barbarenland durchaus gebrauchen, und die vielen Errungenschaften der Römer, vom Städtebau (Logistik) bis hin zu Regierungsformen, all dies musste nicht nochmals mühsam erarbeitet werden, es floss direkt in das neue germanische Leben mit ein.

Dies galt noch mehr für eine weitere, prägende Kraft, **den Glauben:** Jeder kennt die Geschichten der frühen Christenverfolgung im Römischen Reich. Die Anerkennung als offizielle Staatsreligion erfolgte erst unter Kaiser Theodosius (347–395 n. Chr.), nachdem seit 313 das Christentum unter Kaiser Konstantin (274–337 n. Chr.) aus wohl strategischen Gründen akzeptiert worden war. Kaiser Konstantin, der sich auf dem Sterbebett taufen ließ, hatte den Weg hierzu geebnet. Nach dem Tod Kaiser Theodosius' 395 n. Chr. erfolgte die Teilung des

Imperium Romanum, die den Untergang einläutete, begleitet von eigenen staatlichen Gründungen durch die Germanen. Als Erbe und Bestandteil der römischen Kultur kam das Christentum ab dem 4. Jahrhundert in die germanischen Gebiete und ersetzte dort langsam aber sicher die zuvor hochgehaltenen Götter. Geburtshilfe bekam die Christianisierung im Jahr 350 n. Chr. durch die erste Bibelübersetzung des gotischen Bischofes Wulfila, »kleiner Wolf« (311–382 n. Chr.),[22] der damit sogar eine erste germanische Schrift (Bibelgotisch) entwickelte: Ganz genial als Kombination aus den lateinischen, griechischen und den germanischen Runen-Buchstaben erwuchs ein neues Alphabet. Genau genommen passte diese neue Religionsform nicht wirklich auf die Gebräuche und den Alltag der Germanen, die nach wie vor stark von ihrem Götterglauben beeinflusst waren, der sich vielfach an den Jahreszeiten, der Ernte und Ähnlichem ausrichtete. Das Christentum, von den Römern mitgebracht, fasste in der Mitte Europas nicht überall gleichermaßen Fuß: Gebiete, eher im Westen des Römischen Reiches, die die Römer fest besetzt hielten, waren unter Zwang schon früher christlich geworden. Abgeteilt durch den Rhein folgte Germanien erst danach und etwas zögerlich. Das mochte damit zu tun haben, dass abgesehen von den eigenen liebgewordenen Göttern, Germanien so agrarisch geprägt war. Nur in den Siedlungen, in denen vormals die Römer ihre Wirkungsstätten hatten, konnten neue Ideen schneller verbreitet werden.

Das **Ende der Antike** wurde von den Germanen eingeläutet, in dem Moment, als sich die »primitiven«, »barbarischen« und »unzivilisierten« Mitglieder nördlicher Stämme in Bewegung setzten und in Massen in das Gebiet des römischen Imperiums einwanderten und damit langfristig für dessen vollständige Auflösung sorgten. Schon vorher war die Zivilisation der Römer für die nomadischen Germanen reizvoll gewesen. Teilweise seit Jahrzehnten standen sie in römischen

Diensten als Legionäre und Verbündete. Nicht nur militärische Karrieren wurden hier geschmiedet und vorangebracht, sondern das Versprechen von Schutz und neuen Siedlungsgebieten in fortschrittlich-etablierten Strukturen übte eine große Anziehung aus. Als in der Abfolge zuerst die germanischen Goten, dann die germanischen Vandalen und zuletzt die germanischen Langobarden – jeweils mit Unterstämmen – in das Imperium Romanum einfielen, kam dies zur Unzeit. Das Römische Reich erstreckte sich 370 n. Chr. zwar noch über drei Kontinente, war aber bereits seit 395 n. Chr. in zwei Kaiserreiche aufgeteilt: Das Weströmische Reich mit der Hauptstadt Rom und das Oströmische Reich mit der Hauptstadt Konstantinopel. Beide Kaiserreiche hatten mit Zerfallserscheinungen und inneren Krisen zu kämpfen und dann dies:»Germanen in Bewegung« und ihr Erscheinen in beiden Reichsteilen. Damit war Ende des 4. Jahrhunderts das ursprüngliche Leben in den germanischen Siedlungen beendet, nachdem sich die Menschen auf die Wanderung begaben und zwar aus allen Richtungen und in alle Richtungen. Ganz Europa war von riesigen Reisewellen erschüttert. Die **Völkerwanderung (375–568)** hatte begonnen.[23] Die Ursache wird heute als Fluchtbewegung gesehen: Die Hunnen, ein kriegerisches Reitervolk aus Zentralasien, bewegten sich westwärts und unterwarfen alles, was sich ihnen in den Weg stellte. Die Migration hatte einen Dominoeffekt: Sie begann im Osten, führte nach Westen und dann in den Süden auf das Gebiet beider Römischer Reiche, die zu jener Zeit bereits siebzig Millionen Einwohner umfassten. Die Menschen der germanischen Stämme, die sich damals aufmachten, beziehungsweise aufmachen mussten, suchten Schutz und eine neue Heimat bei den Römern, die sie zum Teil auch aufnahmen. Trotzdem kam es hierbei zum Zusammenprall zweier Kulturen und zwar epischen Ausmaßes. Nicht zu unterschätzen ist allerdings die logistische Herausforderung, der sich das Römische Reich, mit eigenen Zerfallserscheinungen kämpfend, nicht gewachsen sah. Und die Germanen waren von Natur aus nicht geduldig. Als die römische »Willkommenskultur« vor allem nahrungstechnisch nicht zufriedenstellend war und es mit der zeitnahen Integration ebenfalls haperte, kam es zu kriegerischen Konflikten. Dies geschah in Wellenbewegungen. Zunächst waren es die Westgoten, die, mit ihrem Gaststatus im Oströmischen Reich unzufrieden, 378 n. Chr. eine Riesenschlacht begannen. Das Ergebnis war der Tod von zwei Drittel der römischen Soldaten (25.000) sowie des Kaisers, aber Konstantinopel konnte nicht eingenommen werden. In der Folge, im Jahr 410 n. Chr., wandten sich die Goten unter ihrem Führer Alarich (370–410 n. Chr.) Richtung Rom, also ins Weströmische Reich. Nach der ersten Einnahme der Stadt seit 800 Jahren plünderten die Germanen für drei Tage die ehemalige Metropole. Achtzig Jahre später (493 n. Chr.) passierte dies nochmals durch die Ostgoten. Noch wichtiger: Zuvor hatte ein Germane namens Odoaker (476–493 n. Chr.), ursprünglich Offizier der kaiserlichen Leibgarde, den letzten Kaiser des Weströmischen Reiches, Romulus Augustus (er war erst sechzehn Jahre alt), abgesetzt und sich zum König von Italien ernannt. Seine Herrschaft dauerte zwar nicht lange und er war administrativ dem oströmischen Kaiser unterstellt, aber faktisch hat ein Germane das Weströmische Reich beendet.[24] So wurden die **Germanen Erben Caesars**. Mit dem Aufstieg der Germanen, die mit Hilfe ihrer ungeordneten Einwanderungspolitik und dem kriegerischen Überrennen der römischen Staatlichkeit die Führung übernahmen, endete die römische Epoche. Obwohl die ordnende Hand der Römer in punkto Staatlichkeit und Militär an Bedeutung verlor, waren ihre kulturellen Spuren haltbar. Dies vor allem durch die Einführung des Christentums, welches die alten germanischen Götter erfolgreich verdrängte. Die Völkerwanderung löste die ersten germanischen Siedlungen und Strukturen wieder auf und alle europäischen Stämme und Völker fanden sich auf der

Suche nach einer Heimat, die Sicherheit und ein geordnetes Leben versprach. Auf den Punkt gebracht und eigentlich seit Anbeginn: Die Erfahrung der Römer mit den Germanen war nicht wirklich gut. Und je näher die »*Barbaren*« rückten, desto mehr verschlechterte sich das Verhältnis. Historisch betrachtet war diese Entwicklung der Aufstieg einer neuen Zivilisation (die als kulturell niedrigstehend eingestuft war) im Abstiegskampf mit der bisherigen, dominierenden Kultur. Das auslösende Moment war eine Massen-Wanderungsbewegung und diese – unter dem Namen Völkerwanderung bekannt – war gleichzeitig eine Art von Revolution, die 200 Jahre dauerte. Danach war die Landkarte Europas eine andere. Sie begann die Form der heutigen anzunehmen – in übertragener Form: Mit einem westgotischen Spanien, einem fränkischen Frankreich, einem angelsächsischen Britannien, einem langobardischen (Nord)Italien und in der Mitte einem Germanien, einem Frank(en)reich. Die wirklichen Gründe der Völkerwanderungen sind schwer festzumachen sowie einzugrenzen, denn vermutlich waren nicht nur die Hunnen schuld. Die zweihundertjährige Migration war vielmehr die Folge von Verdrängungsmechanismen und der Verheißung eines besseren Lebens an einem weit entfernten Ort – damals im Imperium Romanum, der bewunderten Zivilisation im Süden. Bei dieser Gelegenheit kann darauf hingewiesen werden, dass die Völkerwanderung von folgenden Stämmen dominiert war: den Goten, Vandalen, Langobarden und Germanen, die sich wiederum aus vielerlei Einzelstämmen zusammensetzten, wie den Alemannen, den Bayern, den Sachsen, den Franken, den Friesen und den Sueben (schon bei Caesar erwähnt). Hier bestand keine »germanische« Einheitlichkeit bei den Stämmen und deren Untergruppierungen, die uns später unter dem Thema »Deutsch« interessieren. Während der Völkerwanderung prallten diese Volksstämme ebenfalls aufeinander und zwar heftig. Die Germanen auf der Flucht und als Zugezogene im Römischen Reich sahen allerdings ihre Chancen und zwar zur Integration. Sie wurden zu römischen Soldaten (Söldnern), zu Siedlern, zu Händlern und sie waren fasziniert von den kulturellen Errungenschaften der Römer. Besonders angezogen waren sie von der für sie neuen Religion: dem Christentum. Ganze Stämme traten damals gesammelt dem neuen Glauben bei, wurden römisch-katholisch, und in der Folge überdauerte das neue Glaubensbekenntnis die Epoche der Migrationen. Aus einer Vielzahl der germanischen Völker setzten sich die Germanen zusammen und im Zuge der Völkerwanderung, die alles durcheinandermischte, trat ein Volksstamm besonders hervor: die **Franken.** Es ist durchaus eine historisch – militärische Traditionslinie festzustellen. Von den Römern über die Germanen zu den Franken, und diese Entwicklung bildete ebenfalls eine religiöse Traditionslinie ab. Die christliche Religion wurde fest etabliert und der neue germanische Herrscher aus dem Hause der salischen Franken, Chlodwig (466 – 511 n. Chr.) trat 498 zum katholischen Glauben über: Ein neues Reich – ein neu verankerter Glaube. Das Mittelalter hatte begonnen.

3. Der Gründungsvater: Karl der Große

Das Ende der Antike markierte eine **Zeitenwende**. Die Auflösung alter Strukturen ordnender staatlicher Macht und unterstützender Göttlichkeit ließ Raum nicht nur für eine neue Staatsform, sondern ebenfalls für verbindliche sittliche Maßstäbe. Auf die Frage, wie das Miteinander von Menschen in gesellschaftlichen Gruppen geregelt und befriedet werden kann, bot das Christentum eine befriedigende Antwort. Gleichzeitig entstand durch die Missionierung ein kirchliches Imperium, das das geistliche und staatliche Vakuum füllte. Nach dem Niedergang des römischen Reiches und dem Zusammenbruch der ersten germanischen Siedlungen durch die Völkerwanderung war die Kirchenordnung der deutschen Gebiete fest an die Kirchenordnung Roms gebunden. Das entspricht einer Art historischer Regel: Dem Auf- und Abstieg von Imperien im Entgegenwirken von staatlichem und geistlichem Chaos folgte immer der Wunsch nach Ordnung. Die Deutschen fanden diese Ordnungsperson im Franken **Karl dem Großen** (742–814),[25] der ein neues abendländisches Imperium mithilfe der Kirche errichtete und somit der Begründer eines ersten quasi europäischen Reiches unter den Karolingern wurde. Der Name kam von einem Ahnherrn, Karl Martell (688–741), der ab 720 regierte, gefolgt von seinem Sohn Pippin III. (714–768),[26] dem Vater Karls des Großen und dem ersten König des Frankenreiches. Genau genommen waren die »Karolinger« aber nicht die direkten Nachfolger der Merowinger, wie immer vereinfacht angenommen wird. Das merowingische Königtum war vielmehr eine Art »Parallelregierung«, das heißt, die Merowinger behielten ihre Königswürde bis Mitte des 8. Jahrhunderts, wenngleich ohne wirkliche Macht, zuletzt eher im Sinne eines symbolischen Königtums. Die Karolinger verdankten ihren Aufstieg einer Art »Unterkönigtum«. Sie regierten unter dem Namen »*Hausmeier*« in den drei Teilen (Austrien, Neustrien und Burgund) des merowingischen Imperiums. Die Aufgabe der Hausmeier (Major domus) war, die großen Adligen, die in Konkurrenz zueinander und zu dem jeweiligen König standen, in Schach zu halten. Das wurde so gut erledigt, dass durch eine Machtverschiebung zugunsten der Karolingerdynastie diese letztendlich zu alleinigen Herrschern wurden. Der gemeinsame Ahnherr war Chlodwig I. (regierte 482–511), der König eines Teilstammes der Franken war und dafür sorgte, dass seine fränkische Dynastie, die »Merowinger«, Karriere machte. Dafür vereinigte er alle Frankenstämme unter seiner Führung. Da Chlodwig 498 zum römisch-katholischen Glauben übergetreten war, wurden die Stämme dadurch gleichfalls christianisiert. Der Name war Programm: Aus den Frankenstämmen wurde Frankreich und seit 507 war Paris die Hauptstadt und der Mittelpunkt des neuen Reiches in der Mitte Europas. Diese historische Entwicklung mit dem Untergang des **Weströmischen Reiches**, »unserem« westlichen Reichsteil, geschah nicht über Nacht. Denn bis zur Reichskonsolidierung Karls des Großen dauerte es grob geschätzt 300 Jahre. Für die Bevölkerung mit katastrophalen Auswirkungen, denn die europäischen Wanderungsbewegungen, die Seuche der Pest (542) und die Zwangschristianisierungen hatten die Menschen in die Knie gezwungen. Die Bevölkerungszahlen nahmen dramatisch ab, die Gebiete waren uneinheitlich und zersplittert, und der allgemeine Wunsch, falls ein solcher angenommen werden konnte, war der nach einer ordnenden Kraft. Und hier kamen die Franken ins Spiel. Sie waren ein germanisches Volk, vielleicht aus mehreren Stämmen, die im Gebiet rund um den Rhein gesiedelt haben sollen. Ihre erste Erwähnung ist um 250 n. Chr. registriert, aber dann machten sie sich schnell einen Namen, zunächst auf kriegerischem Gebiet. Aus der Konkursmasse des Weströmischen Reiches bedienten sich alle Stämme, aber niemand raffte sich so viel und so erfolgreich zusammen wie die Franken. Die Methode war einfach. Sie übernahmen die antiken Stätten mit ihren Festungen, zurückgelassenen Schätzen und auch die Religion. Dies bildete den Vorläufer eines deutschen Territoriums mitten in Europa, bis sich das »Zweite« Reich 1870/71 als Kaiserreich formte und zur Geburtsstunde der »Deutschen Nation« wurde. Von 800 bis 1806 gab es ein **Reich** mit einem römisch-deutschen König und Kaiser, der unter der Idee regierte, von Gott berufen und zum Schutz der Christenheit da zu sein. Karl der Große: Ein fränkischer Herrscher, der römischer Kaiser wurde, sich seine Hauptstadt in Aachen errichtete, um von dort das spätere Frankreich und Deutschland zusammen zu regieren und der für beide Nationen als der Gründungsvater gilt. Karl der Große aus dem Geschlecht der Karolinger war der Letzte in einer Reihe von erfolgreichen fränkischen Ahnen, die sich bereits ein Riesenreich erobert hatten, die diese Macht jedoch nicht konsolidierten, weil immer anteilig vererbt wurde (Teilungen!) und keinen hohen Titel damit verbanden. Als Karl 768 seinem Vater (zusammen mit dem jüngeren Bruder Karlmann) nachfolgte, war er erst zwanzig und wusste schon genau, was er wollte: die alleinige Herrschaft, den Kaisertitel, einen soliden Machtausbau, die weitere Verbreitung des Glaubens und viele Söhne. Karl der Große, in der Tradition seines Vaters Pippin III., dem ersten fränkischen Karolinger König, ordnete das vorgefundene Chaos unter Heranziehung der Hilfe durch die Kirche. Er errichtete ein erstes europäisches Imperium, das im Westen den Stamm der Franken, in der Mitte weitere deutschen Stämme und im Osten die slawischen Stämme miteinbezog. Zur Untermauerung seines Anspruches und mit der Krönung durch Papst Leo III. **zum römischen Kaiser** (800) kamen der Süden (Italien) sowie die früheren römischen Besitzungen fast automatisch mit unter karolingische Herrschaft. Was bekam die Kirche hierfür? Die unabdingbare Promotion des christlichen Glaubens durch den Herrscher. Es war ein schlauer Gedanke, sich der Mithilfe des geistlichen Oberhauptes[27] als Repräsentanten der Kirche zu versichern, aber neu war er nicht. Bereits der Großvater Karl Martell wurde vom Papst als »*subregulus*« (= Vizekönig) benannt und der Vater Pippin ließ sich 750/751 vom Papst Stephan II. salben. Das fränkisch-päpstliche Bündnis folgte aus einer dynastischen Überlegung. Gerade hatten die Karolinger die Macht von den Merowingern übernommen, aber eine Legitimierung dieser Tat wurde gewünscht und war mit dem vorherigen Papst Zacharias verabredet worden. Genau genommen war der Deal etwas hinterhältig: Pippin III. hatte beim Papst Zacharias anfragen lassen, ob es nicht sinnvoll wäre, wenn der Inhaber der faktischen Macht auch der offizielle König wäre. Die zu erwartende Antwort war »Ja«, mit dem päpstlichen Versprechen der Salbung. Damit war das Schattenkönigtum der Merowinger beendet und der letzte Merowinger Childerich III. wurde 751 kurzerhand ins Kloster verbannt. Das Papsttum wiederum hatte ein erhöhtes Schutzbedürfnis und benötigte ein militärisches Eingreifen gegen die Langobarden. Die Langobarden, ein germanischer Stamm, herrschten im nördlichen Mittelitalien und fühlten sich geographisch und machtpolitisch »irritiert« durch immer wiederkehrende Herrschaft und Durchzüge vom Norden aus, erst durch die Merowinger und in Folge durch die Karolinger. Vom Süden aus lastete auf den Langobarden der kirchliche Druck, gepaart mit territorialen Ansprüchen. Zur Zeit Pippins III. fühlten sich die Päpste jedoch stark von den Langobarden bedrängt. Dieser Gedanke wurde auf päpstlicher Seite als so bedrohlich empfunden, dass Papst Stephan II. sich sogar ins Frankenland bemühte. Als er 753 in der Champagne zu einem Treffen mit Pippin eintraf, war dessen Sohn, der damals sechsjährige Karl Zeuge, wie sein Vater den Kniefall vor dem Papst ausführte und dann dessen Pferd am Zügel führte.[28] Das brachte Pippin den Titel eines

Schutzherrn der römischen Kirche ein (Patricius Romanorum) sowie die Zusicherung, dass immer nur die Karolinger regieren sollten. So sah dynastische Legitimation im frühen Mittelalter aus. Dafür wurde von Pippin 754 zum Feldzug nach Italien gerüstet und zwei Jahre später erfolgte die sogenannte »*Pippinische Schenkung*«. Der Vater Karls des Großen schenkte der Kirche das Gebiet, das später unter dem Namen Kirchenstaat (heute stark verkleinert im Territorium: Vatikan) in die Geschichte einging. Die Absprache hatte einen kleinen Schönheitsfehler: Die designierte Gebietsschenkung war noch nicht erobert, dies erfolgte erst im Nachgang. Ansonsten passte es, denn die karolingischen Herrscher bekamen vom Papst im Namen der Kirche die geistliche Rechtfertigung ihres Herrschaftsanspruches mit Gottes offiziellem Segen, während der Papst ein Gegengeschenk erhielt, in Form verbrieften Gebietsgewinns, militärischen Schutzes und öffentlicher Anerkennung. In den Zeiten der Karolinger war das Verhältnis von Kirche und Staat noch von Gegenseitigkeit geprägt. Das veränderte sich erst, als im Fortgang des Mittelalters das Machtgefüge auf der einen oder anderen Seite aus dem Gleichgewicht rutschte. Karl der Große hatte auf jeden Fall aus eigener, kindlicher Anschauung gelernt und setzte dies 800 um, als er mit 52 Jahren in Rom **zum römischen Kaiser** gekrönt wurde. Diese Krönung war eine sehr rituelle und anstrengende Angelegenheit. Drei Messen musste Karl mitfeiern, denn zudem war Weihnachten, und nachdem der Papst ihm die Krone auf das Haupt gesetzt hatte, kam es zur Akklamation (Anerkennung) der Römer, die dreimal den Satz riefen: »*Dem erhabenen Karl, dem von Gott gekrönten großen und Frieden stiftenden Kaiser der Römer, Leben und Sieg.*«[29] Seit dem Zusammenbruch des römischen Reiches waren diese Worte nicht mehr gehört worden – und es dauerte nochmals 100 Jahre, bis Otto I. zum Kaiser gekrönt wurde. Vielleicht war es etwas demütigend für Karl den Großen, die Kaiserkrone kniend aus den Händen des Papstes zu empfangen, aber dem Papst ging es viel schlechter, wie Einhard, der Biograf Karls des Großen, anschaulich beschrieb: »*Die Römer hatten Papst Leo schwer misshandelt, ihm die Augen ausgestochen und die Zunge ausgerissen, so dass er sich gezwungen sah, den König um Schutz zu bitten. Daher begab sich Karl nach Rom, um die verworrenen Zustände der Kirche zu ordnen. [...] Bei dieser Gelegenheit erhielt er den Kaiser- und Augustustitel [...].*«[30] Wir haben erstaunlich detaillierte Schilderungen aus der Zeit Karls des Großen, seines Lebens und Wirkens. Das steht im krassen Gegensatz zu den nebulösen Schilderungen der Lebenswirklichkeit der Germanen durch die römischen Quellen. Der Schlüssel des Erfolges hierzu lag in der Tatsache, dass Karl der Große einen eigenen Chronisten hatte: Einhard, der die »Vita Karoli Magni« (circa 830) verfasste und den frühmittelalterlichen Herrscher dabei sehr gut aussehen ließ.[31] Die »Karoli Magni« ist eine spannende **Quelle**, mit der sich viele Historiker gern beschäftigen, denn zeitgenössische Lebensbeschreibungen haben einen hohen Erzählwert. Allerdings hat die Darstellung ebenfalls Symbolcharakter, das heißt eine erzieherische Wirkung sollte erzielt werden und hierfür wurde sich gern Bezügen zur biblischen Geschichte bedient. Einhard ging anders an seine Biographie heran: Er beschrieb nicht chronologisch, sondern thematisch die Ereignisse, die er zudem persönlich bezeugte.[32] Einhard war Lebensbegleiter Karls des Großen und deshalb können seine Beschreibungen als »Zeitzeugnisse« als authentisch gelten. Allerdings hat diese Quelle eine Monopolstellung erreicht, da es weitere kaum gab, die darstellungsmäßig heranreichten. Später wurde nachgewiesen, dass sich Einhard als beschreibendes Vorbild bei den antiken Kaiserbiographien bedient haben soll. Glanz und Gloria sollte Karls Leben und Wirken überdauern, aber um den Vorwurf der Subjektivität zu umgehen, beschrieb Einhard selbst negative Eigenschaften des fränkischen Herrschers. Überzeugend leitete er in seinem Prolog zur Vita Karoli ein »*[…] dass niemand so wahr und so treu wie ich das aufzeichnen kann, was ich selbst miterlebt und persönlich mit der Gewissenhaftigkeit eines Augenzeugen festgestellt habe […].*«[33]

Zurück zur Papstkrönung Karls des Großen, die die Begründung eines neuen Zeitalters war: Karl, der mächtigste Herrscher des frühen Mittelalters, regierte ein **Reich**, dessen Ausmaße kaum zu benennen sind. Vermutlich eine Million Quadratkilometer, mit vielleicht zwanzig Millionen Einwohnern. Neu war die Legitimation, denn Karl der Große stellte seinen Herrschaftsanspruch auf die Grundlage eines göttlichen Auftrages und machte sich mehr oder weniger unangreifbar. Damit kreierte er jedoch gleichfalls eine unabdingbare Abhängigkeit von Staat/Königtum und Kirche, die sich durch die gesamten späteren Jahre zog und für viel Unfrieden und kriegerische Auseinandersetzungen sorgte. Immer wieder schwierig ist die Unterscheidung der Namen des Kaiserreiches. Im Prinzip folgte sie der römischen Tradition und deshalb hieß der oberste Herrscher in den deutschen Territorien »Römischer und römisch-deutscher Kaiser«. Karl der Große war also der erste Römische Kaiser, der gekrönt vom Papst mit Sitz in Rom den kaiserlichen Anspruch, als oberster Herrscher und Lehnsherr über seine Ländereien zu regieren, die sich vom Westen (später Frankreich) zur Mitte (später Deutschland) und weiter nach Osten erstreckten, in dieser Form übernahm. Was die karolingische **Staatlichkeit** anging, so darf sie nicht an Verfassungsformen späterer Reiche gemessen werden. Ja, es gab ein Gesetzeswerk, die Lex Salica[34] aber die Reichsteile waren uneinheitlich und deshalb rechtlich unterschiedlich organisiert. Die Herrschaft Karls war nicht so gesichert, als dass er sich nicht ständig um einen Konsens mit den Mächtigen seines Reiches bemühen musste.[35] Eine wesentliche Neuerung unter Karl dem Großen war die Betrauung der Kirche. Durch eine große Anzahl von Bistümern konnte der erste römisch-deutsche Kaiser kirchliche Herrschaft als verwaltende Kräfte in seinem Reich nutzen. Gleichzeitig wurde so die Christianisierung vorangebracht und eine weitere territoriale Vergrößerung erleichtert. Eine Reichskultur zu erschaffen, die alle widerstrebende Kräfte band, gelang Karl dem Großen zumeist nur mit kriegerischer Gewalt. Von den 46 Jahren seiner Herrschaft befand sich der karolingische Herrscher 44 Jahre im Kriegszustand. Von ihm wurde berichtet, dass er »mit Zuckerbrot« (Verständigung) und »Peitsche« (Krieg) regierte. Der Einsatz der Peitsche überwog deutlich. Was seinen grundsätzlichen Herrschaftsanspruch anging, war Karl der Große nicht zimperlich. Als sich ihm die Sachsen (unter Herzog Widukind), bekannt als widerspenstig und der christlichen Religion abgeneigt, in den Weg stellten, wurden sie grausam abgeschlachtet (784). Das Jahr 800 mit der Krönung in Rom war somit ein signifikantes Jahr für die deutsche Geschichte, als ein erster Schritt hin zu einer Art von einigem Reich unter dem Namen Frankenreich. Festzustellen ist, dass sich der Reichsgedanke und dessen Sicherung wie ein roter Faden durch die immerhin 46-jährige Herrschaftszeit Karls des Großen zieht. Übersehen wird hierbei häufig, dass Karl der Große vollendete, was sein Vater Pippin III. bereits auf den Weg gebracht hatte. Das Herzogtum der Alemannen hatte Pippin beendet und die Bayern in seine Abhängigkeit gebracht. Dem entsprach die karolingische Politik, alle Gegner, in der Regel die Erben der verschiedenen germanischen Volksstämme, »auf Linie« zu bringen. Diese wiederum versuchten sich regelmäßig in Aufständen und blieben deshalb ein kriegerisches Dauerthema. Unter Karl dem Großen wurden sie jedoch nacheinander vernichtend geschlagen. Neben den **Sachsen** wagten die **Bayern** (Bajuwaren) den erneuten Aufstand (Salzburg wurde dabei der Ostmark eingemeindet). Hierzu muss erwähnt werden, dass gerade die Bajuwaren eine Tendenz hatten, Extrarechte zu fordern, wie der Freistaat bis heute. Weiter südlich im Reich blieben die Langobarden – ebenfalls ein ererbtes Dauerthema –

weiterhin problematisch. Diese bezahlten ihre Aufsässigkeit in Norditalien mit einer Niederlage, und im Norden wurden die **Friesen** und **Jüten** weitere Opfer einer militärischen Strafaktion. Nach Osten hin schaffte Karl der Große ebenfalls Ordnung und gemeindete die **Slawen** ein.

Sein Zuhause erwählte Kaiser Karl sozusagen in der Mitte. Seit 794 wurde **Aachen** seine Hauptresidenz und blieb für eine Weile der Mittelpunkt des Karolinger Reiches sowie der Krönungsort der »römischdeutschen Könige/Kaiser«. Dort entstand ein karolingisches Macht- und Kulturzentrum, das die Einheit im Reich symbolisieren sollte – was für die 46 Jahre, die Karl der Große herrschte, in jedem Falle eintrat. Damit waren die territorialen Grundlagen für weitergehende Maßnahmen geschaffen. Karl der Große schuf Strukturen, indem er seine Gebiete in kleinere Einheiten, wie Gaue und Grafschaften, aufteilte. Diese Gebiete mussten dann organisiert und kontrolliert werden. Das Mittel zum Zweck war die Einführung einer Art *Lehenswesen*, beziehungsweise einer Vasallenordnung. Durch mittelalterliche Beamte, häufig unter dem Namen Grafen, wurde von oben nach unten durchregiert und hierzu dienten neu erlassene Gesetze, die karolingischen Edikte und Kapitularien. Insgesamt stand dies für eine personalbezogene Form von Herrschaft. Eine umfassende Logistik schuf zudem neue Straßen, die nicht nur zu militärischen Möglichkeiten, sondern auch zur Verbindung der Reichsgebiete und dem Transport von Menschen und Waren dienten. Die territoriale Einteilung, die vom Hof Karls des Großen damals ausging, findet sich bis heute wieder, genauso wie die Idee einer Art von Beamtentum, das die Bevölkerung »verwaltet«. Bei der gesamten Staatsorganisation hatte Karl der Große heftige Anleihen bei den Römern genommen, genau genommen bot das Römerreich den Blueprint für das Karolinger Reich. Wichtig in der frühchristlichen Zeit war ebenfalls die Karl den Großen dabei unterstützende **Kirche.** Neben der Legitimierung seiner Herrschaft dienten die Kirchensprengel – ebenfalls von oben nach unten organisiert – als geistliche und unverzichtbare Ordnungsmacht. Karl der Große sorgte aktiv für die weitere Verbreitung dieser neueren Religion, die ursprünglich als Mission vor allem einem angelsächsischen Mönch namens Bonifatius (720–755) zu verdanken war. Bonifatius war dafür verantwortlich, dass im 7./8. Jahrhundert die ersten Klöster auf deutschem Boden entstanden. Dies war wegweisend für den flächendeckenden Ausbau einer kirchlichen Herrschaft, die wiederum viel zur Kultivierung und Verfeinerung der »früheren Barbaren«, das heißt der germanischen Erbvölker beitrug. Das hatte auch zur Folge, dass die Kirchenordnung der deutschen Staaten fest an Rom gebunden wurde, sei es als neues Gesamtimperium, sei es von Seiten der Kirche. Rom spielte weiterhin eine entscheidende Rolle in der germanisch-deutschen Geschichte. Dem Doppelgespann, der weltlichen und geistlichen Herrschaft war nicht zu entkommen und die Zusammenarbeit funktionierte (noch) gut. Deshalb schrieb Karl folgendes an den Papst in Rom: *»Unsere Aufgabe ist es, Christi heilige Kirche vor der Zerstörung durch Ungläubige nach außen mit Waffen zu schützen, im Innern durch die Erkenntnis des katholischen Glaubens zu stärken.«*[36] Heute wird angenommen, dass einer der Gründe, warum die »heidnischen« Sachsen von Karl dem Großen so rachsüchtig bekämpft wurden, seine Hinwendung zum christlichen Glauben war. Nach seinen eigenen Worten wollte der Herrscher die Sachsen *»gänzlich ausrotten«*, außerdem wollte er ihr Gebiet einheimsen. Dabei ging er grausam vor. Er deportierte ganze Dorfgemeinschaften, Frauen und Kinder der sächsischen Stämme als Strafe in sein Reich und ließ sie dort unter Bedrohung vegetieren. Karl der Große ging als »Sachsenschlächter« in die Geschichte ein. Aber die Durchsetzung seines territorialen Machtanspruchs spielte ebenfalls eine tragende Rolle in seinem Kampf gegen den sächsischen Stamm. Nicht nur sein Vorgehen gegen die Sachsen zeige dies. Karl der Große war machtbesessen und rücksichtslos – vermutlich eine der Triebfedern seines Erfolges. Sein jüngerer Bruder (Karlmann), der mit ihm zum König erhoben worden war (Aufteilung des Reiches unter den Söhnen), starb zwar auf angeblich natürliche Weise, aber seine Familie, die Witwe und ihre Söhne verschwanden. Karl der Große war genauso brutal und fanatisch wenn es um Gegner im Krieg oder um die geringste interne Bedrohung seiner Macht ging. Die Sachsen wurden über dreißig Jahre massakriert, seinem Vetter Tassilo nahm er Bayern weg und heidnische Völker bekämpfte er, wann immer sie ihm vor die Augen kamen.

Die Verwaltung und Organisation eines derartig ausgedehnten und uneinheitlichen Reichsgebietes war eine aufwendige Angelegenheit. Karl der Große stützte seine Herrschaft auf insgesamt drei Säulen. Erstens seine eigene Reisetätigkeit, denn als Exekutive übte er seine herrscherliche Gewalt als Reisekönigtum aus. Zweitens verfügte er über eine fähige Verwaltung bestehend aus tragfähigen Strukturen in Form einer Beamtenschaft, häufig auf Lehensbasis. Drittens durch die Miteinbeziehung der Kirche und ihrer Glieder als zusätzliche Verwaltungs- und Ordnungsmacht, durch 180 Diözesen und 700 Abteien. Vor allem dieser Punkt war eine Neuheit bei der Organisation frühmittelalterlicher Herrschaft. Die so ermächtigte Kirche wurde langfristig zum Problem für die nachfolgenden Dynastien innerhalb des Reiches. Nicht nur für seine Kriegszüge, sondern gleichfalls um sein Reich zu inspizieren, zu kontrollieren und zu repräsentieren, war der Kaiser sein ganzes Leben lang unterwegs. Dieses Reisekönigtum bedeutete, dass er insgesamt in seinen 46 Regierungsjahren 40.000 km zu Pferde zurücklegte. In seiner ambulanten Herrschaftsausübung machte er in dieser Zeit 234 Mal Station an insgesamt 110 Orten. Wo kam Karl der Große unter, der immerhin mit einem großen Tross (von bis zu 2.000 Personen des Hofstaats) unterwegs war? Entweder an seinen eigenen

Standorten, den sogenannten Kaiserpfalzen, oder in Klöstern, Kirchen und auch bei weltlichen Gastgebern, wie Herzögen oder Grafen. In seinen eigenen Pfalzen, den »Palatium« oder »aula regia« nahm Karl mehrfach und längere Aufenthalte. Das waren vor allem Paris, Aachen, Frankfurt, Paderborn.[37] Zusätzlich hatte er seine Stützpunkte auf den ausgedehnten Italienzügen. Interessant ist noch eine weitere Seite Karls des Großen, nämlich die des liebevollen Erziehers und Vaters. Der **»private« Karl der Große** wird von seinem Biographen Einhard ausführlich beschrieben. Karl verlangte seine Kinder, insbesondere seine Töchter, immer um sich zu haben. Schuldbildung erhielten Söhne und Töchter, ein absolut revolutionärer Gedanke in einer Zeit, als Töchter als dynastisches Heiratspotential mit begrenzter Überlebenschance (Tod im Kindbett) angesehen wurden. Karl der Große liebte seine Töchter, kein Unterschied von welcher Mutter, und sie blieben immer am Hof, auch als Erwachsene. Das nahm interessante Formen an, denn sie wurden von irgendwelchen Hofleuten geschwängert, der Vater aber sah darüber hinweg. Nicht so die Zeitgenossen am Hofe, die wörtlich vor »*den gekrönten Tauben, die durch die Räume des Palastes flattern*«[38], warnten. Karl dem Großen wurde nachgesagt, ein hingebungsvoller Vater gewesen zu sein, diese Barmherzigkeit galt allerdings nicht für ihn als Ehemann. Zum Thema Eheschließungen unter dem Aspekt der Vergrößerung der Macht und des Territoriums, passte Karl gut in seine Zeit und heiratete mit großer Berechnung im Rahmen der üblichen Zweisamkeits- bzw. Eheformen.[39] In den Genuss der »Muntehe« mit Karl waren insgesamt fünf der Ehefrauen gekommen. Diese Form geht von Gleichrangigkeit aus, bei der die Frauen, von rechtmäßigen Ehen geschützt, eine entsprechende Mitgift, die sie attraktiv machte, mitbrachten. Aber es war einfach, die Ehefrau zur Konkubine zu erklären und dies machte Karl mit seiner ersten Frau Hilmitrud, die er mit fünfzehn Jahren heiratete und mit ihr direkt einen

Sohn zeugte. Dann wurde sie ins Kloster abgeschoben. Die zweite Frau, eine Langobardenprinzessin (Name unbekannt), brauchte er aus strategischen Gründen und als sich dies erledigt hatte, schickte er sie formlos ihrem Vater zurück. Die dritte Frau, Hildegard, wieder eine machtvergrößernde Verbindung, war dreizehn bei der Heirat, bekam jedes Jahr ein Kind, um daran mit 26 Jahren sterben. Sie war die Mutter der entscheidenden Söhne. Danach gab es noch zwei weitere Ehefrauen und nur mit der letzten zeugte er keine Kinder mehr. Neben den offiziellen Ehefrauen hatte Karl der Große jeden Menge Maitressen, die ebenfalls seine Kinder auf die Welt brachten. Insgesamt achtzehn Kinder soll Karl der Große gehabt haben. Empfindlich auf diesem Umstand reagierte Karls Biograph Einhard, der die Frauen seines Herrschers nur in rechtmäßige Ehefrauen (Muntehe) oder in Konkubinen (Friedelehe) einteilte. Polygamie war kein Aufreger im frühen Mittelalter, ebenfalls nicht die sexuelle Unersättlichkeit, die Karl dem Großen nachgesagt wurde. Erstaunlich daran war eher dessen robuste Gesundheit (ungesunde Ernährungsgewohnheiten mit viel Fleisch und Alkohol) und dass der Herrscher trotz aller Ausschweifungen das damals sehr hohe Alter von 72 Jahren erreichte.

Ein weiteres Charakteristikum der Epoche Karls des Großen ist die sogenannte *Karolingische Renaissance*. Der Rückgriff auf die klassische Antike fand mehrmals in der europäischen Geschichte statt. Trotzdem war dies früh in der historischen Entwicklung Europas, denn die römische Antike war ja noch verhältnismäßig nahe. Karl der Große, der vermutlich nur mit Mühen schreiben konnte,[40] dafür aber fließend Griechisch, Latein und einen deutschen Dialekt sprach, ist der Initiator einer ersten **großen Bildungsoffensive**. Als überzeugter Förderer von Kultur und Wissenschaft verfügte er, dass in seinem Reich gelehrt wurde.[41] Er war mitverantwortlich für unsere heutige Schrift: Die karolingischen Minuskeln sind die Vorläufer der deutschen Buchstaben.

Die Idee dahinter war, dass die zahlreichen Erlasse gelesen und möglichst verstanden werden sollten. Die Minuskeln sind eine Schrift, die angelsächsische und italienische Formen verbinden. Warum war dies notwendig? Weil Wissenschaftler und Ratgeber am Hofe Karls des Großen aus diesen Kulturregionen kamen. Im gesamten Frankenreich wurde diese leichter lesbare Schrift eingeführt. Karl der Große war – sehr fortschrittlich – ein Vertreter des Gedankens von Volksbildung im Sinne von Schulung nicht nur der herrschenden Schichten, damals bekannt unter Laienbildung. Hierzu sollte in den Pfarreien »Schule gehalten« werden. Ein Schulzwang, der die Lebenszeit Karls des Großen nicht überdauerte,[42] vermutlich auch aufgrund der mangelnden Bildung und des Unwissens der Geistlichen. Karl der Große kann zudem als Förderer der Volkssprache (Althochdeutsch) angesehen werden. In der Tradition seines christlichen Reiches verlangte er, dass die Grundtexte des Glaubens (wie das Vaterunser, das Glaubensbekenntnis) in der Volkssprache vorhanden waren. Des Weiteren sogar volkssprachliche (heidnische) Dichtungen. Von einer volkssprachlichen Grammatik war sogar die Rede. Seine Nachfolger, vor allem Ludwig der Fromme (814–840), ließen dies zugunsten der Stärkung rein geistlicher Texte wieder unterdrücken. Der fränkische Herrscher Karl verlangte zudem, dass antike Handschriften in den Klöstern, deren Bauten er unterstützte, von den Mönchen kopiert wurden. Dass es im 15. Jahrhundert für die Humanisten möglich war, »*ad fontes*« (»zurück zu den Quellen«) zu gehen, ist Karl dem Großen zu verdanken und seinen energischen Anweisungen, die antiken Texte abzuschreiben. Aus der Zeit von 800 bis 900 sind so noch ungefähr 7.000 Kodizes (Bücher) vorhanden. Es gab, kaum vorstellbar, sogar Zentren dieser Handschriftenproduktion im Westen: Tours, Reims, Saint Denis, im Osten und Süden des Karolinger Reiches: St. Gallen, Fulda, Freising und Salzburg und in Italien: Bobbio. Karl der Große war sehr genau und sehr kontrollierend was die Umsetzung seiner Bildungsreformen anging: Selbst die Kirchenglieder konnten dem nicht entkommen, denn er beschrieb im Detail, was von den Angehörigen der Kirche an akademischen Fertigkeiten zu erwarten war. Das waren insgesamt vierzehn Fertigkeiten: vor allem die gesamten Bibelinhalte (Messbuch, Bußbuch, römische Liturgie, Evangelien, Homilien und Musterpredigten Papst Gregors). Dann die Berechnungen der kirchlichen Feste, unter dem modernen Begriff »Computus«. Außerdem die Fähigkeit, Briefe und Urkunden zu verfassen. Bei diesem ehrgeizigen Ansinnen der umfassenden Bildung der Geistlichen mochte mit hinein spielen, dass die Kirche im karolingischen Reich zu verwaltenden Ordnungshütern der Herrschaft herangezogen wurde. Bildung und Wissen waren neben der offensiven Außenpolitik im Sinne der Reichskonsolidierung Steckenpferde Karls.

Karl dem Großen haben wir ein Reich und eine Reichsform zu verdanken, die weit über seine eigene Regierungszeit hinauswirkte. Als Karl der Große 800 – gegen den Willen Ostroms – zum ersten »Römischen Kaiser« seit 300 Jahren gekrönt wurde, vereinigte er die Herrschertraditionen der Antike mit dem frühen Mittelalter und begründete eine neue Idee. Er ist somit der erste römisch-deutsche Kaiser und französische König in einem. Ein Franke als Nachfolger der römischen Imperatoren und Vorläufer der europäischen Kaisertraditionen herrschte über ein Riesenreich, das vom Atlantik bis zum Mittelmeer reichte und sich von den Pyrenäen bis nach Kärnten erstreckte. Wenn überhaupt von einem ersten Reichsgebiet der Deutschen, eingebettet in ein quasi europäisches Reich, die Rede sein kann, dann war es unter Karl dem Großen. Damit gehört uns Karl der Große nicht alleine. Die Franzosen erheben auf ihn den gleichen Anspruch unter dem Namen »Charlemagne« und das Frankreich (das Wort kommt von den Franken) war die stärkste Macht im Westen. Also, Karl der Große war gleichermaßen der Gründer Frankreichs und somit der erste wirkliche Europäer, denn sein

Imperium reichte weiter als nur von Frankreich zu den deutschen Territorien. Abgesehen von einem »Karlskult«, der immer wieder aufflammte und manchmal zu einer nationalistischen Überhöhung führte, trug dieser gleichfalls zur Abgrenzung gegen den Nachbarn Frankreich bei. Karl der Große, der Deutsche gegen Charlemagne, den Franzosen oder Europäer. Über die Unsinnigkeit derartiger Konzepte, die einen fränkischen Herrscher des frühen Mittelalters einer Nation zuordnen wollen, muss hier nicht diskutiert werden. Der Franke Karl ist nicht mehr zu befragen, ob er sich als »Deutscher« und/oder als »Franzose« fühlte, das wäre auch unsinnig, den die Aufteilungen in zwei, beziehungsweise drei Reiche folgte erst nach seinem Tod, durch welchen genau genommen die Trennung in die zwei Nationen einsetzte. Von seinen drei Söhnen (Pippin, Karl und Ludwig) überlebte nur der Jüngste, der unter dem Namen »Ludwig der Fromme« in die Geschichte einging. Sein Name war Programm, denn er las lieber geistliche Schriften als sich dem zu seiner Zeit zugegebenermaßen mühsamen Regieren hinzugeben. Deshalb ernannte er schon zu seiner Lebenszeit seine drei Söhne zu Erben. Lothar (wurde Mitkaiser), Pippin (westfränkische Gebiete) und Ludwig (ostfränkische Gebiete). Leider ging dies nicht glatt. Denn Ludwig der Fromme hatte sich eine zweite Gemahlin genommen, die wiederum einen (vierten) Sohn gebar, der Karl (»der Kahle«) genannt wurde. Wie oft in Patchwork-Familien: Die Realität ist eher schwierig und da die zweite Gemahlin ehrgeizige Ambitionen für ihren Sohn hegte, kam es um den Länderbesitz zu einem heftigen Familienstreit, als dieser auch Landesteile zugesprochen bekam. Der Verlierer war diesmal der Vater Ludwig: Die jüngeren Söhne verbündeten sich gegen Lothar und ihn, den eigenen Vater. Nachdem dann nur noch drei überlebende Söhne übrig waren, wurde das Erbe Ludwigs des Frommen geteilt und diese Erbverteilung markierte die erste endgültige Trennung zwischen dem heutigen Frankreich (Westfranken) und dem heutigen Deutschland (Ostfranken). Besiegelt wurde dies im **Vertrag von Verdun 843**. Im Ergebnis wurde Lothar der Titel des Kaisers vermacht sowie die Gebiete des sogenannten Mittelreiches mit Lothringen, Elsass und Burgund zugesprochen. König Karl wurde der Westteil, das Westfrankenreich (Frankreich) zugeteilt, während das Ostfrankenreich an König Ludwig ging. Aus Ostfranken wird dann später DEUTSCHLAND. Anmerkung: Der hier genannte Mittelteil (heute Elsass-Lothringen) wurde bei jedem Krieg zwischen Frankreich und Deutschland überrannt und zum Schlachtfeld. Wie um die geographische Aufteilung zu dokumentieren, fand auch eine erste Sprachteilung statt. Östlich des Rheins wurde »*Romanzo*« (mit romanischem Ursprung) gesprochen, was später zu Französisch wurde. Auf der westlichen Rheinseite setzte sich »Tiudisker«, eine Art *deutscher Dialekt* durch. Aber um ehrlich zu sein, gerade in den deutschen Territorien wimmelte es von vielen einander nicht entsprechenden Dialekten, die alle germanischen Ursprungs waren.

In einer nachträglich interessanten Verquickung von Religion und Verfassung ragt Karl der Große heraus. Ein christlicher Kaiser! Nicht nur musste er heiliggesprochen werden, das geschah 1165.[43] Karl der Große war hauptverantwortlich für die sakrale Legitimation der Herrschaft in Deutschland. Dies war die direkte Folge seiner europäischen Herrschaft auf der Grundlage seiner persönlichen Schutzfunktion gegenüber der römischen Kirche. Kaiserliche Macht und päpstliche Dominanz, diese Verbindung von Herrschaft und Geistlichkeit geht direkt auf Karl den Großen zurück. Dementsprechend auch die daraus resultierenden endlosen Konflikte zwischen diesen beiden Pfeilern der Macht, die das frühe und hohe Mittelalter charakterisierten. Die Nachfolger Karls des Großen – zunächst die Ottonen – bemächtigten sich seiner Vision eines Imperiums, selbst wenn die Gestalt des jeweiligen Imperiums wechselte. Zudem ist Karl der Große der Stifter eines ersten anteilig deutschen Reichsgebietes, noch unter dem Namen Franken-reich. In dieser Funktion ist die Bedeutung Karls des Großen nicht genug zu betonen. Von 800 bis 1806 gab es ein »Heiliges Römisches Reich Deutscher Nation«, welches unter diesem Namen erst später bekannt wurde. Tausend Jahre ein Staatswesen der Geschichte, eine Grundlage der deutschen Identität.

4. Das Deutsche Mittelalter: Von den Ottonen bis zum Investiturstreit

Karl der Große hatte Maßstäbe gesetzt, die weit über seine eigene Regierungszeit hinausgingen, und als in den 990er-Jahren die Karolinger Herrschaft praktisch beendet war, war es nicht der Mythos um die Person Karls des Großen. Dieser fuhr fort, eine tragende Rolle in der Geschichte des späteren Deutschlands zu spielen. Denn Karl dem Großen ist die **Tradition des römisch-deutschen Königs- und Kaisertums** zu verdanken. Jeder Herrscher nach ihm musste »seine« Bedingungen erfüllen. Die Königssalbung durch den Papst und die Krönung zunächst in Aachen durch zeitliches Sitzen auf Karls steinernen Thron. Später konnte diese rituelle Handlung woanders stattfinden. Diesem Vorbild folgten insgesamt 31 deutsche Könige im Zeitraum von 936 bis 1531. Die Identifikation mit dem ersten kaiserlichen Vorbild und die Verwurzelung in der von Karl geschaffenen Reichstradition wirkten lange fort. Die nachkommende Dynastien und Herrscher identifizierten sich in einem hohen Maße mit der Person Karls des Großen, wenngleich nicht alle diese Anbetung so auf die Spitze trieben, wie der letzte Herrscher der Ottonen, Otto III., der im Jahre 1000 sogar Karls Gruft öffnen ließ, zu einer persönlichen Begegnung mit dem inzwischen verwesenden Ideal. Was Karl der Große den nachfolgenden Dynastien hinterlassen hatte, war mehr die Vision eines Reiches als ein reales Machtgebilde. Eines ohne klar definierte Grenzen, ohne eine verfassungsmäßige Form oder Verwaltung, ohne ein stehendes Heer und ohne eine wirkliche Hauptstadt. Deshalb blieb im geschichtlichen Verlauf Aachen nicht der Mittelpunkt, denn das Reich ohne Hauptstadt war für lange Zeit sowieso eine Reisemonarchie, wie an den Ottonen und Staufern ebenfalls gesehen werden konnte. Später erfuhr Frankfurt am Main eine herausragende Bedeutung als Bestimmungsort des deutschen Herrschers durch Wahl, wie es offiziell durch die Goldene Bulle ab 1356 üblich wurde.[44] Dass Karl der Große zusätzlich als Stifter der Wahlmonarchie bezeichnet wird, ist in diesem Zusammenhang nicht richtig. Er vererbte anteilig an seine Söhne und das war die genealogische Erbfolge. Selbst bei der mittelalterlichen Königswahl fiel das Reich in der Regel an den erstgeborenen Sohn. Dieser musste sich im Nachhinein die doppelte Legitimation der Zustimmung der sieben geistlichen und fürstlichen »Wahlmänner« sichern und wurde dadurch zum anerkannten Herrscher, mit der sakralen Legitimation, das heißt, der Salbung durch den Papst. Mit der geistlichen Zustimmung war die Idee eines Gottesgnadentums geboren. Allerdings ebenfalls eine enorme und vor Karls Zeiten nie dagewesene Machtfülle in den Händen der jeweils amtierenden Päpste. Diese Erhöhung der Kirche wurde die Ursache für die Konflikte zwischen geistlicher und weltlicher Macht, dem Charakteristikum des Mittelalters. Befriedet war das Reich nach Karl dem Großen und seinen Nachkommen in keiner Weise und auf jeden Fall nicht mittelfristig, eher im Gegenteil: Erbstreitigkeiten ohne Ende, Einfälle von streitbaren Stämmen, ein Erstarken regionaler Herrscher in Form von immer mächtiger werdenden Landesfürsten (Herzögen) und Reste der Hunnen machten sich auf den Weg in die Mitte des europäischen Kontinents. Sie alle konnte der Wahlkönig **Konrad von Franken** (911–918), dem sowieso nur sieben glücklose Regierungsjahre als letztem Frankenherrscher blieben, nicht regieren. Das gelang dann erst dem mächtigsten Herrscher der damaligen Zeit, **Heinrich I. von Sachsen**, der ab 919 das Zepter ergriff und die Ottonen-Dynastie[45] an die Macht brachte. Heinrich I., Vater von Otto I. und seinen Nachfolgern, befriedete das Reich, indem er häufig die

Herrschaft der Landesherzöge unangetastet ließ, sie aber zwang, ihn als obersten Herrscher anzuerkennen. Er schaffte Waffenruhe und nutzte diese für Städtebau, das heißt er machte die Bürger sicherer und sich gewogen. Die Lehensherrschaft baute er aus und nahm hierfür die Adelsschicht – als **Ritter** – in die Pflicht in Form einer gegenseitigen Vasallenabhängigkeit. Außerdem schaffte er weiteres Militär in Form von Reiterheeren, mit denen er zunächst die Ungarn, die sich als Hunnen gebärdeten, vernichtend schlug. Im Gegensatz zu den Karolingern, die ihr Reich immer wieder aufteilten, blieb unter den Ottonen die Herrschaft des Reiches ungeteilt, um die Dynastie zu stärken. Zu einer Tradition wurde ebenfalls, dass die (sterbenden) Herrscher ihre Nachfolger den Landesherren als Könige empfahlen. In der Regel waren dies erstgeborene Söhne. Das war auch der Fall bei Heinrich I. von Sachsen, der bevor er 936 verstarb, seinen Sohn **Otto I.**, der dann in Aachen zum deutschen König gekrönt wurde, dafür vorschlug. Otto I., später für seine Lebensleistung »der Große« genannt, wurde König des Ostfrankenreiches, das bedeutete Germaniens, was für das deutsche Territorium stand. Die Besonderheit hierbei war, dass das Ostfränkische Reich zum eigenständigen **Deutschen Reich** (Regnum Teutonicum) in Form des Heiligen Römischen Reiches wurde. Außenpolitisch kam der bestimmende Faktor in der Bedrohung aus dem Osten durch die Ungarn, innenpolitisch war es das Übliche: die Ansprüche der einzelnen Landesfürsten mussten im Rahmen gehalten werden und den Auseinandersetzungen zwischen den weltlichen und kirchlichen Würdenträgern sollten Grenzen gesetzt werden. Genau genommen blieb den Ottonen, nachdem sie einmal die Macht übernommen hatten, kaum ein anderes Vorgehen übrig. Denn das Reich, das Heinrich I. (»Ottonen-Vater«) nach den Karolingern übernommen hatte, war ziemlich am Ende. Von außen bedroht und zersplittert und im Inneren durch Seuchen und Hungersnöte schwer erschüttert.

Der Ottonische neue Ansatz war eine Art von »**Imperialer Reichsidee**«, in römischer Tradition. Es stand für die Zusammenfügung des Ostfrankenreiches (Germanien/Deutschland) mit dem Königtum Italien und bildete so das Heilige Römische Reich. Salopp ausgedrückt, handelte es sich um eine »römisch-deutsche Kaiser-Königskombi«. Otto I. strukturierte sein Reich im Inneren neu. Sachsen und Franken, die Kernländer des Ostfrankenreiches, wurden von ihm regiert. Sein Bruder Heinrich bekam Bayern, Schwaben und Lothringen gingen an den Sohn und Schwiegersohn. Otto I. begnügte sich nicht damit und stellte für sein Imperium neue Außengrenzen auf. Seinem ererbten Ostfrankenreich fügte er das Königtum Italien hinzu, das brachte ihn in Konkurrenz mit dem Kaiser im fernen Byzanz und gleicherweise mit dem Papst. Dafür musste ein Handel mit der Kirche angedacht werden. Zuvor gab es ein entscheidendes Problem, denn zunächst mussten die Ungarn (Magyaren) geschlagen werden, die seit 926 aus dem Osten permanent die Sicherheit des Reiches bedrohten. Sein Vater Heinrich I. hatte sich eine neunjährige Verschnaufspause »erkauft«, und zwar mit Tributzahlungen. Gleichzeitig hatte er die Zeit genutzt, um Festungen an der Ostgrenze auszubauen. Der endgültige Schlagabtausch stand noch bevor und sollte mit Hilfe einer Heiligenreliquie (der Heiligen Lanze) erfolgreich sein: Truppenkontingente aus allen Reichsteilen (Bayern, Franken, Schwaben und sogar Böhmen) stellten sich zur Verfügung und es kam 955 zu einer Mammutschlacht auf dem Lager Lechfeld bei Landsberg (südlich von Augsburg). Das war das Ende der fortwährenden Aggressionen und Einfälle der Ungarn. Die Überlebenden der Schlacht wurden sesshaft und christianisiert. Der Sieg galt als eine definierte Identifikation mit dem »Deutschtum«, weil sich Otto I. (angeblich) danach zum »Vater des Vaterlands« (Pater Patriae) proklamierte. Erst der überragende **Sieg auf dem Lechfeld 955** gegen die äußeren Feinde machte es möglich. Die Karriere der Ottonen, die

Herzöge von Sachsen und Könige des Ostfrankenreiches waren, später zu Königen von Italien wurden, war eine unaufhaltsame und wurde dann buchstäblich gekrönt, als Otto I. 962 im Petersdom feierlich den Titel des Römisch-Deutschen Kaisers erlangte.[46] Das Reichsgebilde wurde zu dem Begriff, den wir heute noch kennen als **Heiliges Römisches Reich (Deutscher Nation)**, aber Vorsicht, denn dieser Begriff wurde erst später wirklich benutzt und zwar im Hochmittelalter. Otto I. ist erst der zweite »Römische Kaiser«, der vom Papst gekrönt wurde. Hier herrscht historische Sicherheit, während Karl der Große eher als europäischer Kaiser – je nachdem aus welcher geographischen Perspektive – gesehen werden muss, mit Otto I., »dem Großen«, gab es den **ersten deutschen König**, der zum Kaiser gekrönt worden war. Damit wurde Otto der höchste Herrscher des Abendlandes, Ahnherr der Deutschen und christlicher Universalherrscher. Die Verbindung der deutschen Kirche mit der römischen war damit ebenfalls zementiert und dadurch auch das gegenseitige Abhängigkeitsverhältnis zwischen Kaiser und Papst. Der Kirchenstaat war garantiert, während der Papst dem Kaiser den Treueeid schwor, das heißt ohne die Zustimmung des weltlichen Herrschers durfte kein neuer Papst gewählt werden. Das Heilige Römische Reich, beziehungsweise der Anspruch darauf – in Form der Kaiserkrönung – wurde Otto I., dem König des Ostfrankenreiches nicht umsonst überlassen. Wie schon bei der ersten Kaiserkrönung (Karls des Großen), brauchte der Papst Unterstützung durch den weltlichen Herrscher. Der Kirchenstaat wurde als Territorium der Kirche garantiert und unter kaiserlich-militärischen Schutz gestellt. Im Gegenzug erkannte der Papst den Kaiser als Lehnsherrn an und schwor ihm sogar einen Treueeid. Dieser beinhaltete das kaiserliche Recht einer Zustimmung bei künftigen Papstwahlen. Der Kaiser bekam dafür den Heiligen Römischen Reichs-Titel, das gesamte Königreich Italien, sowie Brief und Siegel der kirchlichen Zustimmung seiner weltlichen Herrschaft. Er übernahm hiermit aber die Pflichten eines Lehnsherrn, was bedeutete, den Schutz der Kirche und seines Oberhirten zu garantieren. Verfassungsmäßig war das Ottonische »Reich der Deutschen« eine Wahlmonarchie, was bedeutete, dass die Krönung mit Treueschwüren der Fürsten verbunden wurde. Aber es war gleichermaßen eine Erbmonarchie, denn die ältesten Söhne waren die designierten Nachfolger, was wiederum der Zustimmung der Reichswürdenträger bedurfte, als Voraussetzung der Kaiserkrönung. Was bekamen die Territorialfürsten im Gegenzug? Schutz und Unterstützung ihres obersten Herrschers. Das frühmittelalterliche System legitimierte sich durch gegenseitige Verpflichtungen. Das ist ein schönes Beispiel des Rechte- und Pflichtenkatalogs, für den das **Lehenswesen** stand, welches sich seit dem 10. Jahrhundert in Europa entwickelt hatte. Generell war das gesamte Lehenssystem ein Abhängigkeitsverhältnis, das von oben nach unten funktionierte und somit eine Hierarchie zementierte. Der oberste Lehnsherr war immer der Herrscher (Kaiser und König). Er garantierte seinen Vasallen, viele davon privilegiert durch die Nähe zum ihm, Schutz und eine Art von Eigentum. Das konnte Landbesitz sein, der vom Vasallen genutzt wurde, aber im Besitz des Lehnsherrn blieb oder andere Vorteile. Der Lehnsempfänger übernahm damit Pflichten, die im direkten Dienen bestehen konnten, aber häufig in militärischer Bereitschaft lagen. Auf jeden Fall musste etwas im Gegenzug geliefert werden. Je näher der Vasall dem obersten Lehnsherrn stand, was praktisch durchaus räumlich zu verstehen war (Hofpflicht), desto mehr Vorteile konnten aus dieser Situation von beiden Seiten gezogen werden. Am Hofe waren dies die Adligen, die zum direkten Dienst beim Herrscher herangezogen wurden und gleichzeitig Teil der Pracht- und Zeremonienentfaltung waren. Oder sie wurden in die weiter entfernten Reichsteile geschickt und sorgten dort im Namen des

Monarchen für Ordnung und die Umsetzung seiner Wünsche. Wird das Lehnswesen, die durchdringende Strukturordnung des frühen bis späten Mittelalters, einige Stufen weiter herunter genommen, dann kam man bei den Landarbeitern an. Sie bestellten das Land, das nicht das ihrige war (es gehörte dem Lehnsherrn) oder falls doch, und dies war die Ausnahme, es doch einmal im Eigenbesitz stand, war dies vielen Unwägbarkeiten ausgesetzt. Deshalb versuchte jeder in einen »Herrschaftsdienst« der Grundbesitzenden oder der Kirche zu gelangen. »*Ich kenne nur Freie und Knechte*«,[47] soll Karl der Große gesagt haben. Das Ergebnis stand für eine sehr große Masse von Unfreien, von abhängigen und von hungernden Menschen. Die frühmittelalterliche Rechtslage unter den Ottonen ließ sich mit den Worten »ungeordnete Vielfalt« ganz gut beschreiben. Reichsgesetze waren noch nicht schriftlich fixiert und vorhandene Vorschriften waren häufig unanwendbar in einem unübersichtlichen Territorium, bestehend aus weltlichen und geistlichen Gebieten. **Hoftage**[48], später unter dem Begriff Reichstage bekannt, waren Treffen der Großen des Reiches, bei denen der Kaiser präsidierte. Sie waren im Prinzip Versammlungen zur Beschlussfassung, basierend auf dem Lehenssystem: Selbstdarstellung des kaiserlichen Lehensherrn zur Konsensherstellung mit seinen Vasallen, den Reichsfürsten. Dieses Vorgehen war erforderlich, denn das Fehlen einer Zentralgewalt sowie die territoriale Unübersichtlichkeit konnte nur mit einem Pakt auf Gegenseitigkeit funktionieren. Das galt für die weltlichen, wie für die geistlichen Lehen gleichermaßen. Neben den genannten Herzogtümern, die durch Familienbande gestärkt zu königlichen Lehen wurden, baute Otto I. ebenfalls seine Lehnsherr-Herrschaft durch die Kirche auf. Hohe geistliche Würdenträger (Bischöfe und Äbte) wurden zu treuen Beamten seines Staates, indem er ihre Macht stärkte, ebenfalls territorial, und sie gleichberechtigt neben die nicht geistlichen Herrscher stellte. Großer Vorteil: Sie hatten in der

Regel keine Kinder und deshalb weniger Bedarf an einer dynastischen Erblichkeit. Ihr Besitz konnte nach Gutdünken weitergegeben werden – oft als Belohnung für Loyalität.

Wird auf die Reichsverfassung geschaut, stellt sich erneut die Frage: Wann beginnt die deutsche Geschichte wirklich? Schon mit Karl dem Großen, falls wir ihn zu »unserem« Ahnherrn erklären und damit den französischen Anspruch elegant ignorieren? In diesem Falle schauen wir auf 1.200 Jahre Historie zurück. Oder begann es mit Otto I., der 962 vom Papst als deutscher König und römischer Kaiser gekrönt wurde? Dann reduzieren wir die Geschichte der Deutschen auf 1.100 Jahre. Sicher ist, dass mit Otto I. ein gemeinsamer Herrscher über Italien und Germanien gekrönt worden war und dies führte zum ersten Mal seit dem Zusammenbruch des Römischen Reiches zu einem geeinten »Reichsgebiet«. Die Verbindung des deutschen Königs mit der römischen Kurie bedeutete eine verstärkte Reisetätigkeit zwischen den deutschen und den italienischen Gebieten. Die Angehörigen der deutschen Stämme hatten erkannt, dass die Italiener in vielem kultivierter waren und übernahmen dortige Traditionen, um sie ins Reich zu importieren[49]. Gleichzeitig bewirkte dies eine Stärkung des deutschen Selbstbewusstseins. Der deutsche König war römischer Kaiser dank des Oberhauptes der Kirche, hatte also die Anerkennung als weltlicher Herrscher der abendländischen Christenheit erfahren. Sämtliche Züge (Reisen) nach Rom beziehungsweise Italien gingen durch deutsche Gebiete oder zumindest Territorien, die unter deutscher Schutzherrschaft standen. Um über die Alpen nach Norditalien zu gelangen, kam man an »den Deutschen« nicht mehr vorbei, andererseits waren die deutschen Begehrlichkeiten im Hinblick auf die reichen norditalienischen Provinzen geweckt. Hier entstanden Abhängigkeiten in wirtschaftlicher und politischer Weise und gleichzeitig wurden kulturelle Unterschiede deutlich. Das Bewusstsein **einer kulturellen Identifika-**

tion entwickelt sich jedoch zwangsläufig durch den Vergleich. Die Deutschen – angenommene vier Millionen – fühlten den Unterschied ihrer Kultur zu der »italischen«, wie es damals hieß. Nicht nur der Unterschied der Lebensgewohnheiten, sondern ebenfalls Unterschiede in Bezug auf die Sprache wurden deutlich. Einer der Gründe, warum die Italiener für lange Zeit die »Welschen« genannt wurden. Die Idee einer eigenen nationalen Identität sowie der Gebrauch des Wortes »deutsch« kam aus der Zeit des ersten deutschen Königs und römischen Kaisers, Otto I., – eine Entwicklung, die ab dem Jahr 936 begann. Eine langsame eigene Rechtsprechung unter dem Namen »Deutsch« wurde gebräuchlich. Militärischer Ruhm, den Otto I. durch seine Siege errungen hatte, wurde in Form einer vaterländischen Verehrung und als Abgrenzung gegen äußere Feinde verstanden, wie zeitgenössische Chroniken zeigten: *»Glorreich durch den herrlichen Sieg wurde der König von seinem Heer zum Vater des Vaterlandes ausgerufen.«*[50] Oder: *»Das Volk sprach […], wie er mit väterlicher Milde seine Untertanen regiert und sie von den Feinden befreit, die übermütigen Feinde, Awaren, Sarazenen, Dänen, Slawen, […] Italien unterworfen […] und geistliche Ordnung eingerichtet habe.«*[51] Bei der Gelegenheit wurde nicht nur eine Namensabfolge der das Reich Ottos I. bedrohenden Nachbarn, die meisten noch als wilde Volksstämme betrachtet, geliefert, sondern ein weiterer zentraler Punkt mit dem Hinweis auf die Geistliche Ordnung, das Christentum in Abgrenzung zu den sogenannten *»Götzentempeln bei den benachbarten Völkern«*[52] erwähnt.

Klöster wurden in der ottonischen Zeit zu Stätten der abendländischen Kultur. Das Christentum, getragen von einer erstarkenden Geistlichkeit, spielte eine Hauptrolle im öffentlichen und privaten Leben. Während die Klostergründungen zuvor von außen kamen, als Beispiel der Beginn des Benediktinerordens, den Benedikt von Nursia (480–547) 400 Jahre zuvor (529) in Monte Cassino gegründet hatte, was für die

Missionierung von außerhalb stand, änderte sich dies unter den Ottonen. Einheimische (Deutsche) formten Klostergemeinschaften und traten in Klöster ein. Der Hintergrund hierzu war das Bewusstsein, dass dies ein Karriereschritt war oder zumindest eine Existenz bot, seitdem Otto I. aus machtpolitischen Gründen geistliche Würdenträger zu einer Stütze seiner Politik gemacht hatte. Der weltliche Besitz, der auf diese Weise der Kirche in Form von Lehen von königlich-kaiserlicher Seite zur Verfügung gestellt wurde, erhöhte in nie dagewesener Weise den Einfluss der Geistlichkeit. Die Kombination von geistlichem Auftrag, der sich für die einfache Bevölkerung als direkte Botschaft Gottes darstellte, und dem weltlichen Reichtum, der für finanzielle Unabhängigkeit sorgte, trug zu einer Blütezeit der Kirchen in Deutschland bei. Aus dieser Zeit kamen die großen, imponierenden Gotteshäuser in Form von Münstern, Domen und Kathedralen sowie Klöstern. Unter dem falschen Titel »Romanischer Stil« entstanden in den Jahren 900 bis 1200 die kirchlichen Prachtbauten, die noch heute von allen und vor allem von den Touristen, die Deutschland bereisen, bestaunt werden können. Die **Klöster** wurden zum Mittelpunkt eines geistlich-akademischen Lebens: Die Mönche studierten, sie schrieben die alten Texte ab (mit vielen Fehlern) und sie gaben ihr Wissen an Schüler weiter. Klosterbrüder niedrigeren Ranges waren für die Kultivierung der Landwirtschaft und vielfach für das Heilwesen (Kräuter und Tinkturen) zuständig. Nicht nur Männerklöster wurden gegründet, sondern auch Frauenklöster und diese boten unverheirateten Frauen ein Refugium und insbesondere eine Alternative zur Ehe. Die Kosten dieser Berufung waren allerdings ähnlich: Die Mitgift ging in das Klostereigentum über. Soziale Erwägungen spielten hierbei nur eine untergeordnete Rolle: Je höher die Mitgift, desto leichter konnte sich eine Frau, meist aus einer bedeutenden Familie (häufig aus den regierenden), einen Platz sichern. Im täglichen Ablauf des klösterlichen Lebens gab es kaum Unterschiede zwischen den Geschlechtern: Es wurde siebenmal am Tage Gottes Lob gesungen, ansonsten gelernt und gearbeitet. Das weibliche Klosterleben zeigte eine interessante Facette, der sich ansonsten in engen, sozialen und genormten Grenzen abspielenden Frauenschicksale. Fast von Beginn an waren die Klöster die Stätte der akademischen Bildung und deren Weitergabe, zumeist mit dem Ziel, sich auf den Priesterberuf vorzubereiten aber auch Schulung zu vermitteln. Das galt für Jugendliche (Jungen und Mädchen) aus ritterlichem und fürstlichem Hause. Erst in späteren Jahrhunderten boten die Klöster armen und verwaisten Kindern ebenfalls eine Heimstatt und übernahmen hiermit einen sozialen Dienst an der weiten, teils sehr verarmten Bevölkerung. Das **Erstarken der Kirche** mithilfe der Klöster und ein enormes Anwachsen der kirchlichen und finanziellen Macht führte – wie sollte es anders sein – über kurz oder lang zu einem Niedergang. Das Anwachsen der Klostergemeinschaften stand für eine Macht innerhalb der deutschen Territorien, die sich in ihrem Selbstbewusstsein anschickte, zur Herausforderung der Königsherrschaft zu werden. Eine der Ursachen lag in der Vermehrung kirchlichen Grundbesitzes, häufig durch Schenkungen der Mächtigen zur Sicherung des Seelenheils. Dementsprechend waren geistliche Würdenträger nicht immer Träger geistlicher Bildung. Zeitgenössische Chroniken berichten von Äbten, die keine Priester waren und nicht einmal des Lesens und Schreibens fähig. Der territoriale Machtzuwachs und der ihn begleitende materielle Reichtum führten zur Vernachlässigung der definierten Kernkompetenzen des »*Ora*« (Beten) und »*Labora*« (Arbeiten). Ein Verfall der klösterlichen Sitten in Deutschland, Italien und Frankreich, also dem Herzland des Christentums, trat immer stärker zu Tage und forderte Reformen und Reformer heraus. Hier lagen schon die Wurzeln des aufkeimenden Kirchenkampfes in Form des Protestantismus, den Luther zusammen mit der Sprache den Deutschen bescherte. Faktisch **endete**

die Ottonenherrschaft mit dem Tode von Otto I., denn seinen beiden Nachfolgern Otto II. (bis 983) und Otto III. waren weder Langlebigkeit noch viel Durchsetzungskraft beschieden. Allerdings hatte Otto II. die byzantinische Kaisers-Tochter Theophanu geheiratet und diese sowie seine Mutter Adelheid von Burgund übernahmen die Regentschaft für den minderjährigen Otto III. Dies stellte eine staatsrechtliche Neuheit dar, aber nicht dies bemerkten die Zeitgenossen, sondern nur, dass der junge Otto III. (983–1002), »undeutsch«, das hieß in diesem Fall eher unsächsisch erzogen wurde. Ob gegen den Vorwurf des »Undeutschen«, oder getrieben durch Machtinstinkte, Otto III. wollte an den Mythos Karls des Großen anknüpfen und tat dies in geschmackloser Form, der schon erwähnten Grabschändung. Einem Begleiter dieser Aktion, dem italienischen Grafen von Lomello verdanken wir die Beschreibung.[53] Die in der Grabkammer Angekommenen fanden den Leichnam Karls des Großen auf einem Thron sitzend vor, mit einer Krone auf dem Kopf, dem Zepter in der Hand, durch deren Handschuhe sich bereits die Fingernägel (diese wuchsen nach dem Tode wohl weiter) durchgebohrt hatten. Vor dem Verblichenen wurde gebetet, er wurde soweit wie möglich wieder »gerichtet« und etwas vergoldet. Kaiser Otto III. nahm, wohl als »imperiale Reliquie«, einen Zahn aus dem Munde Karls des Großen mit.[54] Otto III. fand seine eigene Grabesstätte in einer Gruft in der Aachener Marienkirche, im Tode vereint mit seinem kaiserlichen Vorbild.

Während sich das Ottonische Reich langsam auflöste, entstanden jenseits der Grenzen neue starke Staatsgebilde. Das war einer der entscheidenden Gründe, die Heinrich II. (bis 1024), den letzten Ottonen, daran hinderten, sein Reich zu konsolidieren und zu vergrößern. Die Slawen setzten sich erneut durch und es entstanden unabhängige Ostgebiete unter dem Namen Polen, was das spätere Gebiet von Preußen, Pommern, Böhmen und Ungarn umfasste. Beide Ländergebiete hatten während der Auseinandersetzungen unter Otto I., dem Großen, das Christentum als tragende Religion übernehmen müssen. Zum Niedergang der Ottonenkultur passte, dass für das Jahr 1000 sowieso »das Ende aller Zeiten« (die Apokalypse) erwartet wurde. Danach, so war die Vorstellung, würde die Herrschaft »des wieder erschienenen Christus« beginnen – das entsprach den Weissagungen der Propheten im Alten Testament und der Offenbarung des Johannes. Die Endzeiterwartung aufgrund der **Jahrtausendwende** beförderte viele Werke der Frömmigkeit – Klöster und Kirchen wurden gestiftet, immer in dem Glauben, die Zeit ist erfüllt, es kommt das Jüngste Gericht in absehbarer Zukunft. Wie wir heute wissen, die Jahrtausendwende verging ohne Apokalypse, aber sie brachte eine neue Dynastie ans Ruder, die **Staufer**, die auf die Ottonen folgten. In der Epoche von den Karolingern zu den Ottonen wurden die Grundsteine für ein eigenständiges Deutsches Reich gelegt, nachdem das Oströmische Reich vergangen war. Ruhe kehrte deshalb nicht ein, denn ständige Querelen erschütterten das Reich, zumeist weil die jeweiligen Territorialfürsten sich nicht dem obersten Herrscherwillen beugen wollten. Eine zweite Konfliktfront bauten sich der jeweils weltliche und der jeweils geistliche Herrscher selbstständig auf, denn beide beanspruchten die Vorherrschaft im Reich. Die Staatsform im Deutschen Reich war ein Wahlkönigtum, das hieß die Machtzentren hatten verschiedene Quellen und lagen nicht wie in Frankreich (Weströmisches Reich) in den Händen einer Dynastie. Jedes monarchische Geschlecht in Deutschland wollte einmal an die Macht gelangen, der Konkurrenzdruck und die entsprechenden Auseinandersetzungen, zumeist kriegerisch, waren gigantisch. Nach den Ottonen waren die Salier im 10. bis zum 12. Jahrhundert an der Reihe.[55] Als wenn das vorhandene Konfliktpotential nicht ausreichte, die weltlichen Fürsten gingen bei jeder Gelegenheit gegen die kirchlichen Würdenträger vor: Kirche und Herrschaft waren im

Gegensatz gefangen. Die Frage ist hier berechtigt, inwieweit dies für den mittelalterlichen Menschen überhaupt von Belang war. Die Großen des Reiches und die Würdenträger der Kirche zankten sich, ja und? Allerdings, heute unvorstellbar, der gesamte Alltag eines jeden Menschen im Mittelalter war durchdrungen von überbordender Religiosität: Kirche, Besuche der Messe, das Kirchenjahr mit seinen rituellen Daten. Dies waren die bestimmenden Elemente im Leben und zwar dergestalt, dass alles auf das Jenseits gerichtet war. Vermutlich war die mittelalterliche Existenz, bestimmt von Kriegen, Seuchen, frühem Siechtum, kurzer Lebensdauer, nur durch die Versprechungen eines besseren Lebens nach dem Tod, den Segnungen des Paradieses bei vorbildlicher Lebensführung, auszuhalten. Die Kirche bestimmte den Alltag der Menschen und genau deshalb kam der hohen Geistlichkeit immer mehr Macht zu, und die Kirche wollte diese selbstverständlich in weltlicher Hinsicht konsolidieren. Hilfreich war dabei vermutlich ein dritter Faktor im Entstehen der mittelalterlichen Landschaft: Die Städte blühten auf, immer mehr Menschen zogen vom Land an die Orte, die ihnen durch Handwerk und/oder Handel mehr Chancen und Abwechslung boten. Diese Städte wurden langsam aber sicher zu einer weiteren Herausforderung der weltlichen-beherrschenden Macht. Und natürlich war der Mittelpunkt einer jeden Stadt, eines jeden Ortes die Kirche.

In den deutschen Landen war der Frieden ebenfalls brüchig: Obwohl die Herrscher Konrad II. bis Heinrich III. (die Salier) eine anerkannte Regentschaft führten, waren die Adligen des Landes aufsässig. Sie engagierten sich regelmäßig in Fehden, das bedeutete kriegerische Auseinandersetzungen untereinander, die blutig ausgetragen wurden und immerwährenden weiteren Unfrieden wie ein Perpetuum Mobile nach sich zogen. Diese Fehden konnten außerdem langanhaltend sein und sie waren übergreifend auf die ganze Familiensippe. Der salische

Herrscher Heinrich III. (1039–1056) ging dieses innere Problem sowohl pragmatisch als auch religiös an. Zuerst einmal verfügte er, dass an den Wochentagen von Mittwochabend bis Montag früh Waffenruhe zu halten sei, wer sich daran nicht hielt, hatte dafür eine Pilgerfahrt nach Jerusalem zu machen oder derjenige verfiel dem »Kirchenbann«, damit war man vogelfrei und quasi tot, weil im kirchlichen Sinne vollkommen ausgestoßen. Hier wollte Heinrich III. durch Vorbild wirken. So vergab er (regelmäßig) seinen eigenen Feinden und erwartete, dass diese christliche Haltung moralische Maßstäbe setzte. Dem war allerdings nicht so, denn das Fehdewesen war signifikant ausgeprägt und ließ sich nicht schlichtweg abschaffen. Größer als der Wunsch nach innerem Frieden war nur noch das Problem des äußeren Friedens in Form der alles bestimmenden und immer brüchiger werdenden Hauptstrukturen des Mittelalters: Kaisertum und Papsttum. Der Dualismus der beiden Repräsentanten bot ein Konfliktpotential ungeheuren Ausmaßes. Eigentlich hätte alles einfach sein können, denn die Bestimmungen waren klar: Der Kaiser als ranghöchster weltlicher Herr verkörperte die Eigenschaften, die das Volk erwartete, nämlich Frömmigkeit, Ritterlichkeit und Pflichterfüllung zugunsten seiner Untertanen. Außerdem natürlich die Schutzfunktion zugunsten der Kirche. Der Papst war der ranghöchste geistliche Herr. Er stand für die christliche Verpflichtung der geistlichen Vorbildfunktion und hatte als oberste Führungskraft die Aufgabe, die unteren Ränge zu kontrollieren. Dabei konnte er auf die Unterstützung der weltlichen Macht durch den Kaiser zählen. Das war der schöne Schein, denn der Ausgleich zwischen geistlicher und weltlicher Herrschaft war das theoretische Ideal geworden – leider recht weit entfernt von der Realität. Genau genommen lag das Problem zunächst auf Seiten der Kirche. Das Papsttum war verweltlicht, denn mächtige italienische Adelsfamilien hatten den Papst-Job als erstrebenswert entdeckt: Mit dem höheren Ziel sich zu bereichern, die Positionen ihrer Familien zu erhöhen und ihre Macht zu vergrößern. Mit Religiosität hatte dies wenig zu tun, mit Macht und Einfluss dagegen sehr viel mehr. Nicht zu vergessen: Mit dem Amt des Papstes kamen sehr weltliche Reichtümer, Ländereien und wirtschaftliche Vorteile. Bei den Ottonen war es noch Usus gewesen, dass die hohe Geistlichkeit mit dem sogenannten **Investiturrecht** durch den weltlichen Herrscher ernannt wurde. Eine Tatsache, die ebenfalls eine bedeutende Rolle bei der Papstwahl spielte. Genau genommen schlug in der ottonischen Zeit das Pendel noch mehr zugunsten der weltlichen Herrschaft aus. Das wurde im Nachgang der immer mächtiger und selbstbewusster werdenden Päpste aus einflussreichen italienischen Familien zum Dorn im Auge. Auf Seiten der Kirche kann von kirchlicher Dekadenz gesprochen werden, aber auf Seiten des Kaisertums von einem starken Machtimpuls gegenüber der Kirche. Als Ergebnis schwelten ab dem Salier Konrad II. (1024–1039) und noch mehr unter seinem Nachfolger Heinrich III. die Konflikte, weil sich weltliche Familien in Italien im eigenen Machtinteresse der Papstwahl (beziehungsweise deren Absetzung) bedienten. Als Ergebnis mussten die weltlichen Herrscher für Ordnung bei der Geistlichkeit sorgen. Heinrich III. griff energisch ein, als sich 1046 drei italienische Adelsfamilien um den Papstposten zankten. Kurzerhand setzte er die Päpste ab und etablierte einen deutschen Papst, den Bischof von Bamberg, der ihn 1046 zum Kaiser krönte. Da sich die deutsche Herrschaft über den Heiligen Stuhl bewährte, folgten nochmals drei deutsche Päpste, aber den Anspruch auf den höchsten Posten der Geistlichkeit hatten die italienischen Adeligen dennoch stets im Blick und dies stellte eine Quelle ständiger Unzufriedenheit in den italienischen Kronländern dar. Bei diesem Szenario war weltlicher Eingriff in das geistliche Leben recht unerwünscht. Wie wenn dies nicht genug wäre: Genau zu diesem Zeitpunkt, 1054 spaltete sich die Kirche im sogenannten Kirchenschisma in eine »Römische« und eine »Orthodoxe« Kirche. Also eine Bedrohung der Institution Kirche von innen und von außen. Aber die Kirche »rüstete auf«, denn ihr kam zugute, dass mit Heinrich IV. (ab 1056) ein Sechsjähriger den Thron übernahm und erzogen wurde der Knabe von geistlichen Würdenträgern. Das war die Gemengelage für den sogenannten **Investiturstreit**, dem Kirchenkrimi des Mittelalters, als Papst Gregor VII. (wieder ein deutscher Papst), Heinrich IV. herausforderte. Dies wurde zum absoluten Höhepunkt in der Auseinandersetzung der beiden Mächte. Anstatt sich dem bewährten Muster des Ausgleichs und gegenseitigen Protektorats zu bedienen, sah der neue Papst Gregor VII. Heinrich IV. als Konkurrenten im Machtanspruch auf seine weltliche und geistliche Hoheit. Seine Überlegungen waren, dass selbst ein Kaiser nur ein »sündiger Mensch« sei und deshalb ihm, dem Papst, das Weisungsrecht über den weltlichen Herrscher zustehe. Damit stellte sich Gregor VII. in einen bewussten Widerspruch zu den bisherigen Traditionen, die die Herrscher als Mitstreiter für das Gotteswort und Unterstützer des Glaubens nahmen. Hinter dem programmatischen Durcheinanderwirbeln des traditionellen Machtgefüges von beiden Seiten stand wie immer nur die Machtfrage und natürlich die Geldfrage. Um den Glauben ging es weniger, denn der Herrscher hatte bisher die Macht die hohe Geistlichkeit selber zu besetzen (Investitur) und damit nicht genug: Für diese Ämter wurde bezahlt (Simonie) und zwar viel. Das waren Macht und Finanzen, die Gregor VII. nicht in den Händen der weltlichen Führung belassen wollte, sondern selbst für die Kirche beanspruchte. Der König wiederum stützte sich auf die von ihm ernannten geistigen Würdenträger bei der Reichsführung und benötigte das Geld für immerwährende Feldzüge. Zugegebenermaßen war diese wenngleich korrupte Stellenbesetzungsmethode ein wichtiges Vorrecht des Königs, der sich zudem auf die von ihm ernannten geistigen Würdenträger verlassen konnte und damit außerdem seine chronische

Geldnot bekämpfte. Nicht zu vergessen: Der Kirchenbesitz in Form von Klöstern und deren Ländereien besaß für den jeweiligen Herrscher einen hohen wirtschaftlichen und machtpolitischen Faktor. Deshalb war der deutsche König, in diesem Fall Heinrich IV., auch nicht besonders heikel bei der Besetzung der hohen innerdeutschen Kirchenämter. Als Folge gab es eine Menge sogenannter »unwürdiger Bischöfe«, die sich miserabel benahmen. Dem Ansehen der Kirche wurde damit geschadet. Inhaltlich hatte der Papst hier durchaus einen Ansatzpunkt, auch wenn es darum eigentlich nicht ging. Papst Gregor VII. griff zum geistlichen Machtmittel, das ihm als Vertreter Christi auf Erden zustand, und belegte erst die Ratgeber des Königs und dann ihn selbst mit einem *Kirchenbann*. Die Verhängung eines Kirchenbanns war eine ernste Angelegenheit. Die damit Bestraften durften keine Kirche betreten und nicht die Sakramente entgegennehmen: sie waren »ex-kommuniziert«. Damit war man nach damaligen Glaubens- und gesellschaftlichen Vorstellungen, so gut wie tot – und im Falle des tatsächlichen Todes dann wirklich dem ewigen Fegefeuer (das heißt der Hölle) ausgeliefert. Die Ausschließung aus der menschlichen Gemeinschaft als Folge des Kirchenbanns kann in seiner Drohung für die mittelalterliche Gesellschaft gar nicht ernst genug genommen werden. Es war die absolute Verdammnis eines menschlichen Wesens, das damit vollkommen von der Gnade Gottes in Ewigkeit ausgenommen war. Bisher hatte allerdings noch kein Papst gewagt, dieses strenge Mittel sogar über den weltlichen Herrscher zu verhängen und damit ganz unverblümt seine ihm von Gott verliehene Autorität auszuüben. Ja, mehr noch: Im Sinne des gegenseitigen Lehensverhältnisses die Untertanen von ihrem Treueid gegenüber ihrem König zu lösen, womit die Brisanz des Kirchenbannes endgültig klar sein dürfte. Papst Gregor VII., zufrieden mit der durchschlagenden Wirkung seiner Maßnahme, machte sich auf den Weg, den aufständischen Fürsten in Deutschland beizustehen und

Heinrich IV. erkannte, dass ihm nun nur noch ein Ausweg blieb, nämlich ein öffentlicher Bußgang, denn einem Reuigen durfte die Vergebung nicht versagt bleiben. Der berühmte *Gang nach Canossa 1077* war ein solcher: Dreimalig umrundete Heinrich IV. die Burg von Canossa (lag südlich von Parma) barfuß und im Büßergewand und daraufhin musste Papst Gregor VII. ihn offiziell vom Bann befreien. Im Januar 1077 musste Heinrich IV. zusätzlich noch eine Dame von seiner Bußfertigkeit und seinem Einlenken überzeugen, denn auf der Burg Canossa saß die Markgräfin Mathilde von Tuszien, und sie war eine Parteigängerin des Papstes. Deshalb hatte Heinrich IV. wohl als Verstärkung seinen Patenonkel Hugo von Cluny (den Abt des berühmtesten Klosters der damaligen Zeit) mitgebracht.

Im Nachhinein stellen sich hierzu zwei Fragen: Erstens, ob nicht Heinrich IV. Papst Gregor VII. mit seinen eigenen Waffen, den »kirchlichen Regeln«, die nach einer Buße (als Sinnbild der Reue) die göttliche Vergebung (absolute Verzeihung) vorsahen, schlug? Zweitens, hat der berühmte Gang nach Canossa – der als Sprichwort einen als Erniedrigung empfundenen Bittgang eines Menschen beschreibt – wirklich so stattgefunden? Es gibt historische Fakten, die nachweisen, dass für diese Handlung Heinrich IV. im Vorfeld ein genaues Drehbuch festgelegt worden war. Dann wäre dies als zielgerichtete und erfolgreiche mittelalterliche Öffentlichkeitsarbeit zu werten. Öffentlichkeitswirksamkeit hin oder her, auf jeden Fall rettete Heinrich in quasi letzter Sekunde sein Königtum. Papst Gregor VII., der sich auf die kirchlichen Bestimmungen stützte, musste dem Sünder offiziell vergeben, aber der Gegensatz zwischen Kirche und weltlicher Macht war damit nicht beendet. Nachdem Heinrich ohne Bann in den deutschen Ländern und bei seinen Gegnern aufgeräumt hatte, wandte er sich mit einem Heer gen Rom. Gregor VII. musste fliehen und starb dann im Exil, nachdem sich die Römer, gequält durch Plünderungen, gegen ihren Papst erhoben hatten. Sein Nachfolger krönte Heinrich zum römischen Kaiser. Der Kampf zwischen der geistlichen und der weltlichen Fraktion ging weiter und zog sich quer durch die Geistlichkeit und die Fürsten, sogar innerhalb von Heinrichs eigener Familie, als sich die Söhne gegen den Vater stellten. Die deutschen Fürsten, die wohl genug hatten von dem nun episch werdenden Streit, stellten sich gegen Heinrich IV. und setzten seinen Sohn, einen weiteren Heinrich (V.) ein. Das Konkordat (Übereinkunft) beendete den Streit zwischen dem Papst- und dem Königtum in Worms im Jahre 1122, sechzehn Jahre nach dem Tode Heinrichs IV.

Nach den Irrungen und Wirrungen zwischen dem Papsttum und dem weltlichen Herrschertum mit dem Höhepunkt des Investiturstreites, kam durch die Berufung eines neuen deutschen Königs 1152, nämlich Friedrich I. Barbarossas, Ruhe in das Gesamtszenario. Damit markiert das Jahr 1152 mit der Übertragung der deutschen Königswürde an einen *Hohenstaufen* ein Wiedererstarken der deutschen Königswürde in Ablösung der als zu schwach beurteilten Vorgänger. Außer der Hoffnung in seine Führungsstärke genoss Friedrich I. von (Hohen)Staufen (1122–1190) bereits bei seiner Wahl ein hohes Ansehen, denn er verkörperte das damalige Ideal eines gutaussehenden, souveränen und gebildeten Herrschers. Diese Ideale waren im 12. Jahrhundert unter anderem die Beherrschung folgender Sprachen: Latein, Italienisch, Französisch und Deutsch. Bei diesem Deutsch sollte allerdings Vorsicht geboten sein, hier handelte es sich vermutlich um eine Dialektform, denn ein einheitliches Deutsch bildete sich erst später heraus. Dem ersten großen Herrscher aus dem Hause Hohenstaufen, Friedrich I., aufgrund seines wohl rötlichen Bartes auch Barbarossa genannt, wurden positive Persönlichkeitsattribute bescheinigt. Der Herrscher fiel nicht nur angenehm durch seine Sprachkenntnisse auf, er war ebenfalls ein großer Förderer der Künste, vor allem von Literatur, damals insbesondere der Dichtung und Geschichtsschreibung, sowie der Baukunst. Außerdem war der Staufer ein sehr erfahrener und erfolgreicher Turnierkämpfer, was ihm weite Anerkennung als Idealbild eines mittelalterlichen Ritters einbrachte. Äußerliche Beschreibungen fielen zumeist schmeichelhaft aus: »*Sein Körper ist anmutig gebaut [...] sein ganzes Gesicht ist fröhlich und heiter. Sein Schritt ist fest und gleichmäßig, seine Stimme hell und die ganze Haltung seines Körpers männlich*«[56]. Neben seinen körperlichen Vorzügen galt Friedrich I. als sehr integrer Charakter mit einem festen, aber gerechten Führungswillen, den er schon bei seiner Krönung in Aachen unter Beweis stellte, als er dem bereits gesprochenen Recht Vorzug gegenüber einzelnen Gnadenbeweisen gab. Eine feste Führung seines Reiches war das Gebot der Stunde. Der neue König vergrößerte sein eigenes und das Königsgut durch geschickte Belehnungen sowie Rodungen und eine kluge Heirat mit Beatrix von Burgund (eine der damals reichsten Erbinnen). Trotz der positiven Persönlichkeitsbeschreibung Friedrichs I. von Hohenstaufen war auch seine Regierungszeit von Konflikten geprägt und zwar an den bewährten üblichen drei Fronten: Erstens innerhalb des Reiches mit seinem Vetter Heinrich dem Löwen, Herzog von Sachsen, einem ebenfalls machtbewussten Konkurrenten. Zweitens mit den oberitalienischen Städten, die ihm den Gehorsam und die Lehenspflichten in Form von Abgaben verweigerten. Drittens das Übliche, die Auseinandersetzung mit dem Oberhaupt der Kirche, vor allem mit Papst Alexander III. Zunächst war der Unfrieden im Reich und mit der Verwandtschaft das gravierendste Problem. Der innerfamiliäre Ärger, der Friedrich I. Barbarossa sein Leben lang begleitete, wurde von seinem eigenen Vetter **Heinrich aus dem Hause der Welfen**, einem sächsischen mächtigen Fürsten verursacht. Zunächst wirkte alles harmonisch: Heinrich der Löwe unterstützte ihn bei der Königswahl und bekam dafür das Herzogtum Bayern (1156, inklusive der Mark

Österreich). Da Barbarossa gleich zu Beginn Ärger mit den *lombardischen Städten* bekam, die selbstbewusst nach Unabhängigkeit strebten, musste direkt eine militärische Strafaktion in Gang gesetzt werden. Das größte Truppenkontingent steuerte der Vetter Heinrich bei. Dann veränderte sich die freundschaftliche Atmosphäre, als 1176 Heinrich Friedrich I. die sogenannte Heerfahrt (Unterstützung im Kriegsfall) verweigerte und dafür abgestraft wurde. Die Auseinandersetzungen mit Heinrich dem Löwen gingen immer weiter: Mal hatte Friedrich I. die Oberhand, mal der mächtige Welfe, allerdings war dieser auch den anderen Großen des Reiches ein Dorn im Auge, denn Heinrich machte aus seinem Machtstreben kein Geheimnis und galt als aggressiv. Der **Dualismus zwischen den Staufern und den Welfen** war durchaus ein Charakteristikum in der Reichspolitik des 12. Jahrhunderts. Nachdem Heinrich der Löwe seine direkte Unterstützung in den italienischen Auseinandersetzungen aufkündigte, bestrafte ihn Kaiser Friedrich I., indem er dessen Territorium verkleinerte. Bayern wurde Heinrich weggenommen und an die Dynastie der Wittelsbacher gegeben. Die damals dazugehörige Mark Österreich fiel an die Staufer, das heißt Heinrich konnte seine ehrgeizigen Pläne, über Bayern und Österreich nach Osten zu expandieren, nicht mehr umsetzen. Selbst sein Kernland Sachsen wurde aufgeteilt. Der zweite Brennpunkt lag in den oberitalienischen Städten: sie »muckten auf«, denn sie waren sich ihrer bevorzugten geographischen Lage an der Heeresstraße auf dem Weg nach Rom bewusst und versuchten ihre früheren Privilegien (Freiheit und Selbstständigkeit) wiederherzustellen, beziehungsweise zu festigen. Hierzu gehörte unter anderem auch die Verweigerung der Abgaben, die dem deutschen König als König der Lombardei zustanden und die reichhaltig waren. Also musste sich Friedrich I. zunächst nach Rom bewegen und er ließ sich dort zum Kaiser krönen. Barbarossas erster Italienzug war also geprägt von der Notwendigkeit, eine Strafaktion gegen die aufständischen Städte zu führen und der anschließend geplanten Kaiserkrönung in Rom. Mit der Kaiserwürde ausgestattet regelte er die Norditaliensache und die Städte beeilten sich, sich angesichts der kriegerischen Übermacht und Präsenz des Kaisers schnell ihrem Schicksal zu fügen – tatsächlich vertagten sie ihre Unzufriedenheit aber nur. Friedrich I. ließ sich, unterstützt von den Professoren der Reichsuniversität Bologna, das spätrömische Reichsrecht bestätigen, das ihn zum alleinigen Oberhaupt der Lombardei machte. Die Auseinandersetzungen mit dem Papst folgten auf dem Fuße. Ursprünglich hielt sich Friedrich I. von Hohenstaufen genau an die Vorgaben des Wormser Konkordats 1122 und sorgte dafür, dass nur passende Bischöfe geweiht wurden – er gab ihnen die weltliche Macht (durch Verleihung eines Zepters). Trotzdem, nach seiner Kaiserkrönung durch den Papst (Hadrian IV.) 1155 (ein Jahr später als geplant) kam ein neuer Papst an die Macht und stellte wieder die unerwünschte Frage, wer eigentlich wessen Lehnsherr war. Nach Ansicht von Papst Alexander III. war dies klar: Das Kaisertum ist ein Lehen des Papstes. Dass sich der Kaiser und der Papst mal wieder »ideologisch bekriegten«, wussten die Gegner Barbarossas zu nutzen und zwar zur Einigkeit gegen den Kaiser. Hierzu verbündete sich das aufständische Mailand, extrem unzufrieden mit der Tatsache des neuen Herrschers der Lombardei, mit Papst Alexander III. Dieser sah seine Chance, den Freiheitskampf der lombardischen Städte als Grundlage für eine neue Auseinandersetzung zwischen Reich und Papsttum zu instrumentalisieren. Und wieder ging es hin und her. Ein Gegenpapst wurde durch Friedrich I. aufgestellt. Dieser erhielt als Quittung den Bannfluch und für weitere zwanzig Jahre gab es unerfreuliche Auseinandersetzungen zwischen dem Kaiser und der Kurie mit wechselndem Erfolg, bis Friedrich I. seine Vorherrschaft in Italien mit der Belagerung und Einäscherung des aufständischen Mailands (1162) zu seinen Gunsten entschied, aber deshalb erkannten ihn Rom und die mittelitalienischen Städte trotzdem nicht an. Und wie um Gottes mangelnde Gunst zu demonstrieren agierte das Schicksal: Große Teile des staufischen Heeres wurden von einer Seuche dahingerafft. Ein geschlagener Friedrich I. erreichte mit den Resten seiner einst stolzen Streitkraft das Reichsgebiet. Noch trug die Freundschaft mit Heinrich dem Löwen, aber extra Truppen stellte er Friedrich Barbarossa für seinen erneuten Heereszug nach Italien sieben Jahre später doch nicht zur Verfügung. Das hatte dramatische Folgen: Friedrich I. wurde von den Truppen der lombardischen Städte geschlagen und musste sich 1176 unter Zwang mit Papst Alexander III. versöhnen. Positiv war daran, dass ein Frieden mit der Lombardei geschlossen wurde. Die oberitalienischen Städte erkannten den Kaiser als ihren Herrscher an und zahlten ihm eine Extra-Geldsumme.

Während sich Friedrich I. von Staufen im Süden seines Reiches engagierte, hatte sein Vetter *Heinrich der Löwe* sein Auge gen Osten schweifen lassen: Mecklenburg und Pommern hatte er sich bereits einverleibt, doch nun wollte er noch mehr slawische Gebiete seinem eigenen anfügen. Das rief die anderen Fürsten auf den Plan und Friedrich sah sich in der Pflicht, erst zu vermitteln, um dann Heinrich den Löwen in seine Schranken zu weisen. Zur Erinnerung: Der eigentliche Anlass lag in der Vergangenheit, als sich Heinrich geweigert hatte, ihm 1176 die Heeresfolge zu leisten. Nach dem damals üblichen Verfahren, da Heinrich nicht zum Hoftag erschienen war, wurde über ihn der Reichsbann verhängt und ein Heer rückte gegen ihn aus. Heinrich beugte sich daraufhin der Übermacht und sein Vetter Friedrich I. musste ihm verzeihen, alles wie es die Regel war, allerdings überließ Friedrich nun nichts mehr dem Zufall und beraubte Heinrich aller seiner Besitzungen, außer seinem Kernland Braunschweig und Lüneburg. Durch diese Maßnahmen hatte Friedrich Barbarossa ein für alle Mal klargemacht, dass er zu mächtige Herzog- und Fürstentümer neben sich nicht duldete, vor

allem wenn sie nicht loyal seine Reichsmacht (insbesondere Heeres-
folgen) unterstützten. Gefeiert wurde dieser interne Sieg durch einen
Reichstag, der 1184 in Mainz stattfand und als eine der prächtigsten
Szenen des Hochmittelalters galt. Die Nachfolge mit Sohn Heinrich
VI. war bereits geregelt, als Friedrich I. bei einem großen Kreuzzug
1189 in Kleinasien überraschend den Tod fand. Barbarossas Sohn
Heinrich VI. konnte durch das Erbe seines Vaters und durch seine
Heirat mit Konstanze von Sizilien (Normannenreich: hierzu gehörte
auch England!) über ein Reich walten, dass eine unglaubliche Ausdehnung hatte: von der Nordsee bis Sizilien – ein Weltreich mit den
ehemals imperialen römischen Ausmaßen. Das hatte allerdings einen
entscheidenden Haken, denn die normannischen Adelsfamilien waren
von dem Anspruch des Deutschen auf ihr Land nicht entzückt und
erklärten sämtlichen Ansprüchen, die Heinrich VI. über das Erbe seiner
Frau stellen konnte, den Krieg. Deutsche Erblande und das Normannenreich standen für zu viel Macht und Besitz. Heinrich VI. saß somit
für eine Zeitlang zwischen allen Stühlen. Genauer gesagt, zwischen
den Ansprüchen seines Onkels Heinrich dem Löwen, der sich die
Abwesenheit und den Tod seines Vetters Friedrich I. zunutze machte
und seine Gebiete wieder arrondieren wollte. Im Süden, im normannischen Teil seines Reiches, hatten die Adelsfamilien einen Gegenkönig
ernannt, also wurde ein Feldzug nach Italien dringend notwendig,
nachdem Heinrich der Löwe wieder befriedet war – allerdings nur für
kurze Zeit, dann stellte sich der Welfe wieder an die Spitze einer weiteren Fürstenverschwörung. *Heinrich VI.* wurde 1191 zum Kaiser
gekrönt und zog darauf südwärts – allerdings vergeblich: Die Realität
war vernichtend mit einer Fürstenverschwörung (unter Leitung der
Welfen) und einem Aufstand in England und Sizilien (Normannen-
Reich) mithilfe des Papstes. Hier kommt die berühmte Geschichte von
Richard Löwenherz ins Spiel: Dieser war entgegen der Sitten von

Heinrich VI. auf seinem Rückweg von einem Kreuzzug in einer pfälzischen Burg gefangen gehalten und sollte nun als Unterpfand gelten. Der Deal funktionierte: Richard Löwenherz bekam England von Heinrich VI. als Lehen, die Welfen und die Staufer versöhnten sich. Und im Süden, in Sizilien wurde Heinrich nach einem erfolgreichen Feldzug 1194 zum König von Sizilien gekrönt und war somit Herr über ein Reich von den Ausmaßen des Reiches Alexanders des Großen, aber dauerhaft konfrontiert von zwei Gefahren: Den deutschen Fürsten und dem Papsttum. Die deutschen Fürsten wollten sich ihre Sonderrechte bewahren und sich nicht so leicht mit einem nun offensichtlich erblich etablierten Stauferkönigtum abfinden und der Papst war in seinem Kirchstaat im Norden und Süden von der kaiserlichen Herrschaft des deutschen Königs umzingelt. Hier waren Versuche der Beschwichtigung gefragt. Heinrich VI., der verstand, dass die geistliche Macht, das Papsttum und die deutschen Fürsten ihre Ansprüche nicht in einer Hand gebündelt haben wollten, bot den deutschen Herzögen einen Erbfolgeplan an, der folgendermaßen aussah: Die geistlichen Fürstentümer sollten wieder direkt dem Heiligen Stuhl unterstellt werden und den weltlichen Fürstentümern war eine Erblichkeit der Lehen selbst für die weibliche Linie in Aussicht gestellt. Dafür wollte sich der Staufer das Recht auf den deutschen Thron in seiner Linie zusichern lassen. Dem Papst versprach er überdies, durch einen großen Kreuzzug das Heilige Land befreien zu lassen und generell auf die königlichen Rechte in den geistlichen Territorien Deutschlands zu verzichten. Insgesamt ein fortschrittlicher und von starker Kompromissbereitschaft diktierter Ansatz. Trotzdem, beide Vorschläge stießen nicht auf Zustimmung und Heinrich VI. sah sich einer festen Allianz der Abneigung von Seiten des Papstes und seiner deutschen Fürsten gegenüber. Nur die Wahl seines Sohnes **Friedrich II. zum deutschen König** konnte er noch schnell durchsetzen, bevor er im Alter von 32 Jahren (1197) verstarb. Mit

seinem Tode verfiel sein Riesenreich schnell wieder in Einzelteile: Auf
Sizilien übernahm die Witwe Konstanze die Regierung, während in
Deutschland die Gegner der Staufer unter Führung von Otto von
Braunschweig (Sohn Heinrichs des Löwen) die Oberhand bekamen.
In Rom regierte ab 1198 für achtzehn Jahre Papst Innozenz III.
(1160–1216), ein brennender Befürworter der geistlichen Weltherr-
schaft. Mit diesem Papst Innozenz III. hatte die weltliche Macht
zunächst abgedankt, denn er führte das Papsttum auf einen neuen
Höhepunkt. Der Zeitpunkt hierfür war günstig, das weltliche Reich der
Staufer auseinandergebrochen, der mögliche Erbe ein kleiner Knabe
(Friedrich II.) unter Vormundschaft seiner Mutter und in Deutschland
stritt sich Otto von Braunschweig mit Philipp von Schwaben um die
Vorherrschaft. Der hochgebildete Papst gründete die sogenannte
Kurie: Eine Art von Think Tank mit der einzigen Aufgabe, die weltliche Macht des Papsttums zu mehren und unter geistlichen Aspekten
unantastbar zu machen. Papst Innozenz III., mit Abstand der mächtigste Papst des Mittelalters, hatte ein festumrissenes Selbstbildnis, das ihn
von den anderen Päpsten abhob: Er sah sich nicht mehr in der Tradition
des Kirchengründers Petrus, sondern als Statthalter Jesu: *»Der Papst
ist geringer als Gott, aber größer als der Mensch.«*[57] Ansonsten stellte
Innozenz III. sein Pontifikat unter das Motto, was Recht ist, was gebührt, was nützt.[58] So ist wohl auch seine Haltung zum Nepotismus zu
verstehen. Alle wichtigen Ämter wurden von ihm mit Verwandten
besetzt. Zunächst konsolidierte der Papst seine Macht in Italien – die
Römer standen sowieso auf seiner Seite. Er dokumentierte jedes
Gebiet, das jemals dem Kirchenstaat gehörte, und verbündete sich mit
den lombardischen Städten und den sizilianischen Adligen. Günstig
war hierbei, dass der junge Stauferprinz zur Erziehung in päpstliche
Obhut gegeben worden war und sogar sein Mündel (Patensohn) wurde.
Später wurde er mit der Unterstützung des Papstes **1214 als deutscher**

König gekrönt, gegen alle Vorgeschichten, bei denen wiederum Otto von Braunschweig (Sohn Heinrich des Löwen) eine Rolle gespielt hatte. Mit Papst Innozenz III. war die kirchliche Macht komplett unangefochten. Zum ersten Mal in den Auseinandersetzungen zwischen der geistlichen und der weltlichen Macht hatte sich die Balance eindeutig zu Gunsten des Kirchenoberhauptes verschoben. Der Papst war in der Lage, den deutschen Thronstreit zu bestimmen, was faktisch die Oberherrschaft über den ganzen damaligen abendländischen Erdkreis bedeutete. Jetzt musste die Missionierung vorangetrieben werden. Das erfolgte im Osten in Form eines weiteren Kreuzzuges (des vierten), bei dem Byzanz (mit der Hauptstadt Konstantinopel) der römischen Kirche unterstellt wurde. Im Westen wurden in Spanien die Mauren mit Hilfe der päpstlichen Truppen zurückgedrängt. Faktisch stand die damalige Welt unter dem Einfluss des Papstes und der von ihm geführten Kirche: Dies wurde in Form eines großen Konzils (Laterankonzil 1215) zu dem rund 1.300 Kirchenvertreter aus aller Welt nach Rom anreisten, publikumswirksam bekräftigt. Zu dem wichtigsten Konzil des Mittelalters schicken auch die weltlichen Fürsten ihre Gesandten. Bei dieser Gelegenheit wurde auch die sogenannte **Inquisition** (kirchliches Ketzergericht) nochmals bestätigt und trat ab jenem Zeitpunkt in Aktion. Grundsätzlich ist festzustellen, dass Friedrich II., der seit 1214 deutscher König war, der Allmacht des von Innozenz III. geschaffenen Imperiums wenig entgegensetzten konnte. Zunächst konzentrierte er sich (stark geprägt von seiner normannischen Mutter Konstanze) auf sein Kernland **Sizilien**, das er mit einer festen Beamtenstruktur ausstattete. Deutschland war ihm ferner, und auch wenn er sich bemühte, ein Großreich wie das seines Vaters wieder zu erringen, gelang es ihm nicht. Mehr noch, durch seine häufige Abwesenheit erlangten die deutschen Fürsten wieder mehr Macht und Friedrich gab ihnen Rechte (Regalien) zurück, die eigentlich ihm als deutschen König zugestanden hätten. Den Papst versuchte er nicht zu verärgern und *1220 empfing er die Kaiserkrone* durch einen Nachfolger von Innozenz III. Nach dem Tod von Friedrich II. 1250 und einer kurzen Regierung seines Sohnes und Enkels wurden nur noch machtlose Könige gewählt: **Interregnum.**

5. Der »Schwarze Tod« im Spätmittelalter

Die politischen Verhältnisse zu Beginn des 13. Jahrhunderts waren instabil. Das war das Erbe aus der Stauferzeit und die Fortsetzung des Dramas um die Beziehung von Kaisertum und Papsttum, genau genommen um die Frage der politisch-geistlichen Vorherrschaft. Diesmal standen nicht die deutschen Herrscher im Mittelpunkt des Ärgers, sondern der französische König Philipp IV. (1268–1314), auch »der Schöne« genannt, der eine gewaltige Macht mithilfe der Italiener angehäuft hatte. Seine kriegerischen Streifzüge kosteten Geld und er verärgerte den vorletzten italienischen Papst mit seiner Idee der Besteuerung des französischen Klerus. Bonifaz VIII. (1235–1303), ab 1294 Papst, wehrte sich, indem er eine Bulle formulierte, in der er sich auf den Vorrang des Heiligen Vaters bezog.[59] Das sah der französische König Philipp IV., auf dem Thron ab 1285, Herrscher über das damalige Abendland, nicht so und nach den inzwischen üblichen Abläufen Konzilseinberufung, Drohung der Exkommunikation wurde deutlich, dass der Papst nicht als Triumphator aus diesem Streit hervorgehen würde. Eine Konsequenz davon war das Verlassen Roms durch Bonifaz VIII. und der Rückzug in seine Sommerresidenz Agnani. Sein Nachfolger Benedikt XI., der nur für ein Jahr Papst war, kehrte dorthin auch nicht mehr zurück, sondern blieb in Perugia.[60] Die Erstarkung des französischen Königtums auf Kosten der zumeist italienischen Päpste hatte zwei entscheidende Konsequenzen. In Zukunft lebten die Päpste in Frankreich »als päpstliche expats« und es wurden nur noch Franzosen zum Papst ernannt. Das waren die auslösenden Ereignisse für das **»Avignonnesische Papsttum«**, wodurch die vormals mächtigen

Päpste für rund siebzig Jahre zu französischen Provinzfürsten herabgewürdigt wurden. Allerdings war der Papstthron in Rom schon zuvor keine conditio sine qua non gewesen. Selten verblieben die Päpste permanent in Rom, denn es gab fünf weitere Residenzen und insofern kam ein »Reisepapsttum« in Mode. Gemäß der Idee: Wo immer sich der Papst aufhält, da ist Rom. Mit dem ersten französischen Papst Clemens V. (1305–1314), für dessen Wahl Philipp IV. persönlich sorgte, wurde Avignon ab 1309 zum offiziellen Sitz. Für insgesamt sieben Jahrzehnte, von 1309 bis 1377, die »babylonische Gefangenschaft der Kirche« genannt, gab es ein **Abendländisches Schisma**, das in ein päpstliches Schisma mündete, denn als Gregor der XI. vom französischen Kardinalskollegium als unfähig betitelt und der Gegenpapst Clemens VII. gewählt wurde, war das Schisma vollzogen (ab 1376 ging dieses Aufstellen von Papst und Gegenpapst hin und her). Die Wahl des südfranzösischen Avignons als Papstsitz lag auf der Hand. Der französische König wollte das Papsttum kontrollieren, was ihm mit dem Pontifikat »seines« Papstes Clemens V. (ab 1314) sehr gut gelang. Außerdem war Avignon für das Heilige Römische Reich zentral gelegen und hatte ebenfalls einen umgebenden Kirchenstaat. Niemand vermisste zudem die aufständischen und ärgerlichen Römer, die den meisten Päpsten traditionell das Leben schwer gemacht hatten. Was vorher noch ein Provisorium war, wurde ab 1335 und vor allem durch Papst Clemens VI. (ab 1342 im Amt) großzügig ausgebaut. Mit der Pracht und Gloria in Avignon hatte bereits dessen Vorgänger Papst Benedikt XII. (1280–1342) im Jahr 1316 begonnen. Dieser kam mit 62 auf den Papstthron und nutzte die ihm verbleibenden acht Jahre, um die Kirche unter der Bezeichnung der »*Kloake von Avignon*« (Petrarca) gründlich zu diskreditieren. Kritiker nannten ihn die »unwürdigste Persönlichkeit« auf dem Papstthron. Mit ihm begann auf jeden Fall, was hundert Jahre später zur Reformation in Deutschland führte: Ein korruptes

Kirchensteuersystem, Nepotismus, Machtspiele und Orgien, die nicht als christlich bezeichnet werden konnten. Die Prachtbaumaßnahmen in dem neuen Papstsitz verschlangen Unsummen von Geld, das irgendwo herkommen musste. Ab 1343, also viel früher als gemeinhin angenommen, fing ein Ablasshandel an, der den Geldbedarf der Kirche decken sollte und anstelle der Kreuzzüge[61] zur neuen ertragreichen Finanzunternehmung wurde. Die **Kreuzzüge**, deren ursprüngliche Idee (1074) bereits der um die Investitur streitende Papst Gregor VII. hatte, wurde durch Papst Urban II. 1095 in Form eines Aufrufes an die Christenheit lanciert. Unter dem Motto »*Deo lo vult*« (Gott will es) wurden in Clermont, Tours und Rouen Synoden abgehalten und die Menschen auf die Befreiung Jerusalems von den Arabern eingeschworen. In einer massenhysterischen Aktion folgten viele einfache Leute dem kirchlichen Befehl und so bewegte sich der erste Kreuzzug als Volkskreuzzug unorganisiert und chaotisch von Westen in (die vermutete) Richtung Palästina. Den ganzen Weg entlang wurde geplündert und es kam zu Ausschreitungen. Im Rheinland angekommen und auf der Hatz nach Andersgläubigen, wurden Massenmorde an der dort lebenden jüdischen Bevölkerung vorgenommen – **1096** markiert somit das **erste antijüdische Pogrom auf deutschem Boden**. Auf der Balkanroute war die dortige Bevölkerung weiteren Grausamkeiten, vor allem im Bestreben Beute zu machen, ausgesetzt. In Kleinasien rieb sich der Volkskreuzzug auf und wurde von einem professioneller aufgestellten Ritterheer noch im gleichen Jahr ersetzt. Kaum vorstellbar ist die Größe der Kreuzzüge. Für den zweiten Kreuzzug (1096–1099) wird von 55.000 Menschen ausgegangen, darunter 7.000 Ritter und 22.000 Menschen Fußvolk. Das lässt einen Tross von 21.000 Menschen, darunter Frauen und Kinder, vermuten. Über Syrien (Belagerung von Antiocha) wälzte sich dieser Zug die sogenannte Levante entlang bis nach Palästina. Jerusalem wurde im Sommer 1099 von den

Kreuzfahrern eingenommen. Erreicht haben Jerusalem weit weniger als die Hälfte der Kreuzfahrer und ihres Trosses. Beim dritten Kreuzzug (1189–1193) unter Friedrich Barbarossa, bei welchem er seinen Tod fand, wurden nach der Rückeroberung Jerusalems durch die Araber ein zweites Mal Teile der Stadt von den Kreuzfahrern eingenommen. Mit der Eroberung des byzantinischen Reiches während des vierten und des fünften Kreuzzugs (1228–1229) unter Friedrich II. von Staufen war ein Ende der Militärzüge in den Nahen Osten aus deutscher Perspektive erkennbar.[62] Was versprachen sich die Kreuzfahrer, die seit Friedrich I. mit dem Kreuz auf ihrer Kleidung (»*cruce signatus*«) gekennzeichnet waren? Sie erhofften sich davon, was die Kirche ihnen versprach: Eine militärische Pilgerfahrt zur Befreiung der Christenheit. Militärzüge, und das war ein heftiger Anreiz, bedeuteten auch immer Beute. Plünderungen, das Ausrauben der Bevölkerung mit allen Begleitmaßnahmen wie Vergewaltigung, Brandschatzung und Nahrungsbeschaffung galt als militärischer Alltag, zumal es sich immer noch um Söldnerarmeen handelte. Gier nach Reichtum und Ruhm war für die mittelalterlichen Feldzüge ein wesentlicher Faktor. Durch das starke Anwachsen der Bevölkerung und die Praxis der Primogenitur waren viele Söhne ohne Auskommen oder Erbanteil. Deshalb waren diese daran interessiert, sich ein Einkommen zu erkämpfen. Treiber der Kreuzzüge waren die Kirche und deren Oberhäupter, die Päpste. Von 395 bis 637 gehörte Palästina zum Oströmischen Reich und neben dem kirchenpolitischen Problem der Abspaltung der Ostkirche kamen um die Jahrtausendwende Wallfahrten und Pilgerfahren immer mehr in Mode. Die Idee war geboren, diese zu bewaffneten Wallfahrten zu machen, um die Macht und den Reichtum der Kirche zu erhöhen. Den Teilnehmern dieser Strafaktion gegen die Ungläubigen (später als Kreuzritter bezeichnet) wurde dies als Bußübung und, noch besser, als komplette Vergebung ihrer Sünden in Aussicht gestellt. Der Kampf gegen die Heiden versprach Ehre, Ritterlichkeit sowie Seligkeit. Die bereits vorhandenen Orden (Templer, Deutscher Orden, Malteser, Johanniter) verstärkten sich personell und versprachen ihren Glaubensbrüdern Glanz und Anerkennung. Die Vorstellung, die Geburtsstätte Jesus Christus als Perle der Papstkrone in instabilen Zeiten hinzuzufügen, war attraktiv. Gleichzeitig spielte das Mächteungleichgewicht im Nahen Osten eine Rolle. Kaiser Alexios I. von Byzanz wollte Unterstützung gegen die Araber und stellte hierfür sogar die mögliche Zusammenführung der beiden Kirchen in Aussicht. Die Soldaten Christi hatten sich im Verlauf der vielen Kreuzzüge zu Recht einen sehr schlechten Ruf erworben. Kannibalismus (Belagerung von Antiochia), Brutalität, das Morden der jüdischen und muslimischen Bevölkerungen (Einnahme Jerusalems) – die Liste der Grausamkeiten war lang. Und ob mit der Gründung des Christlichen Staates von Jerusalem (Gottfried von Buillon) im Jahre 1099 das Ziel erreicht war oder ob dies erst für das Jahr 1204 mit der Eroberung des byzantinischen Reiches (vierter Kreuzzug) galt, bleibt eine offene Frage. Danach kann von einem vorläufigen Abflauen der Kreuzzüge gesprochen werden. Der letzte Kreuzzug fand 1443/44 statt. Offiziell wurde dies mit dem Fall von Konstantinopel im Jahr 1453. Die späteren Kreuzzüge spielten sich vor dem Hintergrund einer gespaltenen Kirche ab, dem Papstschisma von Avignon in den Jahren 1309 – 1377. Diese Glaubensspaltung, auch »Abendländisches Schisma« genannt, war grundsätzlich eine innerkirchliche Angelegenheit, aber sie wurde von der sehr gläubigen und eher ungebildeten spätmittelalterlichen Bevölkerung wahrgenommen, und zwar als eine Art von Weltuntergang und eine bereits ängstlich erwartete Strafe. Sie kam im Gewand einer Pandemie, volkstümlich der »Schwarze Tod« genannt. Im Jahr 1347 fiel ein neues großes Ungemach über Europa und damit auch über die deutschen Staaten – die **Pestseuche** (1347 – 1353), eine allgemein bekannte Geißel der Menschheit.[63]

Sie verursachte ein Massensterben biblischen Ausmaßes und wurde flächendeckend als Strafe Gottes für die Menschheit angesehen. Zuvor waren europaweit die Bevölkerungszahlen seit 1300 überall stark angestiegen. In den deutschen Gebieten wird vom Anwachsen der Bevölkerung um mehr als ein Fünftel berichtet. Gleichzeitig begannen Naturkatastrophen in Form von überheißen Sommern und eisigkalten Wintern. Missernten und Regenfälle machten es schwierig, die gewachsene Bevölkerung (noch immer vorwiegend agrarisch geprägt) zu ernähren. Die meisten Bauern mussten sowieso für ihre kirchlichen oder adeligen Grundherren schuften, um ihnen Abgaben zahlen, die ihnen nur einen geringen Prozentsatz von Nahrung für sich und ihre Familien zurückließen. Die geringen Ernten und die feudalen Abhängigkeiten verursachten eine Landflucht und dies führte zu einem rapiden Anwachsen der Städte.[64] Sie wurden zu kommerziellen Zentren, die versorgten und versorgt werden mussten. Handelswege verbanden die Städte und Länder und rund um die Welt war ein eifriger Austausch von Waren und Menschen möglich. Allerdings damit gleichfalls die Übertragung von Krankheiten. Das Pestbakterium reiste mit einer Geschwindigkeit, die für die Epoche von vor über 700 Jahren geradezu unglaublich erscheint.

Gleichzeitig war ein wirtschaftlicher Abschwung am Horizont auszumachen, was aufgrund der politisch unsicheren Lage und einem stagnierenden Handel die logische Konsequenz war. Nicht nur das Papsttum und der französische Herrscher hatten sich in den Haaren, die Regierungsmacht in den deutschen Staaten war ebenfalls von Konflikten geprägt: Die Wittelsbacher Dynastie hatte übernommen und nach längeren Auseinandersetzungen mit den Habsburgern wollte sich Ludwig der Bayer in Rom vom dortigen Papst Johannes XXII. krönen lassen. Als dieser ablehnte, wurde die Krönung kurzerhand von einem Kardinal vorgenommen – ein weiterer Bruch mit den bestehenden

Krönungszeremonien. Bereits 1314 Chaos überall, ein Zusammenbruch von kirchlichen und herrscherlichen Traditionen und ein allgemeines Hungern, das die Bevölkerung zusätzlich schwächte. Der
Ursprung der Pest lässt sich heute rekonstruieren: Sie kam per Schiff
auf Sizilien an und von dort aus breitete sie sich rasend schnell über
Westeuropa aus.[65] Die Menschen des 14. Jahrhunderts waren schon
recht mobil (Handel), die Städte dicht besiedelt, Ratten und Flöhe überall und Hygiene war eine ferne Vorstellung. Im 14. Jahrhundert wohn-
ten bereits 90 % der Menschen in Orten und kleinen Städten zusammen
– und zwar in drangvoller Enge. Für die meisten städtischen Bewohner
war es dasselbe: schlafen, wohnen, kochen und arbeiten, alles fand am
selben Ort statt. Zumeist in einem kleinen fensterlosen Gemäuer (Durch-
schnittsgröße 30 Quadratmeter), das alles beherbergte, neben den
Menschen die Werkstätte und die Haustiere. Wohin mit den Abfällen,
dem tierischen Mist und den menschlichen Fäkalien? Das war leicht,
denn alles wurde auf die Straße gekippt, manchmal gab es dort sogar
Rinnen dafür. Die Ratten und das dazugehörige Ungeziefer feierten
Feste. Manchmal waren sogar mittelalterliche Toiletten, sogenannte
Aborte (Fäkaliengruben) vorhanden. Die wurden ab und zu ausge-
pumpt und dann in die umliegenden Flüsse geleert. Aus diesen wurde
wiederum das Trinkwasser bezogen. Oder aus den Brunnen, die gleichfalls voller Jauche und verunreinigt waren, weil diese nicht abgedichtet
wurden. Das Szenario ist deutlich: Falls unter diesen Umständen eine
Seuche ausbrach, dann gab es kein Entkommen. Typhus und Cholera
kehrten regelmäßig als tödliche Krankheit wieder. Die Pest war allerdings bei weitem die schlimmste Heimsuchung in punkto Krankheit.
Nach heutigen Erkenntnissen kennt man die Übertragungswege und
auch die zwei Hauptformen der (damaligen) Pest.[66] Zunächst die Beulenpest, bei der das Pestbakterium von den Flöhen der Ratten übertragen wurde und dann die Lungenpest, die per Tröpfcheninfektion

ansteckte. Die eine Pestform konnte sogar in die andere übergehen. Die Beulenpest (Inkubationszeit schwankt von ein paar Stunden bis zu einer Woche) begann wie eine Grippe und verschlimmerte sich dann mit dem Anschwellen der Lymphknoten. Sobald deren eitrige Flüssigkeit in die Blutbahn gelangte, bildeten sich am ganzen Körper eitrige Beulen. Nach dem Zusammenbruch des zentralen Nervensystems kam es zum allgemeinen Organversagen. Bei der Lungenpest füllte sich die Lunge mit Blut und Sekret und die Überlebensdauer war selten länger als 24 Stunden. Ein Fakt war auch, dass die mittelalterliche Medizin keinerlei Mittel an der Hand hatte, um effizient gegen die Krankheit vorzugehen. Ärzte waren angesichts der Pandemie nutzlos, denn sie huldigten der antiken Vorstellung von den Säften im Körper der Menschen (Blut, Schleim und Galle), die den vier Elementen (Erde, Wasser, Feuer, Luft) entsprachen. Ach ja, Planetenkonstellationen wurde auch eine hohe Bedeutung im Hinblick auf Leben und Sterben zugebilligt. Außerdem gab es eine Unterscheidung in Bader sowie Chirurgen (sie waren medizinisch grob tätig und galten als Handwerker) und den »richtigen« Ärzten, die zwar studiert hatten, sich aber eher des Wissens um die Antike und nur in Ausnahmefällen eines medizinischen Consultings für die Reichen und Privilegierten hingaben; praktisches Handanlegen war nicht inklusive. Dies blieb den ausführenden »Badern«, beziehungsweise Chirurgen überlassen, die mit ausblutenden Aderlässen, Ausräuchermethoden oder Brechmitteln aus den üblichen Nahrungszusätzen wie getrocknetem Schlangen- oder gern auch Krötenfleisch sowie mit vielerlei Kräutern hantierten. Die Überlebensdauer der Pestinfizierten wurde damit nicht erhöht und der Gestank des Todes und der Toten hing wie eine Glocke über den mittelalterlichen Städten. Die Verstädterung in der Epoche der Pestseuche war ein wesentlicher Faktor bei der Verbreitung der Krankheit und der Übertragung und hier sind die deutschen Gebiete ein gutes Beispiel.

Berlin, unsere heutige Hauptstadt, wurde 1230 gegründet und ist schnell angewachsen. Aber Berlin war zu jener Zeit nicht so bedeutend wie zum Beispiel die Stadt Köln, die als Heimat von 40.000 Menschen als die größte Stadt der damaligen Zeit galt.[67] Weitere städtische Zentren waren alle Hansestädte wie Kiel, Stralsund, Lübeck und natürlich Hamburg. Diese profitierten von der durch die Agrarkrise ausgelösten Landflucht und erfuhren prozentual ein enormes Bevölkerungswachstum. Hinzu kam der Handel, der Seuchen und Krankheiten optimale Übertragungswege bot. Die Pest war in den Hansestädten ab 1350 angekommen, das galt genauso für die Städte Erfurt und Nürnberg, die beide wichtige Handelszentren waren. Dass die Pest im 14. Jahrhundert so tödlich war, lag vor allem an der Unkenntnis der Übertragungswege, an der schon durch Hungersnöte geschwächten Bevölkerung, an den gedrängten Lebensbedingungen und der totalen medizinischen Unkenntnis. Das Fehlen von Antikörpern in der damaligen Bevölkerung wird hierzu ebenfalls beigetragen haben. In Deutschland waren es vor allem die Städte, in denen die Seuche reiche Beute hielt. Sie wurden zu Epizentren von Panik, Flucht und einer Verzweiflung, der die mittelalterliche Vorstellung vom Leben und Sterben nur noch eine weitere grausame Facette hinzufügte. Für uns kaum vorstellbar, aber für die mittelalterlichen Menschen war nicht nur die entsetzlich schmerzvolle Erkrankung mit dem sicheren Tod die Hauptsorge, nein, es war das Seelenheil, das ihnen vielleicht verwehrt wurde. Das Sterben, wenn schon nicht abwendbar, folgte einem genauen Ritus, beziehungsweise musste diesem folgen: Beichte, Buße, Gebete und dann die Sterbesakramente und sterben in der Gegenwart eines Priesters. Falls dies nicht in dieser Reihenfolge und geistlich unassistiert erfüllt wurde, dann drohte die ewige Verdammnis, das Fegefeuer. Nun waren neben den Ärzten und Badern auch die Priester unter den ersten, die ihr Heil vor der Ansteckung in der Flucht suchten. Das bedeutete, dass in den

Städten die Sterbenden sich selbst überlassen waren. Die Kleriker verweigerten die letzte Ölung und das Fortschaffen von Toten wurde nur unwillig – gegen Extrageld, falls überhaupt – ausgeführt. Tote und vielleicht auch noch halb Lebende wurden in Massengräbern verscharrt oder in die Flüsse geschmissen. Das Elend und die Verzweiflung, gepaart mit Unkenntnis sind kaum nachvollziehbar. Manchmal zeugen davon noch die Pestsäulen, die sich in vielen europäischen Städten befinden.

Der mittelalterliche Mensch war auf vieles gefasst und er war davon überzeugt, dass im Himmel über sein irdisches und noch mehr über sein Schicksal nach dem Tod gerichtet wurde. Da die Schicksalshoheit in göttlichen Händen lag und den Sterberiten aufgrund der Schnelligkeit und der Grausamkeit der Krankheit zumeist nicht entsprochen werden konnte, war die Verzweiflung noch größer. Das bedeutete, dass die Menschen die Pest als Geißel Gottes für ihre Sünden annahmen und sie deshalb Gott mit allem zu besänftigen versuchten, was ihnen einfiel. Eine sehr harsche Methode hatten die sogenannten Geißler für sich erfunden. Auch unter dem Namen Flagellanten bekannt, reisten sie durch die Lande und schlugen sich mit mehrschwänzigen Peitschen, bis das Blut spritzte. Die Idee dahinter: Je blutiger die Geißelung, desto eher war Gottes Verzeihung zu erlangen. Eine Vorstellung, der der Papst in der Pestzeit, ab 1342 Clemens VI. (1290–1352) in Avignon, nicht huldigte. Er verbot das Flagellantentum. Da sich Gott nicht durch die selbstzugefügten Leiden »besänftigen« ließ, machten sich die Christen auf die Suche nach Schuldigen an der apokalyptischen Seuche und fanden sie in den Juden: Die uralte Mär von der »Brunnenvergifterei« führte zu zehntausendfachen grausamen Morden an den **jüdischen Mitbürgern**. Die Juden, die im spätmittelalterlichen Deutschland die Opfer der Verfolgung wurden, hatten bereits eine bewegte Ahnengeschichte hinter sich, die weitgehend bekannt ist. Sie waren

70 n. Chr. nach der Zerstörung des Tempels von Jerusalem ausgewandert und zwar zunächst nach Rom, Genua und dann nach Sevilla, Granada und Cordoba. In Frankreich siedelten sie im Süden, in Marseille. Ab dem 8. Jahrhundert kamen sie in verschwindend geringer Zahl in deutschen Territorien an. Die Zahlen, soweit sie nachzuvollziehen sind, liegen bei circa 900. Sie siedelten in der geographischen Mitte, das heißt im Gebiet von Mosel und Rhein. Ihr Name, der in Abwandlungen später vielfach als eine Art ethnischer Begriff auch von ihnen selbst gebraucht wurde, war »aschkenasim«. In direkter Übersetzung war dies nur der Name des Gebietes, in dem sie sich niederließen: »nördlich der Alpen«. Die ersten Juden, die in den deutschen Territorien lebten, ernährten sich vom Handel. Hier ging es vor allem um Gewürze, Stoffe und Perlen. Im 11. Jahrhundert, noch immer vor der Zeit der Seuche, sollen ungefähr 4.000 Juden in den städtischen Zentren des Heiligen Römischen Reiches gelebt haben. Dem stand eine geschätzte Gesamtbevölkerung von fünf Millionen Einwohnern des Heiligen Römischen Reiches gegenüber. Ihrer ursprünglichen Beschäftigung im Handel konnten die Juden nicht mehr nachgehen, als die Kreuzzüge en vogue wurden. Aus dem Geschäft geschmissen, verlegten sie sich auf die einzige Beschäftigung, die ihnen blieb: den Geldverleih. Da kam ihnen entgegen, dass Christen der Handel mit den Finanzen nicht erlaubt war, weil sie keine Zinsen für verliehenes Geld entgegennehmen durften. Nicht nur mit dem Geldverleih standen die Juden außerhalb der christlichen Gemeinschaft, sondern sie wurden auch gezwungen, spezielle Erkennungsmerkmale, wie eine besondere Form von Hüten, zu tragen. Außerdem wurden sie viel höher als die anderen Bewohner des Reiches besteuert. Der Kaiser brauchte üblicherweise Geld und deshalb wurde ab 1342 den Juden eine Kopfsteuer auferlegt. Hinzu kam ganz entscheidend der Neid auf die geldbesitzenden Juden, die dieses sogar verleihen konnten. Die Grundstimmung

gegenüber der jüdischen Bevölkerung war schon negativ, bevor die Pest in aller Macht ausbrach. Die Mischung aus den als andersartig betrachteten Religionsriten mit dem uralten Vorurteil des Verrats Jesus Christus' durch die Juden, sowie ganz entscheidend die Verschuldung vieler einflussreicher christlicher Bürger bei den jüdischen Geldverleihern war verantwortlich für die Welle antijüdischen Hasses, die in grausame Verfolgung mündete. Im gesamten Gebiet des Heiligen Römischen Reiches begann die Auslöschung jüdischer Gemeinden und in 400 Städten wurden 10.000 Juden brutal ermordet. Dies wird immer in Verbindung mit der Pestseuche als Suche nach den Sündenböcken durch die Bevölkerung erklärt. Auffallend ist hierbei jedoch, dass die Pogrome in vielen Städten schon ein Jahr vor dem Pestausbruch erfolgten. Somit ist viel wahrscheinlicher, dass die Pest als Vorwand gebraucht wurde, um sich der Schulden beim Geld verleihenden Juden zu entledigen. Aus der Tötung der Juden wurde nämlich heftig Profit geschlagen: Zuerst war man die Schulden los und dann wurde der jüdische Besitz, wie beispielsweise Immobilien, verteilt. Neid und wirtschaftliche Profitgier werden viel eher der wahre Beweggrund der Pogrome gewesen sein, als die Beschwichtigung Gottes mit der Bestrafung der Schuldigen (vergiftete Brunnen) an der Pandemie. Die Beispiele Erfurt und Nürnberg, beides Städte mit einem größeren jüdischen Bevölkerungsanteil (jeder 20. war jüdischen Glaubens), können hier genannt werden. In beiden Städten lebten Juden seit dem ersten Jahrtausend, 1348 waren den Juden in Erfurt Bürgerrechte verliehen worden, 1349 wurde die jüdische Bevölkerung verfolgt, obwohl die Pest erst im Jahr 1350 dort ankam. Diese vorauseilenden Pogrome waren das Ergebnis der Nachrichten, die aus Frankreich kamen. Dort war ebenfalls auf die Pest mit der Verfolgung der jüdischen Bevölkerung reagiert worden, einige Juden hatten hierbei unter schwerer Folter gestanden, tatsächlich die Brunnen vergiftet zu haben – eine Nachricht, die sich noch schneller verbreitete als die Pest selbst – und nun befiel diese Entwicklung ab 1348 die deutschen Reichsländer.[68] Nirgendwo in Europa hatte die Hatz auf die Juden derartige Ausmaße angenommen wie in den deutschen Territorien. Zwei Drittel aller deutschen Juden bezahlten als »Sündenböcke« mit einem grausamen Tod den Ausbruch einer Seuche, die unvorhergesehen und unheilbar war. Während 1348 geschätzte 90.000 Juden in Deutschland lebten, waren es 1351 gerade noch 30.000. Die **Pestpogrome** des 14. Jahrhunderts werfen einen vorauseilenden Schatten auf die Ereignisse 600 Jahre später. Die Frage bleibt, wo die Schutzpatrone der jüdischen Bevölkerung waren und wie sie sich angesichts der Verfolgungen verhielten. Die verantwortliche Obrigkeit waren der Papst als geistliches Oberhaupt und der deutsche Kaiser als weltlicher Protektor. Papst Clemens VI. hatte die Juden in Schutz genommen, war mit dieser Maßnahme jedoch nicht durchgedrungen. Weder die Judenverfolgung, noch die selbstauferlegten Geißelungen konnten den sehr gebildeten Papst Clemens überzeugen, dass damit die Pandemie zu stoppen wäre. Er hielt in dem inzwischen bevölkerungsmäßig halbverwaisten Avignon einmal pro Woche höchstselbst eine Messe, bei der er Gott darum bat, die Krankheit zu beenden und die Menschen zu Eintracht und Frieden anzuleiten.

In den deutschen Landen gab es einen Thronwechsel ab 1355, als der Luxemburger Karl IV. (1316–1378) römisch-deutscher Kaiser wurde.[69] Dies war Karl IV. erst in einem zweiten Wahlgang mühsam gelungen, obwohl er für die darauffolgenden 29 Regierungsjahre als einer der bedeutendsten Herrscher des Spätmittelalters galt. Karl IV. hatte vor allem zu Beginn seiner Regentschaft mit Schwierigkeiten zu kämpfen, denn die jeweiligen Territorialherren und die sieben bedeutenden Kurfürsten hatten seit dem Interregnum des vorherigen Jahrhunderts ihre jeweilige Hausmacht gestärkt und wollten, das war der Preis ihrer Unterstützung, bei Laune gehalten werden. Das galt übrigens auch für die freien Städte, die mit zunehmender Bevölkerung und Wohlstand recht selbstbewusst agierten. Gekrönt wurde Karl IV. erst 1355, während die Ereignisse um die Pest sich ab 1348 abspielten. Demzufolge ist anzunehmen, dass seine Position zu schwach war, ihm als zu gefährdet erschien und er deshalb nicht willens war, das ihm übertragene Schutzpatronat umzusetzen. Im Gegenteil, er schlug sogar Profit aus dieser Situation, indem er das ihm zustehende »Judenregal« (Judensteuer) – ein königliches Privileg – auf die jeweiligen Landesherren übertrug, um diese ruhig zu stellen. Im Grundsatz ging es wiederum nur um eine Umverteilung aus Sozialneid: Die Juden wurden nicht nur ermordet, sondern die Überlebenden enteignet und bestehende Schulden mussten nicht beglichen werden. Es gab Sanktionen gegen die Pogrome, die allerdings eher als Farce gesehen werden konnten. In manchen Städten wurden die Verantwortlichen der Pogrome – *aufrechte und anerkannte* – Bürger ermahnt. Am Beispiel Erfurts kann nachvollzogen werden, dass nach dem Tod von rund 1.000 jüdischen Mitbürgern christliche Bürger nur wegen »Unruhestiftung« angeklagt und als Magistratsstrafe vierzig von ihnen in die Verbannung geschickt wurden.

Neben der Suche nach Schuldigen und dem Versuch, Gottes Vergebung durch Selbstverstümmelung zu erlangen, gab es noch eine dritte Version als Reaktion auf die tödliche und tägliche Bedrohung von Leib und Leben: das Leben genießen, jeglicher Unmoral Vorschub gewähren, Orgien feiern, bevor einen der schwarze Tod aus dem Diesseits riss. In Umkehrung jeglicher psychosomatischen Entwicklung bekämpften die, die es sich leisten konnten, die Agonie des Todes mit der Herrlichkeit des Augenblicks.[70] Sich dem Luxus und dem Laster zu verschreiben, was besonders dem Adel gelang, bedauerte der gefeierte Poet Francesco Petrarca mit den pessimistischen Worten: *»[...] dass wir in gleichem Maße schlechter geworden sind, wie wir an Zahl abgenom-*

men haben.«[71] Die Hinwendung zum Prunk zeigte sich in einer gewissen Entblößung, besonders bei der Kleidung: Die Ausschnitte der Damen wurden tiefer, die Kleider waren deutlich figurbetont und zudem außerordentlich prächtig bestickt, beperlt und verziert. Bei den Männern wurde es ebenfalls Mode, das was man hatte zu zeigen: Sehr enge Beinkleidung und das dazugehörige Wams endete oberhalb der Schicklichkeit. Glitzer und Tand, Vielfarbigkeit sowie kleine Schellen, die an die Schuhe genäht waren, klingelten neue, lustbetonte Zeiten an – wohlgemerkt nur für die, die es sich leisten konnten. Allerdings, die Gleichheit aller beim Sterben veränderte die soziologische Festschreibung. Für viele aus dem oberen Segment der Bevölkerung waren selbst die orgiastischen Vergnügungen nur »geborgt«, ein Aufschub an Zeit und Leben. In den Jahren ab 1347 hatte der Schwarze Tod ein Drittel der europäischen Bevölkerung dahingerafft. Das unvorstellbare Resümee des Massensterbens durch die Pest bedeutete: jeder Dritte in Europa erlag der Seuche. Ganze Gebiete waren entvölkert, ganze Flächen waren verwaist. Das galt genauso für die Deutschen und die deutschen Territorien. Erst ab 1618 fand wieder ein derartiges Massensterben, diesmal durch die Glaubenskriege, mit einer entsprechenden Entvölkerung statt. Die **Entvölkerung um ein Drittel** hatte direkte Auswirkungen auf die Familien und die Frauen: Das Heiratsalter stieg (von dreizehn auf siebzehn aufwärts) und eine Menge der Frauen blieb unverheiratet. Während im 11. und 12. Jahrhundert Frauen als Tausch- und Garantiemittel im Sinne von Familienallianzen betrachtet wurden, änderte sich dies nun und gab den Frauen Möglichkeiten, sich mehr nach ihrem Geschmack zu verheiraten. Die Kirche hatte schon zuvor auf einer Zustimmung (Konsens) beider gedrungen, wobei weibliches Schweigen als ein »Ja« gewertet wurde. Der Marktwert von Frauen stieg mit ihrem Besitz, daran hatte sich nichts geändert. Bei weniger oder keinem Besitz stieg die Gefahr zur alten Jungfer zu werden rapide an, zumeist ohne irgendeine soziale Absicherung. Die Tradition einer Mitgift (genannt Morgengabe) zur Erhöhung der Heiratsattraktivität von Töchtern stand im Mittelpunkt vieler väterlicher Klagen. Falls diese Väter jedoch nicht zahlen konnten, waren es die Töchter, die sich mit Spinnen oder Nähen eine Aussteuer zusammensparten. Dies ist ebenso eine Erklärung für ein höheres Heiratsalter von armen Frauen. Grauenvoll gering war und blieb nach der Heirat die Lebenserwartung der Frauen angesichts sehr hoher Geburtenzahlen. Durchschnitt waren neun bis zehn Kinder, von denen zwei vielleicht überlebten, und die eine Sterblichkeit von Müttern im Kindbett von eins zu sieben nach sich zog. Die traditionelle Rollenverteilung im frühen und späteren Mittelalter – eigentlich bis in die siebziger Jahre des 20. Jahrhunderts – war für den Mann der Familienunterhalt und für die Frauen die Häuslichkeit, verbunden mit Ehrbarkeit, was sich in Fruchtbarkeit und Treue übersetzte. Das Vorrecht, die Ehefrau zu züchtigen, lag beim Mann. Allerdings gibt es viele Erzählungen von »zänkischen Weibern« – eine Möglichkeit sich von ehefraulicher Seite zu wehren.

Die Pest hatte nicht nur einen soziologischen, sondern vor allem einen Zeitenwandel verursacht. Der massenhafte Tod und das Gefühl, einem unberechenbaren, aber sehr tödlichen Schicksal ausgesetzt zu sein, hatte das Bewusstsein der mittelalterlichen Menschen verändert. Dies war die erste »globale« Seuche und ihre Ergebnisse im politischen und gesellschaftlichen Raum wanderten ebenfalls global. Das war neu und ist erst heute historisch sinnvoll einzuordnen. Die politischen und wirtschaftlichen Folgen prägten alle ehemals seuchengeplagten Gebiete. Sie wanderten in Form der **Renaissance** von Italien nach Deutschland. Sie veränderten als Ergebnis des Massensterbens und der Erfahrung der Hilflosigkeit gegenüber dem Schicksal die dem Jenseits zugewandte mittelalterliche Frömmigkeit, das Selbstverständnis des Glaubens und die Haltung gegenüber der Kirche. Genauso gab es, wenn auch in verlangsamter Form, Auswirkungen auf die zweite Säule des Mittelalters: den Absolutismus. Die Zeitenwende gebar eine Rückwärtswendung zur Antike und zur Heilssuche, die unter dem Begriff der Renaissance den Übergang der Lebenswelten vom Mittelalter zur Neuzeit prägten. Was die Gesundheitsforschung angeht, verursachte die Pandemie einen Fortschritt in der Medizin. Maßnahmen zur Eindämmung wurden, wenn auch unbewusst, erfunden und in der Folge eingesetzt. Wer weiß schon, dass in Dubrovnik, der früheren Handelsstadt Ragusa, die Maßnahme der Quarantäne geboren wurde? Die Stadt verfügte 1377, dass alle ankommenden Schiffe zunächst für einen Monat außerhalb des Hafens auf einer vorgelagerten Insel abwarten mussten. Ab den 1420er-Jahren wurden Spitäler, die sich auch mit Massenerkrankungen befassten, auf der italienischen Halbinsel eingerichtet. Ein Jahr nach dem Ausbruch des Dreißigjährigen Krieges wurden Isolieranzüge erfunden. Die zweite Hälfte des 15. Jahrhunderts ist verantwortlich für die Einführung von Gesundheitspässen, die zu den Reiseunterlagen, die recht kompliziert und kompakt waren, hinzugefügt wurden. Grenzen gab es viele in Europa, am meisten in den deutschen und zersplitterten Territorien. Da musste man schon erfinderisch sein, um sich und seine Ländereien zu schützen

Vieles hatte die Pestseuche verändert, so die Eigentumsverhältnisse und als Folge ebenfalls das sozio-ökonomische System. Arbeitskräftemangel war die Folge und das bedeutete eine Aufwertung derjenigen, die noch lebten. Nach dem Prinzip von Angebot und Nachfrage konnten bessere Arbeitsbedingungen und Löhne gefordert werden. Selbstverständlich wurde dies durch die herrschenden Kreise nicht so hingenommen, die wiederum mit entsprechenden Gesetzen und Verordnungen reagierten. Dazu gehörten Preis- und Lohnfestschreibungen und das Verbot der Abwanderung. Alles musste getan werden, um die vorhandenen Arbeitskräfte zu binden. Gleichzeitig reagierten die deutschen Städte auf die fehlende Bevölkerung und lockten mit Angeboten wie Steuervorteilen fehlende Handwerker an. Die Zünfte und deren Mitglieder wurden selbstbewusster und stellten entsprechende Forderungen an die Magistrate. Die Pest hatte ihre Auswirkungen ebenfalls in der politischen Arena. Offensichtlich wurde ein wenn zunächst auch schleichender Autoritätsverlust deutlich. Das betraf die geistlichen wie die weltlichen Herrscher. Für die Geistlichkeit war die Tatsache, dass der unbedingte Glaube in Gottes Allmacht so tief erschüttert war, der Auftakt zu Fragen, innerkirchlichen Querelen und der Forderung nach Reformen. Das war der Schatten, den die heran eilende Reformation bereits voraus warf. Gott und seine Kirche als Zentrum allen Wirkens und Seins waren tief erschüttert und dies hatte zur Folge, dass der Mensch, das Individuum, mehr in das Zentrum rückte. Mit der gleichzeitigen Rückbesinnung auf die Antike war ein neues Zeitalter angebrochen und es ging von Italien aus: Die Renaissance hielt Einzug.

6. Wie wir Deutsch lernten

Heutzutage stehen wir alle unter dem Eindruck, dass Englisch die vorherrschende Sprache ist, aber **Deutsch** ist eine der meist gesprochenen Sprachen in Europa. Ungefähr 100 Millionen Europäer sprechen Deutsch und viele lernen es noch. In welchen Ländern außer im Kernland Deutschland spricht man »unsere« Sprache? Zunächst auch in Österreich, der Schweiz, in Liechtenstein und in Südtirol. Außerdem in Teilgebieten oder als Minderheitensprache in Dänemark, Belgien und Luxemburg und manchmal noch im Elsass. Sprache ist die Kommunikationsweise, derer sich eine Gruppe, beziehungsweise ein Volk bedient, um sich auszutauschen. In der Regel geben Menschen Objekten und Handlungen Namen: Schon aus der ägyptischen Kultur sind »Bildergeschichten« bekannt, die unter den Namen Hieroglyphen in vielen Altertums-Museen zu bestaunen sind und wunderbare Geschichten erzählen.

Wie vieles andere auch ist die Sprache in ihren Ursprüngen auf die Germanen zurückzuführen. Das Wort »Volk«, »Stamm« wurde »thioda« genannt, die adjektive Beschreibung dessen war »thiodisk«. Daraus formte sich »diutschiu«. Mit «thiodisk«/»diutschiu« war die Volks-, beziehungsweise Stammeszugehörigkeit beschrieben. Dem entspricht der historische, identifikationsmäßige Ausgangspunkt: die frühen Deutschen als eine ethnische Gruppe, die sich als eine solche verstanden, oder besser lernten, sich als solche zu verstehen. Durch die Selbstdefinition einer zusammengehörigen Gruppe entwickeln sich Ein- und Abgrenzungsmerkmale. In diesem Fall die Sprache als ein Merkmal der Dazugehörigkeit, das alle anderen ausschloss, die sie nicht sprachen – oder noch nicht. Der Sprachfähigkeit folgen dann zumeist Gebräuche, Handlungsabläufe und gemeinsame Überlieferungen der gemeinsamen Vergangenheit. Die Urgermanen, durcheinandergewürfelt durch die Völkerwanderung des vierten Jahrhunderts, hatten ihre eigenen Dialekte, das heißt, germanische Wortstämme wurden mit Silben («Siluben«) gebildet, und das Ganze mit der lateinischen Grammatik sowie römischen Lehnworten vermischt. Das machte Sinn, denn bis 750 war Latein sowieso die vorherrschende Sprache. Der Begriff Indogermanisch bedeutet eine maximale Übereinstimmung in Wortschatz und Grammatik, eine Sprachfamilie (die größte der Welt), die durch die Völkerwanderung entstand. Erst ab dem Jahr 1000, zur Zeit der Ottonen, werden damit die Sprachen der germanischen, angelsächsischen und skandinavischen Volksstämme bezeichnet. Grundsätzlich markierte diese Sprachgrenze den Abstand zu den südlichen Stämmen, die wiederum Latein sprachen, was später in die romanischen Sprachen mündete. Nicht zu vergessen sind die slawischen Sprachen, die sich schon eher vom Romanischen abspalteten. Europas Sprachen waren in der Antike und der frühen Neuzeit in erster Linie nicht deutsch und die Sprache war abhängig nicht nur von den geographischen, sondern eher von den historischen Gegebenheiten: Durch die lange Dauer des Imperium Romanum war **Latein** die vorherrschende Sprache und blieb dies bis zum Ende des Mittelalters. Allerdings war dies eher den Gebildeten vorbehalten, denn die Mehrheit der Menschen sprach in regionalen Dialekten, der sogenannten Vulgärsprache. Der Ausdruck des »thiodisk/thiudisk/theudisca« als nicht nur sprachlicher »Volkssammelbegriff« ist interessant und kam als solcher noch vor der Zeit Karls des Großen auf. Karl der Große beschäftigte sich im Rahmen seiner Bildungsinitiative mit dem Problem der besseren sprachlichen Verständigung seiner Völker. Wenig bekannt ist jedoch, dass der Karolinger Karl, selbst natürlich fließend in Latein konversierend, die

Notwendigkeit einer »Volkssprache« zur allgemeinen Verständigung sah und dies sogar anordnete. Als derartige Volkssprache ist das **Althochdeutsche** zu verstehen. Warum Karl der Große mit dieser neuartigen Sprachidee kam, ist heutzutage theologisch-historisch nachzuvollziehen: Ihm ging es in erster Linie um den Glauben. Er sah eine Voraussetzung für die christliche Durchdringung im Verstehen und Sprechen der grundlegenden Bekenntnisse auch in weiteren Bevölkerungskreisen. Die Schriftlichkeit erfuhr ebenfalls unter Karl dem Großen eine Neuerung mit der Einführung der karolinischen Minuskeln. Die Idee, dass damit weite Bevölkerungskreise Erlasse und Urkunden verstanden, ist vermutlich nicht haltbar. Denn alle offiziellen herrscherlichen Verlautbarungen erfolgten natürlich auf Latein, was vom Volk bestimmt nicht verstanden wurde. Diese Gepflogenheit wurde parallel nicht verändert und von den konservativen Nachfahren Karls des Großen noch verstärkt. Was sah Karl der Große nun als »Volkssprache« an? Er selbst sprach »Fränkisch« (nicht zu verwechseln mit dem modernen Fränkisch von heute) und sein riesiges Reich von Frankreich, Germanien, Oberitalien bot zusätzlich eine Vielzahl von Sprachen und Dialekten an. In den deutschen Gebieten wurde deshalb folgendes gesprochen: Fränkisch, Bayerisch, Alemannisch, Sächsisch, um nur einige Sprachen zu nennen. Obwohl damit die verschiedenen deutschen Volksstämme unterschieden wurden, gab es den sprachlichen Sammelbegriff mit der ***Lingua Theudisca (Thiodisker)***. So hieß die Sprache der germanischen Stämme und bezeichnete die Sprachgepflogenheiten im Norden und in der Mitte des fränkischen Reiches. Wo kam dieser Begriff überhaupt her? Es handelt sich um eine Wortschöpfung aus »the-uda« = Stamm und »disca« = verschiedene. In der historischen Abfolge, das heißt ungefähr 300 Jahre später wurde dies als »Deutsch« =»diutiscun« verstanden, während im Westen und Süden von Karls Reich die ***Lingua Romana*** weiterverwendet wurde und »Vulgär-Latein« (Vulgata) genannt, eher als mittelalterliches Latein in die Geschichte einging. Die Ursache hierfür lag in der Tatsache begründet, dass es von den Soldaten untereinander – sehr schlecht – gesprochen wurde. Daraus wurde später Französisch, Italienisch, Spanisch, in deutlich verbesserter Form. Aus dieser Zeit kam die Unterscheidung in die unterschiedlichen Sprachfamilien. Germanische Sprachen sind danach: Deutsch, Englisch und Niederländisch sowie die skandinavischen Sprachen, während für die romanischen Sprachen Italienisch, Französisch, Spanisch, Portugiesisch und Rumänisch stehen. Wichtig für die deutsche Sprache ist die Tatsache, dass sie den Anfängen Karls des Großen zu verdanken ist. Eine Initiative, getrieben von seinem Wunsch nach verstärkter Christianisierung, diesmal nicht nur als »*Missionierung mit dem Schwert*«, sondern als Bildungsinitiative. Karl der Große koppelte die Sprache an die Verbreitung des Christentums. Vorausschauend verlangte er deshalb immer wieder von seiner hohen Geistlichkeit, dass sie das Christentum und seine Lehren in der Landessprache verkündeten. Das war ein ziemlich ehrgeiziges Unterfangen, weil die germanischen Stämme seines Ostreiches wenig christianisiert waren und eben nicht über eine gemeinsame Kommunikationsschiene verfügten. Ludwig der Deutsche, hier taucht der Name des »Ostfrankenreichs« gleich Deutschland auf, war ein Enkel Karls des Großen und regierte von 843 bis 876. In seiner Zeit zeigte sich, dass die Deutschen sprachlich auf dem Weg zu einer Einigung waren, wie ein Aufschrieb eines Mönches im Kloster Fulda 825 zeigt: »*Si giheilagot thin namo, queme thin rihhi, si thin willo, so her in himile ist, so si her in erdu*« = »Geheiligt werde Dein Name, Dein Reich komme, Dein Wille (geschehe), so im Himmel und auf Erden« (aus dem Vater-Unser).

Das war der Beginn der deutschen Sprache unter dem Begriff **Althochdeutsch**. Die Spracheinteilung und Sprachforschung sind weitgehend

Jacob Grimm zu verdanken. Deutsch gehört zur indogermanischen Sprachfamilie und fing an, sich nach den Zeiten der Völkerwanderung (375–568) zu verselbstständigen. Das Althochdeutsche mit der Sprachinitiative Karls des Großen wird auf 600 bis 1050 datiert. Danach kommt das Mittelhochdeutsche von 1050 bis 1350 und im Anschluss das Neuhochdeutsche von 1350 bis 1650. Die Gebrüder Grimm,[72] wie sie umgangssprachlich genannt werden, sind eher bekannt für ihre weltberühmten Kindermärchen,[73] obwohl ihre eigentliche Berufung die Sprachwissenschaft und Volkskunde war. Genau genommen sind sie – vor allem Jacob Grimm – die Begründer der Germanistik, denn ihre Studien zur geschichtlichen Entwicklung der deutschen Sprache und Grammatik sind bis heute grundlegend. Sie forschten zum Ursprung der germanischen Sprachen und konzentrierten sich hier insbesondere auf Wort- und Lautbildung. Die Klassifizierung des Deutschen als indogermanisch und die Erklärungsansätze für die Entwicklung der angelsächsischen Sprache (durch Lautverschiebung) ist ebenfalls Jacob Grimm zu verdanken.[74] Die Brüder Jacob und Wilhelm Grimm waren ab 1830 als Professoren an der Universität Göttingen tätig, bis sie als Bestandteil der »Göttinger Sieben« eine Streitschrift gegen den König von Hannover während der 1848er Revolution verfassten. Das wurde mit Entlassung und Landesverweis geahndet.[75]

Heutzutage ist es eine Tatsache, dass Gesetze und Vereinbarungen in einer Sprache verfasst sind, derer alle mächtig sind, die sie betreffen. Aber das war nicht immer so. Gesetze galten für alle, aber nur eine Minderheit konnte sie verstehen und verfasst wurden sie von einer kleinen herrschenden Elite. Darum war umso beachtlicher, dass 1356 das erste Reichsgesetz in deutscher Sprache verfasst wurde. Nach Jacob Grimm markiert das den Übergang vom Mittelhochdeutschen ins **Neuhochdeutsche**. Die berühmte »*Goldene Bulle*«, durch Kaiser Karl erlassen, in der festgelegt wurde, dass sieben Kurfürsten den deutschen Herrscher wählen, war das erste Reichsgesetz (eine Art von Grundgesetz!) des Heiligen Römischen Reiches, das jemals in deutscher Sprache verfasst worden ist. Der regierende Kaiser war damals Karl IV. (1346–1378) und den meisten ist nicht bewusst, dass dieses Grundgesetz bis 1806, das bedeutet bis zum Reichsdeputationshauptschluss, noch in Kraft war, wenn es auch keine Anwendung mehr fand. Im 13. und 14. Jahrhundert wurden – eine Neuerung – die **Familiennamen** eingeführt und zwar für die breite Bevölkerung.[76] Und das ging zumeist so, dass sich der Name nach den jeweiligen Berufen (Schneider, Müller, Schmied etc.) oder nach der Herkunft richtete. Teilweise konnten auch die Herkunftsortschaften als Namensgeber fungieren oder als dritte Möglichkeit äußerliche Eigenschaftsbeschreibungen (Groß, Klein, Hoch). Das fiel schon in die Epoche der wirklichen Formung der deutschen Sprache, als deren eigentlicher Schöpfer Martin Luther (1483–1546) dank seiner Bibelübersetzung gilt. Sprachentwicklungstechnisch steht das für eine Verengung auf die Reformationsepoche, denn genau genommen war die deutsche Sprache schon fortgeschritten. Ohne die Vorläufer, die bereits den Weg der Sprache ebneten, wäre **Luthers Deutsch** nicht so durchsetzungsfähig gewesen. Diese Vorläufer waren das 1356 in Deutsch – nicht mehr in Lateinisch – verfasste Reichsgesetz, das auch ab 1442 den Namen des Landes kreierte: »*Heiliges Römisches Reich Deutscher Nation*«. Dann kam als klarer Entwicklungshelfer der Buchdruck Gutenbergs 1446 hinzu und in der Abfolge dann erst die Bibelübersetzung von 1522. Wenn also als eigentlicher Schöpfer der deutschen Sprache Martin Luther dank seiner Bibelübersetzung benannt wird, ist wichtig, dies als einen entscheidenden Meilenstein innerhalb der Sprachentwicklung zu sehen. Der Erfinder der neuen Drucktechnik **Johannes Gutenberg** (1400–1468, er hieß eigentlich Johannes Gensfleisch) war verantwortlich für eine

Art von »Medienrevolution«. Zum ersten Mal war es möglich, Drucker-
zeugnisse an Stelle von Handschriften zu produzieren, so dass ab circa
1450 die Bildungshoheit der Kirche auf der einen Seite abnahm, auf der
anderen Seite es ihr ermöglicht wurde, die berüchtigten Ablassbriefe in
Serie herstellen zu lassen. Der Erfolg der Reformation ist andererseits
auch auf diese bahnbrechende Erneuerung zurückzuführen. Ab 1605
gab es Zeitungen mit Nachrichten und Meldungen.

Eine Tatsache blieb, dass in den deutschen Territorien viele verschiedene Dialekte, immer abhängig von den regionalen und lokalen Gegebenheiten, benutzt wurden. Welcher wurde dann die Sprache Luthers, das
heißt »unsere«? Die Sprache, die er für seine Bibelübersetzung benutzte, war ein Gemisch aus nördlichen und südlichen Dialekten. Nochmals
das Beispiel aus dem Kloster Fulda (825): Bei Luther (Bibeldruck von
1544) heißt das: »*Dein Name werde geheiliget. Dein Reich kome. Dein
Wille geschehe auff Erden wie im Himel ...*« (fünf Schreibfehler nach
heutiger Auffassung). Sprache und Sprechen – mündliche Überlieferung und Mündlichkeit: So verbreitete sich Sprache, zumeist von
oben nach unten. Herrschende Hierarchien geben ihre Sprache dem
Volk, das es benutzt und verbreitet. Die wichtigste Folge hiervon ist,
dass es kaum Unterschiede im gesprochenen und geschriebenen Wort
gibt (zumindest in vielen anderen Sprachen). Das ist bei der Herleitung
der deutschen Sprache anders. Luther hat mit seiner Bibelübersetzung
der Sprache eine weitere Facette gegeben: Das sogenannte Schrift-
deutsch, weil diese Bibel zunächst nur schriftlich verbreitet wurde.
Jeder, der die Übersetzung des Neuen Testaments las, sprach sie anders
aus. Danach ist vorstellbar, dass der Luther Sächsisch (präziser
Thüringisch) zwar gesprochen hat, jedoch nicht im Dialekt, sondern in
der damaligen Behördensprache (Amtssprache) schrieb. Die hieß übrigens die »Sprache der Meißner Kanzlei«. Das bedeutete allerdings nicht,
dass dank Luther überall im Deutschen Reich eine Sprachvereinheit-

lichung stattfand: Das **Meissner Kanzleideutsch** wurde dort übernommen, wo es regional verwurzelt war, beziehungsweise wo die Reformation ihre Anhänger fand. Im Süden des Reiches – traditionell katholisch – geblieben war die **Amtssprache die der Wiener Kanzlei.** Durch den auf die Reformation folgenden Dreißigjährigen Krieg (1618–1648) wurde die Sprache wieder durchmischt. Die Herrschenden sprachen sowieso auf Französisch untereinander. Genau genommen ist das heutige Deutsch ohne Dialektreferenz das sogenannte Hochdeutsch/Schriftdeutsch, das auf Luther zurückzuführen ist. Deutsch ist das föderalistische Sprachergebnis der historischen Gegebenheiten des frühen 16. Jahrhunderts. Nur dank Luther wurde Hochdeutsch in der Zeit von 1600 bis 1800 ein sprachlicher Begriff und gilt bis heute als das »reinste« Deutsch, die überregionale Standardsprache. Zum Thema reinstes Deutsch: Vornehm war Luthers Sprache nicht unbedingt. Um der Wahrheit die Ehre zu geben, war Luthers Sprache sehr anschaulich und häufig grob. Er selber nannte dies »*dem Volk auf's Maul geschaut*«. Abgesehen von manchen eher unflätigen Ausdrücken war Luther der Erste, der viele – sehr anschauliche – Redewendungen, die noch heute benutzt werden, aufgeschrieben hat. So zum Beispiel die folgenden: »*Sein Licht unter den Scheffel stellen*«; »*etwas ist jemandem ein Dorn im Auge*«; »*auf die rechte Bahn geführt werden*« oder der berühmte »*Stein des Anstoßes*«. Da Luther kein Blatt vor den Mund nahm, um seine Sprache so farbig im Sinne von besonders verständlich zu machen, kreierte er neue Worte oder Begriffe, die seiner Ansicht nach zur Verdeutlichung beitrugen. Ein Beispiel hierzu ist das Wort »fromm«. Gemeint ist: gläubig, religiös, tugendsam. Weitere Lutherische Wortkreationen sind: jemanden »anfahren«: jemand zurechtweisen, anfauchen und »verfassen«: schreiben, zusammenschreiben. Das wenig nette Wort »einfältig« für geistig einfach strukturiert, ist ebenfalls darunter.

Das Deutsche Wörterbuch von *Jacob Grimm*, »Der Grimm«, in Leipzig 1854 erschienen, gab der deutschen Sprache den ersten grammatikalischen Unterbau. Die korrekte Schriftlichkeit wurde ein halbes Jahrhundert später durch die Veröffentlichung des Dudens um 1900 nochmals festgezurrt. Denn nach der Reichsgründung 1870/71 fand Otto von Bismarck es notwendig, auch die »wilde« Sprache zu vereinheitlichen. Hierzu gab es sogar eine »Orthographische Konferenz«, die 1876 stattfand. In **Konrad Duden**, einem studierten Linguisten und Lehrer, fand er den Herausgeber eines Volkswörterbuches. Er wurde zum »Vater« der deutschen Einheitsschreibung. Dennoch, Sprache ist etwas Dynamisches und unterliegt einem ständigen Wandel. Das war so seit der Lutherzeit und ist genau genommen nicht nur auf historische Umbrüche zurückzuführen. Selbstverständlich sprachen die »großen Dichter und Denker« Schiller und Goethe ein anderes Deutsch als wir heute: Vermutlich würden wir kichern, denn Goethe soll einen sehr hessischen Dialekt gesprochen haben und Schiller ein sehr starkes Schwäbisch. Landflucht durch Industrialisierung, Aufteilung in eine ländliche und eine städtische Bevölkerung hatten ebenso ihre Folgen: In ländlichen Regionen Deutschlands wird der **Dialekt** auch heute noch eher gesprochen und zu Recht oft mit einem gewissen Stolz. Zusätzlich ist Sprache bis heute abhängig von der sozialen Schicht. Sprache wird im Elternhaus gelernt, in der Schule »weiter gelehrt« und das Sprachniveau ist auf diese prägende Sozialisierung zurückzuführen. Der Einfluss der Globalisierung, eng begleitet von der Digitalisierung, führt zu einer Internationalisierung – vermutlich aller Sprachen – und viele englische Begriffe haben deshalb Eingang ins Deutsche gefunden.

7. Der Deutsche Glaubenskrieg und die Reformation

Nachdem 1250 mit Friedrich II. der letzte große Staufer starb, war die Konsequenz ein von 1254–1273 dauerndes sogenanntes Interregnum. Am besten übersetzt mit »Zwischenregierungszeit«. Eigentlich war es eine Epoche ohne funktionierende Regierungsmacht. Das Interregnum wurde durch einen Dynastiewechsel an der Spitze beendet. Denn seit 1273 mit Rudolf I. waren die **Habsburger** die regierenden Herrscher in Deutschland und auf dem Thron des Heiligen Römischen Reiches. Die Hausmacht im Südosten des Reiches wurde durch deren Söhne gesichert. Ein dynastisches Zwischenspiel von 100 Jahren auf dem Thron gaben noch die Luxemburger (ab 1346), bis Friedrich III. von Habsburg (Vater von Kaiser Maximilian I.) ab 1440 mit über fünfzigjähriger Regierungszeit der Dienstälteste Kaiser des Heiligen Römischen Reiches wurde.[77] Friedrich III. (1415–1500) war der zweite Habsburger auf dem Thron seit Rudolf I., der im Jahre 1273 Herrscher des Heiligen Römischen Reiches wurde. Ihm folgte sein Sohn Maximilian auf den Thron. Kaiser Maximilian (1459–1519) war ab 1486 Römisch-Deutscher König und ab 1508 Kaiser des Heiligen Römischen Reiches. Bezeichnet als »der letzte Ritter« heiratete er die reichste Erbin seiner Zeit: Maria von Burgund. Parallel war dies der Zeitpunkt der Erneuerung des geistigen Lebens. Am Vorabend der Reformation hatte sich die Epoche der Renaissance die Bahn gebrochen. Der **Humanismus** stand im Mittelpunkt, zusammen mit Ideen aus Italien, die in ganz Europa Fuß fassten.[78] Letztlich waren dies nicht wirklich neue Gedanken, sondern ein »Wiederhervorholen der antiken Erkenntnisse«. Zugleich kam die Moralphilosophie Aristoteles' wieder in Mode, mit der wissenschaftlichen Aufbereitung der Fragen zu menschlichen Gebräuchen, Sitten und Gewohnheiten. Alles um den Menschen und menschliche Normen herum erfuhr wieder größere Aufmerksamkeit, eine geistesgeschichtliche Entwicklung, die längerfristig zum Wegbereiter der späteren Aufklärung wurde. Die Verbindung zwischen Humanismus und Reformation ist nicht zu leugnen, denn so war der geistige Boden bereitet, auf dem Luther, ganz ein Kind dieser Epoche, seine Ideen ausbreiten konnte. Der Humanismus hinterfragte den Sinn des Lebens, der im früheren Mittelalter vor allem in der Vorbereitung auf das Jenseits lag. Nun veränderte sich der Fokus mehr auf das Streben nach irdischer Vollkommenheit eines Menschenlebens, gleich »*Humanus*«. Der Mensch rückte mehr in den Vordergrund, ihm wurde mehr Bedeutung beigemessen. Menschliche Tüchtigkeit und Nutzen für den Staat wurden relevante Begriffe. Selbst das Handeln der Fürsten wurde zum ersten Mal durch die Linse des Nutzens für den Staat, den Staatsgedanken, gesehen. Wie das Wort Renaissance schon ausdrückt: zurück zu den Quellen und zwar auf vielen Gebieten, nicht nur den schriftlichen Quellen (antike Philosophen), sondern auch in der Kunst und Architektur – und in der Regierung. Eine Renaissance des klassischen Gedankengutes erforderte einen neuen Idealtypus eines Gelehrten, wie **Erasmus von Rotterdam** (1466–1536), einer der bedeutendsten Repräsentanten des europäischen Humanismus. Der holländische Philosoph und Philologe hatte 1516 die erste Druckausgabe des Neuen Testamentes in Griechisch mit der lateinischen Übersetzung danebenstehend herausgegeben. Ein Teilaspekt dieses neuen Gedankenguts war die Wahrnehmung der die Menschen umgebenden Landschaft. Zuvor wurde Landschaft nur in ihrer Eigenschaft als »*unbezwungen*« (nicht landwirtschaftlich genutzt) oder als mehr oder weniger geeignete Oberfläche, auf der die Kriegshandlungen stattfanden, gesehen. Jetzt wurden Landschaften plötzlich in ihrer ureigenen Schönheit empfunden und in dieser Form künstlerisch abgebildet (Albrecht Dürer). Dies war gleichzeitig ein Ausdruck steigenden Selbstbewusstseins und von etwas größerem Wohlstand. Die »Wiedergeburt der Antike« in Kombination ging einher mit neuen wissenschaftlichen Erkenntnissen des **Nikolaus Kopernikus** (1473–1543), der mitteilte, dass die Sonne und nicht die Erde im Mittelpunkt des Universums steht. Das Sonnensystem, das er beschrieb, revolutionierte das sogenannte geozentrische Weltbild. Damit begab sich die Wissenschaft in einen klaren Widerspruch zur Kirche, die sich dieser »neuen und ketzerischen Lehre« zunächst vehement verweigerte. Das wurde zur ideologischen Herausforderung. Der Humanismus war eine Bewegung, die in den gebildeten Schichten stattfand und er stellte eine Herausforderung der traditionellen römisch-katholischen Glaubensform dar, indem er die Vervollkommnung des Menschen auf der Grundlage perfekter Bildung anerkannte. Diese Annahme forderte die traditionellen Autoritäten der Kirche und des Königtums heraus. Sie war diesseits gewandt und propagierte – schon vor Luther – das Ideal eines freien Christenmenschen. Die Kirche war in einer schwierigen Position. Sie war herausgefordert durch eine neue geistige Kultur, die den Lehren aus Rom nicht unterstützend zur Seite stand, und durch einen realen Machtverlust, darunter das **Papst-Schisma**, das in der Zeit von 1309 bis 1414 bestand, als die südfranzösische Stadt Avignon Rom als päpstliches Zentrum ablöste. Die Ursache hierfür lag im Erstarken des französischen Königtums, das sich daraufhin der Frage der geistlichen Macht annahm, in der zweiten Hälfte des 13. Jahrhunderts die Papstwahl dominierte und die Päpste zwang, sich in Frankreich, statt in Rom anzusiedeln.

Für den mittelalterlichen Menschen wurde es schwierig: Zum einen dominierten die Kirche und der Glauben sowie die Hinwendung zum Jenseits nach wie vor das »every-day-life« der Menschen, aber der Bedarf der Menschen nach Trost und Beistand wurde immer weniger durch die etablierte Kirche gestillt. Gleichzeitig gab es neue Ideen (Humanismus, Wissenschaft), die die alte Gleichung – Gottes Allmacht präsidiert über den sündigen Menschen – zumindest in Frage stellten. Und dann präsentierte sich die Kirche im 15. Jahrhundert mit ihren Seelsorgern nicht mehr wirklich so »wie es sich gehörte«. Der Klerus machte nicht im guten Sinne von sich reden, denn die hohe Geistlichkeit benahm sich sehr weltlich, im Sinne von Macht- und Geldansammlung und vernachlässigte ihre Aufgaben als »Seelenhirte« und wurde nicht mehr ihrer Aufgabe gerecht, den niedrigen Klerus zu kontrollieren. Im Mittelpunkt der päpstlichen und erzbischöflichen Ambitionen standen die Errichtung kirchlicher Prachtbauten, die die geistliche Macht nach außen hin repräsentieren sollten. Dafür wurde Geld benötigt, und zwar viel Geld. Bestes Beispiel dafür war das ambitionierte Bauobjekt des Petersdoms in Rom. Bei dem kirchlichen Fußvolk, der niedrigen Geistlichkeit, sah es nicht besser aus: sie waren ungebildet, predigten schlecht, galten häufig als »sittlich verwahrlost«, das heißt, trieben sich mit Frauen herum und erfüllten auf jeden Fall nicht ihre Aufgabe, der Verkündung des Wort Gottes. In den Klöstern, einst Zentren von Glauben, kultureller Bildung und gelebter Nächstenliebe, sah es nicht besser aus: Ordensregeln wurden kaum noch befolgt, die Gebote nach Armut, Keuschheit und Arbeit standen nicht mehr an oberster Stelle. Die Zeit des »*ora et labora*« war vorbei. Diese gesamte Entwicklung blieb der breiten Bevölkerung nicht verborgen, umso mehr als durch die ambitionierte Bautätigkeit der Kirche Geld auf vielerlei – nicht wirklich gottgefällige Art – eingetrieben wurde. Es war eher ein Kuhhandel mit dem Seelenheil. An oberster Stelle standen die sogenannten **Ablassbriefe.** Die Idee dahinter, dass man sich vor, nach oder während sündigen Verhaltens mit Geld davon loskaufen konnte, anstatt wie es der reinen Lehre entsprach bereuen, beichten und dann, meist nach der Verhängung zeitlicher Strafen, von der Schuld losgesprochen zu werden. Ursprünglich war damit der Hinweis verbunden, die schlechte Tat nicht zu wiederholen, aber wenn man sich davon freikaufen konnte? Für den schwunghaften Ablasshandel zogen sogenannte Ablassprediger durch das Land, um diese gewinnbringend zu verkaufen (sicherlich behielten sie für sich selbst eine Provision zurück). Der eigentliche Skandal war, dass die jeweiligen Päpste große Befürworter dieser Praxis waren; so auch Papst Leo X. Für den Bau seiner Peterskirche schrieb er im Jahr 1517 einen extra Ablass, um den römischen Christen die Gelegenheit zu geben, *»ein gutes Werk zu tun«*. Besonders eifrig war in Deutschland der Erzbischof von Mainz, der war nämlich direkt beim Papst verschuldet. Die geistige Weltsicht des Mittelalters hatte ihre Grenzen, aber hier muss nochmals ganz klar darauf hingewiesen werden, was, durch die mittelalterliche Frömmigkeit verursacht, die Menschen glaubten. Denn sie waren der festen Ansicht, dass Gott und seine Gebote ihr Leben und noch mehr das ewige Leben nach dem Tod bestimmten. Das heißt, sündenbeladene Menschen hatten keine Aussicht auf das ewige Leben, stattdessen aber auf das ewige Schmoren im Höllenfeuer, das sich die Menschen ganz real so vorstellten. Wer also entweder nicht gottesfürchtig lebte oder zumindest nicht durch Beichte und Absolution Gottes Liebe in Form von Verzeihung wiedererlangte, war verdammt. In Kombination mit dem Ablasshandel hieß dies, wer es sich nicht leisten konnte sich freizukaufen, war noch mehr verdammt. Nach der Kenntnis des mittelalterlichen Mönchstums und der Kirchengeschichte, besonders in der Zeit unter Papst Innozenz III. zur Stauferzeit, war klar, dass das komplette System zunehmend reformbedürftig wurde.[79] Selbst aus Kirchenkreisen vernahm man die Forderung nach Reformen, die aber keinen Beistand bei der Kurie fanden, bis sich dieser Aufgabe in einer unvorhergesehenen und energischen Form der Deutsche **Martin Luther** (1483–1546) annahm, der die Kirche von innen heraus reformierte.

Luther war selber Mönch und er setzte somit eine Bewegung in Gang, die in eine Kirchen-Revolution und eine Spaltung in zwei Konfessionen, mündete. Die Biografie Luthers begann in Eisleben, Thüringen. Nachdem sein Vater als Bergmann angefangen hatte, wurde er zum Ratsherrn und wollte seinem Sohn eine gute Ausbildung angedeihen lassen. Deshalb sollte der junge Luther Rechtswissenschaften studieren, was dieser auch tat. Doch dann hatte Martin Luther einen sogenannten »Berufungsmoment« und zum großen elterlichen Unwillen wurde er Mönch, indem er in den Augustiner Eremiten Orden eintrat. Luther erhielt die Priesterweihe und studierte Theologie. Er fiel durch ein sehr gehorsames Befolgen den Klosterregeln auf und fing schnell an, die Mitbrüder zu kritisieren, die weniger strebsam waren. Luther wurde bekannt dafür, dass er sich der Klosterdisziplin mit einem fast überirdischen Eifer unterwarf und sich alle möglichen Zusatzaufgaben auferlegte: Von der Kasteiung bis zum Extra-Fasten, immer im Bestreben, so die ewige Seligkeit zu erlangen. Das blieb nicht ohne Folgen, denn die Kombination von Theologiestudium und übereifrigem, praktischem Leben im Kloster förderte bei Luther revolutionäre Überlegungen, die zunehmend zu einer kritischen Haltung gegenüber den etablierten klerikalen Strukturen führten. Luther stellte Fragen und kam zu Antworten, die die Grundlagen des römisch-katholischen Glaubens für immer erschütterten. Die Barmherzigkeit Gottes wurde von ihm in den Mittelpunkt gestellt, somit die Drohung nach Gottes Gericht entschärft. Seiner Ansicht nach waren für die Vergebung der Sünden nur die persönliche Reue und die Vergebung durch einen gnadenvollen Gott notwendig. Die direkte Verbindung des Einzelnen zu Gott nahm die Vermittlerfunktion des Klerus aus oder minimierte zumindest dessen Macht. Kirchlicher Sündenerlass in Form des Ablasshandels, wurde obsolet. Luther versprach eine Erlösung, die nur auf der Grundlage des Glaubens stattfand: Allein das Evangelium, das unverfälschte

Wort Gottes ist unabdingbar. In den Mittelpunkt stellte Luther den absoluten Glauben an Gottes Allmacht, die sich unbeeindruckt von allen Bußübungen, tadellosen Verhaltens und guten Werken zeigte (also im kompletten Widerspruch zur gängigen Ablasspraxis stand). Diese Überlegungen ließen dann nur den unbedingten Glauben an Christus und das Vertrauen in Gottes Gnade zu. Für Luther wurde die absolute Grundlage seiner christlichen Überzeugung die Heilige Schrift und diese musste der breiten Bevölkerung zugänglich gemacht werden. Darin war Luther radikal, denn nur die Bibel und hier besonders das Alte Testament in seiner reinsten Form hatten für ihn als Gottes Wort Bestand. Damit ging er komplett gegen alle anderen Schriftauslegungen sowie die Interpretationshoheit der römischen Kirche vor, was bedeutete, dass somit sogar die Position der hohen Geistlichkeit in Frage gestellt wurde – etwas, das bisher niemals jemand gewagt hatte und das eigentlich als Ketzerei angesehen wurde. Genau genommen bedrohte Luther damit nicht nur das Machtgefüge der Kirche, sondern das Machtgefüge in seiner Gesamtheit. Mit seiner Kritik an der Ablasspraxis verband er die Forderung nach einer Diskussion im Sinne von Reformen. Luther hatte sich mit dieser neuen Auslegung der Heiligen Schrift und seiner Interpretation des Glaubens sofort die etablierte römische Kirche zum Feind gemacht. Da war es dann gar nicht mehr notwendig, dass er sogar die Autorität der Kirchenfürsten und an deren Spitze die des Papstes in Frage stellte. Ende Oktober 1517 machte Luther einen Anschlag an die Schlosskirche zu Wittenberg, in Form von Thesen (damalige Streitsätze), in denen er seine Überlegungen zusammenfasste. Im Mittelpunkt stand die harsche Kritik am Ablasshandel. In dem Lateinisch abgefassten Streitsätzen fand sich Folgendes: 21. *»Es irren die Ablassprediger, die da sagen, dass durch des Papstes Ablässe der Mensch von aller Sündenstrafe losgesprochen und erlöst werde.«* 27. *»Menschenlehre predigen die, welche sagen, dass* *sobald der Groschen im Kasten klingt, die Seele aus dem Fegefeuer springt.*« Das alles hätte eigentlich gar keine Folgen haben müssen. Ein Einzelner in einer weit entfernten Kleinstadt machte einen Anschlag an seine Kirche mit aufrührerischen Thesen. Aber jemand übersetzte Luthers Ansichten **vom Lateinischen ins Deutsche** und verbreitete sie als Flugblatt und innerhalb von zwei Monaten waren Luthers Ansichten deutschlandweit bekannt. Hier spielte herein, dass inzwischen der Buchdruck erfunden worden war und diese Verbreitungswelle aufrührerischen Gedankenguts bestmöglich unterstützte. Und dann brach die Hölle los. Luther wurde nach Rom zitiert und mehrfach veranlasst, seine Thesen zu widerrufen – das lehnte er jedoch ab und verfestigte vielmehr seine Ansichten, die darin gipfelten, dass er erstens den Vorrang des Papstes als Kopf der gesamten Geistlichkeit (Nachfolger Petri) nicht anerkannte und zweitens der Unfehlbarkeit der Konzilien (geistliche Zusammenkünfte, bei denen die Bibel interpretiert wurde) widersprach. Einmal alles hinterfragt und angegriffen, untermauerte Luther seine revolutionären religiösen Ansichten in drei berühmten Schriften, die sich zusammengefasst von der bisherigen Kirchenlehre lösten, indem sie folgende Weisungen ausgaben: Trennung von der Römischen Kirche und Reformen, alleinige Autorität in Glaubensdingen ist die Bibel und nur die Bibel und Reduzierung der sieben Sakramente der katholischen Kirche auf zwei: die Taufe und das Abendmahl. Ein Christ hat die »*absolute Freiheit*«, Luther meinte die des Glaubens, aber dieser Passus wurde politisch interpretiert. Vermutlich ist es ist akkurat anzunehmen, dass Luther nicht per se den vollständigen Bruch mit der Katholischen Kirche wollte, er war ein Kind dieser Institution, aber er wollte diese reformieren und verfasste deshalb Schriften, die ihn als Revolutionär und Brandstifter auswiesen. Seine drei Hauptschriften (Reformationsschriften) datieren von 1520: »*An den christlichen Adel deutscher Nation*« war die erste, dann »*Von* *der babylonischen Gefangenheit der Kirche«* und zuletzt *»Von der Freiheit eines Christenmenschen«.* Diese letzte Schrift sorgte für besonders viel Unruhe.

Nach dieser Standortbestimmung Luthers war der Superärger mit der etablierten Kirche spätestens vorprogrammiert: Kirchenbann; Zitierung vor den Kaiser (Karl V. 1500–1558, gerade gewählt) auf dem Reichstag zu Worms 1521. Das Ergebnis war nicht positiv für Luther. Karl V., der letzte, wirklich mächtige Kaiser des Heiligen Römischen Reiches, war konservativ und hatte als Ziel die Errichtung eines Reiches *»in dem die Sonne niemals unterging«* und hierzu brauchte er die Kirche. Luther wurde nun offiziell auch von Reichsseite geächtet und die Verbrennung seiner Schriften wurde angeordnet. Luthers zweimaliges Auftreten vor dem Kaiser wurde als sachlich beschrieben, selbst wenn ihm beide Male nahegelegt wurde, seine Lehren zurückzunehmen. Dies lehnte der Reformator ab, weil er keinen Beweis sah, der ihn bewegen könnte, seine Thesen zu widerrufen: *»Wenn ich nicht durch Zeugnisse der Schrift und klare Vernunftgründe überzeugt werde; denn weder dem Papst noch den Konzilien allein glaube ich, [...], so bin ich durch die Stellen der heiligen Schrift, die ich angeführt habe, überwunden in meinem Gewissen und gefangen in dem Worte Gottes. Daher kann und will ich nichts widerrufen, weil wider das Gewissen etwas zu tun weder sicher noch heilsam ist. Gott helfe mir, Amen!«*[80] Nachdem Martin Luther offiziell einen Widerruf auf dem Reichstag zu Worms 1521 (wie vom Kaiser und den Reichsständen gefordert) verweigerte, trat die päpstliche Bannbulle zusammen mit der **Reichsacht** in Kraft. In der damaligen Vorstellung war somit Luthers Leben keinen Heller mehr wert. Aber »sein« Kurfürst Friedrich der Weise hielt seine schützende Hand über Luther und ließ ihn in einem fingierten Überfall als »Junker Jörg« auf die Wartburg in Sicherheit bringen. Allerdings, »der Geist war aus der Flasche«: Inzwischen hatten sich genügend Fürsten bereits mit Luthers Thesen sehr angefreundet, weniger aus religiösen, denn aus politischen Gründen. Insofern wurde Luther schnell zum wertvollen Unterpfand der Unzufriedenen im Reich und stand unter deren Schutz, wie es seine Unterbringung auf der Wartburg, ein Handstreich des Landesfürsten Kurfürst Friedrich des Weisen gewesen war. Luther nutzte die Gunst der Stunde und die Zeit seiner Gefangenschaft auf der Wartburg (1521/22) und widmete sich seinem Hauptprojekt: der **Übersetzung des Neuen Testaments**. Später übersetzte er dazuhin das Alte Testament in die deutsche Sprache. Eine Aufgabe, die bis 1534 dauerte. Mit seiner Übersetzung zunächst des Neuen und dann des Alten Testaments wurde Luther zum Schöpfer der neuhochdeutschen Sprache, wie im vorangegangenen Diskurs bereits erörtert. Bekannt ist, in welche Sprache Luther übersetzte, aber erstaunlicherweise besteht viel Verwirrung darüber, aus welcher Sprache er denn übersetzte. Die Bibel war ursprünglich auf Hebräisch, der Sprache der Juden (Israeliten/Hebräer) verfasst, danach ins Aramäische und später ins Griechische übersetzt worden. Darauf folgte das Lateinische, die Sprache der Kirche (römisch) und dank Erasmus von Rotterdam lag seit 1516 das Neue Testament auf Griechisch gedruckt vor. Bekanntermaßen war Luther ein gebildeter Kirchenmann. Er übersetzte aus dem Griechischen, hatte die hebräische und lateinische Form aber daneben liegen. 1522 wurde Luthers Übersetzung des Neuen Testaments gedruckt. Nach der anschließenden Übersetzung des Alten Testaments gab es ab 1534 den Gesamtdruck der Bibel. *»Es were wol recht vnd billich, das dis buch on alle vorrhede vnnd frembden namen außgieng [...] das man schier nit mehr weys, was Euangeli oder gesetz, new oder alt testament, heysse, fordert die noddurfft eyn antzeygen vnd vorrhede zu stellen, da mit der eynfelltige man, aus seynem allten wahn, auff die rechte ban gefuret vnd vnterrichtet werde [...], da er Euangeli vnd verheyssung Gottis suchen sollt.«*[81] So beginnt die Vorrede Luthers zu seiner Übersetzung.

Obwohl 1523 in Brüssel Ordenskollegen und Anhänger Luthers als Ketzer verbrannt wurden, machte dieser weiter und ging in die Diskussion mit **anderen Reformatoren**. Legendär sind die Auseinandersetzungen mit Thomas Münzer und Ulrich Zwingli (dem Schweizer Reformator), bei dem nicht nur bildlich »das Tischtuch zerschnitten« wurde. Luther kümmerte sich um eine (Re)Form der Gottesdienste und entwarf dafür die sogenannte Deutsche Messe Ordnung des Gottesdienstes. Diese ist bis heute in der protestantischen Kirche in Kraft. Luthers Privatleben war ebenfalls revolutionär – von der Warte der römisch-katholischen Kirche ausgesehen. Der ehemalige Mönch heiratete und zwar eine ehemalige Nonne: Katharina von Bora. Mit dieser hatte er dann viele Kinder und wurde privat zum braven Hausvater eines eher spießigen Haushaltes zu Wittenberg.

Politisch hatte Luther nicht nur religiöse Unruhen verursacht, sondern sehr handfest eine soziale Problematik losgetreten. Seine Schrift *Von der Freiheit eines Christenmenschen* von 1520 wurde nämlich wörtlich genommen und führte zu einem **Aufstand der Bauern** im Süden der deutschen Territorien. Noch zeitlich weit entfernt (269 Jahre) vor den Forderungen der Französischen Revolution wurde der Wunsch nach einer gerechteren Welt von Seiten der Bauern und entrechteten Landarbeiter formuliert. Zu Beginn des 16. Jahrhunderts zahlten diese nämlich »die gesamte Zeche«, das heißt alle Abgaben, ohne irgendwelche Rechte innezuhaben. Die Bauern zahlten nicht nur Abgaben und Dienste und finanzierten damit den Lebensstil des Adels und der hohen Geistlichkeit, sie stellten ebenfalls die absolute Mehrheit der Bevölkerung, nämlich achtzig Prozent (im Kontrast zu drei Prozent Adel, drei Prozent Geistlichen und vierzehn Prozent Stadtbevölkerung). Zur Zeit Luthers wuchs zum ersten Mal die Bevölkerung wieder an, nachdem sie durch die große Pest massiv reduziert worden war. Obwohl nach 1460 die Bevölkerungszahlen wieder angestiegen waren, kann diese

Tatsache nicht positiv gesehen werden, denn in Verbindung mit Missernten waren Hungersnöte die Folge. Die Bauern stöhnten zusätzlich unter den immensen Abgaben, die ihnen auferlegt waren. Diese Steuern und Dienste, die für den Herrn zu verrichten waren, minimierten die mageren Erträge weiterhin. Besonders umstritten war die sogenannte »*Abgabe im Todesfall*«. Diese verlangte die Herausgabe des besten Gewandes sowie des besten Stückes Vieh. Diese Abgaben und Steuern betrafen die »freien« Bauern, aber es gab noch eine große Menge **Unfreier**, »Leibeigener« und diese gehörten dem Herrn. Das bedeutete, dass die gesamte von den Leibeigenen verrichtete Arbeit Fronarbeit war. Auch ansonsten bestand das Leben der Leibeigenen in Verboten, darunter dem Verbot eines Wegzuges, keine freie Heiratspartnerwahl und keinerlei Mitsprache bei der Wahl des Pfarrers. Und nun hörten die Bauern und Leibeigenen von Luther, der 1520 schrieb: »*Ein Christenmensch ist ein freier Herr über alle Dinge und niemand untertan.*« Ganz ohne Frage, das weltliche Recht tat nichts für die Bauern, die deshalb im März 1525 einen Zwölf-Punkte-Plan vorlegten, in dem sie unter anderem forderten: Aufhebung der Leibeigenschaft, freie Pfarrerwahl, Jagd- und Angelrechte, Holz aus den Wäldern und Reduzierung der Fron-Dienste. Unterstützt wurden die Bauern durch den Reformator Ulrich Zwingli, allerdings NICHT durch Luther, der sich klar auf die Seite der Obrigkeit stellte und die Empörung der Adligen und Fürsten teilte. Luther geriet mit seiner Haltung unter Druck und begründete seine »*Freiheit eines Christenmenschen*« schlitzohrig mit der linguistischen Unterscheidung nach dem sogenannten weltlichen und geistlichen Recht. Das weltliche Recht definierte er als das Diesseits. Seine Argumentation führte aus, dass weltliche Forderungen nicht aus der Schrift begründet werden dürften. Ergo den Anweisungen der Obrigkeit sei zu folgen. Als geistliches Recht bezeichnete der Reformator das Jenseits. Hier fand sich die Freiheit des Menschen und die Erlösung von seinen Sünden. Nicht erstaunlich war der **Ausgang der Bauernrevolte**: Sie wurden durch ein Fürstenheer vernichtend geschlagen, was hauptsächlich daran lag, dass die Bauern im Verhältnis nur über eine sehr schlechte Ausrüstung und militärische Ausbildung verfügten. Die Obrigkeit nahm blutige Rache: Hinrichtungen und Verstümmelungen sowie Schadensersatzforderungen hatten zur Folge, dass wohl 70.000 Bauern hingemetzelt wurden – eine Tatsache, die im historischen Gedächtnis vor allem in Süddeutschland lange und negativ erinnert wurde und teilweise noch wird. Erst im Jahr 1807 (unter Napoleon) wurde die Leibeigenschaft endgültig abgeschafft. Viel diskutiert in der Geschichtswissenschaft ist Luthers Reaktion auf die (berechtigten) Forderungen der Bauern. Er adressierte eine *Ermahnung zum Frieden* und ergänzte dies mit *Wider die räuberischen Rotten der Bauern*, beides im Jahr 1525 geschrieben. Martin Luther hatte sich selbst und seine Reformation deutlich an die führenden Schichten und das traditionelle Feudalsystem gehängt und damit bei den einfachen Leuten viel Sympathie verspielt.

Die Reformation erschütterte nicht nur die kirchlichen Strukturen und führte langfristig zu einer **Konfessionsspaltung**, sondern wirkte auch auf die weltlichen Herrschaftsstrukturen in Form eines Aufstandes der Territorialfürsten und führte mittelfristig zur Reduzierung der kaiserlichen Macht. Der Dreißigjährige Krieg, dem ein Drittel der Gesamtbevölkerung zum Opfer fiel, zog seine blutigen Spuren durch Deutschland und die angrenzenden Länder. Europa war im Krieg mit sich selbst und die Religion spielte nicht mehr die bestimmende Rolle. Zunächst wurde mit kaiserlicher Macht versucht, die von Luther lancierte neue Glaubensform zu unterdrücken. 1529 verbot der Bruder und Stellvertreter des Kaisers, Ferdinand, alle »Glaubenserneuerungen« in den Reichsterritorien. Das geschah auf dem Reichstag zu Speyer. Dagegen verwehrten sich die Reichsstände vehement. Der Name **Protestanten** war geboren. Auf einem weiteren Reichstag in Augsburg 1530 versuchte Kaiser Karl V. nochmals, den Konfessionsstreit beizulegen, aber ohne Erfolg. Die lutherische Fraktion gab nicht nach und die Katholiken lehnten das neue Bekenntnis genauso heftig ab: »Confessio« stand für eine Kirchenspaltung. Ein letzter Versuch der konfessionellen Versöhnung wurde auf dem Augsburger Reichstag, bekannt unter dem Namen **Augsburger Religionsfrieden 1555,** vorgenommen: Unter dem Begriff »*Wer regiert, der bestimmt die jeweilige Religion*« (*cuius regio, eius religio*) war die Idee, zumindest einen (Macht)Ausgleich zwischen den katholischen und protestantischen Fürsten sowie ihrer Territorien herzustellen – allerdings unter Ausschluss der geistlichen Besitzungen. Dieses Arrangement kreierte keine anhaltende Friedfertigkeit und mit Ferdinand I., dem Nachfolger Kaiser Karls V. ab 1556, wurde ein bekennender Gegner der Protestanten Kaiser. Der Augsburger Religionsfrieden brachte nicht die gewünschte Ruhe, vor allem auch weil sich die Mehrheit der Fürsten für den Protestantismus entschieden hatte. In der zweiten Generation der Fürsten eskalierte der Gegensatz wieder, denn die Unterdrückung der Religionsfreiheit durch die katholische Oberhoheit des Kaisers wurde nicht mehr hingenommen. 63 Jahre nach Augsburg kam es zur Initialzündung für einen drei Dekaden dauernden Krieg, als protestantische Adelige die Burg in Prag stürmten und den katholischen Vertreter des Königs (Ferdinand II. – obwohl Böhmen zu neunzig Prozent protestantisch war) aus dem Fenster warfen. Um es ganz klar auszudrücken: Der Konflikt, der mit einem eher harmlosen Auslöser begann, war eine grundsätzliche Auseinandersetzung auf mehreren Ebenen: Ein **Religionskrieg** zwischen Katholiken und Protestanten und ein Kampf um die endgültige Vorherrschaft im Heiligen Römischen Reich Deutscher Nation. Dies wurde gleichzeitig zu einem europaweiten Konflikt zwischen den einzelnen Dynastien. Auf der einen Seite den Habsburgern in Österreich, verbündet mit Spanien, auf der anderen Seite die gegnerischen Nationen Frankreich, die Niederlande und die skandinavischen Länder Dänemark und Schweden. Im Wesentlichen ging es um die katholische Erbfolge bei der Berechnung des Wahlkönigtums: Bei sieben Kurfürsten gab es drei protestantische Kurfürsten (Brandenburg, Sachsen, Rheinpfalz) und drei katholische Erzbischöfe (Köln, Trier, Mainz). Das Zünglein an der Waage wurde Böhmen unter dem katholischen König Ferdinand II. (1578–1632). Der Habsburger Ferdinand II. wurde ab 1619 zum Kaiser des Heiligen Römischen Reiches und seine Regierungsdauer entsprach genau dem Dreißigjährigen Krieg, denn er starb 1637.

Im Verlauf der dreißigjährigen Kriegshandlungen machte ein katholischer Sieg (1620) den Anfang. Daraufhin wandten sich die protestantischen Fürsten an den **dänischen** König Christian IV, der viel Geld hatte. Danach kamen die **Schweden** (obwohl gegen die Dänen) ins Spiel, ebenfalls protestantisch. Obwohl katholisch, unterstützen die **Franzosen** die deutschen Protestanten, erst finanziell und dann militärisch aktiv, dafür standen die sehr katholischen Herrscher **Spaniens** (Philipp III. und Philipp IV. 1578–1665) den Habsburgern bei. Geld spielte bei diesen Auseinandersetzungen eine enorme Rolle, denn vor allem der Kaiser brauchte es für seine Heerführung. Auf diese Weise kommen Gestalten wie Wallenstein in den Fokus, der anbot, eine eigene Armee auf eigene Kosten aufzustellen, die zugunsten des Kaisers kämpfte. Das Beispiel Wallensteins, der sich direkt von der Bevölkerung zurückholte, was seine eigene Beteiligung am Kriege kostete, charakterisiert, wie vor allem die »normale« Bevölkerung zu leiden hatte. Jedes Gebiet, durch das Wallenstein und seine Mitstreiter mit ihren Soldaten zogen, musste Kontributionen zahlen, egal ob von katholischer oder protestantischer Seite. Diese Beiträge bestanden in Geld, aber vorher mussten die Einwohner des jeweiligen Landstriches

Naturalien liefern. Weitergezogen wurde dann, wenn nichts mehr übrig war. So wurden ganze Territorien in Europa, besonders in der Mitte – in Deutschland – verwüstet und entvölkert. Eine Region nach der anderen war zu Grunde gerichtet worden, durch Hungersnöte aufgrund der brutalen Finanzierungsmethoden, oder Seuchen aufgrund der leichten Übertragungswege durch die durchziehenden Armeen. Von den Vergewaltigungen und weiteren Brutalitäten, denen die Bevölkerung ausgesetzt war, gar nicht zu sprechen. Jeweils von der Region abhängig, hatte ein Drittel bis die Hälfte der Bevölkerung nicht überlebt. Es dauerte ungefähr hundert Jahre, bis die alten Bevölkerungszahlen wieder erreicht waren.

1643 kamen die Gesandten aller Kriegsländer in Münster, Westfalen zusammen und berieten für fünf Jahre, wie die neue Ordnung am Ende der fünfundzwanzig Jahre währenden Kriegshandlungen aussehen könnte. Das Ergebnis wurde eine Friedensordnung auf Grundlage gleichberechtigter Staaten, aus denen Frankreich, (neben Schweden) als diplomatischer Sieger hervorging. Die Schweiz und die Niederlande erreichten ihre Unabhängigkeit, während die Habsburger Monarchie genau wie Spanien eine Schwächung erfuhr. Für Deutschland war vorgesehen, dass die Konfessionen friedlich miteinander, das hieß nebeneinander her leben. Der **Glaubenskrieg**, der zu Beginn durch Luthers Reformation losgetreten worden war, entwickelte sich zum Machtkampf zwischen den katholischen Habsburgern und den protestantischen Ländern wie Schweden und Dänemark. In Deutschland hielten sich alte katholische und neue protestantische Gebiete die Waage. Religionsfreiheit, gemeint war die der Fürsten, wurde zum Gebot der Stunde. Das Heilige Römische Reich war zur Formalie geworden, während **Frankreich** das Geschehen der nächsten Jahre in Europa dominierte.

8. Absolutismus und der Aufstieg Preußens

Der Westfälische Friede von 1648 definierte zum ersten Mal eine Art von Gleichgewicht in Europa mit dem Ziel, künftige Konflikte zu begrenzen. Deshalb postulierte der Vertrag die Bündnisfreiheit der Territorialfürsten, allerdings gekoppelt an die Verpflichtung, den sogenannten »*Landfrieden*« einzuhalten. Mit dessen Überwachung waren die Großmächte Frankreich und Schweden betraut. Welche weiteren Mächte gab es als Erben des Dreißigjährigen Krieges? Dies waren: Frankreich, Spanien, das **Heilige Römische Reich Deutscher Nation,** *inklusive Österreich/Böhmen* unter den Habsburger Kaisern, sowie Schweden und Dänemark. Die Bildung zweier neutraler Staaten, der Niederlande und der Schweiz, war neu. Böhmen hatte als Folge des beendeten Krieges an politischer Bedeutung sowie Eigenständigkeit verloren. Nach den kriegerischen Auseinandersetzungen, ausgelöst durch Martin Luthers Reformation, begann konfessionell ein neues Zeitalter, bei dem sich in den deutschen Territorien **drei Konfessionen** etablierten: katholisch, lutherisch und reformiert (Calvinistisch). Der jeweilige Landesherr verfügte die Religion seiner Untertanen, gemäß den Verabredungen des Augsburger Religionsfriedens von 1555, der bekanntermaßen nicht für anhaltenden Frieden gesorgt hatte. In der Verantwortung, aber auch Willkür des jeweiligen Territorialfürsten waren nicht nur die festgelegte Konfession, sondern ebenfalls seine Toleranz in punkto religiöser Abweichung enthalten. Was blieb längerfristig vom Westfälischen Frieden, den Vereinbarungen, um die so lange und hart gerungen worden war? Zuerst eine Friedensordnung, die auf neuen Prinzipien aufbaute, indem sie versuchte, die Großmächte in

Balance zu bringen und sie darin zu halten. Die Territorialfürsten hatten ihren Hoheitsanspruch auf Kosten des Habsburger Kaisers erhöht. Ihre Souveränität war jeweils gebunden an ihre eigene Wahl der Konfession. In diesem Sinne entstand eine Art von Konfessionsfreiheit im Reich der Deutschen. Als weiteres markierendes Ergebnis der Friedensfestlegungen war die Schaffung oder Verfestigung (je nach Betrachtungsweise) des **Föderalismus** in Deutschland, wie er bis heute in abgemilderter Form besteht. Der Frieden, der in Münster geschlossen wurde, verfügte, dass sich die Anzahl der kleinen und mini-kleinen Fürstentümer weiter erhöhte: 378 souveräne Gebietsteile formten das Heilige Römische Reich Deutscher Nation ab 1648.[82]

Der **Schaden**, den der Dreißigjährige Krieg in den deutschen Ländern angerichtet hatte, war unermesslich. Ganze Landstriche waren komplett reduziert, mit verwüsteten Dörfern und ausradierten Städten und mit einer stark reduzierten Bevölkerung. Heutige Berechnungen gehen vom Verlust eines Drittels bis zu der Halbierung der Bevölkerung aus. Es soll sogar Gebiete gegeben haben, die den Verlust von 95 Prozent ihrer Bevölkerung zu verzeichnen hatten. Diese Überlebenden des kriegerischen Grauens würden heutzutage alle als Leidende eines starken posttraumatischen Syndroms eingeordnet werden. Und zwar zu Recht, denn die überlebende Bevölkerung war auf jeden Fall traumatisiert: Von den Ermordungen, Verstümmelungen, den Vergewaltigungen, den Seuchen geplagt, am Verhungern und ohne Aussichten auf eine bald wieder funktionierende Landwirtschaft. Die nicht mehr existierende Agrarstruktur war einer der Gründe, warum auf dem Land die Opferzahlen bei weitem höher lagen. Welche Territorien in Deutschland den meisten Schaden erlitten, war stark davon abhängig, wo sie lagen, ob Heere durchgezogen waren und ob sie als einer der Kriegsschauplätze benutzt worden waren. Insgesamt bestand ein Ungleichgewicht der Zerstörung und der Opferzahlen. Der Norden (die Hansestadt

Hamburg erblühte in dieser Zeit), der Nordwesten und die Alpen waren weitgehend verschont geblieben. Das galt jedoch nicht für die Pfalz, Württemberg, Hessen, Thüringen, Mecklenburg und Pommern. Alles Gebiete, die fünfzig bis siebzig Prozent ihrer Bevölkerung eingebüßt hatten. Gesamtpolitisch gesehen verlor das habsburgische Kaisertum an Macht, während die jeweiligen Territorialfürsten gestärkt aus den Verhandlungen hervorgingen. Die Fürstenstaaten wurden souveräner und unabhängiger und der Weg zu einem gemeinsamen Nationalstaat, zu dem Deutschland erst 1870/71 werden konnte, zunächst beschwerlicher. Der sogenannten **Kleinstaaterei** war der Weg geebnet. Die Stärkung der Territorialstaaten auf Kosten des Kaisertums war das eindrücklichste Ergebnis des Friedens von Münster. Das Deutsche Reich mit formal einem Habsburger Kaiser an der Spitze war keine einheitliche Monarchie, aber eben auch kein Staatenbund (souveräner Fürsten) – es war in jeder Hinsicht eine Mischform.[83] Diese Mischform erlaubte es, dass Kurfürsten- oder Herzogtümer »Karriere machten«, um zu einer neuen Großmacht zu avancieren: **Brandenburg-Preußen** ist hierfür ein gutes Beispiel. Die Grundidee des Friedenswerkes war der Wunsch nach einem stabilen Frieden im harmonischen Miteinander, soweit eine derartige Harmonie Mitte des 17. Jahrhunderts vorstellbar war. Das reale Ergebnis des »*Teutscher Erde Frieden bringen*« (Johann Klaj) war jedoch die Schaffung einer Vielzahl kleiner souveräner Gebiete und außerdem eine neue Herrschaftsstruktur mit einer sehr autonomen und durchregierenden Machtform. Zunächst in den individuellen fürstlichen Reichsgebieten und nach einem Wiedererstarken des Kaisertums mit einer Machtstruktur von oben nach unten. Genau genommen war es eine Gemengelage verschiedener Herrschaftsträger mit territorial unterschiedlichen Interessen. Aber als das wirklich Einheitliche bildete sich der **Absolutismus**[84] heraus. Die Herrschaftsform, die mit Zwang und Durchsetzungsvermögen die Untertanen regierte und keinerlei Kontrolle unterlag. Denn ab nun war der Fürst alleiniger Inhaber der Zentralgewalt, vertrauend auf starke stehende Heere und die dabei noch immer eine wichtige Position einnehmende Kirche. Absolutismus stand für eine personifizierte monarchische Herrschaftsausübung ohne parlamentarische Mitbestimmung und im besten Fall (eigentlich eher selten) für gleichgeschaltete Stände, administrativ unterstützt. Die Macht als solches befand sich in den Händen der Fürsten. Deren personalisiertes absolutistisches Regieren sorgte dafür, andere konkurrierende Ansprüche innerhalb ihrer Fürstentümer abzuhalten: Stichwort Landstände.

Im Zeitalter des Absolutismus angekommen, betraten die großen Herrscher des 17. bis 19. Jahrhunderts die Weltbühne, wie die Habsburgerin Maria Theresia (1717–1780) und die französischen Monarchen Ludwig XIV. (1643–1715), sowie Ludwig XV. (1715–1774). Wichtiger für die deutschen Lande war der »**Große Kurfürst**«, Friedrich-Wilhelm von Brandenburg (1620–1688), der 1640 die Regierung als Kurfürst, Herzog in Preußen und Markgraf von Brandenburg antrat. Gefolgt von seinem Sohn Friedrich I. (1657–1713), dem ab 1701 ersten König des aufstrebenden Staates Brandenburg-Preußen.[85] Friedlicher war die Epoche, die mit dem Westfälischen Frieden eingeläutet wurde, nicht. Denn nach den Religionskriegen kamen die (Spanischen) Erbfolgekriege,[86] die Österreichs Großmachtstatus zementierten. Das wiederum heizte die Konkurrenz des zentralistisch regierten Frankreichs an, das sich die Vorherrschaft in Europa seit dem Tod König Ludwigs XIII. 1643 auf die Fahnen geschrieben hatte und zu den französischen Expansionskriegen[87] führte. In dieser politisch-kriegerischen Gemengelage trat der ambitionierte Neuaufsteiger **Brandenburg-Preußen** auf den Plan und mischte sofort militärisch mit, stets auf der Suche nach der Vergrößerung seines territorialen Gebietes zur Steigerung und Festigung seiner politischen Bedeutung. Näher betrachtet war die Zeit des Absolutismus eine Zeit der Kriege – und zwar heftiger Kriege – über den Zeitraum von einhundert Jahren. Als herausragendes außenpolitisches Merkmal des Systems des Absolutismus war dieser so strukturiert, dass der Herrscher losgelöst von allen Zwängen – nur Gott verantwortlich, mehr noch, von diesem hierzu berufen – herrschen und walten konnte, wie es ihm gefiel. Die Verantwortlichkeit für sein Tun, sein politisches Handeln war unbedeutend, weil er ohne nennenswerte politische Institutionen, die ihn kontrollieren konnten, durchregierte. In den deutschen Fürstentümern lief diese Entwicklung analog, auch wenn sie sich auf die einzelnen Monarchien und fürstliche (zum Teil sehr kleine) Staaten verteilte. Um die Bedeutung und das Gefüge des Absolutismus zu erhalten, war wie bei jeder politischen Struktur ein »Unterbau« zum Funktionieren notwendig. Dieser bestand primär aus einem stehenden, schlagkräftigen Heer, im Bedarfsfall nach innen und nach außen einsetzbar. Eine weitere wichtige Säule der Machterhaltung war ein fähiges und loyales Beamtentum als Funktionäre der Verwaltung, ebenfalls in passender Größe. Bestes Beispiel für die Hochblüte des Absolutismus ist der französische Monarch Ludwig XIV., der die absolutistische Symbolkraft in prunkhafter Machtentfaltung eines Hofes fernab vom wirklichen Leben seiner Untertanen perfektionierte. Selbst falls sich in deutschen Ländern nichts Versailles Ebenbürtiges fand, waren die deutschen Herrscher dem Prunk und der Machtentfaltung durchaus zugeneigt. Der Absolutismus erforderte eine neue Art der Staatsverwaltung. Zum ersten Mal seit dem Römischen Imperium wurde der Administration, dem Gefüge von Beamten, die für die Verwaltung zuständig waren, mehr Aufmerksamkeit gewidmet. Das Durchregieren des Absolutismus verlangte, dass eine Art verwaltungstechnische Spezialisierung stattfand. Viele Bereiche des Staatswesens benötigten nun die Administration durch Fachleute. Diese wiederum brachten ihre Sachkenntnis vor den König, der dann aufgrund ihrer

Informationen Entscheidungen treffen konnte, bei denen er sich in der Regel nur von seinem eigenen, im besten Fall informierten, Willen leiten ließ. Eine politische Durchdringung, eine herrscherliche Exekutive, die bei den Untertanen ankam, war ebenfalls notwendig. Damit die königlichen Erlasse umgesetzt werden konnten, wurden hierfür Beamtenstäbe geformt, die nach unten die Beschlüsse umzusetzen und unter das Volk zu bringen hatten. Diese zumeist bürgerlichen Beamten waren weisungsgebunden und konnten jederzeit abberufen, beziehungsweise neu ernannt werden. Beamter unter einem absolutistischen Herrscher zu sein war keine Lebensversicherung. Durch niemanden wurde das »Gottesgnadentum« so vorzüglich definiert wie durch Ludwig XIV. von Frankreich, den »Sonnenkönig«: *»Gott, der die Könige über die Menschen gesetzt hat, hat gewollt, dass man sie als seine Stellvertreter achte; er selbst hat sich das Recht vorbehalten, über ihren Wandel zu urteilen. Es ist sein Wille, dass wer als Untertan geboren ist, willenlos zu gehorchen hat.«*[88]

Gemeinhin wird die politische Periode des Absolutismus mit den Kunstbegriffen Barock und Rokoko beschrieben, was sich in fantastischen Bau-, Kunst,- und Musikdenkmälern niederschlug. Eine neue Kunstform war geboren. Und alle Formen der Kunst, Kultur und Wissenschaft, wie Religion, Philosophie und Malerei/Bildhauerei profitierten von einer – aus heutiger Sicht – Zwangspolitik. Diese versetzte allerdings die absoluten Herrscher in die Lage, Kunst und Kultur als Mäzene im großen Stil zu fördern. Auf den zweiten Blick war die kulturelle Blütezeit ein Ergebnis der Machtkonzentration in den Händen der Monarchen. Der jeweilige Fürsten- oder Königshof war der Mittelpunkt des Landes, der Gesellschaft und der Kultur. In der Regel handelte es sich um prachtvolle Schlösser mit ausgedehnten Parkanlagen, alles nach der jeweiligen Mode und ausnehmend luxuriös gestaltet. Diese Schlossanlagen und die vor Ort Lebenden und Dienenden erfüllten nur eine Aufgabe, nämlich die Repräsentanz der absoluten Macht in Glanz und Gloria. Das bedeutete, dass die Mitglieder der hohen Geistlichkeit und des Adels am jeweiligen Hofe leben mussten, falls sie nicht in Vergessenheit oder Ungnade fallen wollten. Karrieren wurden nur an den Höfen gemacht oder eventuell im Kriege. Die absolutistische Machtentfaltung, Ausbau der Macht durch Kriege und die Administration, mussten durch die Ressource Mensch gespeist und natürlich finanziert werden. Hierfür hielt die breite Masse der Bevölkerung, zumeist bäuerlich, her. Deren Söhne wurden als Soldaten rekrutiert und adligen Befehlshabern unterstellt. Sie fehlten dann bei der Bestellung des Landes. Von den Adligen am Hofe wurde verlangt, dass sie ihre hohen Repräsentationskosten selbst aufbrachten und deshalb ließen diese von ihren Verwaltern aus dem heimischen Grundbesitz ein Maximum an Erträgen heraus pressen. Die Bauern konnten kaum überleben, denn die Erträge, die sie in Form von Steuern zahlen und abgeben mussten, ließen ihnen ein nur armseliges Leben und sie mussten buchstäblich »am Hungertuch nagen«. Eine Folge waren immer wieder Hungerrevolten von unten. Der Kirchenzehnt, Verbrauchssteuern jeglicher Art und die Abgabe von mindestens der Hälfte der Ernteerträge: Das Thema Steuern war ein unendliches und musste zu einem der Entwicklungstreiber der Französischen Revolution (von 1789) werden. Grundsätzlich war die Leibeigenschaft[89] keine Erfindung des Absolutismus. Die persönliche Zugehörigkeit zu einem Grund- oder Lehnherrn charakterisierte seit jeher die Eigentumsstrukturen. In deutschen Territorien lebten seit der frühen Neuzeit neunzig Prozent der Bauern in einem Abhängigkeitsverhältnis, das heißt sie waren nicht frei und nicht Besitzer des Landes, das sie bewirtschafteten. Dieses pure Nutzungsrecht war teuer: Fronarbeit (Zwangsdienste) und Abgabe landwirtschaftlicher Produkte (Naturalien) verwehrte es den abhängigen Bauern, irgendein eigenes Vermögen aufzubauen. Im

Gegenteil: Die persönliche und wirtschaftliche Unfreiheit potenzierte sich mit jeder Generation und jedem geborenen Kind. Das Feudalsystem des 18. und 19. Jahrhunderts rückte die Abhängigkeitsstrukturen mehr in den Vordergrund, weil sich die bäuerlichen Abhängigkeiten in Form von Abgaben und Grunddiensten aufgrund der Kosten, die die absolutistische Regierungsform verursachte, nochmals deutlich verstärkten. Andererseits markierte eben diese Zeit eine Wahrnehmungswende in der Betrachtung des bäuerlichen Eigentums. Mit dem aufgeklärten Absolutismus wurden Fragen nach dem Weiterbestand der feudalen Gesellschaftsordnung laut. Die Leibeigenschaft an sich wurde in Preußen ab 1794 (Allgemeines Preußisches Landrecht) als unzulässig erklärt, offiziell 1799 aufgehoben, in der Praxis dauerte die Umsetzung. Die preußischen Reformen ab 1807 bis 1821 beschäftigten sich mit Eigentumsübertragungen (an die Bauern), aber damit verbunden gleichfalls mit den Entschädigungsleistungen an die betroffenen Grundherren.[90] Dahinter stand ein langer Emanzipationsprozess, der den Beginn einer staatlichen Agrarpolitik markierte. Deutschlandweit war er nach der jeweiligen Landeshoheit im Detail unterschiedlich geregelt, spielte sich dennoch in gleichartigen großen Linien ab: finanzielle Ablösung der Grundrechte und die Etablierung der Bauern als freier Stand. Zuvor jedoch waren es die unfreien, bäuerlichen Massen, die die Kosten für jegliche absolutistische Machtentfaltung schulterten. Der Absolutismus mit seiner Konzentration auf die monarchische Familie und deren Machterhaltung speiste sich überwiegend aus dem Elend der Menschen am unteren Ende der Gesellschaft. Das lag ebenfalls darin begründet, dass während der absolutistischen Periode ständig Kriege geführt wurden. Expansion, Hegemonie und Ausbau der monarchischen Macht mit der damit verbundenen königlichen Statuserhöhung waren das Gebot der Stunde. Das Militär war ein ganz wesentlicher Aspekt jeglicher absolutistischen Machtausdehnung und

Erhaltung. Für eine schlagkräftige Armee wurden Offiziere aus adliger Familie rekrutiert. Die militärischen Führungsstellen standen zum Verkauf, denn eine spezielle Befähigung und besondere Begabung wurden erst im Verlauf von länger geführten Kriegen zur Bedingung. Als besonders dem Militär zugewandt sind die preußischen Herrscher (Friedrich Wilhelm II.,»der Soldatenkönig« und sein Sohn Friedrich II., »der Große« von Preußen) bekannt. Die Zeiten von Söldnern als Soldaten waren vorbei und das Erfordernis war eine stehende Armee, die möglichst groß und möglichst schlagkräftig war. Eroberungskriege und die damit verbundene Vergrößerung des eigenen Reiches waren quasi Staatsräson im Absolutismus. Ruhm und das Streben danach waren die Kernaufgaben eines absolutistischen Herrschers. Genau das ist der Grund, warum ein Hauptcharakteristikum des Absolutismus permanente Kriege und Kriegshandlungen waren, mit den entsprechenden Auswirkungen für die betroffene Bevölkerung. Eine Grundvoraussetzung war eine durchgreifende Neuorganisation der Armeen, die mit verbesserter Waffentechnik und veränderten Strategien einhergingen. Neu war die Schaffung großer Artillerieeinheiten. Absolutistische Kriege und Kriegsbereitschaft erforderten zudem neue Verwaltungsstrukturen. Die Unterbringung der Soldaten in Kasernen musste organisiert werden, ebenso mussten Magazine zu deren Verpflegung angelegt werden. Neu war gleichfalls die Idee einer einheitlichen Kleidung und Bewaffnung. Die Zeit der Uniformierung war angebrochen. Der äußeren Verteidigung kam ein hoher Stellenwert zu und stehende Heere verursachten immense Kosten. Diese mussten getragen werden, da immer mit dem Einmarsch fremder Armeen gerechnet wurde oder weil der Herrscher dieses selber plante. Das erforderte die notwendige Verstärkung des Schutzes von Außengrenzen: Festungsanlangen und Festungsbau kamen in hohe Mode. All diese Unternehmungen mussten bezahlt werden und zwar durch Steuern. In Preußen beispielsweise, unter dem Großen Kurfürsten, rechnete sich dies folgendermaßen: Die Städte hatten ungefähr sechzig Prozent und der Landadel ungefähr vierzig Prozent der Kosten aufzubringen. Diese Kosten wurden wiederum auf die große Anzahl von Bauern und Landarbeitern umgelegt und bedeuteten verstärkte Frondienste sowie verschärfte Leibeigenschaft.

Inzwischen hatten sich neue deutsche Gegensätze herausgebildet. Der Westfälische Frieden mit seiner Machterhöhung der Territorialfürsten kreierte neue Abhängigkeiten und einen neuen Dualismus. Die Macht **Brandenburg-Preußen** stieg auf und wurde langsam aber sicher zum Widersacher, während sich die Habsburger Macht kompromissbereit zeigen musste, und dies bereits 1658, als Leopold I. von Habsburg sich zum Kaiser wählen ließ und der Kurfürst von Brandenburg verlangte, dass der Kaiser künftig erstens keine außenpolitischen Bündnisse ohne die Zustimmung der Kurfürsten eingehen und zweitens auch nicht ohne deren Zustimmung die Reichsacht verhängen durfte. Auch der erste Rheinbund – als Ausdruck des Misstrauens gegen die Habsburger – wurde unter der Leitung des Mainzer Erzbischofs gegründet. Der Mythos Preußen wurde begründet und eine Frage steht bis heute im Raum: Was war preußisch, was war »deutsch«? Wann immer von Deutschland als Land oder Typisierung die Rede ist, dauert es nicht lange und Preußen wird erwähnt. In Wahrheit ist es die Vermischung eines historischen Narrativs mit einer politischen Realität, die diesem nicht ferner sein könnte: Klischees von Gehorsam und Pflichterfüllung, Untertanengeist und Militarismus gelten als preußisch, als urdeutsch. Ein Erklärungsansatz von Widersprüchen, denn in diesem Katalog der Voreingenommenheit fehlen Tugenden, die ebenfalls zum heutigen Preußenbild beitragen können: Politische und religiöse Toleranz, die Bereitschaft, Fremden nicht nur eine neue Heimat zu geben, sondern diesen Prozess auch tatkräftig zu fördern und von herrscherlicher Seite

»absolut« zu unterstützen. Seit den Zeiten des großen Kurfürsten bot Preußen (zumeist religiös) Verfolgten eine Heimstatt an und profitierte auf der anderen Seite wirtschaftlich und bildungsmäßig enorm. Ohne den Zuzug von Fremden, einer zu der damaligen Zeit außergewöhnlichen Immigrationsförderung, wäre der Aufstieg Preußens zur Großmacht wohl kaum gelungen. Wie überhaupt entstand Preußen, was war der Beginn? Dieser lag im Osten des Reiches: Denn ab dem 11. Jahrhundert konnten in südlichen und westlichen Territorien die Menschen nicht mehr ernährt werden, die Bevölkerung war zu schnell angewachsen. Weshalb die ostelbischen Fürsten die Weisung ausgaben, sich neues Siedlungsland jenseits der Elbe zu suchen und sie unterstützten dies mit sogenannten »Slawenmissionaren« (Mönchen des Zisterzienserordens), die mitkolonialisierten. Ein weiterer entscheidender Faktor in der Ostkolonisierung war der **Deutsche Orden**: Ein machthungriger Ritterorden, der bereits unter Friedrich Barbarossa gegründet worden war und sich der Missionierung verschrieben hatte. Bei dieser Gelegenheit wurde der baltische Stamm der Prussen (Preußen), der im Dauerzwist mit dem Herzog von Polen lag und heidnisch war während die Polen bereits christlich waren, mit Zwang eingemeindet (13. und 14. Jahrhundert). Die Preußen wurden in blutigen Kämpfen unterworfen und ihr Land sowie die Oberhoheit wurde dem Deutschen Orden vom Papst und dem Kaiser zugesprochen. Als Folge verlegte der Hochmeister des Deutschen Ordens seinen Sitz von Venedig nach Preußen in die Marienburg. Das Gebiet zwischen Weichsel und Memel wurde attraktiv, zog viele neue Siedler an und wurde zur aktiven Wirtschaftsachse zwischen Polen und dem Westen. Für den wirklichen Beginn Preußens und den beginnenden Aufstieg Brandenburg-Preußens galt der Regierungsantritt des **Großen Kurfürsten** um 1640, noch während des Dreißigjährigen Krieges. Der Große Kurfürst, Friedrich Wilhelm von Brandenburg, der Urgroßvater Friedrichs II., war verantwortlich für den absolutistischen und stark vom Protestantismus (Calvinismus) geprägten Aufbau der späteren Großmacht Preußen. Was er als Erbe zunächst als brandenburgischer Kurfürst übernahm, sah nicht vielversprechend aus und markierte einen schwierigen Beginn. Friedrich Wilhelm (1620–1688) war zunächst Markgraf von Brandenburg, Kurfürst des Heiligen Römischen Reiches und Herzog in Preußen. Dank des langwierigen Religionskrieges war sein Besitz zersplittert, entvölkert, und noch schlimmer, nicht eindeutig seins: Preußen war ein Lehen, zunächst des Königs von Polen und dann des schwedischen Königs. Erst der Sieg in der Schlacht bei Fehrbellin 1675 über die Schweden sicherte ihm die Souveränität in Preußen, anerkannt durch Kaiser Leopold I. von Habsburg. **König in Preußen** wurde allerdings erst sein Sohn Friedrich I. ab 1701. Das Verdienst des Großen Kurfürsten, wie er sich nach 1675 nannte, war die Sicherung Preußens für die Kurmark Brandenburg, aber noch mehr die innere Umgestaltung eines armen und von den Kriegswirren erschütterten Landstriches. Die Formel für den wirtschaftlichen Fortschritt hieß Einwanderung und die **Integration von Fremden**. Bereits seit seiner Heirat mit einer holländischen Prinzessin hatte Kurfürst Friedrich Wilhelm für den Zuzug von holländischen Baumeistern, Handwerkern und Kaufleuten gesorgt. Danach lud er fünfzig jüdische und wohlhabende Familien aus Wien ein, sich in seinem Reich anzusiedeln. Dies geschah in Jahr 1671. Die größte Einwanderungswelle erfolgte jedoch ab 1685 mit der Aufnahme von 15.000 bis 20.000 französischen Protestanten, den Hugenotten, die fliehen mussten, nachdem König Ludwig XIV. 1685 das Edikt von Nantes von 1598 aufgehoben hatte. Sowohl die Holländer wie auch die Franzosen passten glaubensmäßig gut nach Brandenburg-Preußen. Aber der Kurfürst ging auf Nummer sicher und verbriefte die Tradition der preußischen Toleranz in seinem Edikt von Potsdam von 1685.[91] Dieses Edikt galt den Franzosen, die aufgrund religiöser Verfolgung eine neue Heimat suchten. Was wurde den neu Hinzugezogenen angeboten, dass das ferne und zunächst ärmlich wirkende Land attraktiv machte? Erstens, eine sichere Heimstatt (das war überlebenswichtig für die Hugenotten), dann Steuerfreiheit, Bauplätze und Material, Unterstützung durch die Regierung beim Aufbau der Gewerbe und **Religionsfreiheit**. Selbst die Bezahlung der Pfarrer durch das Fürstentum war im Immigrationsangebot inbegriffen. Als Folge entwickelte sich in Preußen schnell ein kultureller und wirtschaftlicher Aufschwung, aber nicht deshalb wurde die Aufnahme der neuen »Preußen« ein großer Erfolg, sondern die Bevölkerungszahlen wuchsen wie gewünscht wieder an. Der Reichtum eines Landes bemaß sich in der Anzahl der »Seelen«, das heißt seiner Einwohner. Die Bevölkerungszahlen Berlins wuchsen um ein Drittel an. Die Einwanderungspolitik der Großen Kurfürsten unter dem Begriff der religiösen »Toleranz« war ein großer Erfolg und weitsichtig. Damit waren die Grundlagen eines wirtschaftlichen Aufschwunges nach den Verwerfungen und Verwüstungen des Dreißigjährigen Krieges gegeben. Die Neuhinzugezogenen, mit der festen Absicht, sich wieder eine Existenz aufzubauen, und die kulturelle Vermischung von jüdischen, holländischen und französischen Bevölkerungsteilen führte zudem zu einem Bildungsaufschwung. Dieser kam langfristig der sehr ärmlichen und vorwiegend bäuerlichen Bevölkerung zugute. Die Nachfahren des Großen Kurfürsten hatten aus der Vergangenheit, als Brandenburg-Preußen direkt nach dem Dreißigjährigen Krieg eher die Form eines verarmten Flickenteppichs hatte, gelernt. Auch das Kerngebiet Brandenburgs, »*die Streusandbüchse*« genannt, war als agrarisches Gebiet nicht von hohem Wert. Und Preußen, sowie alle später dazugewonnenen Gebiete wurden fast ausschließlich landwirtschaftlich genutzt. Auf dem Weg zur Großmacht in Deutschland und Europa operierte der Neuankömmling Brandenburg-Preußen ehrgeizig, machtbewusst und strategisch. Zuwanderung war ein Erfolgsrezept, das andere war der Aufbau des Landes zu einer schlagkräftigen Militärmacht und hier machte sich besonders der Enkel des Kurfürsten, Friedrich Wilhelm I. (1688–1740) ab 1713 an der Macht, als »der Soldatenkönig« seinen Namen. Eine Reform der Armee sah erstens eine Vergrößerung des stehenden Heeres, dann eine Wehrpflicht vor und Exerzieren mit Drill und Disziplin wurde das neue Kennzeichen des preußischen Militärs. Friedrich Wilhelm I. hielt ebenfalls an der Tradition seines Großvaters fest, mit dem deutlichen Wunsch, die Bevölkerungszahlen anzuschieben und nahm deshalb ebenfalls Glaubensflüchtlinge und Verfolgte in seinem Land auf. 1732 empfing er 15.000 salzburgische Protestanten, die ihre Heimat aufgrund religiöser Verfolgung – der Landesherr und der römisch-katholische Fürstbischof duldeten keine Protestanten – verlassen mussten.

Der Widerstreit zwischen der Habsburgermonarchie und der neuen Großmacht Preußen, der sich in den Anfängen ab dem Westfälischen Frieden abzuzeichnen begann, kam richtig zum Tragen zur Zeit König Friedrich II. (1712–1786) und der österreichischen Kaiserin Maria Theresia (1717–1780), die ab 1740 zusammen mit ihrem Gemahl Franz I. Stephan (1736–1765) das Habsburger Reich leitete. Der Urenkel des Großen Kurfürsten nahm in der Geschichte Preußens eine herausragende Rolle ein. Bis heute spaltet das **Bild Friedrich II**, je nach politischer Standortbestimmung, die historische Erinnerung. Auf der einen Seite die Verehrung für seine militärischen Erfolge, seine persönliche Disziplin und das Bekenntnis, »*der oberste Diener seines Staates*« zu sein.[92] Auf der anderen Seite: Anstelle von Verklärung die Verdammung unter dem Aspekt des Militarismus, bei dem die Traditionslinie vom Preußenherrscher bis zu Adolf Hitler gezogen wird.[93] Wie so oft ist sowohl der eine wie auch der andere Erklärungsansatz wenig gelungen. Historische Persönlichkeiten sind am besten an ihrer Leistung und den Bedingungen in ihrer eigenen Zeit zu bemessen.

Deren Instrumentalisierung durch die Nachwelt – vor allem unter aktuellen politischen Aspekten – greift immer zu kurz. Trotzdem wird falls der Begriff der »preußischen Tugenden« (Disziplin, Pflichterfüllung und Sparsamkeit) fällt, dies in eher konservativen Kreisen mit genau diesem Preußenkönig verbunden. Friedrich II. und seine Lebenszeit, genauso wie seine Lebensleistung, zeigten vielmehr eine Menge Widersprüche auf. Die vielen Schriften, die Friedrich II. hinterlassen hat, zeugen davon als Quelle. Friedrich, ein eher zarter Kronprinz, der traumatisiert von einem brutalen Vater aufwuchs, der ihn für das Leben erziehen wollte, hatte seine jugendliche Sozialisierung »erlitten«.[94] Ein militärischer Stratege, der immer inmitten seiner Truppen kämpfte und der durchaus nicht nur Erfolge, sondern ebenfalls ganz heftige Niederlagen hinnehmen musste. Kein wirklicher militärischer »Raufbold« oder »Menschenschinder« an sich, war Friedrich II. zudem ein philosophisch sehr interessierter Mann und ein hochbegabter Musiker und Komponist, also eher ein Feingeist. Ein Mann, der ohne funktionierende Ehe und Familie mit zunehmenden Jahren als der mild gewordene »*Alte Fritz*« tituliert, in seinen politischen Testamenten (es gab davon mehrere) eine Ahnung seiner politischen Weitsicht sowie seiner persönlichen Einsamkeit (depressive Episoden?) vermittelte. Eine differenzierte Betrachtungsweise wird dem »Philosophenkönig«, dem »aufgeklärten Herrscher«, sowie dem »genialen Feldherrn« – alles Begriffe, die ihm zu seiner eigenen Lebenszeit verliehen wurden – mit Sicherheit gerechter. Aufschluss über seine politische Betrachtungsweise und militärischen Ziele sowie die Beurteilung der Lage im damaligen Europa geben seine zwei Hauptschriften: Ein jugendliches Regierungsprogramm (1731) und noch wichtiger dann sein »*Anti-Machiavel*« von (1740/41)[95], in dem er einen aufgeklärten Absolutismus in Abwehr der Machiavellischen Ideen propagierte. Entstanden war dieses Werk, herausgegeben unter dem französischen Philosophen

Voltaire (1694–1778), aus einem Briefwechsel des preußischen Königs mit diesem, aber die Autorenschaft soll bei Friedrich II. gelegen haben. Der Inhalt war »*Reflexionen über eine sittliche Staatsführung*« und darüber, dass ein Herrscher in allererster Linie in den Diensten seines Volkes steht, wenn auch mit aller dazugehörigen herrscherlichen Befugnis ausgestattet. Neu war die Verknüpfung politischen Handelns mit moralischen Grundsätzen, die die Machtpolitik an sich neu definierte. Allerdings finden sich im »*Anti-Machiavel*« gleichzeitig Rechtfertigungen eines kriegerischen Präventionsschlages, generell der Kriegsführung. Diese Ideen standen nur teilweise im krassen Gegensatz zu der Realität des Absolutismus und zur realen politischen, das heißt sehr militaristischen Führung der preußischen Monarchie durch König Friedrich II.[96] In seinem politischen Testament von 1752 und seiner Schrift über die »*Regierungsformen und Herrscherpflichten*« von 1777 verfestigen sich seine Gedanken vom Dienst des Fürsten an seinem Volk.[97]

Preußen war seit seiner Zeit als Kurfürstentum Brandenburg ein sehr armes, wenig entwickeltes und vor allem – territorial sehr nachteilig – unzusammenhängendes Gebiet. Der Große Kurfürst bekämpfte die Rückständigkeit und die materielle Armut mit der großzügigen Aufnahme der Glaubensflüchtlinge und einer Gebietsvergrößerung. Der Vater von Friedrich II., Friedrich Wilhelm I., erlaubte weiterhin Zuwanderung, reformierte die Armee und war bekannt für seine fast krankhafte Sparsamkeit. Friedrich der Große erbte einen Teil der dynastisch-geographischen Probleme. Das heißt, die materielle Armut hatte sein Vater mit drakonischen Mitteln bekämpft und hinterließ seinem Sohn immerhin einen Staatsschatz von 8,7 Millionen Talern. Das machte Preußen nicht reich, war aber schon einmal ein guter Grundstock. Außerdem hinterließ der »Soldatenkönig« ein stehendes Heer, das er zahlenmäßig auf 81.000 Mann verdoppelt und entscheidend gedrillt hatte. Blieb als bestehendes Problem die Reichsgröße und die Reichsform und daraus nebenbei resultierend eine viel zu schwache Wirtschaftskraft. Der achtundzwanzigjährige König Friedrich II. musste sein Regierungsprogramm nicht suchen: Bei seinem Regierungsantritt lag es klar vor seinen Augen und hieß territoriale Zusammenführung und Vergrößerung. Das Mittel zum Zweck: Das Führen von Kriegen um die preußischen Ländergebiete, im wahrsten Sinne des Wortes ein zerstückeltes Territorium, wie ein Flickenteppich zu verbinden und der politischen Identität Preußens dadurch Gewicht zu verschaffen. Deshalb wurden unter Friedrich II. insgesamt drei entscheidende Kriege unter dem Namen »Schlesische Kriege« geführt (mit Unterbrechungen 1740–1763).[98] Die anschließende Teilung Polens (1772) erlaubte eine Einverleibung der westpreußischen Gebiete und damit die erforderliche direkte Verbindung von Brandenburg und Ost-Preußen. Zunächst jagte Friedrich II. der österreichischen Erzherzogin und späteren Kaiserin Maria Theresia die Provinz **Schlesien** ab. Dies war ein guter Gebietsgewinn für die noch junge Großmacht. Überhaupt hatte Friedrich der Große die Tendenz, sich mit den wenigen weiblichen Herrscherinnen anzulegen: Von Kaiserin Maria Theresia bis zur Zarin Katharina von Russland gab es eine Menge nicht schmeichelhafter Namen, mit denen sie den Preußenkönig belegten. Friedrich II. galt ebenfalls dahingehend nicht als zimperlich und in seiner Ausdrucksweise eher unelegant. Bei allem Geplänkel ging es immer nur um die Stärkung und Sicherung Preußens. Ein weiterer Fortschritt gelang bei den (unrechtmäßigen) Teilungen Polens – hier kam das Zarenreich mit ins Spiel. Dadurch gelang Friedrich II. ein weiterer Territorialgewinn mit **Westpreußen**, welches die Verbindung zwischen Brandenburg und Königsberg herstellte. Der ehemalige »Flickenteppich« nahm durch die geschickten Arrondierungen langsam aber sicher eine kompaktere Gestalt an. Hierzu gehörte auch eine indirekte herrscherliche Rangerhöhung: Ab Friedrich II. wurde der Königstitel zu **König von Preußen** anstelle des früheren Titels »König **in** Preußen«. Falls Friedrich der Große nur als offensiv agierender Feldherr in Erinnerung bleibt, dann ist dies allerdings etwas zu wenig. Zunächst hatte Friedrich II. sich als aufgeklärter Monarch einen Namen gemacht, indem er direkt nach seinem Regierungsantritt 1740 die Folter abschaffte. Die Idee einer durchgreifenden Justizreform hatte er gleichzeitig auf den Weg gebracht, allerdings nicht zu Lebzeiten vollendet. Als direkte Folge seiner Kriege und aufgrund der sozioökonomischen Situation der preußisch-brandenburgischen Gebiete war der König ebenfalls verantwortlich für Strukturmaßnahmen. Eine davon war die Trockenlegung der Oder sowie der vorhandenen Sumpfgebiete. Mit dieser Maßnahme sollten landwirtschaftlich nutzbare Flächen gewonnen werden. Die intensive Bewirtschaftung war trotzdem weitgehend unzureichend. Das lag an der agrarischen Verfassung von Brandenburg-Preußen, die dazuhin noch nicht einmal landesweit einheitlich war. Westpreußen galt als etwas liberaler. Grundsätzlich jedoch: Ein Gutsherrensystem herrschte vor, das heißt, es gab keine freien Bauern. Leibeigenschaft wurde vererbt und der Adel zahlte in der Regel keine Steuern. Bäuerliche Zwangsdienstleistungen verhinderten auf wirtschaftlicher Unabhängigkeit basierenden bäuerlichen Einsatz, der zudem eine mögliche Quelle für Steuern geboten hätte. Friedrich II., der kein Freund dieser sozialen Strukturen war, versuchte zu reformieren, kam damit aber schnell an die Grenzen, denn für seine Kriege (Offiziere) und seine Verwaltung (Staatsbeamte) benötigte er den Adel, und dieser wiederum die bäuerlichen Dienste, und die Rekrutierung der Landarbeiter als Soldaten. Nochmals ganz deutlich: Alle Untertanen, ohne Ausnahme, mussten als Soldaten kämpfen. Im Zweiten Schlesischen Krieg reduzierte sich die gesamte Armee um die Hälfte. Die meisten starben übrigens nicht im Schlachtgetümmel, sondern durch

Krankheiten und/oder Gefangennahme. Nicht nur wegen der im Krieg vernichteten Bevölkerung blieben die Wirtschaft und die mangelnde Infrastruktur in Preußen rückständig. Daran konnte noch nicht einmal die dazu gewonnene Provinz Schlesien mit großen Spinnereien und Webereien etwas ändern. Generell konnte sich jedes Gewerbe nur in den starren Regeln der Zunftsysteme abspielen. Diese Tatsache war ein weiteres großes Innovationshemmnis. Der Hauptgrund für den langsamen Wirtschaftsaufschwung waren jedoch die dauernden Kriege, die ungeheure Schäden anrichteten, die arbeitende Bevölkerung dezimierten und für permanente Hungersnöte sorgten. Hierauf reagierte der Preußenkönig pragmatisch mit der Einführung der Kartoffel.[99] Die Hauptübel, wie der Zwang nach der Finanzierung des Krieges, gefolgt von Geldentwertung und einem Quasi-Staatsbankrott nach dem Siebenjährigen Krieg waren darauf zurückzuführen. Friedrich II. erkannte das Problem und war bemüht, nach jedem Krieg das »Rétablissement« (die Wiederherstellung) der Wirtschaft zu fördern, allerdings war die Zerstörung auf allen Ebenen sehr hoch und erst zu Beginn der 1770er-Jahre stellte sich eine langsame Besserung ein. Als Friedrich der Große 1786 in Sanssouci starb, hinterließ er seinem Erben, dem Neffen, ein geschlossenes Reichsgebiet und galt der Nachwelt als der eigentliche Begründer der preußischen Großmacht. Die Gebietsteile waren zusammengefügt und unter dem offensiven Feldherrn Friedrich II. wurde Preußen, die neue und sehr schlagkräftige Militärmacht, nicht nur deutlich größer, sondern politisch gewichtiger. Die Nachfolger von Friedrich dem Großen trieben die Ausweitung des preußischen Territoriums weiter voran, unter anderem auf Kosten der polnischen Nachbarn, denn bei jeder Teilung (unter Österreich, Russland und Preußen) sicherte sich Preußen einen Gebietsgewinn. Unter Friedrich Wilhelm II. (1744–1797) konnte sich Preußen sogar Zentralpolen mit Warschau, Danzig, Posen und Thorn einverleiben. Von dem Großen

Kurfürsten bis zu den Erben von Friedrich dem Großen: Durch die Gebietserweiterungen und die Zusammenfügung der verschiedenen Gebietsteile war Preußen ab Mitte des 18. Jahrhunderts ein anerkanntes Mitglied im Kreise der europäischen Großmächte. Zu Recht konnte Preußen ab diesem Zeitpunkt als fünfte Großmacht neben den anderen Mächten Frankreich, Großbritannien, Österreich und Russland aufgeführt werden. **Preußen** war ein Bestandteil der **europäischen Pentarchie** geworden.

9. Von der Aufklärung zu Napoleons Ende

Während sich Preußen zur Großmacht aufschwang, kam ein anderes Land ins Spotlight: **Frankreich**, das sich die Schwäche des Reiches und des römisch-deutschen Kaisers zu Nutze machte. Der absolutistische »Trendsetter« seiner Zeit, König Ludwig XIV., ergriff jede Gelegenheit sein Land zu arrondieren und zeigte sich dabei sehr expansionsfreudig. Dabei ging der »*Sonnenkönig*« weit und ließ sogar nachprüfen, welche Gebiete vor und während des Dreißigjährigen Krieges innerhalb der französischen Grenzen gelegen hatten, um dann darauf kriegerischen Anspruch zu erheben. Da lag es nahe, seine deutschen Nachbarn zu überfallen und sich elsässische, pfälzische und rheinische (rechts- und links vom Rhein gelegene) Gebiete wieder einzuverleiben. Die Eroberungskriege, die Ludwig XIV. durchaus mit Erfolg führte, sind übrigens eine der Wurzeln der später viel beschworenen deutsch-französischen »**Erbfeindschaft**«. Die unter französische Belagerung kommenden Landesherren konnten sich gegebenenfalls nur selbstständig oder in eigenen Bündnissen verteidigen. Falls überhaupt, denn als gesamtdeutsche kaiserliche Angelegenheit wurden die französischen Übergriffe und Expansionsbestrebungen nicht geahndet. Das war eine der Folgen der strukturellen Schwächung des habsburgischen Oberhauptes des Heiligen Römischen Reichs, dessen Glieder sich mit dem Westfälischen Frieden selbstbewusst für eine außenpolitische Unabhängigkeit entschieden hatten. Der Absolutismus – verkörpert von den einzelnen Reichsfürsten – der nicht nur nach außen und gegen den Kaiser wirken sollte, obwohl sie formal seine Vasallen waren, schränkte die politische Mitwirkung innerhalb der Herrschaftsgebilde ein –

und zwar die der tragenden Stände, wie Adel und Städte. Hier bildete sich ein Unruhepotential, das sich mit der der Nähe zur Französischen Revolution immer weiter manifestierte. Unterstützt wurde dies von einer neuen Geisteshaltung, der **Aufklärung**, die Begriffe wie Gleichheit und Freiheit bis hin zu Bürgerrechten definierte. Nach Renaissance und Humanismus – geistig-kulturellen Entwicklungen, die das 15. und 16. Jahrhundert kennzeichneten und die die optimale Entfaltung menschlicher Fähigkeiten in den Mittelpunkt stellten – folgte dieser Tradition die sogenannte Aufklärung, die das geistige Leben des 17. und 18. Jahrhunderts prägte. Genau wie sich die Renaissance gegen das »dunkle Mittelalter« wandte und hierfür die Quellen der Antike heranzog, sah sich die Aufklärung als Symbol des Fortschritts gegen das Spätmittelalter und die frühe Neuzeit. Eine Epoche, die im Nachgang vor allem in ihrer zerstörerischen Dimension der Konfessionskriege und der militärischen Dauerkatastrophen wahrgenommen wurde. Während sich die absolutistischen Herrscher noch in gegenseitigen Kriegen engagierten und sich auf ihre von Gott gegebene Position verließen, kam es zu einer geistigen Aufbruchsstimmung. Eine Bewegung, die sich ausweitete und die von einem stetig größeren und fortschrittlicheren Bürgertum getragen wurde, das zudem zunehmend selbstbewusster wurde. Forderungen nach **Freiheit statt Absolutismus** und **Gleichheit statt Ständeordnung** bargen Sprengstoff in sich und bauten sich als Grundvoraussetzungen der Revolution auf, die dann in Frankreich 1789 stattfand und sich schnell den Weg über nationale Grenzen hinaus bereitete. Naturwissenschaftliche und geisteswissenschaftliche Erkenntnisse gingen eine Allianz ein, die zu einer Blüte im Bereich Kunst und Kultur führten. Unter dem Begriff Barock und später Rokoko waren es vor allem die absolutistischen Höfe, die zu Zentren der (Bau)Kunst und Musik wurden. Festzustellen ist, dass Bildung länderübergreifend wurde: barocke deutsche Musik (Bach,

Händel), französische Literatur und Philosophie (Voltaire, Montesquieu). Kunst, Kultur und Bildung wurden in der absolutistischen und post-absolutistischen Epoche als universell empfunden und wirkten über Grenzen hinaus. Mit der allgemeinen Sprache der Gelehrten und Gebildeten, Französisch, gab es zudem wenig Sprachhinderungen. Aus Brandenburg-Preußen erlangten der Universalgelehrte Gottfried Wilhelm Leibniz (1646–1716) und der Philosoph Immanuel Kant (1724–1804) Weltruhm. Immanuel Kant belehrte die Menschen in seiner berühmten Schrift: »Was ist Aufklärung?« von 1784 mit seiner Definition, die zum intellektuellen Schlager wurde: »*Aufklärung ist der Ausgang des Menschen aus seiner selbstverschuldeten Unmündigkeit. Unmündigkeit ist das Unvermögen, sich seines Verstandes ohne Leitung eines anderen zu bedienen [...] Habe Mut dich deines eigenen Verstandes zu bedienen!*«[100] Dieser Satz Immanuel Kants steht wie kein anderer für den intellektuellen Auftakt der Aufklärung. Der historischen Analyse folgend ging die geistesgeschichtliche Entwicklung in Stufen vonstatten: Vom Absolutismus zum aufgeklärten Absolutismus, zur Aufklärung, zuweilen auch Neuhumanismus genannt, und dann direkt in die revolutionäre Aktion. Die aufsteigende Bewegung der Aufklärung, die Freiheit und Unabhängigkeit des Denkens in den Vordergrund stellte, wurde widersprüchlich aufgenommen. Viele Ideen standen noch im krassen Gegensatz zu der Realität des Absolutismus und dem sich aus nationalen Hegemoniebestrebungen ergebenden militaristischen Alltag. Gerade die preußische Monarchie unter König Friedrich II. war das beste Beispiel dafür. Wie alle Herrscher seiner Zeit stellte Friedrich der Große das Gemeinwohl zwar theoretisch in den Mittelpunkt seiner Überlegungen, doch immer nur in der Funktion des »von oben nach unten«. Die Autorität blieb unangefochten beim Herrscher, selbst bei einem aufgeklärten Absolutismus, bei dem sich der Herrscher und seine Mitstreiter zumindest theoretisch gemeinsam dem Staatswohl widmeten. Der aufgeklärte Fürst definierte das Wohl des Staates, aber sah sich selber gleichfalls in der Pflicht: Die Kombination von Paternalismus und Selbstverpflichtung charakterisierte dies recht gut: *»Der Fürst ist nicht in diesen hohen Rang erhoben, man vertraut ihm nicht die höchste Gewalt an, [damit er] sich auf Kosten des Volkes mästet und glücklich ist, während jedermann leidet. Der Fürst ist der erste Diener seines Staates. Er wird gut besoldet, damit er die Würde seines Standes wahren kann; aber man verlangt von ihm, dass er nach Kräften für das Wohl des Staates arbeitet.«* [101] Dies war der erste Schritt hin zu der Idee, dass das Gottesgnadentum als Grundlage der monarchischen Legitimität ausgedient hatte und an seine Stelle trat der aufgeklärte Absolutismus. Eine neue Organisationsform der Staatsgewalt erforderte Mitarbeit der staatlichen Organe und die Verwaltung wurde zentralisiert. Ein Quasi-Vertrag zwischen Herrscher und Untertanen lancierte die Idee eines modernen Staatswesens und dort, wo diesen Gedanken kein Raum gegeben wurde, wie zum Beispiel in Frankreich (zusammen mit einer immensen Finanzkrise), kam es zur Explosion. Die **Revolution in Frankreich**, die **1789** mit dem Zusammenkommen der Generalstände im Mai startete, dem der symbolische Sturm auf die Bastille am 14. Juli folgte, hatte im September bereits die Abschaffung der Feudalordnung durchgesetzt. Mit den Ereignissen in Frankreich war der Absolutismus, das göttliche Recht der Herrscher – ob aufgeklärt oder nicht – ein für alle Mal beendet. Die *»Erklärung der Bürger- und Menschenrechte«* vom 26. August 1789 markierte den Beginn neuer staatlicher Wahrnehmungen, einer sozialen Emanzipation der Bürger und beendete mit einem Paukenschlag den royalen Absolutismus. Diese Erklärung, die besagte, dass alle Menschen frei in ihren Rechten und gleich geboren sind, ist die Proklamation der bürgerlichen Freiheitsrechte und definitive Absage an jede Form des royalen Absolutismus. Der Kampfruf der Französischen Revolution: Freiheit,

Gleichheit und Brüderlichkeit stand, zusammen mit der nationalen Kokarde, für ein neues bürgerliches Zeitalter, das sich zunächst noch ein konstitutionelles Königtum vorstellen konnte. Erst in der zweiten Phase der Revolution (1792–1794), als sich die gegenrevolutionäre Bewegung von außen (und innen) manifestierte, kam es zur Radikalisierung und Frankreich wurde zur Republik. Damit war das erste und entscheidende Kapitel in einer politischen Zeitenwende geschrieben und der Auftakt für umfassende Umstrukturierungen der Herrschaftssysteme gegeben. Diese Entwicklung machte an Frankreichs Grenzen nicht halt. Auch in den deutschen Territorien war der Abgesang des Absolutismus in seiner reinsten Form schon zu vernehmen. Breitere bürgerliche Kreise politisierten sich und ideologische Neudefinitionen von »rechts«, »links« und »Mitte«, kamen direkt aus der französischen Nationalversammlung (Sitzordnung) heraus. Diese politischen Beschreibungen und Begriffe formten sich allerdings erst in der Folge des 18. Jahrhunderts aus. Die klassische Unterteilung in drei Hauptrichtungen war 1789 geboren: Konservativ war dem alten System verhaftet; liberal war freiheitlich gesinnt, und dann gab noch eine republikanische Richtung. Unter dem Begriff der Liberalen sammelte sich eine Mehrheit aus der bürgerlichen und oberen Schicht, die als Befürworter der Revolution im Sinne einer friedlichen Veränderung (Reformen) alle radikalen Ausprägungen ablehnte. Freiheit und Mitbestimmung auf der Grundlage von Vernunftprinzipien waren die Maximen, auf die sich viele verständigen konnten. Auf der anderen Seite gab es die absoluten Gegner der revolutionären Bewegung, zu deren Stimme Edmund Burke[102] (»Reflections on the Revolution in France«) wurde und die, den feudalen Traditionen verhaftet, gesellschaftlichen Veränderungen grundsätzlich feindlich gegenüberstanden. Zumeist weil sie selber Profiteure des feudalen Systems waren. Das galt für den Adel und die Geistlichkeit. Die radikale Version stand für die Republikaner, die

allerdings nach der Robespierre'schen Phase (1793) des »*Terreur*«
nicht langfristig überzeugen konnten.[103]

Die Ideen der Revolution schwappten verhältnismäßig schnell über die
Grenzen ins noch bestehende Heilige Römische Reich Deutscher
Nation. Wo sie zuerst ankamen und wie sie Fuß fassten, hing sowohl
von der geographischen Lage zu Frankreich als auch von der jeweiligen
Herrschaftsstruktur vor Ort ab. Die Lage im deutschen Reich war
uneinheitlich und dementsprechend uneinheitlich war die Bereitschaft,
sich mit revolutionären Ideen anzufreunden. Einen wesentlichen Beitrag zum Transportieren der Revolution in die Nachbarländer lieferten
die Revolutionsarmeen, die das aufrührerische Gedankengut im Marsch-
gepäck mitführten. Was fanden die Exporteure der Revolution links- und
rechtsrheinisch vor? Im Großen und Ganzen soziale Rückständigkeit
und wenig bürgerliche Freiheit. Allerdings war die Lage der einzelnen
deutschen Bevölkerungsteile unter sozialen und politischen Aspekten
unterschiedlich schlecht und zu divers, als dass sich eine zentralistische
Protestbewegung wie in Paris überhaupt formieren konnte. Als Beispiel Preußen, das im Todesjahr Friedrichs des Großen (1786) eine
Bevölkerung von 5,4 Millionen Einwohnern hatte. Davon lebten in der
Hauptstadt Berlin/Potsdam ca. 150.000 Menschen. Das hieß, die
Mehrheit lebte ländlich. 95 Prozent der Einwohner hatten so gut wie
keine Rechte, denn sie waren Leibeigene ohne Schulbildung und ohne
Zugang zu irgendwelchen Ressourcen, aber mit der Verpflichtung
hoher Abgaben. Preußen war nur einer der deutschen Staaten und deshalb hinkt der Vergleich mit Frankreich, das bei Ausbruch der Revolution immerhin über eine Gesamtbevölkerung von 24 Millionen verfügte.
Aus den historischen Quellen ist manchmal der Eindruck zu gewinnen,
dass die Dynamik und die durchschlagende Wirkung der französischen
Ereignisse auf Deutschland zunächst unterschätzt wurden. Dies änderte sich zunehmend schnell und hatte ursprünglich dynastische Gründe.

Denn in Preußen hatte ein Regierungswechsel auf dem Thron stattgefunden: König Friedrich II. war 1786 gestorben und ihm folgte sein recht unbeliebter Neffe Friedrich Wilhelm II. (bis 1797), ein durchaus reaktionärer Herrscher, der zunächst das Zensurrecht verschärfte und revolutionären Ideen nicht aufgeschlossen gegenüber stand. Allerdings milderte sich durch den Thronwechsel der preußisch-österreichische Dualismus, an dem Kaiser Leopold II. (bis 1792), Bruder von Marie-Antoinette, ebenfalls nicht festhalten wollte. Die Reaktion der Fürsten im Reich war leichte Beunruhigung und dies galt genauso für die beiden Souveräne, allerdings machten die vielen adligen Emigranten, die Frankreich verlassen hatten, um sich ins Exil zu retten, mit dem Bruder Ludwig XVI., Graf Artois (1757 – 1836) an der Spitze ordentlich Stimmung gegen die Revolutionäre in Paris. Bester Ausdruck hiervon war die Deklaration von Pillnitz 1791.[104] Die französische Nationalversammlung sah sich davon genötigt und reagierte »spontan« mit einer Kriegserklärung an Preußen. Den eigenen Bewohnern erklärte die Revolutionsregierung, es sei »das Vaterland in Gefahr« und deshalb wurde im Juli 1792 ein »*levee en masse*« organisiert. Das war der Auftakt zu kriegerischen Auseinandersetzungen, die sich, inklusive der napoleonischen Zeit, bis 1814/15 hinzogen und ganz Europa in einen zweiundzwanzigjährigen militärischen Konflikt mit dem aufrührerischen Frankreich in wechselnden Koalitionen führte. Die insgesamt fünf **Koalitionskriege**[105] hinterließen einen zerstörten Kontinent und hatten fast keine Ländergrenzen unangetastet gelassen. Das Heilige Römische Reich Deutscher Nation war beendet, Preußen komplett in die Knie gezwungen, neue Mittelstaaten als deutsche Königreiche etabliert. Alles musste danach neu definiert oder eben restauriert werden. Im Jahr 1792 war dies alles noch nicht abzusehen, obwohl nach Pillnitz die deutschen Mächte, an deren Spitze Preußen stand, sich einig waren, militärisch-gegenrevolutionäre Maßnahmen zu ergreifen.

Die erklärte Idee der militärischen Intervention war, der französischen Monarchie wieder Geltung zu verschaffen. Deshalb richtete sich vor dem Einmarsch der preußischen Armee der Oberbefehlshaber Karl Wilhelm Ferdinand Herzog von Braunschweig in einem Manifest an die Franzosen und versprach, dass falls die Pariser die Königsfamilie sicher hielten, die zivile Bevölkerung keinen Schaden nehmen solle. Die Reaktion war, dass König Ludwig XVI., unter dessen konstitutionellen Namen die freiwilligen Revolutionssoldaten noch in die Schlacht zogen, unter Verdacht kam und die Revolution sich zunehmend radikalisierte. Inzwischen war Österreich mit einem französischen Einmarsch in Belgien ebenfalls der Krieg erklärt worden. Ende Juli 1792 marschierten Preußen und Österreich, vereint durch eine zwei Jahre zuvor geschlossene Übereinkunft, in Frankreich ein.[106] Federführend war die preußische Armee, die sich voller Optimismus auf den Weg zu einem kurzen Interventionskrieg machte. Friedrich Wilhelm II. von Preußen versprach sich mehrere Dinge davon: erstens die triumphale Eroberung von Paris, zweitens die Wiedereinsetzung des Königs in seine Rechte und drittens einen nicht unerheblichen territorialen Gewinn, bevorzugt rechtsrheinisch. Die Realität war allerdings ein schmählicher Rückzug am zehnten Tag, zudem Schlachten, die nicht durchgefochten wurden und ein erheblicher Gesichtsverlust, da die Preußen durch eine »revolutionäre« und weniger erfahrene Armee, die allerdings zahlreicher war, geschlagen wurde. Dies war sowohl militärisch als auch politisch verheerend. Der unerwartete **Sieg von Valmy von 1792** hatte gezeigt, dass die Revolution zunächst im Kriegsfall erfolgreich sein kann und dass Heere absolutistischer Monarchen von einem ideologisierten Volksheer besiegt werden konnten.[107] Damit trafen zwei Tatsachen auf einander, die die Landkarte Deutschlands für immer veränderten. Denn die französischen Revolutionäre betrieben Expansionspolitik und ihre Botschaft wurde positiv aufgenommen. Im Rheinland wurden nicht nur Freiheitsbäume errichtet, sondern **Jakobinische Republiken**, wenn auch klein, kamen in Mode.[108] Dies stand für eine neue Zeit, die augenscheinlich sehnlich erwartet wurde. Auf dieser Gesamtwelle der bürgerlich-freiheitlichen Gesinnung und in Abkehr vom Feudalismus wurde Napoleon zunächst außerhalb von Frankreichs Grenzen wahrgenommen. Ein General der Revolutionsheere und Profiteur des Umsturzes, der die Idee der Freiheit, Gleichheit und Brüderlichkeit gleich mitbrachte. Dass dies, spätestens nachdem sich **Napoleon** zum Kaiser krönte, widerlegt wurde und er nach der Herrschaft des europäischen Abendlandes trachtete, kam erst mit einer gewissen Verspätung an. Dann allerdings mit fatalen Folgen: Jeder Sieg Napoleons bedeutete eine weitere Abhängigkeit von Frankreich, das Kaiserreich der Heiligen Römischen Nation wurde mit einem Schlag beendet und eine fremde Macht entschied das Schicksal der Deutschen.

Die Französische Revolution hatte eine politische Systemwende auf den Weg gebracht und den bisher als gottgegebenen, traditionellen Herrschaftsstrukturen ein Ende bereitet. Aber es war der »Bezwinger der Revolution«, Napoleon Bonaparte, der das 900-jährige Heilige Römische Reich beendete und Deutschland eine neue Form gab, die es auf den Weg in eine nationale Einigung schickte. Die »natürlichen Grenzen« (Rhein und Etsch) zu Lasten des deutschen Nachbarstaates (Frieden von Luneville 1801) waren nur der erste Schritt, daraufhin folgte Schlag auf Schlag die Zerschlagung der bisherigen Staatsstruktur. Der Beginn war die Aufhebung kirchlicher Fürstentümer, mit denen dafür die um ihren Besitz gebrachten deutschen Fürsten entschädigt werden sollten. Dem folgte die Schaffung neuer Königreiche: Bayern, Württemberg und Sachsen, mit denen die Herzöge oder Kurfürsten, die Napoleon folgten, belohnt wurden. Schlussendlich erfolgte die Auflösung des Heiligen Römischen Reiches Deutscher

Nation mit dem Reichsdeputationshauptschluss.[109] Hegemoniebestrebungen und der Wunsch nach persönlicher Profilierung des neuen französischen Kaisers waren ein Teil der Wahrheit. Die Aufklärung in praktischer Umsetzung innerhalb der deutschen Gebiete war ein anderer. Allgemeine Religionsfreiheit wurde verkündet, der Jesuitenorden verboten sowie die Auflösung der Klöster, Aufhebung der Leibeigenschaft, bürgerliche Rechtsgleichheit und Lehrfreiheit an den Universitäten angeordnet. Die Revolutionsideen hatten Fuß gefasst und grundlegende Änderungen auf den Weg gebracht. Das mühsam errichtete Gleichgewicht des Westfälischen Friedens war das erste Opfer von Napoleons Hegemoniewunsch nach Errichtung eines Weltreiches wie es die Römer innehatten. Die deutsche Staatenwelt – die seit 1648 so Bestand hatte – war das Folgeopfer, indem Napoleon sie zerstörte. Der Reichsdeputationshauptschluss von 1803 als erster Akt beendete offiziell und recht geräuschlos das Heilige Römische Reich Deutscher Nation und hinterließ an dessen Stelle drei Jahre später (1806) einen Bund deutscher Fürsten (Rheinbund) auf der einen Seite und einen (neuen) österreichischen Kaiser, nämlich Franz I. von Habsburg, auf der anderen. Nur ungern wird dies in der deutschen Geschichtsschreibung zugegeben, aber Napoleon hat für die Zusammenfügung einer deutschen Nation den entscheidenden Impuls gegeben. Seine Flurbereinigung war durchschlagend. Wieder gingen kleinere souveräne Einheiten verloren, durch »**Mediatisierung**«, das bedeutete, sie kamen unter die jeweilige Landeshoheit. Die Kirchenbesitzungen hatten aufgehört zu existieren durch »**Säkularisierung**«, das heißt sie wurden »verweltlicht«. Die beiden deutschen Hauptmächte Österreich und Preußen hatten ihre Macht in der Zeit von 1801 bis 1809 durch militärische Niederlagen (Demütigungen sowie Aufteilungen), sowie durch Napoleons Neustrukturierung des Reiches, verloren. In dieser Tradition stand dann die Gründung des **Rheinbundes** 1806, in dem Napoleon die ihm wohlgesonnenen deutschen Fürsten bündisch zusammenfasste und der dann nach dem Wiener Kongress 1815 in einen Deutschen Bund überging. Mitglieder des Rheinbundes, mit den »Königen von Napoleons Gnaden«, kämpften auf der französischen Seite. Die neuen Strukturen, die der »Freiheitsbringer« zunächst introduzierte, waren nicht ausreichend, als deutlich wurde, dass Willkür und Unterjochung nun von französischer Seite die ehemalige Fürstenherrschaft in gewisser Weise nur ersetzten. Die gewünschte Freiheit war dies nicht. Allerdings, durch den Kampf, den Napoleon gegen sich hervorrief indem sein Griff auf die Macht in Europa immer expansionistischer und autoritärer wurde, kam es mit den sogenannten Freiheitskriegen zu einem identitätsstiftenden Moment. Diese standen für ein erstarkendes »Wir-Gefühl« der Deutschen, eine erste allgemeine nationale Gesinnung, gefördert durch Versprechungen von Reformen und Verfassungen. Nationaler Widerstand in Form von Einzelerhebungen (wie zum Beispiel Andreas Hofer) waren eine Form des Widerstandes, aber von Preußen aus wurde dieser militärisch organisiert. Eine allgemeine Wehrpflicht schaffte ein Volksheer »deutscher Prägung«. Freicorps bildeten sich und die Wehrpflicht wurde vergleichsweise mit Begeisterung aufgenommen.

Die direkten Auswirkungen der **Französischen Revolution** auf Deutschland waren beachtlich und umfassten grob den Zeitraum von 1789 bis 1800. Die Ideen von Gleichheit und Freiheit brachen sich mit Vehemenz die Bahn und kreierten jakobinische Bewegungen diesseits des Rheins. Von deutscher Seite, in dem in einzelne souveräne Gebiete zerlegten Nachbarland, wurde flugs eine Extraidee eingefordert, die über Gleichheit (egalité), Freiheit (liberté) und Brüderlichkeit (fraternité) hinausging. Einheit (unité) und der Wunsch danach wurde das für die nächsten Jahrzehnte bestimmende Schlagwort, mit allen damit verbundenen Folgen und politischen Verwerfungen. Als diesbezüglicher

Katalysator konnten die Freiheitskriege gegen den bonapartistischen Kaiser angesehen werden. Ebenfalls als Folge der Revolution, denn sie begleiteten eine komplette Neustrukturierung der deutschen Territorien dank Napoleon, vor allem nach der Reichsauflösung von 1806. Ideologisch hinterließen die Geschehnisse in Frankreich ebenfalls ihre Spuren in Deutschland. Sogar im konservativen und knapp nach-absolutistischen Preußen: Nicht wirklich Revolution, aber zumindest Reformeifer war von höchster Seite gebilligt, von vielen gewollt, dann aber doch nur durch außenpolitischen Druck zustande gekommen.

Preußen hatte von allen Staaten am heftigsten unter Napoleons Expansionskriegen zu leiden. Von allen sechs Koalitionskriegen war Preußen nur bei drei als Koalitionspartner dabei, nämlich dem ersten, dem vierten und dem fünften, die beiden letzteren in Form von Befreiungskriegen. Die militärische Abstinenz unter dem Begriff der »Neutralität«, die sich Preußen 1795 auferlegte, war aus einem Zwang entstanden. Mit dem Frieden von Basel (April 1795) waren Preußens linksrheinische Besitzungen an Frankreich gefallen, nachdem sich die Reichsstände geweigert hatten, weiter für Preußens militärische Kosten aufzukommen. Der geographische Kuhhandel um links- beziehungsweise rechtsrheinische Gebiete zwischen Frankreich und Preußen war das eine, das Ausscheren Preußens aus dem Reichsverbund mit einem Separatfrieden etwas anderes. Preußen hielt sich aus dem napoleonischen Kriegen heraus, bis es sich bei dem Thema des Königreichs Hannover so provoziert fühlte, dass im August 1806 eine allgemeine Mobilmachung angeordnet wurde. Preußen stürzte sich ohne Verbündete in einen Krieg mit Napoleon, der sehr schlecht endete. Bei der Doppelschlacht bei »*Jena und Auerstedt*« (Oktober 1806) vernichtend geschlagen, war die Auflösung der preußischen Armee die erste Folge, die in weitere Demütigungen mündete: Napoleon besetzte Berlin, nahm damals als Beute sogar die Quadriga auf dem Brandenburger Tor und den Degen Friedrichs des Großen mit. Er trieb den preußischen König und seine Gemahlin Luise in die Flucht gen Osten und der frühe Tod der allseits verehrten Königin Luise (1819) wurde dem französischen Usurpator angelastet. Der **Frieden von Tilsit** (Juli 1807) stand für einen Totalverlust. Übrig blieb nur noch die Hälfte des preußischen Staatsgebietes (alles östlich der Elbe) mit einer ebenfalls halbierten Bevölkerung. Aus der Beute formte Napoleon neue Königreiche: Westfalen, Kurhessen und Braunschweig. Außerdem wurde Rumpfpreußen hohe Reparationen auferlegt. Von allen deutschen Ländern war es Preußen, das am meisten unter der Napoleonischen Despotie zum Thema Schaffung willkürlicher Ländergrenzen und Landenthebungen zu leiden hatte. Preußen musste zunächst innenpolitische Strukturmaßnahmen auf den Weg bringen. Deshalb, vermutlich nur deshalb, brachte Preußen ab 1810 den Willen zu **Reformen** auf. Hierfür verantwortlich: Freiherr vom Stein (1757–1831) und später Graf von Hardenberg (1750–1822). Die Niederlage und finanzielle Verschuldung Preußens bei Napoleon machte dies notwendig. Zunächst waren militärische Reformen gefragt. General von Scharnhorst trieb die allgemeine Wehrpflicht und eine bessere Offiziersausbildung voran. Die weiteren Veränderungen bestanden in Staats- und Verwaltungsreformen, allerdings mit einer unverändert konservativen Tendenz. Neben der Beendigung der Leibeigenschaft und Erbuntertänigkeit gab es zusätzlich die persönliche Gewerbefreiheit sowie die Selbstverwaltung der Städte. Eine innere Erneuerung des preußischen Staates mit der Einlösung aufklärerischen Gedankenguts bedeutete mehr Freiheit für die Untertanen, aber gleichzeitig die Versicherung ihrer nationalen Gefühle. Die Reformen waren also »Reformen von oben« und sie waren geprägt von Vorstellungen des alten Rechts. Ihre Notwendigkeit ergab sich aus der verzweifelten Situation Preußens. Sie sollten als Instrumentarium verstanden werden, um sich der Solidarität der

Untertanen zu vergewissern. In der praktischen Umsetzung waren sie das Gebot der Stunde. Ein deutsches »*levee en masse*« war das Ziel: Das Volk bewaffnet und mit der Obrigkeit einig gegen den Angstgegner Napoleon und Frankreich. König Friedrich Wilhelm III. (regierte Preußen 1797–1840), der Nachfolger von Friedrich Wilhelm II., und seine Berater agierten nicht aus der Erkenntnis, dass die Französische Revolution ein neues Kapitel zum Thema Bürgerrechte und Beschränkung der absoluten Macht des Herrschers aufgeschlagen hatte. Nein, sondern aus der Notwendigkeit, die Bürger zu motivieren, den Kampf gegen die napoleonische Aggression aufzunehmen und Preußen nicht vollends zur zweitrangigen Macht herabsinken zu lassen. Die **Freiheitskriege** waren von Seiten der Bürger jedoch das Fanal, sich politische Freiheiten erstens verdient zu haben und zweitens diese weiter auszubauen. Die Signale des Herrschers, wenn auch aus der politisch-militärischen Verzweiflung heraus, wie zum Beispiel das Versprechen einer Verfassung im Jahre 1810, warfen lange Schatten und führten zu den Ereignissen Mitte des 19. Jahrhunderts. Kein Wunder, dass am Ende ein Katalog neuer bürgerlich-revolutionärer Forderungen stand, der in die **48er-Revolution** (März 1848 bis Juli 1849) mündete. Damit wurden politische Freiheitswünsche formuliert, die den deutschen Weg zur Einheit markierten und an deren Ende die **Nationenbildung** (1850–1871) stand. Insofern ist es richtig, den Weg über die Freiheitskriege zur Einheit und damit einer neuen grundlegenden deutschen Verfassung nachzuzeichnen. Ganz deutlich: Die Französische Revolution hatte enorme Auswirkungen auf alle Nachbarstaaten, denn überall in Europa entflammte das revolutionäre Feuer, aber in Deutschland stand dies für einen Paradigmenwechsel. Da war zum einen die Vorbildfunktion, denn nun gab es eine bisher undenkbare, radikale Veränderung von unten nach oben. Eine Blaupause für den Wunsch nach einem gesellschaftlichen Wandel, die Abkehr vom Absolutismus, verbunden mit dem Wunsch nach neuen sozialen und politischen Strukturen. Zum anderen präsentierten sich die damit vorhandenen Konsequenzen: ein 22 Jahre andauernder kriegerischer Konflikt, zunächst mit dem revolutionären Frankreich, dann mit seinem Erben, dem neuen französischen Kaiser Napoleon. Die neuen Ideen von Volksfreiheit, Menschenrechten, sogar bürgerlichen Rechten wurden mit viel Begeisterung aufgenommen. Nur so ist erklärlich, dass das revolutionäre Gedankengut sehr schnell über den Rhein schwappte, bejubelt wurde und sich weiter verbreitete. Die Saat der Aufklärung (Vernunft und Selbstbestimmung; Freiheit und Gleichheit) ging in praktischer Umsetzung auf und bescherte den deutschen Fürsten ein großes Problem, das nie mehr wegging und sich letzlich in der 1848-Revolution innerdeutsch manifestieren sollte. Der katastrophale Russlandfeldzug Napoleons (1812) gab Hoffnung, dass Napoleons Kriegsglück langsam auslief. Die ihm zugeneigten Rheinbundfürsten, bis auf den König von Sachsen, wechselten zur antinapoleonischen Allianz. Zusätzlich fühlten sich die Bürger auf den Plan gerufen: Nationale Vereinigungen werden gegründet. Reden »zur deutschen Nation« kamen in Mode, während Napoleon mit seiner Kontinentalsperre in Deutschland Mangel, beispielsweise an Zucker und Stoffen, verursachte. Gleichzeitig förderte genau dieser Mangel den Aufbau eigener Industrien: im Ruhrgebiet den Minenbau und in Schlesien die Tuchwebereien, zudem Kohleeinsatz und Dampfmaschinen – dies war der wirkliche Beginn deutscher Industrialisierung.

Die Entscheidungsschlacht Mitte Oktober 1813, die berühmte **Völkerschlacht bei Leipzig**, ließ Napoleons Reich zusammenbrechen und führte zu einer grandiosen Bestätigung des aufgeflackerten Nationalbewusstseins. Dem wurde allerdings nicht mit der Festschreibung der bürgerlichen Rechte und Freiheiten als Belohnung entsprochen. Denn neben der Neuordnung Europas, einem Geschacher um Einflusszonen und Gebietsentschädigungen wurde – im Sinne der alten Dynastien – energisch restauriert, und zwar in Wien, wo ein Kongress den Friedensschluss von Paris 1814 bestätigen und die Details klären sollte. Warum überhaupt ein Kongress? Seit dem Dreißigjährigen Krieg war es üblich, kriegerische Konflikte mit einem Friedensvertrag abzuschließen. Völkerrechtlich wurden dabei alle Anti-Napoleon-Mitglieder zu Garantiemächten eines künftigen »*ewig währenden*« Friedens. Außerdem ging es natürlich um die Aufteilung der Beute. Dies wurde, wie die Dauer des Kongresses in Wien zeigte, zu einer epischen Aufgabe, weil Napoleon alle europäischen Ordnungsideen und vormals territorialen Festlegungen im Gefolge der Französischen Revolution über den Haufen geschmissen hatte. Der Wunsch nach neuer Wiederordnung im Sinne der traditionellen und vertrauten Gefüge, insbesondere der Restauration monarchischer Prinzipien unter den Schlagwörtern von Legitimität und Gleichgewicht, wurden zu Maximen des Friedenskongresses. Preußen als jüngeres Mitglied der Staatenfamilie war, wie konnte es anders sein, mit großen Erwartungen zum **Wiener Kongress 1814/15** gekommen. Und zwar als eine der Nationen, die am meisten unter den napoleonischen Kriegen gelitten hatte, die die größten Einbußen an Territorien und Menschen zu verzeichnen hatte. Die Erwartungen – alle strittigen Punkte waren schon im Vorfeld in Paris und London unter den Diplomaten »ausgekartelt« worden – konzentrierten sich auf eine Entschädigung in beiderlei Hinsicht. Unter dem Herrscher Friedrich Wilhelm III. (dem Witwer Königin Luises) hatte sich Preußen, das heißt der dank Napoleon zusammengeschrumpfte territoriale Rest, vertrauensvoll außenpolitisch dem großen Bruder Russland angeschlossen. Die beiden Herrscher Alexander I. und Friedrich Wilhelm verband eine Freundschaft und das gemeinsame Interesse, sich nach Westen (Russland), beziehungsweise nach Osten (Preußen) zu arrondieren. Im Weg stand dabei noch das Königreich

Polen, welches deshalb mit einer weiteren Teilung zu rechnen hatte, sowie das Königreich Sachsen. Beide waren vom Wettiner Friedrich August I. regiert worden, allerdings nur bis zur Völkerschlacht bei Leipzig (Oktober 1813), als sich der sächsische König ungeschickterweise noch an der Seite Napoleons befand. Danach befand er sich in Gefangenschaft, sein Thron wurde als vakant betrachtet und zu einer geographischen Restitutionsmasse, auf die Preußen sein Auge geworfen hatte. Die Begründung, dass sich der sächsische König zu lange zu »loyal« gegenüber Napoleon verhalten hatte und deshalb seines Thrones verlustig gehen sollte, entsprach natürlich nicht der Maxime des Völkerrechts, unter dem der Kongress in der österreichischen Hauptstadt zusammengekommen war. Aber Sachsen, das Königreich dank Napoleons Gnaden, bot sich als preußische Arrondierung und Entschädigung an. Komplexer war die Frage um den polnischen Rumpfstaat, der nach Wunsch unter russische Herrschaft fallen sollte. Damit wäre die vom russischen Zaren gewünschte Westverschiebung erreicht sowie eine eingeforderte Kompensation für den militärischen Beitrag des russischen Reiches. Das Ärgernis, das die früheren Alliierten bei Zar Alexanders I. Plänen empfanden, lag jedoch in der liberalen Konstruktion, die er sich für den polnischen Teil seines Landes vorstellte. Er wollte dies mit einem polnischen König versehen, der auf nationaler und liberaler Grundlage (konstitutionelles Königtum) den romantischen Träumen des Zaren von Freiheit und Gleichheit außerhalb Russlands zur Verwirklichung verhalf. Das brachte die anderen Kongressteilnehmer in Harnisch. Die sogenannte Sachsen-Polen-Frage war die größte diplomatische Bewährungsprobe auf dem Wiener Kongress, bei der sich die ehemaligen Verbündeten jeweils so positionierten, dass es fast zu einem Scheitern des Friedenswerkes führte. Der eigentliche Gewinner der Uneinigkeit wurde das eben besiegte und mit den Bourbonen restaurierte Frankreich, das sich als Zünglein an der

Waage wieder in den Kreis der Großmächte hinein manövrierte. Eine beachtliche Leistung des französischen Diplomaten Charles-Maurice de Talleyrand.[110] Den preußischen Ansprüchen trat dieser energisch entgegen. Dahinter standen zwei Überlegungen: Erstens hatte Frankreich kein Interesse an einer Stärkung Preußens – Argument: Gleichgewicht in Europa – und zweitens war der sächsische König ein Vetter des Bourbonenkönigs. Hier wurde dann das Prinzip der »Legitimität« bemüht. Argumentative Hilfe und Unterstützung bekam der preußische König Friedrich Wilhelm III. von Seiten des Zaren, als dessen »Adjutant« er in Wien wahrgenommen wurde. Der russische Zar Alexander I., ein wahrer Star am Kongress-Himmel, aber war dabei von seinen eigenen Wünschen nach einer Westverschiebung seines Reiches getrieben. Preußen musste in Wien auf einer geographischen und einer sich daraus ergebenden Statuserhöhung bestehen. Hatte es doch wie kein Land unter den napoleonischen Kriegen und dem Frieden (Tilsit) gelitten. Außerdem gründete sich hierauf die künftige Stellung Preußens als Großmacht der europäischen Pentarchie. Den Wünschen Preußens nach dem Königreich Sachsen und einem Teil Westpolens standen Bedenken von österreichischer Seite gegenüber. Gleichzeitig konnte Österreich kein Interesse daran haben, dass der russische Herrscher zu stark wurde und von Osten Druck auf das Habsburger Land ausübte. Die Verknüpfung des Schicksals Polens mit dem Sachsens wurde noch gespiegelt durch die persönliche enge Freundschaft beider Monarchen. Die gesamte Situation wurde als eine Bedrohung des herzustellenden Gleichgewichts bei den Kongressteilnehmern wahrgenommen. Außerdem war im Sinne des immer wieder betonten Prinzips der Legitimität und Restauration eigentlich keine Plattform zur offiziellen Wegnahme eines Herrscherrechts durch eine Kongressversammlung gegeben. Es erfolgte eine Mächtepolarisierung mit Russland und Preußen auf der einen Seite und Österreich und

England auf der anderen. Frankreich schlug sich aus Eigeninteresse auf die österreichisch-englische Seite. So standen numerisch drei Staaten gegen zwei Staaten. Letztlich bekamen Preußen und Russland und deren Herrscher ihren Anteil an der napoleonischen Beute und das Nachsehen hatte, wie schon etliche Male zuvor, das Königreich Polen,[111] das nur mit einem »Kongress-Polen« (Warschau), in Personalunion mit Russland verbunden, überlebte. Wie bis zu einem gewissen Punkt voraussehbar, blieb der König von Sachsen Herrscher, aber sein Landanteil hatte sich erheblich reduziert. Die Formel zur Lösung des Konflikts um Sachsen und Polen war wie immer: Aufteilungen und Abtrennungen. Von Polen, das zum vierten Mal geteilt wurde, bekam Preußen die Provinz Posen und Österreich die Provinz Galizien. Preußen erhielt zusätzlich zwei Fünftel Sachsens mit der Hälfte der Bevölkerung. Dem König von Sachsen verblieb der Rest. Da dieses als Entschädigung für erlittene Verluste und den militärischen Einsatz nicht reichte, wurde Preußen zusätzlich mit den sogenannten Rheinprovinzen für die fehlenden »Seelen« entschädigt.[112] Dies war ein großes Gebiet links und rechts vom Rhein, im Süden über die Mosel hinaus bis an die französische Staatsgrenze, im Norden bis an das Königreich Hannover reichend und im Westen entlang der gesamten niederländischen und luxemburgischen Grenze. Durch diese Zersplitterung des preußischen Reichsgebietes wurde der Impuls nach einer Vereinigung der Landesteile gelegt. Die Machtbasis für Preußen konnte durch die Gebietsgewinne in Sachsen, Polen und linksrheinisch ausgebaut werden. Die europäische Pentarchie unter Miteinschluss des eben besiegten Frankreichs bedeutete eine Aufwertung Preußens, das sich so von einer »*Macht zweiten Ranges*« (Talleyrand) zu einer der anerkannten Großmächte entwickelte. Die Argumentationsgrundlage war unter anderem, dass Preußen die Hauptlast der napoleonischen Kriege ertragen sowie die größten Gebietsverluste erlitten habe.

Demnach verdiene es eine besondere Entschädigung. Preußens Gebietsvergrößerung (auf Kosten von Sachsen und Polen) war eine natürliche Voraussetzung, eine stärkere Position in der europäischen Politik zu erlangen, möglichst gleich stark wie Österreich, um als Ordnungsmacht im Deutschen Bund wirken zu können. Aus Sicht der Mächte England und Russland (weniger Frankreich) sollte ein starker Dreier-Block in der Mitte Europas mit Österreich, Preußen und dem Deutschen Bund für lang anhaltende friedliche Stabilität sorgen. Die Realität war ein loser Staatenbund in Form eines Föderativverbandes, der aus vier bis fünf souveränen Königreichen bestand: Bayern, Hannover, Württemberg und das Großherzogtum Baden. Das Königreich Sachsen stand zunächst noch unter alliierter Verwaltung. Dann gab es noch die kleineren Einheiten der sogenannten »Mindermächtigen«: Herzogtümer, Fürstentümer (insgesamt 26) und Freie Städte (davon vier). Rund ein Dutzend Mini-Fürstentümer hatten es nicht mehr geschafft, ihre Landeshoheit zu retten, sie wurden mediatisiert oder säkularisiert. Damit war die Territorialordnung des Westfälischen Friedens Geschichte: Das Heilige Römische Reich war untergegangen, einen Kaiser gab es nur noch in Österreich, einen deutschen noch nicht. Allerdings, in der Gesamtordnung der deutschen Territorien waren im Gegensatz zu dem Verlust der einzelnen kleinen Landeshoheiten die Mittelstaaten erstarkt. Die flankierenden deutschsprachigen Großmächte waren Österreich und Preußen, wobei sich Preußen als Ordnungs- und Führungsmacht herauskristallisierte. Von den mehr als 300 deutschen, souveränen Reichseinheiten 1648 waren **1815 noch 35** übrig geblieben. Diese 39 Länder (35 Fürstentümer und vier freie Städte) hatten eine gesamt-politische Vertretung, aber diese war von dem jeweiligen Herrscherhaus abgesandt und faktisch wenig handlungsfähig. Das lag zusätzlich daran, dass für alle Beschlüsse Einstimmigkeit verlangt wurde. Anstelle der früheren Reichstage war nun in Frankfurt eine Art **Bundesrat** eingerichtet worden, mit Österreich im Vorsitz. Einer nationalen Idee sollte ebenfalls mit einem beabsichtigten»Bundesheer«, gemeinsamen Festungen und einer gemeinsamen Flotte entsprochen werden. Dies wurde nie umgesetzt. Die deutschen Länder organisierten sich wirtschaftlich in Form des **Deutschen Zollvereins** (1834). Darin waren die norddeutschen Städte sowie Bayern und Württemberg verbunden. Durch die Schaffung eines ersten gemeinsamen Wirtschaftsraumes zeichnete sich schon der erste Hinweis auf eine spätere Einheit ab. Und dies obwohl der Dualismus zwischen Österreich und Preußen, gerade in Bezug auf die Zollpolitik in Teilen weiter bestand.

Die geographische Neuordnung, die der Kongress verursacht hatte, war im Verhältnis zur Innenwirkung, das heißt der Restauration der alten Dynastien und dem Zurückdrehen revolutionärer Errungenschaften stabil. Die in Wien versammelten Diplomaten und Herrscher waren sich sehr einig als sie festlegten, was unter dem Begriff»**Reaktion**« in die Geschichte eingegangen ist: Schluss mit freiheitlichen Ideen, Festhalten an der alten, vorhersehbaren Ordnung und keine Mitsprache in politischen Entscheidungen. Ein System von Kongressen, die die nächsten Jahrzehnte immer wieder stattfinden sollten, zementierte diese Ordnung.[113] Die Fürsten der anti-napoleonischen Allianz waren durch die Geschehnisse in ihrer Position stark verunsichert. Deshalb musste im Mittelpunkt ihres Interesses die Restauration des monarchischen Prinzips stehen. Hierfür schlossen sie direkt nach der Überwindung des napoleonischen Systems (September 1815) eine Fürstenallianz unter dem Namen»**Heilige Allianz**«. Auf Initiative Russlands und mit Preußen und Österreich war die»Heilige Allianz« auf christlich-mythischer Grundlage (mit der althergebrachten Botschaft des Gottesgnadentums) ein Interventionsmechanismus, um revolutionäre Bestrebungen im Zaum zu halten. Der gleichen Idee huldigten die»**Karlsbader**

Beschlüsse«: Maßnahmen, die auf einer Ministerkonferenz im August 1819, bei der die Vertreter der wichtigsten deutschen Staaten zusammen kamen, vereinbart wurden, um der umgehenden Revolutionsangst Einhalt zu gebieten. Hier wurden Unterdrückungsmechanismen gegen Meinungs- und Pressefreiheit vereinbart, die »*gegen demagogische Verschwörungen*« gerichtet waren. Der Grund hierfür lag ganz deutlich in der Haltung der Monarchen, keine Volksrechte zuzulassen, das hieß insbesondere Verfassungen. Liberale und nationale Bestrebungen waren zu unterdrücken. Preußen und Österreich waren hierbei die Hardliner, die Länder Sachsen-Weimar (1816), Württemberg, Bayern (1818) und Baden (1819), sowie kleinere Länder waren die Verfassungsausnahmen. Die beiden Großmächte wollten ihre Einwohner als das belassen, was sie vor 1789 europaweit waren: Untertanen.

10. Deutsches Biedermeier und Revolutionäre der Einheit

Die Epoche nach den Freiheitskriegen, dem Kampf gegen das zunächst revolutionäre und dann napoleonische Frankreich, der immerhin mehr als zwei Dekaden andauerte, hinterließ in Deutschland (genau genommen in ganz Europa) ein Trümmerfeld. Aber zumindest war Frieden und vor allem unter kunsthistorischen Aspekten wird dies als **Biedermeierzeit** benannt.[114] Nach einer oberflächlichen Konsolidierung der politischen Zustände brach für die Bürger in den deutschen Landen eine herbeigesehnte Zeit des Friedens und der häuslichen Behaglichkeit an. Eigentlich eine Idealvorstellung des kollektiven Wohlbehagens, das Deutschland selten für längere Zeit genießen konnte. Nach den Napoleonischen Kriegen war der Wunsch nach Ruhe, Wiederaufbau und einer heilen Familienwelt vorherrschend. Der Rückzug in die private Idylle war die Maxime des Biedermeiers. Nicht nachweisbar, aber vermutlich stammt der typisch deutsche Begriff der *»Gemütlichkeit«* aus der Epoche von 1820 bis 1850 – dies war Ausdruck einer neuen Bürgerlichkeit. Gemütlich und ruhig war das Leben allerdings nur an der Oberfläche. Mit zunehmendem Wohlleben und Wohlstand brachen die vorgeblich sanft schlummernden, politisch-ideologischen Konflikte wieder mit Macht auf, ungeachtet aller reaktionären Sicherungssysteme, die Metternich und Co. installiert hatten. Genau genommen war die sogenannte Biedermeierzeit eher eine Übergangsperiode: Eine Zeit der zwei Geschwindigkeiten. Zum einen die private Behaglichkeit, beziehungsweise das Bedürfnis danach, und auf der anderen Seite das weitere Streben nach Veränderungen vor allem politischer Art. Die Restaurationsepoche, für die der Wiener Kongress mit seinem wieder verankerten monarchischen Prinzip verantwortlich war, hatte nicht für politische Ruhe gesorgt. Ganz im Gegenteil: Der »Geist war aus der Flasche« und damit der Wunsch nach einer Konstitution und verfassungsmäßigen Rechten. Durch die Freiheitskriege waren die nationalen und patriotischen Gefühle entflammt und ließen sich nicht mehr, auch nicht durch reaktionären Druck und Pressezensur, zurückdrängen. Eine Systemveränderung war gewünscht und nachdem der äußere Feind nicht mehr vorhanden war, wurde der innere Feind ausgemacht, nämlich die rückwärtsgerichteten Souveräne, die Freiheiten, vor allem politische, nicht zuließen. Studentische Bewegungen, unter dem ewigen Begriff der »aufsässigen Jugend« zusammengefasst, organisierten sich in Corps und Burschenschaften. Unter dem Begriff **Vormärz** werden die Jahre seit den Freiheitskriegen und dem Wiener Kongress in ihrer Dimension als Vehikel nationalen und liberalen Gedankenguts bezeichnet. Die Ideen zum Thema **Einheit und Freiheit**, ausgehend von der Französischen Revolution und befördert durch die Volksheere gegen Napoleon, waren nicht mehr zu unterdrücken. Vormärz, weil die Revolution von 1848 in Deutschland im März ausbrach, im Gefolge der Revolution in Frankreich. Das **Ideengut politischer Partizipation** bewegte zunehmend die bürgerlichen Kreise, die sich ebenfalls eben nicht nur mit der biedermeierlichen Ausstattung ihres Privatlebens zufrieden gaben. Genau genommen wurde der Begriff Bürger[115] und Bürgerlichkeit erst seit dem 18. Jahrhundert mit Leben erfüllt. Die sogenannten »Bildungsbürger«, eine aufstrebende akademische Schicht, sowie ab Mitte des 19. Jahrhunderts »Wirtschaftsbürger«, wurden zu Trägern der neuen industriellen Wirtschaftsform. Die Idee, dass durch eigene Leistung ein fortgeschrittener gesellschaftlicher Status erreicht werden konnte, stand im diametralen Gegensatz zum Althergebrachten, nämlich, dass Gott den

Menschen und seine soziale Position im Leben vorbestimmte. Die grundlegende Erschütterung dieser Vorstellung war der Französischen Revolution und deren Manifest zu Menschen- und Bürgerrechten zu verdanken. Gesellschaftlicher Aufstieg zum Kleinbürger[116] durch wirtschaftlichen Erfolg passte ins protestantische Preußen und wurde durch die Erlaubnis der Gewerbefreiheit 1810/11 sogar befördert. Damit war die einschränkende Macht der Zünfte und Gilden gebrochen und es unterstützte wirtschaftliches Streben. In der nachnapoleonischen Zeit wurde es für das zunehmend besitzende Bürgertum ein Thema, dass dies nicht mit bürgerlichen oder freiheitlichen Rechten einherging. Diese Rechte und Privilegien waren fest in den Händen der Monarchie und der das System unterstützenden Aristokratie. Die konservativen Regierungen wehrten sich mit Härte gegen den aufrührerischen Geist, der unter dem Begriff »demagogische Umtriebe« lief.[117] Fortschrittliches Denken war aber nicht mehr einzudämmen, auch nicht mit Gefängnisstrafen und Ausweisungen und es kam zur Revolution.[118] Es gab allerdings eine Reihe weiterer Faktoren, die eine revolutionäre Stimmung schafften. Das waren die demografische Entwicklung mit einem rapiden Bevölkerungszuwachs, eine Verstädterung als Folge von Landflucht und dementsprechend die Entwicklung eines Stadtproletariats. Dieses wiederum resultierte aus einer rasch voranschreitenden Industrialisierung, die dafür verantwortlich war, dass Deutschlands ökonomische Entfaltung soziale Fragen aufwarf. Wirtschaftskrisen wie der Weberaufstand, Missernten und Hungersnöte trugen weiteren sozialen Sprengstoff in sich.

Mit Blick auf die Bevölkerungsstruktur: Nach 1820 gab es einen rapiden Bevölkerungszuwachs, trotz der Einbußen nach den napoleonischen Kriegen und Seuchen wie der Cholera. In dem Gebiet des späteren deutschen Reiches wird manchmal sogar von einer **Bevölkerungsexplosion** gesprochen. Während um 1800 in den deutschen Gebieten nur 24,5 Millionen Menschen lebten, waren es fünfzig Jahre später schon 35,4 Millionen. In den Jahren bis 1914 wuchs die Bevölkerung dann auf 68 Millionen an. Eine Verdreifachung der Bevölkerung bedeutete neue soziale Fragen und erforderte eine angemessene Wirtschaftsstruktur, denn diese Menschen mussten ernährt werden. Die Krise mit Missernten um 1840 bedeutete, dass über die Hälfte der Bevölkerung ein Leben am Existenzminimum führte. Das dramatische Anwachsen der Bevölkerung zeigte sich an einer Ausdehnung der Städte: Berlin hatte 1831 bereits eine Viertelmillion Einwohner zu verzeichnen, damit auch ein schnell anwachsendes »Stadtproletariat«. Das war kein biedermeierliches Idyll, denn hier entstanden durch die Bildung neuer sozialer Hierarchien gravierende soziale Probleme. Ein langsam aber sicher wachsendes »Industrieproletariat« als Folge der zunehmenden **Industrialisierung** und der Umstellung eines bisher vorwiegend agrarisch bestimmten Lebens auf neue gewerbliche und industrielle Wirtschaftsformen forderte einen eigenen Platz in der Gesellschaft. Die Industrialisierung Deutschlands erfolgte genau hundert Jahre später als in Großbritannien. In der Abfolge setzten Manufakturen zunächst Holzkohle und dann Steinkohle als Energie zur Stahlgewinnung ein. Erst 1850 erwirtschafteten Bergwerke in deutschen Landen die gleiche Menge von Steinkohle wie in England bereits 1750.[119] Die Folge war ein langfristig angelegter Strukturwandel, der ebenfalls das soziale Gefüge veränderte. Hinzu kam, dass die Bevölkerung zunehmend jung, dynamisch und wirtschaftlich aktiv sein musste. Die deutsche Industrialisierung und die englische ähnelten sich in ihren sozialen Auswirkungen und Problemen. Da mussten sich Marx und Engels kein neues Anschauungsmaterial suchen.[120] Die Ereignisse von 1848 waren geprägt von einer früh-industriellen Gesellschaft, mehr noch von den sozialen Problemen im Gefolge von Massenarbeitslosigkeit und sozialer Verwahrlosung. Karl Marx und Friedrich Engels'

Manifest der Kommunistischen Partei ist nicht zufällig 1848 veröffentlicht worden.[121] Mit den Worten »*Ein Gespenst geht um in Europa – das Gespenst des Kommunismus*«, begann ein gesellschaftlicher Dissens, der die Zeit und Zeitenwenden überstand und bis zum Ende des 20. Jahrhunderts die Welt in zwei Blöcke trennte. Zunächst teilte es nur die Gesellschaft, nach Marx, in die Bourgeoisie und das Proletariat, das Bürgertum und die Arbeiterschaft. Diese, gefangen in einem politisch-wirtschaftlichen Trauma, könnten ihren Konflikt nur durch eine soziale Eruption in Form einer Revolution, so die Marx'sche Voraussage, lösen. Als Idealziel sah Marx den Triumph des Proletariats über die ausbeuterische Bourgeoisie. Allerdings, die Revolution vertagte sich, denn die Stimme der Radikalisierung gewann 1848 nicht genügend Rückhalt in den bürgerlichen Kreisen, wodurch sich die politische Reaktion hätte durchsetzen können. Die mächtige Wirkung Karl Marx', eines deutschen Philosophen und Ökonomen, lässt sich in seiner Wirkung gar nicht ausreichend betonen. Politische Systeme und Weltanschauungen, geboren aus der Welt des Mitte 19. Jahrhunderts, waren maßgeblich für die Definition von Macht und Regierungssystemen, die bis tief in das 20. Jahrhundert hinein reichten. Wer hätte mit den Veröffentlichungen des »Kommunistischen Manifestes« (1848) und »Das Kapital« (1867) gedacht, dass diese der Ausgangspunkt für weltumspannende politische Standortbestimmungen und daraus resultierend kalte und heiße Kriege werden sollten? Karl Marx' Ideologie mit dem »*umgehenden Gespenst in Europa*«, dem des Kommunismus, warf längste Schatten – und nicht nur in Europa. Die deutsche Revolution von 1848 triggerte eine Teilung der Welt in politische Blöcke, die erst 1989 mit der Maueröffnung und 1991 mit der Auflösung der Sowjetunion ein Ende fand. Verantwortlich für unendliches Leid und endlose Kriege im Namen politischer Orientierung war das historische Geschehen ganz bedeutend von dem Denker des 19. Jahrhunderts beeinflusst. Einem Denker, der die revolutionäre Kraft des Umsturzes auf alle Ebenen der Gesellschaft, der Wirtschaft und der Regierung anwendete. Karl Marx, der vor allem als Publizist arbeitete, propagierte die Revolution als Gegenentwurf zur kapitalistischen Wirtschaft und die »Befreiung des Proletariats« im Sinne einer radikalen gesellschaftlichen Umgestaltung. Er befürwortete eine eindimensionale, nur dem kämpferischen Kommunismus verpflichtete Regierungsform. Die Theorien, die der geborene Trierer und im Londoner Exil (1883) verstorbene Karl Marx lieferte, finden sich nicht nur in 2.000 journalistischen Beiträgen, sondern vor allem in seinen beiden oben erwähnten Hauptwerken.[122]

Heute wird angenommen, dass die rasante Industrialisierung durch die verbesserte Logistik zustande kam. Ab 1835 fuhr die Eisenbahn und wurde im wahrsten Sinne des Wortes zum Motor des epochalen Wirtschaftsaufschwungs. Bismarck hatte Unrecht mit seiner allerdings im kriegerischen Sinn gemeinten Parole, dass »Eisen und Blut« die Zukunft der deutschen Lande entscheiden würden. Die magischen Worte, das heißt die entscheidenden Wirtschaftsgüter, waren Eisen (eigentlich Stahl) und Kohle. Das Eisen wurde allerdings nicht hauptsächlich zum Kanonenbau gebraucht, sondern für den Eisenbahnbau und die Kohle für deren Energieverbrauch. Der Warentransport hatte an Schnelligkeit enorm zugenommen und war zudem deutlich günstiger als bei den Kutschen. Die Frachtmenge der transportierten Güter nahm um das Zwanzigfache zu. Am Beispiel der Geographie Preußens zeigte sich die Notwendigkeit, die Gebietsteile miteinander zu verbinden, also eine tragfähige Logistik herzustellen. Erst dadurch konnte ein einheitlicher Wirtschaftsraum geschaffen werden. Deutschland war mit seiner Industrialisierung um die Mitte des neunzehnten Jahrhunderts spät dran, aber sie ging umso rasanter voran. Und dies, obwohl im Vergleich zu England Formen der Industriefinanzierung noch wenig bekannt waren. Eigentlich ist es nicht verkehrt, von einer wirtschaftlichen Revolution im Schatten der angestrebten politischen Revolution (1848) zu sprechen. Preußen profitierte von der ökonomischen Aufwärtsspirale, denn aus dem armen, agrarischen Land wurde so ein potenter Staat mit selbstbewusstem Führungsanspruch in Deutschland. Zwischenzeitlich hatte die wirtschaftliche Entwicklung in Deutschland Mitte des 19. Jahrhunderts gewaltige Durchhänger. Den Missernten von 1846 folgten Hungersnöte, die in der Hauptstadt Berlin 1847 zu einer sogenannten »Kartoffelrevolution« führten. Der Niedergang der Textilindustrie (Absatzkrise und neue industrielle Fertigung), betraf vor allem die Webereien in Schlesien, in denen bereits 1844 Aufstände stattfanden. Das eine bedingte das andere: Massenarbeitslosigkeit, mit der Bildung einer »industriellen Reservearmee«, sowie miserable Arbeits- und Lebensbedingungen, neben hungernden Menschen. Hier bildete sich eine unzufriedene Unterschicht mit berechtigten sozialen und später politischen Forderungen. Die Verstädterung mit der einhergehenden Industrialisierung hatte eine Stärkung des Bürgertums zur Folge. Die gewerblich-industrielle Produktion lag in ihren Händen und die bisher führende Schicht des grundbesitzenden Adels, der Stützpfeiler der Monarchie, verlor an Bedeutung. Hier entstand ein entscheidendes Problem, denn die Prinzipien der Französischen Revolution waren nicht vergessen, nur ihre Anwendung im Sinne einer Modernisierung der Staats- und Gesellschaftsordnung war noch ausgesetzt. Allen nationalen und liberalen Bestrebungen war offiziell eine Absage erteilt worden, aber 1848 brachen diese Ideen trotzdem mit Vehemenz durch. Im Mittelpunkt der Forderungen stand, dass staatliche Bevormundung nicht mehr toleriert werden sollte, mit der Konsequenz, die Macht des Staates in der Hand des Monarchen einzuschränken. Der Wunsch, nein, die Forderung nach **Verfassungen** wurde laut mit dem Wunsch, die Rechte aller Bürger, nicht nur die der privilegierten

Stände, zu garantieren. Unter dem in Mode kommenden Begriff des **Liberalismus** wurde eine Auffassung von Staatlichkeit verstanden, die die ungehinderte Entfaltung des Einzelnen in Gesellschaft und Wirtschaft garantierte. Das verband sich für viele mit dem Wunsch nach einem Nationalstaat. Der Ruf nach »Freiheit und Einheit« war geboren. Ebenfalls der des nationalen Liberalismus. Dahinter stand die Idee des Vorbildes Frankreich. Nur in einem Zentralstaat, so die Vorstellung, konnte die Idee der politischen Freiheit verwirklicht werden. Die Einzelstaatlichkeit oder gar Kleinstaaterei stand nach dem Verständnis der Revolutionäre der bürgerlichen Freiheit entgegen und sollte als Hemmnis verschwinden. Selbst wenn der politischen Starrheit und mangelnder bürgerlicher Freiheit ein sich reich entwickelndes kulturelles und geistiges Leben entgegengesetzt wurde, war das Verlangen da: Ein selbstbewusstes Bürgertum verlangte nach Rechten in Form von Teilhabe. Politisches Denken und die Veröffentlichung radikaler Ideen waren an der Tagesordnung, bestes Beispiel war die Begründung und Kreierung des Kommunismus', durch Karl Marx, als Reaktion auf dringende soziale Fragen. Die Hungerjahre von 1847, Flugschriften, die Marx und Engels versandten, und dann wieder Aufruhr in Frankreich: Die Zeit war überreif für eine Art von Revolution. 1848 war bereits ein europäisch-globales Ereignis, denn die Pariser Februar-Revolution zündelte in Frankreich, Italien und Deutschland. Dies, in Kombination mit wirtschaftlichen Krisenherden aufgrund der schlechten Ernten, verdichtete sich zur Katastrophe, die somit enormen sozialen Sprengstoff in sich barg. Allerdings waren die Forderungen von den jeweils nationalen Umständen bestimmt und nicht deckungsgleich: In den deutschen Landen war es die »deutsche Frage«, die 1848 die oberste Stelle einnahm. Der geforderte Liberalismus, mit der Herkunft aus den südwestdeutschen Staaten, bestand in folgenden Einzelpunkten: Konstitutionelle Verfassungen mit dem Ziel von Rechtsgleichheit, Parlamentarismus anstatt Monarchismus – wobei ein nationales Parlament den Weg zur Einheit ermöglichen sollte – außerdem Pressefreiheit statt Zensur. Die Forderung nach einer allgemeinen Volksbewaffnung machte die bürgerliche Entschlossenheit deutlich. Die Auswirkungen waren uneinheitlich, denn in den mittleren und kleineren Staaten wurde dies auf Zeit umgesetzt und manche Fürsten erkannten in Teilen die Forderungen an. Die Revolution nahm ihren Anfang im Südwesten, das heißt im Großherzogtum Baden, und mit diesem Auftakt folgte eine Welle von Umstürzen, die in der Berufung von liberalen Regierungen in einzelnen Staaten folgte: die sogenannten »Märzkabinette«. Nach Baden gab es weitere regionale Erhebungen ebenfalls in Sachsen, der bayerischen Pfalz und den preußischen Rheinprovinzen. Kurzfristige Erfolge waren dabei die Aufhebung der verhassten Pressezensur und die Befreiung von Leibeigenschaft – soweit diese noch nicht erfolgt war.

Für Preußen und Österreich, den Torhütern des monarchischen Prinzips, war dies eine Katastrophe, die entschieden bekämpft werden musste. Österreich, weil es ein Vielvölkerstaat war und diese Entwicklung die politische Bankrotterklärung der reaktionären Politik des Metternich'schen Systems darstellte. Aber richtig zur Sache ging es, als in Preußen König Friedrich Wilhelm IV. (1795–1861) aufgrund persönlicher Unsicherheit und sich widersprechender Berater in Teilen auf die Forderungen einging. Er stimmte dem »nationalen Wunsch« zu und stellte eine gemeinsame Verfassung in Aussicht. Gleichzeitig unterlief der König dies, indem er sich »*An mein Volk*« wandte (Untertanen bleiben Untertanen) und »*Einheit in Verschiedenheit*«, das heißt Föderalismus an Stelle eines geeinten und vereinigten Deutschlands setzte. Als in Berlin die Barrikaden errichtet wurden, trat Otto von Bismarck (1815–1898), ein bis dato unbekannter »*flacher Juncker*«[123], in Erscheinung. Empört hatte Bismarck in seiner beschaulichen Altmark von den revolutionären Zuständen gehört und machte sich auf nach Berlin, um die Monarchie zu unterstützen. Ab da wurde er ein Teil des politischen Establishments Preußens und später des neugegründeten Deutschen Nationalstaates. Durchaus eine nicht unumstrittene Persönlichkeit, denn in jeder Phase seiner Karriere war Bismarck ein Pfeiler des monarchischen Prinzips.[124] Zeit seines Lebens war Otto von Bismarck ein bekennender Gegner von verfassungsmäßigen Rechten, sofern sie mit einer Beschneidung der herrscherlichen Vorrechte einhergingen. Das preußische System, nach dem allein der Herrscher und seine Minister regierten, aber der Landtag trotzdem den Staatshaushalt genehmigen musste, schattierte Verfassungskrisen schon vor. Genau dies geschah 1847, als der preußische König von seinem Vereinigten Landtag (eigentlich eine pure Ständeversammlung) in Berlin die Zustimmung zu einem Staatskredit verlangte, um das Eisenbahnnetz nach Osten auszubauen. Die regierungskritischen Liberalen, verärgert über die wiederholten Verfassungsversprechen der preußischen Könige (1810, 1815 und 1820), die nie eingelöst wurden, witterten ihre Chance. Sie verlangten »ihre« Verfassung und verweigerten die Zustimmung zum königlichen Budgetwunsch. Erster Auftritt Bismarcks, der eine flammende Rede im preußischen Landtag hielt, mit der Botschaft, dass Gott auf der Seite der Monarchen stehe und der Kampf Napoleons eine patriotische Pflicht gewesen sei, die nun nicht mit einer Forderung nach verfassungsmäßigen Rechten bezahlt würde. Weitgehende Empörung, aber Bismarck hatte sich als Mann des Königs bekannt gemacht und der Landtag wurde aufgelöst. Das stellte allerdings nur die Vertagung des Problems dar und 1848 brach der Konflikt mit Macht wieder auf. Ausgang der Unruhen war wie immer Frankreich, wo im Februar gegen Louis-Philippe geputscht wurde. Mit dem Ergebnis, dass Frankreich zum zweiten Mal zur Republik wurde. Daraus folgten Unruhen und Aufstände in Wien und in den süddeutschen Staaten. Metternich, der

Bewahrer des monarchischen Prinzips, musste aus Wien fliehen. Im süddeutschen Raum knickten die Fürsten sehr schnell ein und gewährten Presse- und Versammlungsfreiheit sowie die Erlaubnis eigener Parlamente. Wahlen wurden erlaubt und in Frankfurt formierte sich die Nationalversammlung in der Paulskirche, die bis heute für den Ausdruck eines aufbrechenden Bürgerwillens zum Thema verfassungsmäßiger Grundrechte und parlamentarischer Mitbestimmung steht. In Berlin kollabierte die alte Ordnung ebenfalls und Forderungen nach einer konstitutionellen Monarchie, die die Rechte des Herrschers entscheidend beschneiden würden, standen im Raum. Dem Chaos und den Straßenkämpfen in seiner Hauptstadt sah sich der preußische König nicht gewachsen und reagierte, nicht zum ersten Mal, ohne Plan und wankelmütig. Einmal mit Härte, dann wieder mit Nachgeben und vor allem mit einigen Proklamationen, die beim Volk nicht gut ankamen. Friedrich Wilhelm IV. (regierte ab 1840), im Gegensatz zu seinem wortkargen Vater Friedrich Wilhelm III. anstelle von »*hochselig*« spöttisch »*der redselige*« genannt, musste sich auf seinen Bruder und Thronfolger, Prinz Wilhelm (I.) stützen, der weniger Hemmungen hatte, die Unruhen von seinen Soldaten niederschlagen zu lassen. Das markierte jedoch bereits das Ende der Revolution von 1848. Zunächst wollte Friedrich Wilhelm IV. der Forderung nach einer konstitutionellen Monarchie sogar nachgeben. Das wiederum rief Bismarck auf den Plan, der den preußischen König beschwor, nicht nachzugeben. Dieser war allerdings im Gefolge des Aufstandes ein Quasi-Gefangener in seinem Berliner Stadtschloss. Um die Monarchie in der bisherigen Form zu retten, wandte sich Bismarck sogar an den Bruder des Königs, den späteren König Wilhelm I. Eine kalkulierte Intrige, die nicht bekannt wurde.[125] Währenddessen debattierten die Abgeordneten in der Nationalversammlung in Frankfurt. Im Mittelpunkt der Beratungen stand die Frage, ob eine Republik oder eine konstitutionelle Monarchie die

Regierungsform der Zukunft sein sollte. Die dominierende Mehrheit war zwar demokratisch und deshalb Befürworter einer Konstitution, aber konservative Kräfte argumentierten dagegen. Einfach zu revolutionär erschien 1848 noch die Idee, dass der Willen des Parlaments über dem des Monarchen stünde. Endlose Debatten gab es zu dem zweiten Schwerpunktthema, wie ein geeintes Deutschland aussehen könnte: mit Österreich oder ohne. Hier konnte ebenfalls keine schnelle Einigung erzielt werden. Im Nachgang wurde gesagt, dass hier eine historische Chance verpasst wurde, weil die Liberalen zu ausführlich diskutierten, anstatt zu handeln. Damit gewannen die konservativen Kräfte Zeit und Prinz Wilhelm, der designierte Thronfolger, ergriff die Gelegenheit, die politischen Fragen der Zeit militärisch zu beenden.[126] Die Revolution von 1848 mit den Barrikadenkämpfen in Berlin kostete insgesamt über 180 Menschenleben, Tote im Alter von fünfzehn Jahren aufwärts. Diesen Opfern musste König Friedrich Wilhelm IV. in einer seiner schwächeren Phasen gezwungenermaßen Respekt zollen. Trotz der zum Teil bürgerkriegsähnlichen Szenarien, die die Straßen Berlins beherrschten, war dem Aufruhr ab Beginn des Jahres 1849 nur ein abnehmender Erfolg beschieden. Mit militärischer Gewalt wurden die Widerstandsnester niedergeschlagen. Damit war Ende 1849 der Spuk vorbei. Die Frage um den Bestand von Gottesgnadentum war vertagt, die Uhr wurde zurückgestellt, aber es gab einen Etappensieg. Preußen hatte seit Ende 1848 seine Verfassung in Form eines Zweikammer-Systems und Deutschland hatte ein erstes deutsches Parlament, das in Form der »Bundesversammlung« in Frankfurt weiter tagte. Insofern kann 1848 doch als entscheidender Schritt auf dem Wege zur Parlamentarisierung und Demokratisierung angesehen werden.

Warum war der deutschen Revolution kein unmittelbarer Erfolg beschieden? Eine mögliche Erklärung ist die politische Vielfalt der revolutionären Bewegung: Von radikaldemokratisch und frühsozialistisch bis hin zum bürgerlichen Establishment war alles zu finden. Preußische und österreichische Truppen knüppelten die »Revolutionäre mit längerfristigen Beharrungsvermögen« nieder. Dafür, dass die Revolution von 1848 scheiterte, gab es eine Reihe von Gründen. Liberal und demokratisch, dafür war es augenscheinlich zu früh und die bürgerlichen Eliten fürchteten eine Radikalisierung, bei der sie nur hätten verlieren können. Die politischen Eliten aus Souveränen und dem sie unterstützenden Adel zeigten eine starke Beharrungskraft. Bei der Abwägung zwischen »liberal« und »national« siegte die nationale Karte. Mit dem wenig erfolgreichen Ende der Revolution waren allerdings nicht die Ideen eines liberalen, bürgerlich-demokratischen und national-vereinigten Landes gestorben. Ganz im Gegenteil: Sie lebten fort und erhoben selbst in der Periode einer politischen Reaktion ihr Haupt. Als Ergebnis kann festgestellt werden, dass die nun aufsteigende Klasse des Großbürgertums, im Besitz der wirtschaftlichen Macht, seine politische Partizipation einforderte und als Konkurrent zur Aristokratie erschien. Langfristig war der bürgerlichen Demokratie der Weg geebnet worden. Die 1848 gewählte Nationalversammlung als »Souverän der Nation«, die sich in der Frankfurter Paulskirche konstituierte, blieb erhalten. Sie zeigte sich allerdings in den Verhandlungen in Bezug auf eine gesamtdeutsche Verfassung unentschieden. Der Hintergrund lag in der Frage nach der Kompetenzverteilung: Zentralgewalt oder souveräne Einzelstaaten? Bei dem Thema, welche Art von Zusammenschluss und mit wem, das gleiche Dilemma: mit Österreich und den süddeutschen Staaten oder ohne? Unter der Führung Preußens oder in einer anderen Form?

Nach der Revolution wurde von König Friedrich Wilhelm IV. für die zweite Kammer des Preußischen Landtages ein neues Wahlrecht eingeführt, das den besitzenden Bürgern mehr politische Partizipation gewährte und endlich eine **Preußische Verfassung** (1850) eingeführt.

Gewählt wurde nach dem Zensuswahlrecht. Denn nur nach der Einteilung in drei Steuerklassen konnte abgestimmt werden, das heißt, bei höherer Steuerleistung hatte die Stimme mehr Gewicht. Die Wahl war indirekt und nicht geheim, das bedeutete, sie ging über Wahlmänner, die wiederum die Abgeordneten ihres Wahlbezirks bestimmten. Und natürlich durften Mitte des 19. Jahrhunderts nur Männer wählen. Sie mussten über 25 Jahre alt sein und einen »selbstständigen« Beruf ausüben. Nun war es nicht so, dass alle Frauen dies passiv hingenommen hätten, denn bereits 1843 wurde von diesen »*die Teilhabe des weiblichen Geschlechts am Staatsleben*« eingefordert, ohne größeren Nachhall versteht sich. Einige Frauen hatten aktiv an der Revolution 1848 teilgenommen in Form des Geldsammelns, Fahnenbestickens und waren schließlich sogar mit auf die Barrikaden gegangen. Ihre Belohnung für diesen Einsatz stand aus und verursachte eine anhaltende Protesthaltung von einigen gebildeten und für damalige Zeit radikalen Frauen. Unter ihnen besonders Louise Otto, die Herausgeberin der Frauenzeitung, die den Erfolg von 1848 für die frühe Frauenbewegung folgendermaßen zusammenfasst: »*Wo sie das Volk meinen, da zählen die Frauen nicht mit.*«[127] Wer waren diese Frauen, die sich so vokal für Frauenpartizipation einsetzten? Die gesamte Bewegung war aus Fragen der Frauenschulung und -bildung entstanden. Das weibliche Recht auf schulische Teilnahme, die seit den 1840er Jahren thematisiert wurde, hatte ihren Ursprung in dem Vorhandensein von Lehrerinnenseminaren. Gouvernante oder Lehrkraft war eine der raren Möglichkeiten für Frauen eine Ausbildung zu erhalten, die sie befähigte, einen von einer möglichen Heirat unabhängigen Beruf zu ergreifen. Aber das bedeutete auch die Entscheidung für oder gegen den »normalen Beruf« der Ehefrau und Mutter, denn Lehrerinnen mussten unverheiratet bleiben, oder eben die Lehrtätigkeit aufgeben. Aus den Ideen der Bildung für Frauen entstanden weitergehende Forderungen zugunsten von Frauenrechten, sogar in der politischen Arena. Die neue preußische Verfassung definierte die Grundrechte in Titel II, Artikel 4, Satz 1 mit: »*Die Deutschen sind vor dem Gesetz gleich*«[128], aber für die Hälfte der Bevölkerung, den Frauen, war dies nicht wirklich so gemeint. Die Folge waren Veröffentlichungen von visionären und freiheitlich gestimmten Frauen, die sehr viel Empörung und sogar staatliche Verbote hervorriefen. Ein schlagendes Beispiel war das preußische Vereinsrecht, welches Frauen untersagte, Vereinigungen zu gründen bis hin zu einem Versammlungsverbot für Frauen. Politische Betätigung war sowieso verboten und unter polizeiliche Strafe gestellt. Danach wurden die Verbote öffentlicher weiblicher Aktivitäten noch eine Stufe höher gehoben und selbst weibliche Redaktionsarbeit verboten. Als Widerstandsbewegung entstand daraus die Frauenbewegung des späteren 19. Jahrhunderts, die in Form von Veröffentlichungen – teilweise aus dem Untergrund – und Aktionen immer wieder auf ihr Anliegen aufmerksam machte. Das Ganze mit dem Ziel, wie es Louise Otto formulierte, »*das weibliche Geschlecht zum Umsturz geneigt zu machen.*«[129] Diese Haltung wurde von der männlichen Hälfte der Bevölkerung im Großen und Ganzen natürlich nicht geteilt und die rechtliche Lage der Frauen gab ihnen Recht. Das *Allgemeine Preußische Landrecht* (1794 bis 1900) betonte die Ungleichheit der Geschlechter unter der Prämisse, dass beide Geschlechter angeborene Rechte hätten. In der Definition war dies: Der Mann als Haupt der Familie und die Frau als »ausführende« Kraft in der Funktion der Ehefrau und Mutter. Heim und Häuslichkeit als unangefochtene weibliche Wirkstätte. Die Sorge für die Kinder obliegt der Mutter, aber die Rechtsgewalt über die Kinder liegt beim Vater. Unmündigkeit der Frauen, nicht nur in rechtlicher Hinsicht wurde mit mancherlei Naturrechtsideen oder einer biologistischen Erklärung (oft noch weit in das 20. Jahrhundert hinein) bestückt. Die Natur der Frau sei bestimmt von Schwäche und Unvernunft, deshalb bedürfe sie männlicher Führung. Die Geschlechtsvormundschaft lag beim Mann und dies galt vor Gericht, beim Thema Eigentum und natürlich auch bei einer Scheidung, die von Seiten der Frauen beinahe unmöglich war. Die Verweigerung der staatsbürgerlichen Rechte für Frauen war ein fast allgemeiner gesellschaftlicher Konsens. Die einzige Schiene, über die sich die Frauen aus dem engen Korsett der Abhängigkeit und Nachrangigkeit befreien konnten, war die Bildung. Somit wurde dies zur ersten und grundlegenden Forderung der frühen Frauenbewegung.

Die Kapitulation nach 1848 mit der Rückkehr zum Konservatismus hatte nicht nur die gerade erblühende Frauenemanzipation eingebremst, sondern auch die noch verbliebenen Verfassungen im reaktionären Sinne bereinigt. Die Fürsten blieben als von Gottes Gnaden berufen, der Adel als Stand und die Bürger dem Adel nachgeordnet. Eine weitere gravierende Folge der Revolution von 1848 war eine **Reichsgründung »von oben«** über den Weg von Einigungskriegen. Und hier war wieder Otto von Bismarck federführend. Zunächst in Form eines heftigen politischen Konflikts auf höchster Ebene: der Heeresreform von 1862. König Wilhelm I., der seinem Bruder im Jahr 1861 nachfolgte und schon von jeher als der militärischere galt, wünschte die Zahl des stehenden Heeres von 150.000 auf 200.000 Mann zu erhöhen und die Wehrpflicht von zwei auf drei Jahre zu verlängern. Dabei stieß er auf erbitterten Widerstand. Die liberale Mehrheit im preußischen Landtag war hierzu nicht zu gewinnen und der Streit eskalierte, bis der König 1862 den Landtag einfach auflöste. Hier kam nun Otto von Bismarck ins Spiel, der bisher Gesandter in Paris gewesen war und von Wilhelm I. zum Ministerpräsidenten ernannt wurde. Bismarck machte den Abgeordneten klar, dass es sich bei der Heeresreform um eine übergeordnete Frage handele, denn ein Krieg mit Österreich stehe am Horizont und die »Deutsche Frage« müsse gelöst werden. Seiner Ansicht nach würden die großen Fragen der Zeit nur durch »*Blut und Eisen*«, aber nicht durch Reden und Beschlüsse gelöst werden. Trotzdem wollte das Abgeordnetenhaus Bismarcks Ausführungen nicht folgen. Bismarck war dadurch seinerseits nicht zu beeindrucken und regierte künftig am preußischen Parlament vorbei. Dabei wurde klar, dass 1848 der später als »eiserner Kanzler« Bezeichnete sein politisches Wirken mehr als nur vorskizziert hatte. Die Durchsetzung der Heeresreform ebnete den militärischen Weg Preußens, aber ein weiterer, sehr wesentlicher Schlüssel zum Erfolg war das wirtschaftliche Erstarken Preußens seit 1850. Die preußische Regierung unter der Leitung von Otto von Bismarck machte sich auf, die deutsche Einheit unter preußischer Leitung herzustellen. Die Mittel zum Zweck wurden die sogenannten **Einigungskriege**, die gegen die vermeintlichen Gegner der Vereinigungsidee und die Nachbarstaaten geführt wurden. Insgesamt waren dies drei Kriege: Preußen gegen Dänemark 1864/66, Preußen gegen Österreich 1866, und Preußen gegen Frankreich 1870/71. Die wirtschaftliche und militärische Erstarkung konnte mit dem Preußisch-Dänischen Krieg von 1865/66 auf den Prüfstand gestellt werden. Der Anlass war eigentlich zweitrangig,[130] aber ein militärischer Konflikt war vom preußischen Parlament klar erwünscht. Deklariert wurde diese Auseinandersetzung als »*Krieg gegen den deutschen Bruderstamm*« mit dem Ziel, damit eine Gebietserweiterung um Schleswig und Holstein zu erzielen. Bismarck taktierte jedoch sehr geschickt, wollte er doch nicht der Kriegstreiber sein und ebenso ausschließen, dass sich die anderen europäischen Mächte auf die Seite des bevölkerungskleinen Dänemark (zweieinhalb Millionen Einwohner) schlugen. Er gab vor, an einer Auseinandersetzung nicht interessiert zu sein, sogar die deutschen Interessen nicht ausreichend zu vertreten, bis er eben von nationalistischen Reichstagsabgeordneten angeblich dazu gezwungen wurde. Nach einer Verständigung mit Österreich, das

20.000 Soldaten schickte, marschierten die 40.000 preußischen Soldaten los. Die Dänen ihrerseits konnten nur 12.000 Soldaten schicken. Beim vorhersehbaren Sieg auf den Düppeler Schanzen, bei dem als diplomatisch-territorialer Gewinn die beiden Herzogtümer künftig unter der weiteren Verwaltung durch Preußen und Österreich standen, war Bismarck der eigentliche Sieger und zwar als erfolgreicher Außenpolitiker. Dies übertrug sich jedoch nicht eins zu eins in die Innenpolitik, denn im preußischen Abgeordnetenhaus konnte er nach wie vor keine Fans gewinnen. Im Gegenteil, die Parlamentarier wollten sich dem »Siegesschwindel« nicht beugen und im Nachgang wurde eine Finanzierung nicht bewilligt, genauso wenig wie das Budget für eine königliche Kriegsflotte.[131] Der König, inzwischen Wilhelm I. (1797–1888), der schon seit 1858 für seinen – nach Schlaganfällen dementen – Bruder Friedrich Wilhelm IV. regierte und ab 1861 König wurde, verweigerte aus Prinzip jegliche parlamentarische Kontrolle. Die Bestimmungen über die Kriegsbeute Schleswig und Holstein spalteten die beiden deutschen Großmächte Österreich und Preußen. Die gemeinsam vorgesehene Verwaltung funktionierte ebenfalls nicht. Hier zeichnete sich ein vorhersehbarer Konflikt über die Vorherrschaft im Deutschen Bund ab, den Preußen allerdings bereits verlassen hatte. Dies stand für ein letztes Aufbäumen des bekannten preußisch-österreichischen Dualismus mit einer vorgezeichneten Strategie des preußischen Reichskanzlers. Seine Ansichten wurden nicht geteilt, denn bei diesem Thema verlor Bismarck weiterhin an Unterstützung, selbst bei den Konservativen, die einen möglichen Krieg mit Österreich als Frevel empfanden. Trotzdem kam es zur deutsch-deutschen militärischen Auseinandersetzung, nachdem Bismarck mit diplomatischen Tricks die Österreicher dazu gezwungen hatte. Die deutsche Spaltung war evident, denn Bayern, Württemberg, Sachsen und weitere Staaten kämpften gegen Preußen im Jahr 1866. Dieser Bruderkrieg endete mit der berühmten Niederlage des Habsburger Reiches bei Königgrätz. Diesmal unter der strategischen Leitung Graf Helmut von Moltkes, der sich als militärischer Siegesgarant für die Preußen aufstellte. Damit war Preußens Vormacht in Deutschland Fakt und Österreich war außen vor. Die erste Konsequenz war die Auflösung des Deutschen Bundes und eine deutsche Neuordnung, diesmal komplett ohne die Mitwirkung Österreichs. Preußen annektierte die österreichischen Kriegsalliierten Hannover, Kurhessen, Nassau und Frankfurt. Danach erfolgte die Gründung des **Norddeutschen Bundes** (1866), der alle Staaten nördlich des Mains umfasste. Die Führung lag unangefochten in preußischer Hand. In Zahlen umfasste der Norddeutsche Bund mit Preußen und zu Preußen gehörigen Gebieten siebzehn norddeutsche Kleinstaaten plus Sachsen und Hessen. Also insgesamt 22 Staaten mit damals dreißig Millionen Einwohnern. Außen vor blieben die drei süddeutschen Staaten Bayern, Württemberg und Baden, die allerdings durch Bündnisverträge militärisch und wirtschaftlich angeschlossen wurden. Auf einer Welle des deutschen Patriotismus getragen begaben sich die deutschen Staaten vier Jahre später in den Krieg mit Frankreich. Dieser Krieg endete mit einem bitteren Frieden für die ehemalige Grande Nation. Gedemütigt, verarmt und geschlagen musste sie die Gebiete Elsass und Lothringen an Preußen abtreten und wurde mit einer Kriegsentschädigung von fünf Milliarden Franc weiter abgestraft. Mit dem Sieg über Frankreich ist das Ziel erreicht und den drei bisher widerstrebenden süddeutschen Staaten wird eine föderale Struktur (eine gewisse Eigenständigkeit) zugestanden, damit sie der »**Reichsgründung**« zustimmen.

Damit war es vollbracht! Im Januar 1871 – noch während des Krieges – wurde der preußische König Wilhelm I. zum »Deutschen Kaiser«[132] gekürt. Das Ganze fand im Königsschloss von Versailles statt, was von dem preußisch-deutschen Siegeswillen zeugte, weniger von diplomatischem Verständnis und Ausgleich mit einem Gegner, der dabei den Krieg verloren hatte. Das Deutsche Reich, das angeblich so prunkvoll im Spiegelsaal von Versailles proklamiert worden war,[133] bestand letztendlich aus 25 Einzelstaaten (später wurden es 26, inklusive Elsass-Lothringen), umfasste eine Fläche 541.000 Quadratkilometern und hatte 41 Millionen Einwohner – rund die Hälfte unserer aktuellen Bevölkerung. Ähnlich wie heute stellte Deutschland somit in Europa den bevölkerungsreichsten Staat dar und Preußen war allein für 65 Prozent der deutschen Bevölkerung verantwortlich. Die Verfassung des Deutschen Reiches von 1871 folgte den Traditionen des Norddeutschen Bundes. Die Verfassungsform war ein konstitutionell-monarchischer Bundesstaat mit einem Kaiser als Staatsoberhaupt, der ebenfalls preußischer König war. Auch in der neu gegossenen Form: Deutschland war und blieb ein föderativer Staat und dies war so in der Reichsverfassung niedergelegt. Deshalb stand das neue Reich auch unter dem Namen »kleindeutsche Lösung«, denn der Norddeutsche Bund vereinigte sich mit den süddeutschen Staaten, die eine gewisse Selbstständigkeit für sich in Anspruch nahmen, aber Österreich wurde nach dessen Niederlage 1866 explizit nicht inkludiert. Der Mitbegründer und Initiator dieses neuen Reiches, Otto von Bismarck, wurde der erste Reichskanzler, insofern blieb die Festigung seines Landes für rund zwanzig Jahre in seinen Händen und wurde von ihm autoritär geführt. Die Verfassung sah die Mitwirkung eines **Reichstages** vor, der in allgemeiner, geheimer und direkter Wahl mit absoluter Mehrheit gewählt werden konnte. Das war nicht mehr das Dreiklassenwahlrecht wie in Preußen, denn wählen durften nun alle Männer ab 25 Jahren. Allerdings hier die Anmerkung: In Preußen selbst galt weiterhin das Dreiklassenwahlrecht, bei dem die Stimmen nach der Steuerleistung gewichtet wurden. Die neue nationalstaatliche Konstruktion zeigte also eine gewisse Uneinheitlichkeit auf.[134] Das Deutsche Reich von 1870/71 war ein

Bundesstaat mit einem Zweikammersystem. Der **Bundesrat** war die Vertretung der 25 Länder (22 Staaten und drei Freie Städte), also die Verkörperung des föderalistischen Elements. Der Bundesrat hatte die Macht den Reichstag aufzulösen und stand somit ganz deutlich für das traditionell ständische Prinzip. Den Vorsitz hatte der Reichskanzler, also Otto von Bismarck, für eine gefühlte Ewigkeit.[135] Grundsätzlich hatten der frei gewählte **Reichstag** und der Bundesrat (ernannte Abgeordnete) gemeinsam die Aufgabe der Gesetzesverabschiedung. Die Funktion des Reichstages als Verkörperung der Einheit des Reiches neben dem Kaiser, also die gewünschte Verbindung des nationalen und demokratischen Elements, hatte allerdings einen entscheidenden Schönheitsfehler. Das demokratische Element war deutlich unterrepräsentiert. Der **Kaiser** war die Exekutive in der monarchischen Form.[136] Er hatte die völkerrechtliche Vertretung inne, war der militärische Oberbefehlshaber, sehr entscheidend somit der Herr über Krieg und Frieden und er stützte sich zusätzlich auf den Bundesrat. Dem Kaiser oblag eine relativ große Machtfülle, die sich aus den Vorstellungen der früheren Reichsregierungen mit einem unabhängig agierenden Monarchen (und Bismarcks grundsätzlich antiparlamentarischer Haltung) ergab. Die reale Regierungsmacht im Deutschen Reich lag stärker beim Bundesrat und dem Kaiser als beim Reichstag. Im Verhältnis von zwei zu eins verloren das demokratische Element und der Parlamentarismus. Die Verfassungskonstruktion des jungen Nationalstaates war letztlich unausgewogen. Das zeigte sich mit dem aufbauenden Nationalismus und Militarismus, beides Entwicklungen, die zum langfristigen Verfall beitrugen. Das ungleiche Verhältnis von militärischer und ziviler Macht trug in sich schon den Keim des in der ersten Dekade des 20. Jahrhunderts wieder aufbrechenden innenpolitischen und außenpolitischen Dissens', der in den großen Krieg mit sich selbst und den anderen Mächten führte.

11. Zweites Deutsches Kaiserreich: Der Nationalstaat

Der siegreiche Beginn des neu proklamierten Kaiserreiches war nur die äußere Form eines noch heterogenen Gebildes, das innen- und außenpolitisch seine Form suchte und sie in den letzten drei Jahrzehnten des 19. Jahrhunderts fand. Unter dem Begriff »*Wilhelminisch*« ging diese Epoche in die deutsche Geschichte ein. Genau genommen war es eine Entwicklung, die in Widersprüche und Brüche mündete, sowohl gesellschaftspolitisch als auch wirtschaftspolitisch. Das neue Reich musste zunächst seine erstarkte politische Stellung in Europa in entsprechender Außenpolitik definieren, bei der sich der Anspruch auf Anerkennung durch die bereits etablierten Staaten und militärische Sicherheit die Waage hielt. Dominiert von einem spezifisch wilhelminischen Militarismus entwickelte sich trotzdem eine emanzipierte und bürgerliche Mitte, die mit ihren Forderungen nach einer immer stärker werdenden Mitgestaltung die Grundlagen der späteren Demokratie legte. Industrieller Erfolg und wirtschaftlicher Aufschwung kreierte neuen, bürgerlichen Reichtum und erlaubte die Teilhabe einer breiteren Bevölkerungsschicht am Wohlstand. Diese Tatsache veränderte die früher vorherrschenden aristokratischen Strukturen, denn materieller Reichtum wurde nun zum Maß aller Dinge. Frühere Eliten mussten ihre nur an die Geburt gebundenen Privilegien Stück für Stück aufgeben, ein Prozess, der mit dem Ende des Kaiserreiches 1918 seinen Abschluss fand. Intellektuelle Entwicklungen, akademischer Fortschritt und eine Fülle neuer Erfindungen veränderten zudem die Gesellschaft in hohem Maße und führten zukunftsgerichtet in ein neues Jahrhundert. Das geeinte Deutschland wollte im europäischen Mächtekonzert die ihm zustehende Rolle spielen, das zeigte sich schon an der mit quasi militärischem Pomp gefeierten Proklamation im Versailler Spiegelsaal, eigentlich an dessen späterer Gemäldedarstellung. Das Deutsche Reich war verfassungstechnisch eine konstitutionelle Monarchie mit einem demokratischen, frei gewählten Parlament und es sollte – so die Vorstellung – ewig dauern. Diese »Ewigkeit« umfasste 47 Jahre, dann wurde Deutschland zur Republik. Das Zweite Deutsche Reich blieb ebenfalls ein föderativer Staatenbund mit Sonderrechten für die beiden süddeutschen Staaten Württemberg und Bayern. Die föderative Vertretung der Staaten des Kaiserreiches war der Bundesrat mit seinen ständischen Abgesandten. Aber interessanter war die Entwicklung im Reichstag mit seinen 382 Abgeordneten. Denn dort spielten sich die entscheidenden Auseinandersetzungen des jungen Nationalstaates ab. Der Reichstag bildete in seiner Zusammensetzung ebenfalls die Entwicklung der einzelnen Parteien ab, die vielfach noch in der Tradition der Aufstände von 1848 standen. Die Abgeordneten, die nach dem absoluten Mehrheitswahlrecht über einzelne Wahlkreise gewählt wurden, gingen aus den direkten, gleichen und geheimen Wahlen hervor. Gleich, das hieß, alle durften wählen, aber wie bereits erwähnt natürlich keine Frauen und bei den Männern nur diejenigen, die über 25 Jahre alt waren und nicht dem Militär angehörten. Was die Abgeordneten anging, bestand ein erhebliches Ungleichgewicht, denn bis 1906 wurden keine Abgeordnetendiäten gezahlt, das bedeutete, für die Abgeordneten aus dem Arbeitermilieu waren politische Aktivitäten schwierig bis unmöglich, da finanziell herausfordernd. Das machte die politische Arbeit für die sozialistischen und sozialdemokratischen Parteien und Gruppierungen deutlich schwieriger. Ebenfalls interessant ist ein Blick auf die Wahlbeteiligung in den sieben Wahlen zwischen 1871 und 1912 – danach war Krieg. So stieg die Wahlbeteiligung kontinuierlich an und zwar von zunächst 50 Prozent bis zu knappen 85

Prozent der Wahlberechtigten: Keine Spur von Wahl- oder gar Politikverdrossenheit. Das zeigte ebenfalls eine Entwicklung in Form einer sehr aktiven politischen Teilhabe, die ihre Auswirkungen bis in die Ereignisse der Weimarer Republik hatte.

Der Reichskanzler Otto von Bismarck, als Architekt für das neue Staatsgebilde verantwortlich, war in der Gesamtbilanz außenpolitisch erfolgreicher als innenpolitisch. Dafür war allerdings die Verfassung des Kaiserreiches verantwortlich, die vorsah, dass der Kaiser den Reichskanzler ernannte und dieser nur dem Monarchen gegenüber verantwortlich war. Zusätzlich gab es den Reichstag, in dem die Parteien die Macht hatten und mit denen sich der Reichskanzler arrangieren musste. Insgesamt saßen die Vertreter von fünf größeren Parteien im Reichstag von 1871 bis 1912. Eine deutliche Traditionslinie der Vergangenheit als auch der Zukunft, denn die Parteien des Kaiserreiches ergaben sich aus den politischen Gruppierungen von 1848 und sie bildeten das spätere Spektrum der Weimarer Parteien ab. Es handelte sich um die Konservativen (Militär und Großgrundbesitzer), die Nationalliberalen (Großbürgertum und Wirtschaft), das Zentrum (katholisch und konservativ), die Sozialdemokraten (Vertreter der Arbeiterschaft), eine Partei, die sowohl Welfen, Elsässer, Polen als auch Dänen vertrat, sowie weitere kleinere Parteien. Die Zusammenarbeit mit Bismarck funktionierte noch am besten von Seiten der Konservativen und der Nationalliberalen. Generell hatte dieser eine große Verachtung für Parlamentarier und gebrauchte deren Zustimmung zu seiner Politik nach taktischen Gesichtspunkten, ohne wirklich die Fraktionsangehörigkeit ernst zu nehmen.[137] Die Parlamentarier hatten das Budgetrecht und die mehrheitliche Zustimmung zu seinen Gesetzesvorhaben musste von Bismarck jeweils organisiert werden. Das versetzte die verfassungstechnische Gesamtkonstruktion in einen Widerspruch. Obwohl das Wahlgesetz eines der demokratischsten seiner Zeit war, konnten die

Parteien nicht wirklich mitgestalten. Dafür war die Regierung mit dem »eisernen« Kanzler zu mächtig und unabhängig. Es wurde »durchregiert« und eine wirkliche Umsetzung des Volkswillens fand nicht statt. Dass das politische Miteinander im neuen Deutschen Reich nicht unbedingt von Harmonie geprägt war, lag vor allem an Bismarcks Führungsstil. Außerdem war die innere Einheit bei Weitem nicht hergestellt und verschiedene Reformen mussten auf den Weg gebracht werden. Vor allem **drei Themen dominierten** und das waren zum einen gesellschaftspolitische Spannungen, unter dem Namen »Kulturkampf« mit der katholischen Kirche und der Zentrumspartei. Des Weiteren waren es parteipolitische Auseinandersetzungen mit einem klaren und beabsichtigten Kampf gegen den Sozialismus und eine innenpolitische Konzentration auf die Nationalliberalen, die die Mehrheit im Reichstag stellten. Die erste Epoche des Kaiserreiches war ganz deutlich durch die Persönlichkeit Bismarcks geprägt. Der »**Eiserne Kanzler**« war, das kann so gesagt werden, erzkonservativ und ein deutlicher Bewahrer des monarchischen Prinzips. Allerdings war er gleichfalls ein Vertreter eines politischen Realismus, mit dem er seine Vorstellungen letztlich erreichte. Im Rückblick wirkt dies widersprüchlich – ist es aber bei genauer Betrachtung weniger.

Diskussionen um die Stellung der katholischen Kirche im vorwiegend protestantischen Preußen hatte es schon vorher, genauer seit 1825 gegeben. Damals verursachte König Friedrich Wilhelm III. (regierte von 1797 bis 1840) einen Konflikt, als er darauf bestand, dass nach dem preußischen Gesetz Kinder aus konfessionell gemischten Ehen die Konfession des Vaters anzunehmen hätten. Die katholische Kirche vertrat dagegen die Auffassung, dass Kinder, bei denen ein Elternteil katholisch war, auf jeden Fall katholisch erzogen werden sollten. Katholische Bischöfe setzten sich über das Gesetz hinweg, mit der heftigen Konsequenz, dass sie dafür verhaftet wurden. Friedrich Wilhelm

IV. (regierte von 1840 bis 1858/1860) war nicht so strikt antikatholisch wie sein Vater und versuchte deshalb, die Versöhnung der Kirchen voranzutreiben.[138] Er wurde zum Schutzherrn und Mitfinanzier des Kölner Dombau-Vereins und betonte gern seine christlich-monarchische Haltung. Der Streit um die »Mischehen« wurde ebenfalls von ihm beendet und sogar eine Extra-Abteilung zugunsten der katholischen Kirche im Kultusministerium eingerichtet. Sein Kanzler Otto von Bismarck teilte allerdings nicht die majestätische Toleranz zum Thema Katholizismus und das lag vor allem daran, dass er die Verbindung von Parlamentarismus und katholischer Kirche ablehnte. Mehr noch, Bismarck sah in der katholischen Kirche und ihrer Vertretung durch die Zentrumspartei eine Art von Bedrohung der preußisch-protestantischen Herrscher und suchte die Auseinandersetzung. Die Zentrumspartei missfiel Bismarck, der generell Probleme hatte, seine Politik mit den Parteien des Reichstages abzustimmen. Die Zentrumspartei erfreute sich seiner besonderen Abneigung, da er in ihr die politische Opposition und – wie er sich ausdrückte – ein Sammelbecken der »*Reichsfeinde*«[139] sah. Letztlich war es für Bismarck fast schon im mittelalterlichen Sinne der alte Kampf um die Vormacht zwischen Kirche und Staat. Auf seiner Seite standen die Liberalen, die ebenfalls die »Kultur« vor kirchlicher Bevormundung schützen wollten: deshalb »**Kulturkampf**«. Das Schlachtfeld wurde die Bildungspolitik und die Pfarreien. Sehr weitgehende Gesetze wurden erlassen, um die katholische Kirche aus dem öffentlichen Raum zurückzudrängen. Die Schulaufsicht wurde der Kirche weggenommen, die zivile Eheschließung eingeführt und außerdem verboten, dass von Kirchenkanzeln über Politik gepredigt wurde (Kanzelparagraph). Daneben war das (anhaltende) Verbot des Jesuitenordens schon fast zu erwarten. Der Papst hatte bei der Befolgung der preußischen Kirchengesetze den Kirchenbann angekündigt. Zudem waren bis 1878 alle widerstrebenden Geistlichen ausgewiesen oder festgenommen worden. Eine auffällige Konsequenz des sich immer weiter zuspitzenden Konfliktes war, dass in Preußen danach ein Viertel aller katholischen Pfarreien verwaisten. Bismarck verfehlte sein Ziel, denn aus 1878 ging die Zentrumspartei gestärkt hervor. Katholiken hielten zu ihrer Kirche, ja selbst Protestanten und die Konservativen lehnten das Vorgehen Bismarcks ab. Deshalb musste er ab 1878 einlenken. Die katholische Kirche ging letztlich aus der religiös-kulturellen Auseinandersetzung gestärkt hervor. Trotzdem hatte die Auseinandersetzung neue Strukturen geschaffen, die erhalten blieben. Die Zivilehe, die vor einem Standesbeamten geschlossen wird, ist eine davon, das staatliche Aufsichtsmonopol über die Schulen eine andere. Beides besteht in dieser Form heute noch: ein Erbe aus der Bismarckzeit.

Weniger beachtet breitete sich an der Seite des Kulturkampfes eine weitere Stimmung aus: Die katholische Zentrumspartei war erkennbar **antisemitisch** gestimmt. Eine deutlich antijüdische Haltung kam während des Kulturkampfes hoch – wenn auch im Gefolge des sogenannten Gründerkrachs von 1873. In Wirklichkeit war dies keine hausgemachte Wirtschaftskrise, sondern eine grenzüberschreitende Wirtschaftsdepression, angeheizt durch die Konkurrenz überseeischer Produktion, die sich in den Jahren 1879 bis 1881 richtig niederschlug. Das war der Zeitpunkt, zu dem der sehr anerkannte Publizist und Historiker Heinrich von Treitschke (1834–1896), der ebenfalls Reichstagsmitglied war, in einem Aufsatz den Satz veröffentlichte: »*Die Juden sind unser Unglück.*«[140] Dies trat die sogenannte **Berliner Antisemitismus Debatte** los, die die Schuldigen für die wirtschaftliche Depression suchte.[141] Plötzlich war der angebliche Einfluss des Judentums zum Thema geworden und eine Diskussion entstand, die über alle Grenzen hinweg ging. Die »Judenemanzipation«, ein Begriff der ab 1817 für die rechtliche Gleichstellung der jüdischen Mitbürger gebraucht wurde,

wurde gleichermaßen in Frage gestellt wie die Art von Religionsfreiheit, die es Juden erlaubte, ihre Religion auszuüben.[142] Der Gipfel
der ganzen Entwicklung war eine Petition unter dem Namen »Anti-
semiten Petition«, die dem Reichskanzler im August 1880 übergeben
wurde. Darin wurde vehement die Rücknahme der rechtlichen Gleichstellung der Juden als Bürger, also die Rücknahme ihrer Bürgerrechte
gefordert. Treitschke hatte in seiner Veröffentlichung nicht nur das
»Unglück« den Juden angehängt, sondern parallel deren Nähe zum
Sozialismus mit den Themen Verschwörung und Überfremdung
gepaart. Der Begriff des Antisemitismus geht in Deutschland auf das
Jahr 1879 zurück.

Die sogenannte »**Gründerzeit**« (1871–1883) mit und ohne wirt-
schaftliche Einbrüche, fällt genau in die ersten Jahrzehnte des neuen
Kaiserreiches und war von einer weiter fortschreitenden, innovativen
Industrialisierung auf der einen Seite und einer zunehmenden sozialen
Spannung auf der anderen Seite gekennzeichnet. Ein industrieller
Fortschritt, der schon direkt nach den napoleonischen Freiheitskriegen
eher zaghaft begann, nahm bis zur Mitte des Jahrhunderts an Fahrt auf.
Ab 1851 kann von einer Industrialisierung in Deutschland gesprochen
werden. Zunächst in den traditionellen Branchen, wie Kohle, Erz und
Eisen. Dann kam die Stahlindustrie hinzu: Bereits 1852 wurde bei
Krupp der Tiegelstahl erfunden; ein Stahl, der sich durch ungeheure
Widerstandskraft auszeichnete.[143] Der Hauptmotor dieser sich schnell
vollziehenden Industrialisierung war die Eisenbahn und der rasante
Ausbau des Schienennetzes. Das Kanalsystem wurde ebenfalls ausgebaut, mit dem Ergebnis, dass es zur Jahrhundertwende das modernste
der ganzen Welt war. Kohle, Erze, Maschinen – alles konnte transpor-
tiert werden. Die sich rasend schnell verbessernde Logistik, von der
kaiserlichen Regierung gewollt und gefördert, legte die Grundlage zum
Aufbau einer Volkswirtschaft, die sich in drei Jahrzehnten zu der

stärksten in Kontinentaleuropa entwickelte. Bankengründungen fanden statt, wovon die Börse profitierte, und deutsche Unternehmen wurden im Welthandel präsent. Selbst eine Weltwirtschaftskrise im Jahr 1857, die mehr als 150 Banken und Unternehmungen in den Abgrund riss, konnte die wirtschaftliche Aufwärtsspirale nicht wirklich unterbrechen. Wirtschaftliche und technische Hochleistungen charakterisierten die Jahrzehnte, die zur Jahrhundertwende führten. Dies stand für enorme Dynamik und einen Fortschrittsglauben, der sich im starken Kontrast zur preußisch-deutschen Obrigkeitsstaatlichkeit im militärischen Gewand befand. Der junge Nationalstaat war in Widersprüchen gefangen, die da hießen: Pomp und Fassade gegen Effizienz und Fortschritt. Die gesamte Entwicklung ging einher mit einer durchgreifenden **Veränderung der Gesellschaftsstruktur.** Die Industrialisierung benötigte Arbeitskräfte an den Manufakturstandorten und zwar in einem noch nie dagewesenen Umfang. Eine Umgestaltung der gesamten vormals agrarischen Bevölkerung zu einer industriell und städtisch geprägten Bevölkerung, die zunehmend rasant anwuchs. »Pauperismus«, ein Modewort des 19. Jahrhunderts, beschreibt die Verelendung städtischer Masse sowie die Bildung eines städtischen und eines auf dem Land zurückgelassenen Proletariats. **Berlin** fing an, sich zur Metropole zu mausern. Während 1871 zur Reichsgründung noch rund 826.000 Menschen dort lebten, wuchs die Bevölkerung bis zur Jahrhundertwende um eine Million an. Berlin wurde zum bedeutendsten Industriezentrum des Reiches. Städtebaulich und verkehrstechnisch musste dieser Entwicklung Rechnung getragen werden. Ab 1881 fuhr dort die erste elektrische Eisenbahn und fünf Jahre später begann der Ausbau des U-Bahnnetzes. Um die Jahrhundertwende hatte Berlin bereits zehn Fernbahnhöfe. Revolutionär modern auf der einen Seite, wurde Berlin aber gleichzeitig zu einem sozialen Brennpunkt für Armut, Schmutz, Elend und daraus folgender Kriminalität. Die Zugezogenen aus den ärmlicheren preußischen und weiter östlichen Provinzen mussten untergebracht werden. Die Lösung waren Mietskasernen für das sogenannte »*Lumpenproletariat*«. Diese Wohnblöcke waren vier bis sechs Stockwerke hoch mit einem Innenhof, der in der Regel eine Gemeinschaftstoilette (für ungefähr vierzig Personen) und überquellende Mülleimer beherbergte. Die Lebensbedingungen waren abstoßend und krankheitsfördernd. Und diese Art von Lebensumständen galt für beinahe die Hälfte der Einwohner Berlins. Eine Zählung von 1895 ergab, dass 43,7 Prozent der Großstadtbewohner ein beheizbares Zimmer, das gleichzeitig als Wohnraum, Schlafzimmer und Küche diente, ihr Eigen nannten. Während die Lebensrealität der Armen zur Brutstätte für Krankheiten wie Typhus, Tuberkulose, Diarrhöe und Geschlechtskrankheiten wurde, lebte die andere Hälfte in protzendem Reichtum. Für sie hielt die großartige und in die Zukunft gerichtete Metropole Luxusstraßen wie Unter den Linden, das Hotel Adlon, das Kaufhaus Wertheim und den Kurfürstendamm à la Champs-Elysées zum Flanieren und Einkaufen bereit. Der Kontrast war enorm und führte zu einer politischen Radikalisierung am unteren Ende der wilhelminischen Gesellschaft.[144] Das lag ebenfalls daran, dass durch die Reichsverfassung, der sich darin vorgesehene Parlamentarismus langsam, aber sicher emanzipierte. Allerdings, die noch vorhandene ständische Ordnung verhinderte, dass bei steigendem Wohlstand trotzdem die Bevölkerungsmehrheit eine Teilhabe daran bekam. Auf der anderen Seite: Die neuen Industrien brauchten viele Arbeiter[145] und diese eine politische Vertretung ihrer Rechte. So gründete Ferdinand Lasalle (1825–1864) im Jahr 1863 den »**Allgemeinen Deutschen Arbeiterverein**« (ADAV). Daraus wurde zusammen mit der Sozialdemokratischen Arbeiterpartei Deutschlands 1875 die Sozialistische Arbeiterpartei Deutschlands und im Jahre 1890 unter August Bebel und Wilhelm Liebknecht die Sozialdemokratische Arbeiterpartei Deutschlands, kurz SDAP.[146] Die Sozialistische Arbeiterpartei Deutschlands von 1875 zeichnete sich durch ein deutlich marxistisch-radikales Programm aus. Das spiegelte die Nachwehen der ideologischen Auseinandersetzungen des frühen Sozialisten Lasalle, der genossenschaftlich und nationalstaatlich dachte, mit dem konkurrierenden politischen Konzept von Marx und Engels, die revolutionär und internationalistisch argumentierten. Beide Ausprägungen des linken Spektrums waren sehr unerwünscht in einem Reich, an dessen Spitze ein konservativer König mit einem erzkonservativen Kanzler stand. Inzwischen hatte in Preußen ein Wechsel an der monarchischen Spitze stattgefunden. Bereits 1858 hatte der Bruder des Königs Friedrich Wilhelm IV. (dieser starb 1861) die Regierung in Preußen übernehmen müssen. Das gefiel nicht allen, denn Wilhelm I., wie er sich nach 1861 nannte, hatte sich keinen guten Ruf erworben, als er während der 1848/49-Revolution als »kartätschender« Kronprinz die Revolutionäre niederschlug. Gemäß diesem Ruf war er nicht vorauseilend freiheitlich eingestellt und jeglicher Hoffnung auf eine liberale Wende beim Bürgertum wurde ab 1860 eine deutliche Absage erteilt. Mehr noch, allen Wünschen, die konstitutionell oder gar demokratisch waren, wurde energisch der Kampf angekündigt. Bismarck hatte daran einen nicht unerheblichen Anteil. Der **Kampf gegen den Sozialismus** nahm 1878 deutlich an Fahrt auf als ein Attentat auf Kaiser Wilhelm I. verübt worden war. Ohne manifeste Beweise stand für den Reichskanzler fest, dass dies nur von einem »Reichsfeind« begangen worden sein konnte. Diesmal waren die Sozialdemokraten dran, schließlich waren sie die Repräsentanten einer gefährlichen und radikalen politischen Strömung. Bismarck legte deshalb ein komplettes Verbot der Sozialdemokratie unter Miteinbeziehung aller kommunistischen und sozialistischen Vereinigungen vor. Vorhersehbar wurde dies vom Reichstag abgelehnt. Obwohl dieser grundsätzlich konservativ ausgerichtet war, war die Prämisse der Rechtsgleichheit die parlamentarische Begründung. Die

Situation eskalierte und Bismarck löste den Reichstag auf. Mit einem neuen Reichstag und mit Hilfe der Nationalliberalen konnte er dann sein »*Gesetz gegen die gemeingefährlichen Bestrebungen der Sozialdemokratie*« durchpeitschen. Das war ein empfindlicher Schlag gegen die Sozialdemokratie, allerdings mehr noch gegen die Sozialisten, denn sie wurden sämtlich ausgewiesen. Die Gesetze umfassten ein Versammlungsverbot sowie ein Verbot jeglicher Form von Gewerkschaften und Presseveröffentlichungen. Die sozialdemokratische Partei an sich durfte jedoch weiter existieren. Und diese fuhr bei jeder Wahl einen großen Stimmenanteil ein. Die Sozialdemokratische Partei Deutschlands (SPD), so ihr Name seit 1890, hatte gewonnen und im gleichen Jahr wurden die Sozialistengesetze aufgehoben. Antisozialistisch, aber nicht antisozial könnte das Verdikt lauten. Nach der Verabschiedung der Antisozialistengesetze hatte Bismarck eine Reihe von sozialen Maßnahmen auf den Weg gebracht. Ob unter dem Eindruck der wirklichen Notwendigkeit oder als taktisches Manöver ist in der Geschichtsforschung umstritten. In den Jahren 1883 bis 1889 wurden Gesetze verabschiedet, die vor allem den Arbeitern mehr soziale Sicherheit boten und weltweit die fortschrittlichsten ihrer Art waren, also Vorbildcharakter hatten. Sie bestanden in einer Kranken-, Unfall-, Invaliditäts-, und Altersversicherung. Die Mittel hierfür wurden gedrittelt: Der Staat, der Arbeitgeber und der Arbeiter selber finanzierten die Sozialversicherungen. Die Idee der sozialen Absicherung von Arbeitnehmern, die bis heute ein Fundament der deutschen Sozialstaatlichkeit ist, nahm in den achtziger Jahren des vorletzten Jahrhunderts ihren Anfang. Das zahlenmäßig starke Anwachsen einer Arbeiterschaft, die in eine prekäre, um nicht zu sagen elende Situation kam, falls ihre Angehörigen nicht mehr in der Lage waren, sich durch ihre Arbeit zu erhalten, war augenfällig geworden. Ebenfalls die Tatsache, dass diese Arbeiterschaft nur bei den sozialistischen, beziehungsweise den radikalen kommunistischen Parteien auf eine Vertretung ihrer Interessen hoffen konnte. Insofern wurden mit Bismarcks Hilfe »von oben« zwei Fliegen mit einer Klappe geschlagen. Diese Ansicht äußerte der Reichskanzler bereits 1884 in einer Reichstagsrede: »*Der eigentliche Beschwerdepunkt des Arbeiters ist die Unsicherheit seiner Existenz [...] und diese Unsicherheit macht ihn feindlich und misstrauisch gegen die Gesellschaft. Es ist menschlich nicht unnatürlich, und solange ihm da der Staat nicht entgegenkommt, [...] da wird er, wo er es finden mag, immer wieder zu dem sozialistischen Wunderdoktor laufen.*«[147] Verständnis im Sinne einer politischen Versöhnung klingt anders. Und in der Tat erstickte die kaiserliche Sozialversicherung nicht den Wunsch nach mehr sozialer Gerechtigkeit und politischer Vertretung der Arbeiterschaft. Die Maßnahmen spiegelten jedoch die Absicht der regierenden Schicht im Kaiserreich, bestehend aus Adel, Militär und Großbürgertum, parlamentarische Mitbestimmung einer kontrollierenden Obrigkeitsstaatlichkeit nachzuordnen. Die Wirkung mangelnder Vertrautheit mit parlamentarischen und demokratischen Prozessen konnte nirgends besser nachgewiesen werden als in der Weimarer Zeit. Das Scheitern der Weimarer Republik kann direkt darauf zurückgeführt werden. Demokratieverständnis kann nicht in einer vollständig anderen Regierungsform entstehen, die Untertanengeist, aber keine mündigen Bürger im vollen Bewusstsein ihrer politischen Macht fördert. Die Atmosphäre des Kaiserreiches im ausgehenden Jahrhundert förderte eine obrigkeitsstaatliche Haltung der Deutschen, mit der Neigung, auf einen starken Mann an der Spitze zu vertrauen, was ab 1933 zur Katastrophe führte. Andererseits waren die Parteien, die immerhin ein breites politisches Spektrum abbildeten, nicht stark und vielleicht nicht motiviert genug, sich mehr Teilhabe an der Macht zu erstreiten. Das wiederum mochte in den außenpolitischen Themen der damaligen Tage liegen. Die Außenpolitik dominierte die innenpolitischen Themen, denn die wirkliche Domäne Otto von Bismarcks war die Außenpolitik. Dafür hatte Bismarck Deutschland – Europas stärkste Macht – in ein **kompliziertes System von Allianzen** eingebunden, immer hoffend, dass dies dem allgemeinen Frieden diene und dem Reich Zeit gäbe, sich innenpolitisch zu konsolidieren. Im Mittelpunkt seiner Überlegungen standen drei Maxime: die Isolierung Frankreichs, die Verstärkung des Gegensatzes zwischen England und den europäischen Festlandstaaten, um so eine mögliche Gefährdung Deutschlands auszuschließen, und außerdem eine Allianz mit den Mächten Österreich-Ungarn und Italien. Hierfür war eine Militärallianz zwischen diesen drei Mächten geschlossen worden. Als Zusatzversicherung gab es ein Abkommen zwischen dem Deutschen Reich und Russland, mit dem Hintergedanken, dass Russland und Österreich Rivalen auf dem Balkan waren. Die Allianzen waren klug konzipiert, allerdings statisch auf den Zeitpunkt des jeweiligen Vertragsabschlusses bezogen und dies war das größte Problem: sie waren zu stark auf die Person Bismarcks zugeschnitten worden. Und 1890 erhielt dieser seinen Abschied von Kaiser Wilhelm II. (1859–1941), seit zwei Jahren der regierende Kaiser. Nicht nur deshalb brach in den 1890er-Jahren Bismarcks System der überlegten Einbindung Deutschlands in defensive Allianzen sukzessive zusammen. Letztlich kam es zu dem Szenario, dass der Kanzler der Deutschen Einheit unbedingt hatte vermeiden wollen, nämlich dass Russland und Frankreich sich einander annäherten. Mit dieser Entwicklung lagen das Deutsche Reich und Österreich plötzlich unbehaglich in der geopolitischen Mitte. Das Szenario, das zum Ersten Weltkrieg führte, war am Horizont zu erahnen. Zudem sollten die besonders harten Friedensbedingungen, die Frankreich vom deutschen Sieger zu erdulden hatte, zurückfeuern, und zwar 1918. Der nachbarliche Revanchismus war allerdings bereits 1871 geboren. Der Wunsch nach »Rückgliederung« des Elsass mit Straßburg war ein lang gehegter, wenn nicht im Vordergrund stehender preußisch-deutscher Wunsch. In einer Überhöhung der tatsächlichen geographischen Bedeutung verbanden sich Vorstellungen romantischer Dichter mit der Idee, dass der Rhein inmitten Deutschlands zu fließen hätte und nicht als deutsche Grenze tauge.[148] Nationalistisch gesinnte Kreise verwendeten dies als rückwärtsgerichtete Vorstellung des klassischen römisch-deutschen Reichsgebietes. »Linksrheinisch und/oder rechtsrheinisch« war die Formel, die immer wieder im französisch-preußischen Grenzdiskurs auftauchte, ohne jedoch wirkliche Bedeutung zu erlangen.[149] Bis die Beute in Form der Annexion Elsass-Lothringens 1871 in greifbarer Aussicht stand und Otto von Bismarck den geographischen Vorteil sah, den es für die Vereinigung des Norddeutschen Bundes mit den süddeutschen Staaten in sich trug. Das eingedeutschte Elsass-Lothringen als »Reichsland« bekam einen Sonderstatus und wurde direkt der kaiserlichen Regierung unterstellt. Nicht vor 1874 durfte diese Provinz den Reichstag beschicken und erst 1911 bekam Elsass-Lothringen überhaupt die Stellung eines Bundeslandes, bis zum Ende des Kaiserreiches 1918. Die Furcht vor »antideutschen Bestrebungen« war in Berlin anhaltend. Verständlich, denn der Verlust von Elsass-Lothringen, seit Ludwig XIV. französischer Besitz, blieb ein Stachel im Fleisch, bei manchen Elsässern selbst und mit Sicherheit bei der französischen Regierung, die eine neue Form gefunden hatte. Die französische Niederlage bei Sedan kostete Napoleon III. den Thron, denn Frankreich implodierte politisch und fand sich als Republik wieder. Ein direktes Ergebnis des französisch-deutschen Krieges und des vom deutschen Reich aufoktroyierten Diktatfriedens. Die Koppelung der Grenzverschiebung nach Westen auf Kosten Frankreichs mit den geforderten Kriegsreparationen von fünf Milliarden Franken vergifteten die deutsch-französischen Beziehungen nachhaltig. Diese Kriegsentschädigung diente dazu, die deutsche Industrie weiter aufzubauen und die Wirtschaft zu beleben. Sie wurden zur finanziellen Grundlage der Gründerjahre und verstärkten den schon enormen Wirtschaftsaufschwung seit der Mitte des 19. Jahrhunderts, selbst wenn es 1873 zu einem kurzzeitigen Wirtschaftsabschwung kam.

Grundsätzlich explodierte die reichsdeutsche Wirtschaftskraft und Ende des 19. Jahrhunderts hatte sich das Kaiserreich an die Spitze der kontinentalen Wirtschaftsnationen gesetzt. Die Wirtschaft profitierte vom glanzvollen **Aufstieg der wissenschaftlichen Forschung** und die beiden Branchen unterstützen sich gegenseitig. Wissenschaftshunger kreierte euphorischen Enthusiasmus und empirische Forschung wurde finanziert und gefördert in einem zuvor nie dagewesenen Maße. Nicht nur die naturwissenschaftlichen Studentenzahlen verzehnfachten sich, nein, die Forschungseinrichtungen ebenfalls. Diese konnten sich sowohl auf die interessierte Industrie als Geldgeber verlassen als auch auf den sich sehr für die Wissenschaft interessierten Kaiser Wilhelm II., der offiziell verkündete, dass nicht mehr der Philosophie, sondern der Wissenschaft und Technik die Zukunft gebühre. Beispielgebend hierzu war die Kaiser-Wilhelm-Gesellschaft (1911 gegründet), aus der 1948 das Max-Planck-Institut hervorging. Dementsprechend boomte die Grundlagenforschung mit Namen wie Albert Einstein und Max Planck (Physik), Heinrich Hertz (elektromagnetische Wellen) und Wilhelm Conrad Röntgen (Röntgenstrahlen). Die chemische Industrie nahm ebenfalls ihren Anfang mit Anilinfarben, Kunstdünger und Ammoniak. Das war der Beginn einer bis heute weltweit führenden chemischen Industrie in Deutschland. Die medizinische Forschung entwickelte neue Heilseren gegen Infektionskrankheiten, die die Impfpraxis revolutionierten und die Lebensdauer entscheidend heraufsetzten. Robert Koch, Paul Ehrlich und Emil von Behring sind bis heute Namensgeber großer Forschungseinheiten. Deutsche Spitzenforschung des endneunzehnten Jahrhunderts (und einer Vielzahl von Nobelpreisen in den

Bereichen Chemie, Physik und Medizin) mit bahnbrechenden Erfindungen bildet vielfach noch heute die Grundlage des Wirtschaftsstandortes und der Exportnation Deutschland.[150]

Dem boomenden Standort Deutsches Reich entsprach ein rechtlicher Fortschritt, denn das Jahr 1900 sah eine Stärkung der Bürgerrechte mit der Verabschiedung des **Bürgerlichen Gesetzbuches** vor. Dieses war allgemeines und einheitliches deutsches Recht, das die Grundlage unseres Zivilrechtes bildet.[151] Vom Reichstag war es 1896 – auf Initiative der Nationalliberalen – beschlossen worden und folgte mit starker zeitlicher Verzögerung dem Strafrecht von 1871 und dem Gerichts- und Prozessrecht von 1877. Damit war zum ersten Mal das Recht des Reiches vereinheitlicht, denn zuvor galt in Preußen das Allgemeine Landrecht, während in den (preußischen) Rheinprovinzen der Code Civil nach dem französischen Recht angewendet worden war. Der Dichter Ernst von Wildenbruch[152] lobte das neue Gesetzeswerk mit den Worten: »*Nun wandelt durch das deutsche Vaterland, Gerechtigkeit im heimischen Gewand.*«[153] Das Bürgerliche Gesetzbuch von 1900 erlaubte es dem Bürger, seine persönlichen Verhältnisse rechtlich unabhängig in die Hand zu nehmen, aber es schrieb ihm keine tragende politische Verantwortung zu. Der Bürger blieb als Bürger Untertan des Kaisers und seiner Regierung und wurde nicht zum Staatsbürger befördert. Darin spiegelte sich eine typische, das Kaiserreich charakterisierende Form: Einheit und Nation auf der einen Seite, Obrigkeitsstaatlichkeit und Untertanengeist auf der anderen. Aufschwung auf der einen Seite und Abschwung im Sinne von Ideologie, Dekadenz und Verdichtung potentiell gefährlichen Gedankenguts auf der anderen Seite. Die Geschichte des Kaiserreiches ist widersprüchlich und von Ambivalenzen gezeichnet. Das lag auch daran, dass mit der Etablierung eines Nationalstaates in Deutschland viele Entwicklungen beschleunigt und zentralisiert wurden. Das galt für wissenschaftliche Erfindungen, politische Entwicklungen und weltanschauliche Strömungen die – und das ist das Besondere daran – ihre Wirkung bis tief in das 20. Jahrhundert entfalteten. Die Ankunft der »*ismusse*«, gesellschaftsideologischer Strömungen, die seit Mitte des 19. Jahrhunderts aktiv waren, bekam neue Nahrung. Beeinflusst wurde diese Entwicklung durch die Kombination einer schnell wachsenden Bevölkerung und einer sich immer stärker aufbauenden Wirtschaftskraft. Diese zwei Tatsachen schufen eine Plattform für ein neu erstarkendes Selbstbewusstsein und den Wunsch nach internationaler Anerkennung. Bestimmend für das politisch-gesellschaftliche Miteinander nach innen und nach außen war der sich verstärkende **Nationalismus** – nicht nur eine deutsche Entwicklung jener Zeit. Im Prinzip ist Nationalismus, falls neutral betrachtet, nur der Wunsch von Menschen, die einer Nation angehören, sich selbst zu regieren und ihre eigene Kultur zu leben. Wenn der nationale Geist stärker wird und in ein Gefühl des extremen Patriotismus mündet, kann dies zu einem Krieg führen und führte in den Krieg. Im frühen 20. Jahrhundert hatte der immer stärker werdende Nationalismus zu gefährlichen Tendenzen auf dem Balkan und in den deutschen Staaten geführt. Der Nationalismus im Kaiserreich ging mit dem vorherrschenden **Militarismus** eine unheilige Allianz ein. Militarismus ist die Überzeugung, immer militärisch auf einen möglichen Krieg vorbereitet zu sein, verbunden mit der Auffassung, dass der Gebrauch von Gewalt eine Möglichkeit der Vorteilsgewinnung ist. Zwischen 1880 und 1914 war Militarismus ein Charakteristikum, das bei den meisten europäischen Nationen hoch im Kurs stand. Die Ursachen fanden sich in den Erinnerungen der letzten Kriege, einen sich ebenfalls verstärkenden Nationalismus, rivalisierenden Allianzen sowie dem Wettbewerb um Kolonien. Imperialismus ist ein weiteres Stichwort. Grundsätzlich ist **Imperialismus** eine Form der Politik, um politische und wirtschaftliche Macht über andere Länder zu gewinnen, insbesondere solche, die weniger entwickelt sind. Zwischen 1881 und 1914 war der koloniale Wettbewerb hauptverantwortlich für Spannungen zwischen den europäischen Mächten. Es ging hierbei vor allem um eine starke Konkurrenz um Rohstoffe und rivalisierende territoriale Interessen. Dabei mussten sich die dominierenden europäischen Großmächte zwangsläufig in die Quere kommen. Der Kaiser wollte »*seinen Platz an der Sonne*« und die kaiserliche Regierung träumte von der »*Zweiten Reichsgründung in Übersee*«. Übrigens fanden diese Ideen nicht direkt die Zustimmung des Reichskanzlers Otto von Bismarck, der hierzu eine ambivalente Haltung an den Tag legte und die »*Kolonialgeschichte*« als »*Schwindel*« brandmarkte. Allerdings sah auch er einen längerfristigen außenpolitischen Vorteil, denn eine koloniale Kooperation mit Frankreich bot sich an und dies sollte gegen eine zu enge Partnerschaft zwischen Großbritannien und Frankreich wirken. Insgesamt waren die Kräfte, welche die Kolonialherrschaft zum nationalen Statusgewinn befürworteten, sehr stark. Der Bedarf an billigen Rohstoffen für die heimische Wirtschaft sowie die Idee der Erschließung neuer Märkte in Übersee spielten eine treibende Rolle. Gleichfalls die Idee der Landgewinnung für Aussiedler, denn die Deutschen hatten sich vermehrt auf den Weg gemacht, um Glück und Wohlstand außerhalb des Kaiserreiches zu suchen. Die wilhelminische Gesellschaft stand klar hinter dem ideologischen Drang nach überseeischer Ausdehnung. Die Gründung von Kolonialvereinen und Kolonialparteien wurde Mode. Der allgemein verehrte Historiker Heinrich von Treitschke formulierte es als »*Lebensfrage für eine große Nation heute, kolonialen Drang zu zeigen.*«[154] In den Jahren 1884 bis 1899 wurde dieser Lebensfrage entsprochen und Kolonien auf zwei Kontinenten und einer Region (Afrika, Asien und Pazifik) erworben. Allerdings: Viele Territorien waren Ende des 19. Jahrhunderts schon nicht mehr als Kolonien zu verteilen. Der Spielplatz des kaiserlichen Imperialismus lag deshalb vornehmlich in

Afrika und zwar in den Ländern Namibia (Deutsch-Südwest 1884), in Tansania (Deutsch-Ost-Afrika 1885), in Ruanda und Kamerun sowie Togo (1884). Außerdem in Tsingtau (China 1897/98) und einigen kleineren Inseln im Pazifik. Damit verfügte das Kaiserreich über ein Kolonialimperium, welches sechsmal so groß wie das Reichsgebiet war, aber nur mit einem Fünftel der Einwohnerzahl ausgestattet war. Das Deutsche Reich war innerhalb von fünfzehn Jahren zur viertgrößten Kolonialmacht der Welt aufgerückt und fühlte sich damit endlich kolonial »arrondiert«. Wenig bekannt ist, dass aufgrund der teuren Verwaltungskosten und der Kriegsführung gegen »feindliche Einheimische« die späten Kolonien kein Gewinn-, sondern ein Verlustgeschäft wurden.

Die Nationenbildung plus Kolonialgewinn waren der Auftakt zur Vorherrschaft in Europa: Mit der zahlenmäßig stärksten Bevölkerung, der größten stehenden Armee und der am schnellsten wachsenden Ökonomie. Darin lag allerdings ein entscheidendes Konfliktpotential, denn hier begab sich das Reich in eine scharfe Konkurrenz zu Großbritannien – bisher die führende Wirtschaftsmacht in Europa. Alle Faktoren zusammengenommen bereiteten den Boden für die erste weltumspannende militärische Auseinandersetzung des 20. Jahrhunderts. Als der Erste Weltkrieg ausbrach, war er klar das Resultat einer Entwicklung, die in den letzten beiden Jahrzehnten des 19. Jahrhunderts ihren Anfang genommen hatte. Das Kaiserreich läutete in gewisser Weise das Ende der europäischen Balance der Großmächte ein. Verstärkt wurde dies durch Entwicklungen wie Nationalismus mit aggressiven Tendenzen, Hegemonieambitionen mit Stichwort Kolonien und einem wirtschaftlichen Konkurrenzgebaren, das in massive außenpolitische Schwierigkeiten mündete.

12. Die erste Katastrophe des 20. Jahrhunderts

Vor etwas mehr als einhundert Jahren endete der Erste Weltkrieg und mit ihm das Kaiserreich von 1871. Der Erste Weltkrieg, zu Recht die »*Urkatastrophe des 20. Jahrhunderts*«[155] genannt, wird in Deutschland als »Weltkrieg« bezeichnet, während er in Frankreich und Großbritannien als der »**Große Krieg**« galt.[156] Abgesehen davon, dass die sprachlichen Unterscheidungen bereits auf die unterschiedliche nationale Einordnung dieses Ereignisses hinweisen, besteht Einigkeit darüber, dass es sich um ein sinnloses Abschlachten mithilfe eines modernen Waffenarsenals handelte, das es in dieser Form nie zuvor gegeben hatte. Heutzutage leben noch (wenige) Kriegsveteranen aus dem Zweiten Weltkrieg aber keine mehr, die von dem Grauen des Ersten Weltkrieges berichten könnten. Diese Zeitzeugen fehlen, aber der Erste Weltkrieg war ein gut dokumentierter Krieg, in dem Kriegshetze, Propaganda und »alternative Fakten« – wie sie heute euphemistisch bezeichnet werden – bereits eine Rolle spielten. Es war der erste medial abgedeckte Krieg und insofern ein Vorläufer späterer Kriegsberichterstattung. Natürlich mit der Möglichkeit, die öffentliche Meinung je nach nationalem Interesse zu manipulieren, was auch ausreichend getan wurde.

Die Auslöser des Krieges waren wie bei jedem historischen Großereignis vielfältig, aber sind doch primär auf außenpolitische Konstellationen zurückzuführen. Im Mittelpunkt stand eine gewisse Furcht vor dem zu stark und zu dominant agierenden Deutschen Reich, denn nach der Nationenbildung wurde Deutschland zur leitenden Macht in Europa. Mit der Jahrhundertwende hatte sich die außenpolitische Konstellation entscheidend verändert und zwar zum Negativen hin. Schuld daran war in erster Linie das überzogene internationale Auftreten des Kaiserreiches, gepaart mit hegemonialen Ansprüchen (Kolonialpolitik) sowie einem verstärkten Konkurrenzgebaren. Dies alles im steten Wunsch als Großmacht die nötige außenpolitische Anerkennung zu erfahren, was die Umkehrung der Bismarck'schen Sicherheitsvorkehrungen darstellte, denn Deutschland sendete dadurch die Botschaft eines aggressiven Dominanzanspruches aus und wurde deshalb mit einer Einkreisungsstrategie der anderen Mächte sanktioniert. Im Jahre 1910 war Bismarcks außenpolitischer Albtraum Wirklichkeit geworden und vier Jahre später folgte der kriegerische Supergau. Diplomatie und außenpolitische Vorsicht hörten auf das Gebot der Stunde zu sein, obwohl oder gerade weil sich die Welt außerhalb von Deutschlands Grenzen veränderte. Der Niedergang des Osmanischen Reiches brachte die Frage auf, wer künftig im Süd-Westen Europas die leitende Macht sein sollte. Dieses Szenario spielte sich vor allem zwischen Österreich und Russland ab. Österreich war besorgt, dass die Russen einen Teil der Donau blockieren könnten, während sich die Russen Gedanken um ihren Zugang zum Schwarzen Meer machten. Diese Probleme waren bereits während der Kanzlerschaft von Bismarck aufgetaucht und er hatte hierfür 1878 mit einem großen Kongress in Berlin[157] versucht, die beiden Mächte derart zu befrieden, dass sein Reich nicht in die Lage käme, sich für eine Seite entscheiden zu müssen. Seine Nachfolger waren weniger vorrausschauend und als Folge verschlechterte sich das deutsch-russische Verhältnis. On top schloss das zaristische Russland eine Allianz mit Frankreich und als direkte Konsequenz konnte Deutschland dann nur den unvorteilhaften Platz in der Mitte besetzen. Hinzu kam, dass der junge Kaiser Wilhelm II. außenpolitisch eher unerfahren war, obwohl er sich aber energisch zeigte und es persönlich vorzog, sich lieber auf Militarismus als auf Diplomatie zu verlassen. Eine glückliche Hand in der Wahl der kaiserlichen Berater war ebenfalls nicht gegeben und damit galt das Deutsche Reich seit der Jahrhundertwende als ein unsicherer Partner. Allerdings als eine Macht mit großen Ambitionen und dies wurde im europäischen Mächtegefüge genauso wahrgenommen. Der Wunsch nach einem sonnigen Plätzchen war inzwischen realisiert worden. In den Jahren 1881 bis 1914 wurden alle bisher nicht kolonialisierten Gebiete Afrikas zwischen den Mächten Großbritannien, Frankreich und Deutschland aufgeteilt. Das Deutsche Reich hatte sich hier in Konkurrenz zu der etablierten Superkolonialmacht Großbritannien begeben und die zweite Kolonialmacht Frankreich gleich mit verärgert. Das Kaiserreich läutete in gewisser Weise das Ende der Europäischen *Balance der Großmächte* ein. Politische, ökonomische und soziale Veränderungen hatten einen enormen Einfluss und resultierten in Nationalismus mit aggressiven Tendenzen. Ausufernde Hegemonieambitionen, realisiert in Kolonien, führten wiederum in außenpolitische Schwierigkeiten, besonders schwerwiegend in Kombination mit wirtschaftlichem Konkurrenzgebaren. Mit dieser Haltung stand das Deutsche Reich nicht ganz alleine, denn gegen Ende des Jahrhunderts gab es größere Veränderungen im europäischen Gefüge. Die zwei neueren Reiche Deutschland und Italien strebten nach Anerkennung. Militärische und politische Allianzen lösten sich auf oder formierten sich neu, Nationalismus und Hegemonieambitionen brachen sich die Bahn und über allem stand der Anspruch, die mächtigste Wirtschaftsnation zu sein. **Realpolitik** ist das Schlagwort, mit der die politischen Verhältnisse Ende des 19. und zu Beginn des 20. Jahrhunderts gut charakterisiert werden können. Realpolitik ist demnach eine Art von Mechanismus, die auf der Kalkulation von Macht (der einzelnen Nationen) basiert, aber im Einzelfall kann sich Realpolitik umdrehen und erzielt das Gegenteil von dem, was beabsichtigt ist (Kissinger). Für die Veränderung der politischen Landschaft in Europa war mit Sicherheit das Erstarken der neuen deutschen Nation verantwortlich. Vorher lag es in der Natur der politischen Realität, dass eher die Staaten in den Randlagen Europas die Kontrolle innehatten. Großbritannien, Russland und vor allem Frankreich dominierten für eine lange Zeit die europäische Diplomatie und konnten Druck auf die Mitte, also auf die deutschen Einzelstaaten und Österreich, ausüben. Seit 1870/71 war es das frisch vereinigte Reich, das den Spieß in dominanter Weise umkehrte und nun die anderen unter enormen Druck setzte. In narzisstischer Selbstbetrachtung fühlte sich Deutschland von feindlichen und angeblich von Neid getriebenen Staaten umzingelt. Die Perspektive von außen war eine andere: So erschien das Reich den Briten als größte Gefahr für ihre Sicherheit und ihr überseeisches Imperium, mit dem Ergebnis, dass die Insel sogar bereit war, ihre traditionelle Politik »of splendid isolation« aufzugeben. Dies fand in zwei Schritten statt. Zunächst näherte sich Großbritannien Frankreich an – in früheren Zeiten eine ziemlich undenkbare Freundschaftsbeziehung – danach konnte Frankreich England überzeugen, sich seiner Verbindung zu Russland anzuschließen. Während für Frankreich die »Erbfeindschaft« mit dem Nachbarn und die unvergessene Demütigung von 1870/71 immer unterschwellig schwelten, waren es signifikanterweise vor allem die anglo-deutschen Beziehungen, die sich in den Jahren 1898 bis 1913 deutlich verschlechterten. Zum einen wurden die Deutschen nicht gemocht, weil sie sich als Konkurrenten in der Seefahrt, bei dem Wunsch nach Kolonien sowie als Mitbewerber im Welthandel hervortaten. Selbst die engen Familienbande halfen nicht. Seit dem Tod von Queen Victoria waren die Beziehungen zwischen ihrem Enkel Wilhelm II. zu seinen englischen Verwandten angespannt. Zu diesem Zeitpunkt hatte sich eine Zwei-Lager-Mentalität auf dem Kontinent bereits abgezeichnet und ließ Großbritannien nur die Wahl zwischen der Dreier-Allianz (Deutschland-Österreich und Italien) und der Annäherung an die Franco-Russische Allianz. In den Jahren 1904 und

1907 schloss Großbritannien deshalb eine Allianz zuerst mit Frankreich, dann mit Russland ab, die unter dem Namen Triple Entente bekannt wurde. Neue Konstellationen an Stelle der Bismarck'schen Allianzen und Bündnisse wirkten deutlich zu Ungunsten der außenpolitischen Stellung des Deutschen Reiches. Europa war inzwischen – fast offiziell – in zwei Lager geteilt: Und zwar in die neuen Nationen und die traditionellen und länger bestehende Reiche Deutschland, Österreich-Ungarn und Italien, gegen Großbritannien, Frankreich und Russland. Die im Ersten Weltkrieg unter dem Begriff **Zentralmächte** bekannte Staatenkonstellation formte sich und widersprach der klassischen Bismarck'schen Allianzpolitik, mit der er das Deutsche Reich während seiner Kanzlerschaft hatte schützen wollen. Dies war erstens der Dreikaiserbund von 1873: Deutschland, Österreich-Ungarn und Russland. Danach der Zweibund von 1879: Deutschland und Österreich gegen Russland. Und zur Absicherung die Formierung des Dreibund: Deutschland, Österreich und Italien. Die späteren **Entente-Mächte** des Ersten Weltkrieges hatten sich seit den neunziger Jahren herausgebildet. Zunächst in Form einer militärischen Franco-Russischen Allianz von 1893. Dem schloss sich als Entente Cordiale eine Anglo-Französische Achse von 1904 an. Die Krönung war dann die Anglo-Russische Achse von 1907 in Kombination mit der **Dreier-Achse (Triple Entente)** zwischen Großbritannien, Frankreich und Russland, ebenfalls 1907. Damit war das Deutsche Reich »umzingelt«.

Das Ganze wurde verstärkt durch Ideologien wie Nationalismus, Imperialismus und Militarismus. Den immer schwieriger werdenden außenpolitischen Verhältnissen war natürlich durch diese Entwicklungen und den ab den 1880er Jahren in Gang gekommenen Sentiments nicht geholfen. Nur am Rande bemerkt, war das neue anti-deutsche Allianzsystem nicht so stabil, wie es auf den ersten Blick hin schien. Mitglieder hielten sich nicht an Abmachungen, vor allem nicht wenn diese in Einzelpunkten ihren Interessen entgegenstanden. Ein Beispiel ist Italien, das einen Geheimvertrag mit Frankreich (Tripolis-Krise) und ein weiteren mit Russland (Dardanellen und Konstantinopel) unterzeichnete. Im Jahr 1913 kooperierte Großbritannien sogar mit dem Deutschen Reich und Österreich, um Serbien (verbündet mit Russland) davon abzuhalten, sich Albanien einzuverleiben. Trotzdem waren in Europa seit 1907 zwei Power-Camps entstanden und diese Tatsache war in einem grenzenlosen Aufrüstungswettkampf seit der Jahrhundertwende umgesetzt worden. Armeen wurden aufgebaut, militärische Stärke als Ausdruck nationaler Größe, unterstrichen von der Rhetorik in den Medien: das war im allgemeinen Verständnis das neue Miteinander der Völker. Militarismus wurde als ein normaler »way of life« betrachtet. Nach 1871 hatten alle europäischen Mächte außer Großbritannien eine Wehrpflicht eingeführt und Deutschland hatte zusammen mit Russland die stärkste Armee in Europa. Hier trat das Deutsche Reich als junge Nation wieder sehr in den Vordergrund. Vor allem mit dem Marineprogramm, für das der Kaiser sein Herz entdeckt hatte, was die Briten verärgerte und vor allem beunruhigte. Nach Ansicht Kaiser Wilhelms II. war Deutschland ein junges und erstarkendes Reich mit einem schnell expandierenden Handel, das eine starke Marine haben musste, um diesen Handel und seine vielfältigen Interessen – auch international – zu schützen. Seiner Meinung nach wurde nur Mächten, die eine starke Marine hatten, mit Respekt zugehört. Demzufolge wurde ein maritimes Aufbauprogramm umgesetzt, das seinesgleichen suchte. Während im Jahre 1880 noch kein nennenswerter Schiffbau in Deutschland stattfand, besaß das Deutsche Reich 1900 die weltgrößten Reedereien und Schiffswerften, vor allem in Hamburg und Bremen.[158] Wie konnte sich dies so schnell entwickeln? Zwei Faktoren, die nichts mit militärischen Fragen zu tun hatten, beförderten den Schiffsbau im Hinblick auf Passagier- und Luxusdampfer neben der schon vorhandenen Handelsmarine. Zum einen waren die Aussiedler als zahlende Klientel erkannt worden. Mehr als 100.000 Menschen verließen Jahr für Jahr Deutschland, zumeist mit dem Traumziel Amerika. Zudem wurde vor allem Hamburg die Drehscheibe für auswanderungswillige Osteuropäer. Im Zeitabschnitt von der Reichsgründung bis 1914 waren dies zwei Millionen, die den Hamburger Hafen als Transit benutzt hatten.[159] Für diese unglaubliche Anzahl an Menschen mussten neue Schiffe gebaut werden, auf denen preiswerte Passagen angeboten wurden. Eher Masse als Qualität, aber es war ein großes Geschäft mit der Hoffnung, in Übersee ein besseres Schicksal zu haben. Gleichzeitig entwickelte sich die Ära der Superliner des Atlantiks. Hierin machten sich das Deutsche Reich und die britische Krone Konkurrenz. Stichwort »Titanic«: Der Kampf um das »Blaue Band« war die Olympiade der Atlantiküberquerer, die nicht nur mit Schnelligkeit, sondern auch mit Luxus und Eleganz an Bord konkurrierten. Die Deutschen hatten ebenfalls den Ehrgeiz entwickelt, sich die schnellste Atlantiküberquerung auf die Fahnen zu schreiben und gewannen den maritimen Wettkampf. Den wesentlichen Beitrag zum Marineaufbau der Landmacht Deutschland kam von Seiten der kaiserlichen Regierung. Denn der Kaiser, der Deutschlands Zukunft auf dem Wasser sah, hatte einen ambitionierten Marinefachmann gefunden, der ihm versprach, die Seemacht Nummer eins in Europa, England, zu überflügeln. Alfred Tirpitz, der deshalb zum *Stabschef im Oberkommando der Marine* ernannt worden war, sorgte für den Bau eines Schlachtschiffes und eines Kreuzers nach dem Nächsten. Hierfür wurde ein Riesenbudget (409 Millionen Reichstaler) vom Reichstag mit dem Gesetz über die Kriegsflotte von 1898 eingefordert. Dieses Budget, mit dem zunächst 65 Schlachtschiffe (Kreuzer, Küstenpanzerschiffe, etc.) gebaut wurden, musste regelmäßig nachjustiert werden. Ein weiterer wesentlicher Grund für die maritime Aufrüstung war das Erstarken des Reiches als Kolonialmacht. Die

Kolonien mussten angefahren, militärisch versorgt und Kolonialwaren zurückgebracht werden. Das ging nur über Schiffe. Passenderweise wurden die wilhelminischen Bürger von einer Welle des Enthusiasmus zum Thema Marine ergriffen. Zwischen 1898 und 1914 gab es vielfache Gründungen von Flottenvereinen, die bis zu einer Million Mitglieder hatten. Modisch hielten der Matrosenanzug und das Matrosenkleid Einzug.[160] Ganz Deutschland war im properen weiß-blauen Look an der See – also die, die es sich leisten konnten und dies war keine Mehrheit. Nicht zu übersehen war allerdings eine andere Komponente der bürgerlichen Begeisterung für Wasser und Schifffahrt. Die Schiffe mussten nicht nur gebaut (es waren goldene Zeiten für Werftarbeiter), sondern sie mussten auch bemannt werden. Neben dem wirtschaftlichen Profit konnten hier bürgerlich-militärische Karrieren stattfinden, zu denen es beim stehenden Heer in der Regel nicht kam. Die Marine war neu und stand deshalb nicht in der starren Tradition der adeligen Vorrechte auf die Offizierspatente. Die Flottenbegeisterung, gekoppelt mit mannigfaltigen Berufschancen, stand für den Seiteneinstieg in die vorherrschende militaristische Lebensform. 1910 waren Zweidrittel aller Seeoffiziere bürgerlich und manche wurden für ihre Verdienste sogar geadelt. Allen voran Admiral Alfred Tirpitz im Jahr 1900. Budgetär und noch mehr außenpolitisch war das maritime Aufrüstungsprogramm eine Katastrophe. Großbritannien, zunächst unter der Regierung des Onkels, gefolgt vom direkten Vetter Kaiser Wilhelms II., war »not amused«. Was folgte war die sofortige Aufrüstung der Royal Navy, was wiederum mit einer weiteren Aufrüstung der kaiserlichen Marine beantwortet wurde.[161] Bereits 1906 reagierten die Briten mit einem neuen Super-Kriegsschiff, der »*Dreadnought*«, das mit einem Schlag alle deutschen Schiffe als veraltet erscheinen ließ. Wieder musste nachgebaut werden, und dies wurde immer kostspieliger. Mehr als die Hälfte der gesamten Militärausgaben gingen in das Flottenprogramm und selbst dies reichte nicht mehr. Die Finanzierung wurde durch indirekte Steuern auf Tabak und Sekt umgelegt,[162] was allerdings ein Haushaltsdefizit von über einer halben Milliarde Reichsmark im Jahr 1908 nicht verhindern konnte. Zwei Jahre später war der Misserfolg des Tirpitz'schen Flottenprogramms offensichtlich. Selbst im Ersten Weltkrieg kam es nur einmal zu der antizipierten wirklichen Entscheidungsschlacht der alten und der neuen Seemacht. Die einzige Ausnahme war die Schlacht von Skagerrak 1916 vor Jütland, bei der die deutsche Hochseeflotte auf die Grand Fleet der Royal Navy traf und sich 249 Kriegsschiffe ein Gefecht zur See lieferten, was 9.000 Tote zur Folge hatte. Genau genommen hätte dies noch schlimmer ausgehen können und beide Seiten glaubten an ihren Sieg: Ein »Unentschieden« wurde vereinbart. Glücklicherweise, denn den gesamten deutschen Schlachtschiffen (45.000 Mann Besatzung) standen viel modernere britische Schlachtkreuzer (60.000 Mann Besatzung) gegenüber. Befürworter des Programms »Flottenbau und deutsche Seemacht« argumentieren gern mit dem Hinweis, dass es für das Deutsche Reich ohne eigene Flotte schlechter ausgegangen wäre, aber das ist so nicht nachzuvollziehen. Ohne Frage war die Kombination einer veränderten Logistik für das Reich als neue Kolonialmacht ein Argument für mehr Schiffe, generell für den Schiffsbau, obwohl Deutschland hier nicht auf eine Tradition als Seemacht zurückblicken konnte. Das hätte aber nicht das extrem kostspielige maritime Wettrüstprogramm mit der klassischen Seemacht Großbritannien einschließen müssen. Ab der Jahrhundertwende verfügte Deutschland allerdings über einen neuen Wirtschaftszweig: Werften mit Schiffsbau. Die deutsche Marine an sich spielte erst wieder eine tragende Rolle beim Matrosenaufstand von 1918.

Wie schon erwähnt, war in der Summe der Erste Weltkrieg, wie viele historische Großereignisse, das Resultat von mehreren Gründen und Entwicklungen, die allerdings deutlich ins neunzehnte Jahrhundert zurückverfolgt werden konnten. Insofern ist die Charakterisierung des Historikers Christopher Clark in seiner Studie über den Ersten Weltkrieg sehr adäquat und nachvollziehbar. Alle Staaten und deren Monarchen an der Spitze sind wie »*Schlafwandler*« in der Katastrophe des Ersten Weltkriegs gelandet.[163] Als 1914 die europäischen Nationen in einem desaströsen Krieg gegeneinander antraten, hatte dies fast die Qualität eines heftigen Familienstreites, da alle daran beteiligten Monarchen direkt miteinander verwandt oder zumindest durch Heirat miteinander verschwägert waren. Der deutsche Kaiser Wilhelm II. war der Enkel von Queen Victoria, sein Vetter König George V. (regierte von 1910–1936) war der Bruder seiner Mutter Victoria, also sein Onkel. Der Zar von Russland war mit seiner direkten Cousine Alexandra von Hessen verheiratet. Europa war zu allen Zeiten an kriegerische Auseinandersetzungen gewöhnt, aber der Erste Weltkrieg war in vielerlei Hinsicht der erste Krieg dieser Art und der erste Krieg, an dem so viele Nationen zur gleichen Zeit beteiligt waren. Es war der erste Krieg, in dem mit technisch so modernen – präzise tödlichen – Waffen gefochten wurde, die die sogenannten »*killing fields*« produzierten. Dieser Krieg war die erste menschengemachte Katastrophe des 20. Jahrhunderts, der noch viele folgen sollten. Selbst heute ist es schwierig zu sagen, wann der Erste Weltkrieg unumgänglich wurde. Mit Sicherheit waren die tödlichen Schüsse von Sarajewo, als ein bosnischer Terrorist Erzherzog Franz-Ferdinand, den Erben des österreichisch-ungarischen Thrones tötete, der Anlass, aber nicht der Hauptgrund. Im Jahr 1914 war das österreichische Reich schon recht »zerbrechlich«, als Folge eines slawischen Separatismus (sowie im Hintergrund des russischen Panslawismus), der bereits für mehrere Balkankrisen gesorgt hatte. Die österreichische Regierung, das heißt der schon sehr alte Kaiser Franz-Josef, entschied darauf, Serbien nach einem Ultimatum anzugreifen. Zum einen als Revanche, zum anderen, um dem Separatismus ein Ende zu setzten. Aus diesem Grund konsultierten die Österreicher die Deutschen, um Unterstützung für dieses Vorhaben zu gewinnen und sie wurden von der kaiserlichen Regierung (»*bedingungslos*«) dahingehend ermutigt. Währenddessen hatte sich Serbien, bekannterweise in einer Allianz mit Russland, zur Unterstützung seiner Position an das Russische Reich gewandt und dieses wiederum an die französische Regierung. Der Domino-Effekt zwang die Franzosen wider Willen und voller Furcht vor einer neuen Auseinandersetzung mit dem militärisch starken Nachbarn, sich auf die russisch-alliierte Seite zu stellen. Russland beeilte sich, seine Armee an der österreichischen und deutschen Grenze aufzustellen. Dahinter stand die kriegsstrategische Idee, dass wer zuerst angreift, im Vorteil sei, weil eine schnellere Mobilisierung eine erfolgreiche Offensive bedeute. Die deutsche Regierung war daraufhin überzeugt, dass Frankreich als russischer Alliierter als nächste Macht in diesen Krieg eintreten würde und erklärte ihrerseits als strategisches Überraschungsmoment den Mächten Russland und Frankreich den Krieg.[164] Zu diesem Zeitpunkt hatte die deutsche Reichsregierung noch die unrealistische Hoffnung, dass Großbritannien nicht in den Krieg eintreten würde. Allerdings war Großbritannien inzwischen mit Frankreich eng verbündet und hatte überdies Befürchtungen einer Seeattacke der Deutschen im Ärmelkanal. Anfang August erklärte England deshalb Deutschland den Krieg. Vier Wochen nach den tödlichen Schüssen in Sarajewo befanden sich alle großen europäischen Mächte im Kriegszustand miteinander: Aus einem lokalen Konflikt (Österreich-Ungarn gegen Serbien) war ein europaweiter und später globaler Krieg entstanden. Kriegshandlungen fanden auf vier Kontinenten statt und 65 bis 70 Millionen Männer kämpften. Damit war der Erste Weltkrieg ein Ereignis der nie gekannten Superlative und zwar in jeder Hinsicht. Nicht nur die ungeheurere Ausdehnung in Bezug auf Kontinente, die dieser Krieg hatte, sondern ebenfalls die Länge der

Kriegsfronten war ein Novum. Die Westfront reichte vom Ärmelkanal bis zur Schweiz und die Ostfront von der Ostsee bis zu den Karpaten. Eine weitere Besonderheit waren die Mammutschlachten, die eine Anzahl von getöteten Soldaten in einer bisher nie dagewesenen Höhe nach sich zogen. So im August 1914, als die Grenzschlachten in den Ardennen/Lothringen 27.000 Tote an nur einem einzigen Tag forderten. Gefolgt von Schlachten an der Marne, bei denen 250.000 deutsche Soldaten fielen oder verwundet wurden. Direkt danach, im Oktober und November 1914 dann die Ypernschlacht (erste Flandernschlacht, eine von vier) die in den insgesamt hundert Tagen Schlachtgetümmel für 600.000 verlorene Menschenleben verantwortlich war. Danach von April bis Dezember 1915 die Schlacht bei Gallipoli, bei der zusammengerechnet 337.000 Opfer zu beklagen waren, die Schlacht an der Somme (Juli bis November 1916) mit mehr als 600.000 getöteten Soldaten, und am grausamsten im Zeitraum von Februar bis Dezember 1916 die Schlachten bei Verdun mit unsagbar einer Million Toten. Zu den unglaublichen Opferzahlen trugen im erheblichen Maße neue Waffen mit tödlicher Kraft bei: Panzer, U-Boote, Flugzeuge, Luftschiffe (Zeppeline), die als Bombenträger neuen Terror für die Kämpfenden – und die Zivilisten – bedeuteten. Die deutschen Erfindungen von hochwirksamen Explosionswaffen, wie das Maschinengewehr, und Kampfgase, wie Chlorgas und Senfgas, waren verantwortlich für zusätzliches Grauen mit neuartigen Verletzungen und Todesfällen. Von deutscher Seite wurde das Giftgas zum ersten Mal im April 1915 (in der zweiten Flandernschlacht) eingesetzt. Chemische Waffen waren zuvor noch nie als Kampfstoff gebraucht worden – eine grauenhafte Kehrseite der vorangetriebenen Forschung des Chemiesektors.[165] Im Ersten Weltkrieg wurden 45 verschiedene Kampfgase in der unglaublichen Menge von 132.000 Tonnen von allen Seiten eingesetzt. Dementsprechend gab es zunächst keine Behandlungsmöglichkeiten. Dieses Gas traf nicht nur den Feind, sondern wurde je nach Windrichtung auch in die eigenen Reihen zurückgetragen. Alleine das Granatfeuer war verantwortlich für 75 Prozent der verletzten Soldaten. Der im Englischen gebrauchte Begriff des »*shell-shocked*« trifft es am besten, aber wir würden heutzutage darunter ein PTS (Post-traumatisches-Symptom) verstehen, unter dem Millionen Soldaten, die es lebend nach Hause geschafft hatten, litten. Die Auswirkungen auf deren Familien sind gar nicht zu beschreiben. Im Zusammenhang mit Verletzungen und Traumatisierungen war die Westfront am schlimmsten. Selbst deren Aufbau war das komplette Ergebnis einer fehlgeleiteten Kriegsstrategie, obwohl der deutsche Generalstab die Pläne für einen Zweifrontenkrieg gegen Frankreich und Russland bereits in der Schublade hatte (Schlieffenplan). Die dahinterstehende Idee bestand in einer ersten Konzentration auf die Westfront sowie einem schnellen Sieg über Frankreich und dann auf die Konzentration auf die Ostfront gegen Russland. Allerdings hatten die Kriegsgegner nicht nach dem deutschen Drehbuch gespielt und als die russische Regierung mit ihren Armeen attackierte, mussten Truppen, die eigentlich für die Westfront bestimmt waren, zuerst im Osten eingesetzt werden. Die nicht aufgegangene Strategie im Westen hatte eine neue Art der Kriegsführung zur Folge: den Schützengrabenkrieg. Dieser war die Konsequenz aus statischen Kampflinien, die deshalb in einer Art von Festungsbau resultierten – und dafür gab es Gründe. Große Armeen und deren Festungswälle verlangten eine hohe Anzahl von Soldaten zu deren Verteidigung. Das Zweite war die sogenannte Zermürbungsstrategie, die sich quasi von selbst präsentierte. Das war eine neue Kriegsstrategie, die den Gegner durch permanente Verluste von Soldaten und Material in die Knie zwingen sollte. Wie sahen diese Schützengräben aus und wie waren sie konstruiert? Die Soldaten gruben tiefe Gräben – gegenüberliegend – an einer Front aus und dies war schwerste Arbeit: Für 250 Meter lange Schützengräben wurden 450 Mann für zehn Stunden grabend benötigt. Dazwischen gab es ein Gebiet, das sogenannte »*Niemandsland*«, über das mit Gewehren und Artillerie geschossen wurde. Die Schützengräben verliefen niemals in einer geraden Linie, sondern immer in einer Art von Zick-Zack damit der Angriff dem Feind erschwert wurde und die Sicht betrug kaum jemals mehr als zehn Meter. Der Konflikt in Form des Schützenkrieges stand für die hohe Anzahl an Getöteten, aber der Hauptkiller war nicht der Krieg, sondern die Krankheiten. Die sanitären Bedingungen waren fürchterlich; dementsprechend waren die vorherrschenden Krankheiten Durchfall, Typhus und Cholera. Durch die mangelnde Hygiene gab es die sogenannten Schützengrabenkrankheiten, zumeist sehr ansteckende Pilzinfektionen. Hinzu kamen die Traumata, die aus dem jahrelangen Ausharren unter schweren psychischen Druck in den Schützengräben resultierten. Der Stellungskrieg von 1914 – 1917 in Frankreich ist bekannt geworden unter dem Synonym »Verdun«. Die Schützengräben an der Westfront bedeuteten tausende von Kilometern mit Gräben, Tunneln und Soldaten, die darin über Jahre nicht lebten, sondern auf niedrigsten Niveau existierten, mit unsäglichen daraus resultierenden Krankheiten und psychischen Belastungen, die sie ihr Leben lang begleiteten. Denn für die meiste Zeit fanden keine Kriegshandlungen statt, sondern die Soldaten von beiden Seiten beobachteten einander nur.

Das Leiden fand auch an der sogenannten »*Heimatfront*« im Deutschen Reich statt, denn ein Novum der Kriege des 20. Jahrhunderts war, dass in einem nie gekannten Maße Zivilisten zu Opfern wurden. Der Krieg erfasste jedermann und jeden Aspekt des Lebens. Insofern war der Erste Weltkrieg ein allumfassender Krieg und stand für den schnellen Zusammenbruch des sozialen Gefüges, nachdem der Jubel und die patriotische Begeisterung des Kriegsbeginns nachgelassen hatten.[166] Die Männer waren im Kriegsdienst, denn 13,5 Millionen waren eingezogen und ganze Betriebe mussten geschlossen werden,[167] auch Lebensmittel konnten nicht mehr ausreichend produziert werden. Die Folge davon war eine Nahrungsmittelrationierung, verantwortlich für ein flächendeckendes Hungern, verstärkt durch eine Inflation, die die noch vorhandenen Lebensmittel unerschwinglich machte.[168] Zusätzlich verhinderte die britische Blockade die Einfuhr des Vorkriegsniveaus von einem Viertel an Lebensmitteln. Alleine 700.000 deutsche Zivilisten starben in den ersten Kriegsjahren an Unterernährung. Ob Suppenküchen oder Bezugsscheine, nichts half, um den Hunger zu bekämpfen und bereits Ende 1915 kam es zu sogenannten Hungerkrawallen. Soziale Konflikte verschärften sich, denn Schwarzmärkte blühten, der Begriff »*Kriegsgewinnler*« kam auf und bezeichnete schlitzohrige Geschäftsleute, die aus den Notsituationen im Krieg überproportionalen finanziellen Gewinn schlugen. Die Menschen hatten das Gefühl, dass Recht und Gesetz außer Kraft gesetzt waren. Genau genommen fand eine moralische Überlebenskrise innerhalb des Reiches statt, von der die in den Schützengräben ausharrenden Soldaten sehr wohl erfuhren. Erfolge und Siege als Ermutigung der Heimatfront konnten den Lebensmut der Daheimgebliebenen ebenfalls nicht verbessern, auch der Sieg über das durch die Revolution stark geschwächte Russland (Separatfrieden von Brest-Litowsk März 1918) und die Ermordung des russischen Zaren durch Revolutionäre verhallten schnell ob der neuen langen Todeslisten. Die Nachrichten von der Front waren die von sinnlosen Tötungen und grauenhaften Verstümmelungen. Die Lebensmittelkrise, die Schlachthäuser an der Front und die unzureichende medizinische Versorgung waren verantwortlich für eine flächendeckende Depression der Menschen im Reich: Die Aussichtslosigkeit des Kriegsgeschehens kombiniert mit dem Hungern zu Hause führte nicht nur zu Desertationen und dem Zusammenbruch jeglicher Disziplin, sondern vor allem zu einem Vertrauensverlust in die obrigkeitsstaatliche Führung. Das Rückgrat des wilhelminischen Systems trug nicht mehr und das war der wahre Grund für den Ausbruch der Revolution 1918.

13. Deutsche Schicksalsjahre ab 1918

Während sich das Leiden an der Westfront in die Länge zog, waren die Russen an der Ostfront schnell erfolgreich, bevor sie durch ihre eigene Revolution zu einem Stopp kamen.[169] Der Erfolg der Zentralmächte dauerte nur bis Ende 1916, als die Vereinigten Staaten dem Krieg auf der Seite der Alliierten beitraten. Warum kam es überhaupt zu einem Kriegseintritt der Amerikaner? Am liebsten wären die USA außen vor geblieben, aber da die Deutschen mit ihren U-Booten amerikanische Schiffe, auch Passagierschiffe, angriffen,[170] war die amerikanische Öffentlichkeit für eine Teilnahme am weit entfernten Geschehen. Zusätzlich gab es Gerüchte über deutsche Spionage beziehungsweise Sabotagetätigkeiten in Mexiko, deshalb entschied der amerikanische Präsident, dass sein Land die Welt sicher für Demokratie machen sollte – ein Schlachtruf, der bis heute nachhallt. Je weiter der Krieg fortschritt, desto deutlicher wurde, dass die Alliierten den längeren Atem hatten und vor allem inzwischen über deutlich bessere Ressourcen verfügten. Das galt sowohl für weitere Soldaten als auch für alle anderen kriegswichtigen Dinge. Die zahlenmäßige Überlegenheit der Alliierten spielte im letzten Stadium des Krieges eine entscheidende Rolle, denn die Zentralmächte waren zu viert und ihnen gegenüber standen vierundzwanzig gegnerische Kriegsmächte. Die Alliierten kontrollierten die Seewege, ihre maritime Überlegenheit wurde von kolonialen Beschaffungswegen und Materialien gesponsert. Die letzte deutsche Offensive fand an der Westfront im Herbst 1918 statt und brach aufgrund des Ausbleibens angekündigter österreichischer Soldaten zusammen. Österreich-Ungarn, Bulgarien und die Türkei hatten schon aufgegeben, Russland war nach der Implosion in einen Diktatfrieden mit Deutschland gezwungen worden. Die Unruhe an der »Heimatfront« nahm eine neue Dimension an, denn die deutsche Bevölkerung hatte nach vier Jahren genug vom zunehmend aussichtlosen Krieg, den Hungersnöten und dem anhaltenden Sterben. Im Gefolge mit politischen Auseinandersetzungen kam es zu Unruhen im Lande und zum Zusammenbruch der bisherigen Ordnung. Damit stand das Deutsche Reich nicht alleine. Aufgrund des Ersten Weltkrieges kollabierten mehrere der europäischen Monarchien. Erstes Opfer war der russische Zar nach der Oktoberrevolution 1917. Das zweite Opfer war das österreichisch-ungarische Kaisertum. Deutschland kam an dritter Stelle mit der November-Revolution von 1918.[171] Das monarchische System in Deutschland brach im Verhältnis zu dessen langem Bestand relativ lautlos zusammen. Insgesamt 22 königliche und fürstliche Herrscher verloren ihren Thron – als erster der bayerische König, der am 8. November 1918 durch eine Räterepublik unter Kurt Eisner ersetzt wurde. Die Mischung aus Kriegsmüdigkeit, Mangelwirtschaft und Hoffnungslosigkeit im Hinblick auf einen militärischen Sieg verhalf den Kräften, die für einen politischen Systemwechsel eintraten, zu einer Plattform. Der »*Burgfrieden*« (während der Kriegshandlungen), auf den sich die Regierung indirekt mit Vertretern sozialistisch-sozialdemokratischen Parteien geeinigt hatte, wurde seit 1917 schleichend aufgekündigt. Lauter und lauter wurden Forderungen nach einer Verbesserung der bedrückenden Kriegsrealität, die in Verweigerung, Streiks und hunderttausendfacher Desertation unter dem Ausdruck »*verdünnisieren*« mündete. Dass ausgerechnet die Lieblingswaffengattung des deutschen Kaisers sich an die Spitze der Novemberunruhen setzte, hatte mehr mit der absoluten Kriegsmüdigkeit und der mengenmäßigen Konzentration der Matrosen auf See und an Land zu tun. Dem Befehl zu einer weiteren Konfrontation mit der Royal Navy wurde eine

Befehlsverweigerung am 27. Oktober 1918 entgegengesetzt, die einen revolutionären Flächenbrand auslöste. Der Verhaftung von hunderten von meuternden Matrosen folgte öffentlicher Protest und dann die Aufstellung von Soldaten- und Arbeiterräten. Die althergebrachten Forderungen nach Veränderung der Verfassungsform des Kaiserreiches standen wieder auf dem Plan. Das Scheitern des kaiserlichen Systems war die Folge der militärischen Katastrophe (und nicht andersherum!) und wurde zum Geburtshelfer ideologisch-politischer Strömungen, die am linken Spektrum angesiedelt waren. Beispielhaft steht dafür die USPD, eine Abspaltung von der SPD 1917, und die sich in Teilen daraus gründende KPD ab Ende Dezember 1918 und im Januar 1919. Fragen nach der »Revolution von 1918«, deren Legitimation und deren Wirksamkeit sind seither in der Geschichte immer wieder gestellt worden, ohne abschließend beantwortet zu sein. War es eine »richtige« Revolution, oder eine revolutionäre Epoche ohne grundlegende Bereinigung eines nicht mehr tragfähigen politischen Systems aus dem vorherigen Jahrhundert? Als historische Tatsache bestanden ein psychologischer Kredit und ein unendliches Trauma als Auftakt einer neuen deutschen Republik. Die direkte Folge des Matrosenaufstandes und der revolutionären Ereignisse in Bayern, Baden und der doppelten Republikausrufung in Berlin war, dass sich der deutsche Kaiser direkt von dem militärischen Hauptquartier in Spa ins Exil in die Niederlande begab, wo er dann abdankte.[172] Im Hintergrund spielten die sich hinziehenden und kontraproduktiven Diskussionen um einen Waffenstillstand oder eine Kapitulation ab, von der sich noch führende militärische oder politische Kreise einen Vorteil versprachen. Dabei war die sich abzeichnende militärische Niederlage bereits eine Tatsache und die desaströse Versorgungslage der Menschen im Reich eine weitere. Die sich später bildende Legende des »*Dolchstoßes*«, nach der die politischen Unruhen, angeblich verursacht durch die Sozialisten, für die

Niederlage an der Front verantwortlich gemacht wurden, war zu keiner Zeit wirklich haltbar,[173] trotzdem jedoch populistisch verlockend. Es gab weniger ein politisches Konzept als eine alles überschattende Kriegsmüdigkeit. Die Idee eines fernen Sieges, der noch errungen werden konnte, wenn man sich nur anstrengte, griff nicht mehr, denn die Menschen hatten schlichtweg genug vom Krieg, vom getötet werden (deshalb die Desertationen) und vom Hungern durch Mangel. Und falls die bisherige kaiserliche Regierung sie davon nicht befreien konnte, dann kam sie ihrer obrigkeitsstaatlichen Schutzfunktion nicht mehr nach und konnte deshalb auf die Unterstützung oder Loyalität ihrer Bürger nicht mehr zählen. Die Zeit war reif für eine neue Regierungsform – theoretisch. Praktisch entstand Ende 1918 nur innenpolitisches Chaos, nachdem die Soldaten- und Arbeiterräte die Macht übernommen hatten. Ausgerechnet im konservativen Bayern war von einem Berliner »Revolutionär« als erstes eine Räterepublik gegründet worden. Unter dem Begriff »Revolution« gab es kaum noch funktionierende Verwaltungen oder gar Regierungen in Deutschland. Dafür jede Menge innenpolitischer blutiger Auseinandersetzungen zwischen den verschiedenen Lagern und in den verschiedenen Landesteilen. Nicht nur das Chaos, sondern die Dichte der Tatsachen, die innenpolitisch geschahen und außenpolitisch gefordert wurden, hatte einen Anteil an den sich überschlagenden Ereignissen Ende 1918 und Anfang 1919. Die neue Regierungsform (Weimarer Republik) begann mit einer Hypothek aus Bitterkeit aufgrund der militärischen Niederlage und Depression aufgrund der ungeheuren Opferzahlen. Von den 13,5 Millionen eingezogenen Soldaten kamen 2,4 Millionen nie mehr nach Hause. Das entsprach der Verlustzahl von über achtzehn Prozent. Zusätzlich waren fast fünf Millionen verwundet, verstümmelt und kaum noch alltagstauglich im Sinne von arbeitsfähig. Der Begriff der »*Kriegszitterer*« war Ausdruck einer Traumatisierung, die keine

234

Therapie erfuhr, aber ihre Auswirkungen im privaten und sozialen Umfeld hatte. Die grauenhafte Bilanz des ersten großen Krieges des 20. Jahrhunderts waren insgesamt zehn Millionen Tote und zwanzig Millionen Verwundete weltweit. Das was in Deutschland die bittere Bilanz war, galt für alle anderen großen europäischen Mächte gleichfalls. Und diese Tatsache floss ein in das Vertragswerk, den Friedensvertrag, den Deutschland nach der totalen Kapitulation unterzeichnen musste. Ein Frieden, der als »Diktat« bezeichnet wurde und von vorneherein unter dem Verdacht stand, dass es, hätte die militärische Niederlage nicht direkt in eine Kapitulation, sondern in einen Waffenstillstand mit Wiederaufnahme der Kriegshandlungen gemündet, eine bessere Verhandlungsgrundlage gegeben hätte. Das war zwar unrealistisch und dies wurde von den Ex-Alliierten klar so kommuniziert, aber es gab genug politisch enttäuschte Kreise in Deutschland, die dieser Idee Vorschub gaben. Trotzdem wurde am 28. Juni 1919 der sogenannte Vertrag von Versailles[174] unterzeichnet, der damit offiziell und formal den Weltkrieg beendete und Deutschland schweren Bedingungen unterwarf, wie schon der Ort implizierte, denn nicht aus Zufall war für den Friedensvertrag mit Deutschland ausgerechnet der Palast gewählt worden, in dem 1871 das Deutsche Reich ausgerufen worden war. Elsass und Lothringen gingen (wieder) an Frankreich und ein Teil Westpreußens wurde polnisch. Das war der Verlust von 70.000 Quadratkilometern deutschen Gebietes, das zehn Prozent der Einwohner repräsentierte. Zudem verlor Deutschland alle Kolonien. Sie wurden zwischen England und Frankreich aufgeteilt. Außerdem wurden Deutschland extrem hohe Reparationen auferlegt, bei denen von vornherein klar war, dass deren Zahlung nicht zu bewältigen sein würde.[175] Eine strenge Begrenzung der deutschen Armee mit einem stehenden Heer von hunderttausend Mann, das Verbot einer deutschen Marine und die Anordnung allgemeiner Abrüstung wurden beschlossen und scheinen wenig überraschend. Am schwersten wog bei der deutschen Bevölkerung allerdings die sogenannte Kriegsschuldklausel, die besagte, dass das Deutsche Reich die alleinige Schuld am Ausbruch des Ersten Weltkrieges trüge und deshalb auch die sehr harten Bestrafungsmaßnahmen verdiene. Einmalig und neu in der Geschichte war, dass ein im Krieg unterlegenes Land alle Schuld auf sich nehmen musste und hiervon die Begründung für die komplette Übernahme aller Kriegsschäden abgeleitet wurde.[176] Problematisch war dies vor allem vor dem Hintergrund der verworrenen und sich stetig aufbauschenden Verhältnisse der Vorkriegszeit, die vorangegangen behandelt wurden. Bei früheren Friedenswerken – wie die des Wiener Kongresses 1814/15 – war die Idee der Versöhnung im Vordergrund und die Demütigung des Besiegten bewusst in Grenzen gehalten worden, um einen neuen Konflikt weitestgehend auszuschließen. Die Gründung des Völkerbundes, eine Lieblingsidee des amerikanischen Präsidenten Wilson, wurde angesichts dieser Bestimmungen kaum wahrgenommen. Sie galt bestenfalls als amerikanischer Idealismus gegenüber dem europäischen Kriegsrealismus. Das Friedensprojekt unter dem Namen »Pariser Frieden«, in Deutschland eher bekannt unter dem Begriff »Versailler Frieden«, hatte den Anspruch, die Probleme, die für den Ersten Weltkrieg verantwortlich waren, gelöst zu haben. Allerdings, im Nachhinein ist bekannt, dass hierbei eher mittel- und langfristige Probleme kreiert als alte gelöst wurden. Diese Probleme waren der Startpunkt für neue, destruktive und zwischenstaatliche Konflikte in der Zukunft. Monarchien waren zerstört worden, aber den Republiken, die sie ersetzten, fehlte die Glaubwürdigkeit und vielerorts schlicht jegliche Grundlage. Dies ebnete den Weg zu den Diktaturen der nahen Zukunft. Denn Militarismus, offiziell eine Bewegung von gestern und zumindest was die Deutschen angehen sollte »ausgemerzt« durch die Friedensbedingungen, blieb eine beharrende Kraft, die sich schnell wiederbelebte. Desgleichen der Nationalismus, der sich ebenfalls als langlebig erwies. Nationale Eifersüchteleien, für die Deutschen eine Art Revanchismus aufgrund der tief empfundenen Demütigung, mündeten in außenpolitisches Misstrauen und innenpolitische Polarisierung. Der Völkerbund konnte allen diesen Bewegungen nichts entgegensetzen, wurde zum diplomatischen Reinfall und 1949 durch die Vereinten Nationen ersetzt.

Die zwei Jahrzehnte zwischen dem Ende des Ersten Weltkrieges 1918 und dem Beginn des Zweiten Weltkrieges 1939 sind als **Zwischenkriegsjahre** bekannt. Ganz Europa und natürlich das besiegte Deutschland strauchelten in dem Versuch sich von der psychologischen Verwüstung durch den »Großen Krieg« zu erholen. Die sogenannten »*Goldenen Zwanziger*« waren für die Mehrheit der Bevölkerung alles andere als golden, denn nur eine kleine Minderheit genoss ein sorgenloses und wirtschaftlich unangestrengtes Leben. Die große Mehrheit ging durch wirtschaftliches Elend aufgrund von Arbeitslosigkeit und Mangel in vielerlei Hinsicht, die spätere Weltwirtschaftskrise verstärkte diesen negativen Effekt nur noch. Die Arbeitslosigkeit betraf im Besonderen auch die Frauen, denn als direkte Folge des Ersten Weltkrieges verloren viele Frauen ihren Job. Während der Kriegshandlungen dringend benötigt, sollten nun die Arbeitsplätze für die rückkehrenden Soldaten gesichert werden. Unter dem Begriff der »Demobilisierung« verloren mit Unterstützung des BDF (Bund Deutscher Frauen) als erste diejenigen ihren Arbeitsplatz, die als Verheiratete als Doppelverdienerinnen angesehen wurden.[177] Zurück in den häuslichen Bereich bedeutete für viele eine Rückkehr in eine Abhängigkeit, der sie sich schon fast entwöhnt hatten, finanziell und privat. Dabei hatte sich mit der neuen Regierungsform der Zugang zum Berufsleben für Frauen deutlich liberalisiert. Die Weimarer Verfassung hatte den Frauen Zugang zu allen Berufen und Ausbildungen garantiert.[178] Zumindest theoretisch, in der Praxis herrschten viele Möglichkeiten der Diskriminierung. Ab 1922 war es Frauen erlaubt Richterinnen zu werden und im Zeitraum von 1918 bis 1928 stieg der Anteil von Professorinnen von Null auf 24 Prozent. Gleichzeitig wurde die sogenannte »*neue Frau*« zum Schreckgespenst aller konservativen Bewahrer. Der Zeitenwandel hatte kurze Haare und gekürzte Röcke in Mode gebracht. Die Optik der befreiten Frauen, die mit Bubikopf im swingenden Berlin sich ein freieres Lebenskonzept erlaubten, brachte ein konservatives und patriarchalisches Rollenverständnis in Bedrängnis. Hinzu kam eine sinkende Geburtenrate, die sich leicht mit den Opfern des Ersten Weltkriegs in Verbindung bringen ließ, aber direkt den Frauen als Egoismus und sich natürlicher zahlreicher Fortpflanzung verwehrend in Rechnung gestellt wurde. Frauenbefreiung, die angebliche Verweigerung der klassischen Rollenverhältnisse und am schlimmsten, die weibliche Berufstätigkeit wurden zu Hassobjekten der konservativen Presse. Die Idee, dass sich Frauen »unweiblich« verhielten und dass sie sogar Männern einen möglichen Arbeitsplatz wegnähmen, mündete in einen Diskurs, der weit an jeglicher Realität vorbeiging. Die meisten Frauen, die arbeiten mussten, taten dies in niedrig bezahlten und nicht von Männern beherrschten Arbeitsfeldern. Sie arbeiteten aus purer Not und nicht als Option einer der gebildeten und wohlhabenden Schichten angehörigen »neuen Frauen«, die das Bild vorgeblich prägten. Deshalb waren die Frauen der unteren Schichten auch die ersten Arbeitslosenopfer der **Weltwirtschaftskrise**. Massenentlassungen mit – falls überhaupt – nur Zweidrittel des männlichen Arbeitslosengeldes. Verheirateten Frauen wurde der Zugang zum Beamtentum verweigert und eine Renaissance traditioneller Familienpolitik begann schon in der Weimarer Republik. Die direkten Nachkriegsjahre waren von Depressionen, Krankheiten und Hunger, vor allem in den großen Städten, gekennzeichnet. Die menschlichen Verluste durch die Kriegshandlungen hingen zusätzlich wie eine dunkle Wolke über allem, die Millionen Toten, Verletzten und die vielen Verstümmelten, die das Straßenbild prägten. Das soziale Trauma, durch das die Menschen gingen, kann gar nicht genug betont werden: Viele der Überlebenden erholten sich nie wieder körperlich und seelisch von ihren Erlebnissen. Die fortgeschrittene Waffentechnologie, mit neuartigen, fürchterlichen Verletzungen (Granatsplitter) sowie der Giftgaseinsatz, bedeuteten für viele heimgekehrte Soldaten mentale Verletzungen, die nicht heilten. Und dann gab es noch die sogenannte Spanische Grippewelle, die ihrerseits für eine hohe Anzahl von Toten sorgte, wo immer sie auf sterbende und geschwächte Menschen traf. Der Name war irreführend, denn der Influenzavirus kam nicht aus Spanien, sondern aus den USA, sozusagen als Begleiterscheinung der Truppentransporte nach Frankreich. Nach Deutschland kam die Krankheit ab Juni 1918. Der Ausdruck »spanisch« kam nur daher, weil als einzige Medien die spanischen von der Grippe berichteten, in allen anderen Ländern gab es aufgrund des Krieges eine strikte Pressezensur. Diese Grippe war eine Pandemie, die von 1918 bis 1920 tobte und der vor allem Menschen im Alter von zwanzig bis vierzig Jahren erlagen. Weltweit fielen der Spanischen Grippe sogar mehr Menschen zum Opfer als der Krieg selbst verursacht hatte: circa fünfzig Millionen.

Während die Nationen sich außenpolitisch schon in der Vorkriegsphase von der Idee eines Mächtegleichgewichtes verabschiedet hatten, war dies mit dem Ende des Krieges vollkommen erledigt. Die Festlegungen des Versailler Friedens (besser des Friedens von Paris)[179] hatten dazu beigetragen, eine Völkerverständigung für lange Zeit unmöglich zu machen – zu tief saßen die Kriegsereignisse und die gegenseitigen Schuldzuweisungen. An die Stelle von Diplomatie und der Suche nach einem friedvollen Miteinander der Nationen waren Gefühle der tiefen Animosität, der Rechtfertigung und ein gewisser Revanchismus getreten. Interessanterweise wurde dies wenig erwähnt, aber das lag unter anderem daran, dass im Ersten Weltkrieg Kriegsberichterstattung und **Propaganda** als indirekte Waffe von allen Seiten benutzt wurde. Das Deutsche Reich kam in der internationalen Presse besonders schlecht weg. Die Deutschen wurden als »Hunnen« bezeichnet und die meisten Kriegsgräuel wurden ihnen angelastet, insbesondere der Kriegsbeginn. Deutsche Soldaten waren angebliche »Mordmaschinen«, die Kindern die Hände abhackten oder aus feindlichen Leichen noch Munition gewannen. Und dies waren nur die Zeitungsmeldungen, die Nachrichten der angeblichen Bestialität der Gegner lancierten. Das neue Medium Film war auf allen Seiten aktiv und wurde zur neuen Kraft auf dem Feld der Beeinflussung der jeweils nationalen Öffentlichkeit. Deutsche Lichtbildgesellschaften und später die UFA produzierten kriegsverherrlichende Streifen am laufenden Band. Genauso wie Großbritannien, das seinen Aufmarsch »*Britain prepared*« in einer Endlosschleife zeigte, selbst als in den Kriegsgebieten schon reale Kämpfe tobten. Die Motivation der Regierungen aller kriegsbeteiligten Großmächte war dieselbe: Das Durchhaltevermögen stärken, gegen Kampfmüdigkeit wirken sowie die Betonung der eigenen Siege als politischen Stabilisierungsbeitrag. Deutschland war zu Kriegsbeginn im Feld der Propaganda, unter anderem mit dem Abwurf und der Verteilung von Flugblättern, über deutsche – zu erwartende – Erfolge führend. Noch neutrale Länder sollten günstig gestimmt werden. Die Verärgerung der britischen Regierung über diese Maßnahmen musste nicht anhalten, denn keiner glaubte die Mär von einem »Verteidigungskrieg« nach dem deutschen Einmarsch in Belgien. Ressentiments gegen Deutschland, dem Land »*der Barbaren und Hunnen*« prägten die Haltung anderer betroffener Länder für mindestens zwei Generationen und sie verstärkten sich nach dem Zweiten Weltkrieg verständlicherweise. Inwieweit die Kriegshetze einen langen Schatten warf, ist schwierig zu bemessen. Aber ohne Frage waren die außenpolitischen Beziehungen direkt nach dem Krieg und nach dem Frieden von Versailles sehr belastet. Vor allem in Deutschland wurde der Begriff »Diktatfrieden« in der Öffentlichkeit übermäßig gebraucht und trug ganz entscheidend zum Gefühl der unverdienten Demütigung eines »großen« Volkes bei. Im öffentlichen Diskurs wurde diese Argumentation weitergetrieben, verstärkt unter dem Aspekt der Reduzierung des stehenden Heeres, da weite Kreise, die der militärischen Karriere als Lebensform verschrieben waren, den Diktatfrieden und die Beschneidung der Armee komplett inakzeptabel fanden. Einen entscheidenden Beitrag leistete die bereits beschriebene »**Dolchstoßlegende**«. Im Kern die Idee, dass eigentlich das deutsche Heer »im Felde unbesiegt war«, aber da die Heimatfront mit dem Kaiserreich in einer Revolution unterging, die Armee zur Aufgabe gezwungen war. Mal war dies das Märchen vom Verrat der Kommunisten, mal der Sozialisten, mal die der jüdischen Bolschewisten. Faktisch eine total unhaltbare These, vergiftete sie aber viele Jahre die politische Landschaft in Deutschland und trug zur mangelnden Akzeptanz der neuen republikanischen Staatsform entscheidend bei. Die vielen arbeitslosen Soldaten, vor allem die Offiziere, empfanden sich als Opfer. Sie, die für das Vaterland gekämpft hatten, fanden sich nun ohne Aufgabe und Anerkennung wieder. Das deutsche Nationalbewusstsein, spät erwacht, fand sich ab 1920 im luftleeren Raum wieder und mündete in politischer Verbitterung und einem quasi fanatischen Suchen nach den Schuldigen an der Misere. Abgesehen von der negativen Rhetorik war Deutschland direkt nach dem Krieg ein politisch zerrüttetes und von Hunger und Elend geschütteltes Land. Die hohen Reparationsleistungen verhinderten zusätzlich eine wirtschaftliche Genesung. Freicorps mit reaktionärem Gedankengut und kommunistische Aufstände (Spartakus) trugen nicht zu einer inneren Befriedung bei, ganz im

Gegenteil. In diese Situation hinein wurde den Deutschen die neue Staatsform präsentiert: Der Kaiser hatte abgedankt, die Republik war ausgerufen worden und diese Republik unter dem Namen »**Weimarer Republik**« hatte die Verweildauer von vierzehn Jahren. Die »frische« Republik konnte von Anfang an nicht auf kompletter Zustimmung und Begeisterung aufbauen, zu hoch waren die psychologischen Schulden der Vergangenheit und zu belastend waren die aktuellen Probleme, sowie ein anhaltender parteipolitischer Dissens, der die gesamte Weimarer Zeit charakterisierte. Im Nachhinein ist es immer leichter zu urteilen, aber genau genommen hatte die Weimarer Republik von An- beginn an keine wirkliche Erfolgschance aufgrund mehrerer Faktoren, die zusammen kamen. Das waren bürgerkriegsähnliche Zustände auf- grund der Nationalisten- und Kommunistenaufstände, anhaltendes Parteiengezänk, wenig Regierungsmacht, Straßenkämpfe und politi- sche Morde sowie eine andauernde Wirtschaftskrise, verbunden mit hoher Arbeitslosigkeit, begleitet von einer Inflation, Bankenkrächen und Korruption. Die Zwischenkriegszeit, beginnend mit einer Revo- lution, in der eigentlich neue Ordnungsmuster gesucht wurden, war im Politischen, im Wirtschaftlichen und im Gesellschaftlichen instabil. Mit einer Arbeitslosenanzahl, die für über eine Dekade nie unter zehn Prozent gelangte, war eine wirtschaftliche Depression mit sozialen Folgen ein Dauerthema. Der Niedergang der Landwirtschaft zugunsten der Rüstungswirtschaft resultierte in einer Mangelversorgung der Bevölkerung. Diese hungerte in großen Teilen. Wie häufig in Deutsch- land ging diese Entwicklung mit einer Bevölkerungszunahme und einer höheren Lebenserwartung einher und dies trotz der Opfer des Ersten Weltkrieges.[180] Die Gesellschaft hatte sich seit der Kaiserzeit verändert. Von 1900 bis in die nächste Dekade war die Lebenserwar- tung exponentiell angestiegen, um ungefähr fünfzehn Jahre (für beide Geschlechter). Das galt auch für die Geburtenraten, für die sich der nächste Geburtentiefpunkt erst im Jahr von Hitlers Machtergreifung datieren lässt.

Bereits um die Jahrhundertwende, in einer Hochindustrialisierungsphase, war die gesellschaftliche Debatte im Deutschen Reich ausgebrochen, ob Deutschland noch ein Agrarland sei oder nicht. Die traditionellen Eliten wollten dies bestätigen, obwohl die Verteilung der Arbeitskräfte und die Ansiedelung zwischen Stadt und Land dies nicht mehr hergaben. Die sogenannten »Agrarier«, beziehungsweise Landbesitzer (davon ein Prozent Adel an der Gesamtbevölkerung) beharrten auf dem Narrativ der traditionellen Wirtschaftsstrukturen. Dieses ignorierte den wirtschaftlichen Wandel, der sich aus Industrie und Rüstungswirtschaft rekrutierte. Verzahnt waren, zumindest in den konservativen Köpfen, der Übergang der Agrarwirtschaft mit der Wirtschaftskrise, die Staatsgründung unter dem Damoklesschwert Revolution und natürlich die Kriegsfolgen. In der Kombination bündelten sich diese diversen Krisenherde und waren verantwortlich für die anhaltend hohen Arbeitslosenzahlen, die psychologisch die politische Glaubwürdigkeit der Weimarer Republik unterminierten. Tradition gegen Fortschritt, staatliche (kaiserliche) Autorität gegen demokratischen Anspruch, militärische Niederlage gegen den militärischen Siegesanspruch: Konflikte, aber kein passendes politisch-psychologisches Management. Dies charakterisierte die Anfangszeit der Weimarer Republik. Heute ist bekannt, dass es keinen notwendigen Elitenaustausch gegeben hat und damit die Tragfähigkeit der neuen Republik von Anfang an unterminiert war.

Seit Beginn des Krieges war die Landwirtschaft eingebrochen. Das lag daran, dass die Kriegswirtschaft überschnell auf die industrielle Rüstungsindustrie umgestellt hatte. Aufgrund der Kriegshandlungen wurden die Rohstoffe knapp und waren nicht mehr zu importieren. Die agrarische Produktion litt aufgrund der fehlenden Landarbeiter, die zum Militärdienst eingezogen worden waren und war seit 1915 nicht mehr in der Lage, die Bevölkerung ausreichend zu ernähren. Hungerjahre während des Krieges folgten – eine Entwicklung, die sich zum Ende des Krieges und danach zuspitzte. Durch die vielen gefallenen Soldaten gab es in Deutschland 600.000 Witwen mit 1,2 Millionen verwaisten Kinder. Gleichzeitig schwemmte die Demobilisierung die restlichen Millionen Soldaten zurück ins Reich, mitsamt den Verwundeten. Diese Soldaten kehrten direkt in die Situation eines dramatischen Nahrungsmittelmangels und der Arbeitslosigkeit zurück. Die Festlegungen der alliierten Friedensbedingungen sahen eine Reduzierung des Reichsgebietes vor, was gleichfalls die Bevölkerung um ein Zehntel reduzierte. Im Jahr 1919, einem Krisenjahr, betrug die deutsche Bevölkerung nur noch 63,18 Millionen.[181] Das bedeutete einen gravierenden Bevölkerungseinbruch – katastrophal war die finanzielle Lage der neugegründeten Republik. Die Industrie war veraltet, zerstört und demontiert und musste schnellstens wieder rentabel gemacht werden. Die Frage war: wie? Hinzu kamen die als Kriegsfolge auferlegten Reparationskosten, die als Bezahlung bereits auf drei Generationen gerechnet worden waren. Eine finanzielle Hypothek in die Zukunft der Republik. Diese Zahlungsverpflichtung in Kombination mit der Staatsverschuldung aufgrund des Krieges und der zu leistenden Reparationen sowie der Abfluss aller Goldreserven zeitigte eine finanzielle Krisensituation, aus der kein Entkommen möglich schien. Hinzu kam noch die Besetzung des Ruhrgebietes (dem Kohlerevier Deutschlands). Das alles führte in eine Inflation ungeheuren Ausmaßes – deren Verlierer vor allem die unteren und mittleren Schichten waren. Die Verletzungen durch den Krieg belasteten das Verhältnis der neuen Republik zu ihren Nachbarn, aber es gab kleine Schritte in die richtige Richtung. Bereits 1922 hatte der Außenminister der Deutschen Republik einen Vertrag mit der Sowjetunion abschließen können, den

Sondervertrag von Rapallo, und drei Jahre später wurde die Konferenz von Locarno organisiert, bei der eine deutsch-französische Vereinbarung zugunsten des nachbarlichen Ausgleiches ausgehandelt wurde.[182] Die Aufnahme Deutschlands in den Völkerbund erfolgte im September 1926. Die finanzielle Notlage der Republik durch die im Versailler Vertrag 1919 für Deutschland als Strafmaßnahme festgelegten Reparationen war sogar inzwischen von den auswärtigen Mächten adressiert worden. Die Siegermächte sahen ein, dass sie von Beginn an als zu hoch veranschlagt worden waren. Von den festgelegten 132 Milliarden Deutschmark hatte Deutschland bis 1932 53,1 Milliarden Mark gezahlt, als die Konferenz von Lausanne[183] unter dem Eindruck der Weltwirtschaftskrise von 1929 die Reparationen auf drei Milliarden heruntersetzte. Diese Angleichung an das finanziell Machbare kam allerdings zu spät. Inzwischen hatte sich die öffentliche Rhetorik des Reparationsthemas im Rahmen der sowieso als ungerechtfertigt empfundenen Festlegungen des Friedens von Versailles ausführlich bemächtigt. Der Tenor war die Ungerechtigkeit der Bestimmungen, die finanzielle Knebelung des deutschen Volkes, die vorhandene Missgunst der Nachbarmächte, die das deutsche Volk zugrunde richten wollten. Das war die Propaganda, die ganz gezielt von den immer stärker werdenden Rechtsradikalen benutzt und vom Publikum gern geglaubt wurde. Die Mischung war hochexplosiv: Eine dramatische Wirtschaftskrise und eine nicht im Konsens entstandene Staatsform; der Boden war für den Rechtsradikalismus bereitet. Adolf Hitler[184], ein bis dato unbekannter Demagoge, gründete die Nationalsozialistische Deutsche Arbeiterpartei (NSDAP) in München, putschte zunächst ohne Erfolg gegen die sozialdemokratische bayerische Regierung (1923) und landete im Gefängnis. Diese Zeit nutzte er, um seine Thesen in einem Buch zu verarbeiten, das unter dem Titel »*Mein Kampf*« erschien – und wohl kaum einer gelesen hatte. Die frühe Weimarer Republik war die Zeit der politischen Polarisierung. Radikale Bewegungen von rechts und von links lieferten sich Auseinandersetzungen, die durchaus vielfach mit Verletzungen oder in Morden endeten (Rosa Luxemburg und Karl Liebknecht 1919; Matthias Erzberg 1921; Walther Rathenau 1922). Gemäßigte Politiker blieben eher nicht erhört und die Hauptaufgaben der neuen Republik Wiederaufbau, Ordnung und wirtschaftliche Lebenssicherung konnten in dieser aufgeheizten Stimmung kaum erfüllt werden. Rechtsradikalismus und Antisemitismus verbündeten sich und paramilitärische Einheiten arbeiteten den Protagonisten in die Hände. Die Justiz war konservativ und noch im wilhelminischen Denken verhaftet und daher nicht bereit oder in der Lage, energisch gegen die ganz offensichtlichen Feinde der Republik vorzugehen. Die Republik hatte zudem in den konservativen Kreisen keine wirkliche Legitimation. Erstens, der väterlichen Figur des Kaisers wurde nachgetrauert; zweitens wurde die Republik als das Konstrukt eines zu Unrecht verlorenen Krieges gesehen und drittens waren demokratische Grundrechte ein eher fremdes Konzept.

Das was sich selbst einem dem Parlamentarismus zugeneigten Betrachter bot, war nicht wirklich Vertrauen einflößend: 36 Parteien, zersplittert, zerstritten, gefangen in größeren und kleineren Skandalen. Im Mittelpunkt stand eine Dreiparteienkoalition bestehend aus SPD (Sozialdemokraten), dem Zentrum (katholisch, konservativ) und der DDP (Nationalliberale, Linksliberale). Das folgte einer Traditionslinie, denn alle drei Parteien kamen aus der Zeit des Kaiserreiches. Die Realität des neuen republikanischen Parlamentarismus bedeutete allerdings viele Regierungsbildungen, die nicht hielten und sich immer wieder abwechselten. Keine einzige Regierung der Weimarer Republik, inklusive der Person des Reichskanzlers, schaffte es, sich länger als 21 Monate zu halten. Was beim Bürger ankam war, dass die neue Regierungs- und Verfassungswirklichkeit nicht wirklich verlässlich und

vertrauenswürdig war. Strukturelle Probleme der neuen Regierungsform, wie die des Wahlrechts und das Fehlen einer Fünfprozenthürde,
konnten von der breiten Masse der Bevölkerung nicht als Erklärung
wahrgenommen werden. Der Reichstag der Weimarer Regierung
wurde nach dem Verhältniswahlrecht gewählt und die Neuerungen
waren, dass ab 1919 erstmals Frauen wählen durften und das Wahlalter
auf zwanzig Jahre herabgesetzt worden war. Das Frauenwahlrecht war
innovativ und erstaunlich und damit setzte sich Deutschland an die
Spitze der europäischen Staaten in Hinsicht auf Frauenrechte. Nicht in
Großbritannien, wo die Suffragetten-Bewegung militant für dieses
politische Grundrecht gekämpft hatte, und auch nicht in Frankreich,
dem Land, in dem die Frauen eine Hauptlast während des Ersten
Weltkrieges schulterten, nein, in der Weimarer Republik wurde verwirklicht, was seit 1818 Frauen forderten: politische Teilhabe an der
Macht. Zumindest in Form von Wahlrecht. Mit der Weimarer Verfassung wurden Männer und Frauen staatsrechtlich gleichgestellt – Art.
109 betonte die gleichen Rechte und Pflichten. So ganz funktionierte
dies allerdings nicht im Sinne der Gleichberechtigung, für Frauen gab
es Sonderregelungen. Während Art. 109 das Recht zum Wählen und
zum Gewähltwerden festlegt, spezifizierte Art. 119 der Weimarer
Verfassung, dass die »Gleichberechtigung der Geschlechter« vor allem
in der Ehe stattzufinden habe. Wird die Geschichte der Frauenemanzipation unter diesem Aspekt und langfristig betrachtet, dann dauerte
eine reale Gleichberechtigung im öffentlichen Raum bis in die 1970er
Jahre – und in vielen Diskussionen teilweise bis heute. Das weibliche
Wahlverhalten war interessant, weil sehr bewahrend. Denn als die
Frauen endlich wählen durften (19. Januar 1919), taten sie dies in zahlreicher, aber auch konservativer Weise. Mit einer Wahlbeteiligung von
über achtzig Prozent entschieden sie sich für die der Kirche naheste-
henden und traditionell agierenden Parteien. Damit hatte die erste

Republik Deutschlands zwar ein revolutionär neues Wahlrecht, aber eben keine Sperrklausel in Form einer Prozenthürde, was die unglaubliche Anzahl von 36 Parteien erklärte. Die Stellung des Reichspräsidenten (obwohl vom Volk gewählt) war im Verhältnis zur parlamentarischen Kraft zu stark akzentuiert. Die Ursache hierfür war, dass sie nach der Idee eines Monarchen als väterliche Führungspersönlichkeit an der Spitze modelliert war. Dem Reichspräsidenten oblag die Ernennung des Reichskanzlers unter Zustimmung des Parlamentes. Die Auflösung des Reichstages und die Verabschiedung von Notverordnungen lagen ebenfalls in der Hand des Reichspräsidenten. Diese Konstruktionen folgten eher dem Dualismus des ausgehenden Kaiserreiches, als sich die kaiserliche Macht und Regierung im teilweise erbitterten Widerstand zum Reichsparlament befand. Das Ringen um die politische Macht und deren Durchsetzung war in der Weimarer Republik allerdings weniger diesem Dualismus geschuldet als vielmehr dem mangelnden Vertrauen des neurepublikanischen Bürgers in das System von 1919. Die Weimarer Republik und ihr Untergang sind vielfach analysiert worden. Ihre wahre Modernität in Form liberaler Gesetze und der demokratischen Ausdehnung von bürgerlichen Rechten blieb zurück in der Gemengelage von Nichtakzeptanz und mangelnder Unterstützung durch genau diese Bürger. Die »Republik ohne Republikaner« war zu früh und zu wenig stabil, um ihren Fortbestand über den Zeitraum von vierzehn Jahren mit insgesamt acht Regierungen zu erhalten.

14. Die totale Katastrophe des 20. Jahrhunderts

Ende der Zwanzigerjahre schien die Zeit reif für eine neue ideologische Bewegung und führte zum Aufstieg der braunen Macht, die in der Berufung Adolf Hitlers zum Reichskanzler Ende Januar 1933 kulminierte. Dies war der Anfang vom Untergang der Menschenwürde, der Demokratie und des in Paris verhandelten Friedens von 1919. Die knapp anderthalb Dekaden der Weimarer Republik hatten nur eines gezeigt, nämlich dass Einigkeit bei den Parteien und Gruppierung kaum bestand. Ein Gesamtwillen zum Konsens war deutlich nicht vorhanden und einer deutschen Demokratie wurde kein gesamtgesellschaftlicher Wert zugemessen. An Stelle dessen kam es zu Polarisierungen rechts und links, die erlaubten, dass die extremen Parteien nach oben geschwemmt wurden. In einem Punkt allerdings gab es Zustimmung von allen und zwar im Streben nach einer Revision der Bestimmungen des Versailler Vertrages. Keine einzige Partei hatte dieses Anliegen nicht prominent in ihr Parteiprogramm aufgenommen. Somit kann davon ausgegangen werden, dass diese Ansicht wohl von einem Großteil der Bevölkerung getragen wurde. Die Kombination aus Weltwirtschaftskrise, deren Auswirkungen im Nachkriegsdeutschland heftig zu spüren waren, die politische Zersplitterung von rechts und links, die bürgerkriegsähnlichen Szenen, die sich auf den Straßen der ausgehenden Weimarer Republik abspielten, alles dies beängstigte den Bürger und erschütterte sein Vertrauen in die politisch Verantwortlichen nachhaltig.

Bei der Frage, wie es zum Aufstieg Hitlers und seiner ideologisierten Schlägertrupps kam, wird häufig eine politische Realität der frühen dreißiger Jahre aus den Augen verloren. Seit 1930 wurde mit Notstandsgesetzen regiert und das bedeutete die erste massive Unterwanderung der Weimarer Demokratie, die eine deutliche strukturelle Schwäche aufwies. Die NSDAP hatte massiven Zulauf bekommen, denn hier wurde eine Heilserwartung geschürt. Hitler versprach Arbeit und Brot und warnte gleichzeitig vor möglichen blutigen Gefahren des Kommunismus (Bolschewismus) und des »internationalen Judentums«, das dahinter stehe. Die blutigen Separatistenkämpfe zwischen den Rechten und den Linken, die sich auf den Straßen abspielten, hatten das Bürgertum massiv verschreckt und raubten ihm jegliche Zuversicht, dass die Regierung Hindenburg und Brüning (Zentrumsregierung 1930–32) noch Ordnung in die politische Landschaft bringen könnte. Die ausgehende Weimarer Republik wurde durch Paul von Hindenburg nur noch mit Notverordnungen regiert und ab 1932 bescherten die Wahlen Hitlers NSDAP die stärkste Position im Reichstag, allerdings nicht die absolute Mehrheit, die sich nur aus einer Koalition von Zentrum und NSDAP ergeben hätte. Der daraus entstandenen Pattsituation zeigte sich die konservative Regierung um den greisen Reichspräsidenten von Hindenburg nicht mehr gewachsen. Da die erhoffte Koalition aus Zentrumspartei und NSDAP nicht zustande kam, folgte die Auflösung des Reichstages zum 1. Februar 1933. Ohne anderen gangbaren Ausweg und in deutlich größerer Furcht vor einem unwahrscheinlichen, aber befürchteten Linksputsch entschied sich die Regierung Hindenburg-Papen vorschnell für die vermeintlich bessere Variante und berief Hitler zum Reichskanzler. Zuvor hatte Adolf Hitler es verstanden, die konservativen Eliten mit den Deutschnationalen, der Stahlhelm-Bewegung und die Wirtschaftsführer davon zu überzeugen, dass mit ihm die Parteienstreitereien beendet wären, er der Garant eines »law and order«-Systems sei und Deutschland sich somit endlich dem wirtschaftlichen Wiederaufbau widmen könnte. Die Ernennung Adolf

Hitlers am 30. Januar 1933 zum Reichskanzler durch den viel zu alten und erschöpften Reichspräsidenten Paul von Hindenburg war keine politische Glanzleistung, aber sie war trotzdem ein legaler politischer Prozess. Dem ist entgegenzusetzen, dass in der Kombination von Notstandsgesetzen und der generellen antiliberalen und undemokratischen Grundgesinnung der damaligen Reichsregierung »legal« eine streitbare Begrifflichkeit darstellt. Ein weiterer Faktor war das Fehlen eines wahren Gegengewichts auf der linken Seite des politischen Spektrums. Das lag an der Tatsache, dass sich die SPD und KPD langfristig zerstritten hatten (genau genommen seit 1919) und als Ergebnis ihrer anerkannten Uneinigkeit fehlte Ende der Zwanzigerjahre ein politisches Gegengewicht in Form einer schlagkräftigen Linken als Bremsklotz.[185] Die Wählerstimmen von SPD und KPD zusammengenommen hätten im Prinzip für einen Stimmenanteil von bis zu vierzig Prozent sorgen können (Mai 1928; September 1930; November 1932). Angriffe auf die Demokratie, zumeist von rechts, hatte es immer wieder gegeben. Der bekannteste war der Kapp-Putsch (März 1920), bei dem sich konservative Militärs, Deutschnationale und Monarchisten der neuen republikanischen Regierungsform ein für alle Mal entledigen wollten. Nur ein Generalstreik der Gewerkschaften, bei dem zwölf Millionen Arbeiter von links aktiviert wurden, verhinderte dies. Minderheitsregierungen und schlecht funktionierende Koalitionen destabilisierten das Weimarer System. »Rechts« formierte sich währenddessen: Zunächst als DAP, dann als NSDAP.[186] Antisemitistisch und anti-demokratisch erklärten diese Gruppierungen der »*Judenrepublik*« den Kampf. Der Nährboden für Adolf Hitler und seine Bewegung war bereitet. Auf der einen Seite wurden rhetorisch die »*ausgebeuteten Massen*« bedauert, gleichzeitig wurden die sogenannten »Schuldigen« benannt: Juden und »*Rote*«. Die Roten, damit waren die Kommunisten, beziehungsweise »*Bolschewiken*« (in der damaligen Sprachform) gemeint. Der gesellschaftspolitische Ausweg wurde dabei gleich aufgezeigt, verkörpert in der Idee, dass Deutschland wieder stark und wehrhaft werden sollte, eben »*wahrhaft deutsch*«. Getreu dem Motto nationale Auferstehung als Weg zum politischen Heil.[187] Wie konnte es soweit kommen? Wie konnte eine kleine radikale Protestpartei, beziehungsweise Bewegung schlagartig erfolgreich werden? Wahltechnisch gesehen war der Aufstieg der nationalsozialistischen Bewegung nur eine begrenzte Erfolgsgeschichte. Bei den Wahlen von 1928 bekam die NSDAP magere 2,8 Prozent der Stimmen. Das steigerte sich bei der Weimarer Reichstagswahl vom September 1930 auf 18,3 Prozent und stieg dann im Gefolge der Propaganda und des Terrors, den die »Braunen« verbreiteten, was zu einem erhöhten Bekanntheitswert beitrug, zu einem relativen Wahlerfolg bei der Juliwahl von 1932 (der sechsten Reichstagswahl) mit dem Stimmenanteil von 37,4 Prozent. Im gleichen Jahr sank bei der Reichstagswahl vom 6. November (zum siebten Reichstag) dieser Stimmenerfolg um 4,3 Prozent ab und die NSDAP konnte ein Drittel der deutschen Wählerstimmen auf sich vereinigen. Die Wahl vom 5. März 1933, bei der die NSDAP 43,9 Prozent (zwölf Millionen Stimmen) erlangte, bedeutete die Mehrheit im Parlament, wenngleich nicht die absolute Mehrheit. Die Märzwahl von 1933 kann nicht mehr wirklich als freie Wahl gewertet werden, denn Adolf Hitler war schon seit Ende Januar 1933 als Reichskanzler im Amt und mit der »Reichstagsbrandverordnung«[188] waren die bürgerlichen Rechte (Pressefreiheit und Versammlungsrecht) zusätzlich eingeschränkt worden. Mit dem Erfolg, dass die Parteien der Mitte nicht mehr genug Stimmen auf sich versammeln konnten, nachdem die NSDAP um 10,8 Prozent (seit November 1932) zugelegt hatte. Wesentlich waren hierfür zwei Faktoren. Zum einen war die NS-Diktatur bereits auf den Weg gebracht und verbreitete Terror. Das bekamen insbesondere die linken Parteien wie SPD und KPD zu spüren, die Opfer staatlicher Verfolgung und Übergriffe wurden. Gleichzeitig waren Wählerwanderungen von der KPD und im geringeren Ausmaß von der SPD zu verzeichnen. Die NSDAP bekam Zuwachs von verängstigten und sozial Zurückgelassenen, die von der KPD wechselten. Im Hintergrund stand die Tatsache, dass sich die wirtschaftliche Situation nochmals verschlechtert hatte, mit einer Steigerung der Arbeitslosenzahlen. Fast sieben Millionen Deutsche waren arbeitslos und ohne Auskommen und dabei half noch nicht einmal, dass die ehemaligen Alliierten die deutschen Reparationszahlungen des Reiches inzwischen gestundet hatten. Allerdings waren die Märzwahlen 1933 die letzten Wahlen, bei denen andere Parteien noch antreten durften und stellen so das Ende der Weimarer Demokratie dar. Danach herrschte diktatorischer Terror in Form von Annullierung der Parteimandate der KPD, was durch die Reduzierung der Sitze der NSDAP die absolute Mehrheit bescherte. In Schritt zwei wurde das sogenannte »Ermächtigungsgesetz« verabschiedet, dass dem Parlament die Regierungsmacht entzog.[189] Bei den kommenden Wahlen im November 1933 herrschte die Einheitsliste der Nationalsozialisten und abzustimmen gab es nur mit »Ja«, für den beabsichtigten Austritt aus dem Völkerbund.

Mit der **Regierungsübernahme Hitlers** wurde zur Tatsache, was sich schon seit dem Beginn der 1920er Jahre angekündigt hatte: Nazismus, eine faschistische Ideologie übernahm Deutschland und seine Regierung. Nazismus hatte als Grundlage überzogene Nationalgefühle kombiniert mit Antisemitismus, in der Annahme, dass die Deutschen zu einer überlegenen Rasse (Arier) gehören. Dies mündete in den **Holocaust**[190] in den Jahren 1941 bis 1945. Nazismus war Teil einer Denkweise, die ein ideologisches Phänomen in den Jahren nach dem Ersten Weltkrieg darstellte. Die Erfahrung des Krieges, kombiniert mit den desaströsen wirtschaftlichen Konsequenzen machte die Menschen augenscheinlich bereit für totalitäre Systeme. Von Spanien über Italien bis Deutschland war der Wunsch nach Stabilität und einer starken politischen Führung vorhanden. Demokratische Wertvorstellungen waren zu diesem Zeitpunkt vergleichsweise unterentwickelt.[191] Vielleicht verständlich in Ländern, die keine historische Erfahrung mit erfolgreichem Parlamentarismus machen konnten. Den Ausführungen der Soziologin Hannah Arendt[192] in ihrem »Ursprünge des Totalitarismus« folgend, ist die Quelle der Massenattraktion totalitärer Systeme in ihren Ideologien zu finden, denn totalitäre Ideologien geben simple Antworten auf komplexe politische Probleme. Typische Strukturen totalitärer Staaten bestehen in einer Massenpartei, einem Diktator, monopolisierter Kommunikation und einer staatlich geplanten Wirtschaftsform.[193] Nach der ursprünglichen Definition hat der Faschismus häufig eine starke Basis in der Arbeiterklasse und bei der armen Landbevölkerung, aber in Deutschland waren die Unterstützer der NSDAP flächendeckend, quer durch alle Schichten zu finden. Bei den Industriearbeitern, Landarbeitern, strauchelnden Landbesitzern, enttäuschten Weltkriegsveteranen, Nationalisten und extremen Konservativen. Ohne Unterscheidung war in Italien der Faschismus und in Deutschland der Nazismus, ganz entscheidend unterstützt durch moderne Technologien wie Radio und Druckerzeugnissen, die vom Staat als Propagandawerkzeuge genutzt wurden. Die deutsche Ausprägung des Faschismus unter dem Begriff Nazismus steht für die Zeit der Diktatur, die die Nazis in Deutschland von 1933 bis 1945 unter dem Namen »Drittes Reich« errichteten. Der Nazismus, beziehungsweise der Nationalsozialismus hatte keine direkte und theoretisch begründbare Ideologie, sondern war vielmehr die typisch deutsche Ausprägung des faschistischen Totalitarismus. Eines war sicher: Einmal installiert regulierte ein totalitäres System wie der Nazismus jeglichen Aspekt des öffentlichen und privaten Lebens. Der Nationalsozialismus war eine grausame Sonderform des Faschismus und das zeigte sich insbesondere an dem so heftig propagierten Antisemitismus. Der Begriff »Semiten« kam biblisch von dem Namen von Noahs Sohn (Sem, Begründer des Volkes der Semiten) und wurde nur benutzt, um Menschen dem mittleren Osten zuzuordnen. Die neuere Verwendung dieses Terminus bedeutete eine Diskriminierung von Juden. Es ist nicht zu leugnen, dass es in Europa und speziell in Deutschland eine lange Tradition des Antisemitismus gab – wie insbesondere während der Kreuzzüge und der Pest deutlich wurde. Ganz ursprünglich entstanden das Misstrauen und die Abneigung gegen Juden aus dem Christentum selbst mit der Annahme, dass die Juden für Christus' Tod verantwortlich wären. Im Deutschen Reich war der Antisemitismus seit 1873 zunehmend populär und gesellschaftsfähig geworden.[194] Juden und jüdische Mitbürger wurden als »fremd« und destruktiv angesehen, als eine Gefahr für die deutsche nationale Identität und als ein »*fremdes Volk*« innerhalb der Deutschen. Ab den 1920er Jahren wurde dies zur primitiven Propaganda radikaler Kreise, mit der den deutschen Bürgern, die ein tiefes Gefühl der Unsicherheit seit dem Zusammenbruch der vertrauten Strukturen des Kaiserreiches und des verlorenen Krieges umtrieb, eine angebliche Projektionsfläche gegeben wurde. Die aufsteigende nationalsozialistische Bewegung erkannte dies und es entsprach genau ihrer eigenen Ideologie. Die Idee, »Schuldige« für das deutsche Desaster zu benennen und damit die jüdischen Mitbürger zu belasten und zu verfolgen, wurde in den kommenden Jahren zur Staatsraison der Nazis. Neben der Diskriminierungskampagne war die Wiederherstellung sogenannter geordneter Verhältnisse mithilfe einer neuen starken Führung ein weiterer Pfeiler der Machtergreifung. Nationale Demütigung, gesellschaftliche Verunsicherung, wirtschaftlicher Niedergang sowie die Nichtakzeptanz der strauchelnden parlamentarischen Demokratie bereiteten den Boden für den Aufstieg der braunen Bewegung. Das politische Vakuum, genau genommen ein enormes Demokratiedefizit mit dem Ruf nach einem starken Führer, war es, was die Nazibewegung mit einem Adolf Hitler an die Spitze brachte. Hitler als Allzweckwaffe gegen wirtschaftliche Depression, schwache demokratische Institutionen und das Versprechen von Sicherheit in jeder Hinsicht: Persönliche Sicherheit, ökonomische Sicherheit und soziale Stabilität. Adolf Hitler gab vor, den individuellen Deutschen – genauso wie das deutsche Volk als Ganzes – gegen die schlimmsten Übel der Arbeitslosigkeit und des Verderbens zu beschützen. Das ausgerechnet ein Adolf Hitler diese Rolle erfüllen wollte, darauf hatte nichts in seiner früheren Biographie hingedeutet. Adolf Hitler (1889–1945) war in Braunau, einem kleinen Ort in Österreich an der bayrischen Grenze, als Sohn eines Zollbeamten geboren worden.[195] Die Schule konnte er nicht beenden und danach versuchte er erfolglos seinen Lebensunterhalt als Maler in Wien zu verdienen. Bereits in Wien war Hitler vom Faschismus und Antisemitismus angezogen worden, danach zog er 1913 nach München, wo er als Gefreiter am Ersten Weltkrieg teilnahm, jedoch schnell marginal verletzt wurde und danach nicht mehr an die Front zurückkehrte – im Gegensatz zu vielen seiner anderen, auch jüdischen Mitsoldaten, die für das Vaterland nach langen Gefechten und Verwundungen fielen, vor allem jedoch im krassen Kontrast zu der von ihm später geforderten bedingungslosen Opferbereitschaft aller Deutschen. Direkt nach dem Krieg wurde Adolf Hitler Mitglied einer kleinen Partei mit dem Namen Nationalsozialistische Deutsche Arbeiterpartei (NSDAP), die er bereits nach zwei Jahren leitete. Bekanntermaßen kam Hitler unter starken antijüdischen Einfluss während er von 1906 bis 1913 in Wien lebte und als Maler keinen Erfolg hatte. Wien war zu jenem Zeitpunkt der Brennpunkt antisemitischer Propaganda. Parallel dazu wurde er mit dem Konzept einer »*idealen Rasse*« (arisch) vertraut, die blond und rein für das wahre Ideal einer überlegenen Rasse stehen sollte. Auch in Hitlers Münchner Zeit waren dieselben Ideen am Werk, gleichzeitig wurde der Mischung die Mär einer »*geheimen internationalen und jüdischen Verschwörung*« hinzugefügt. Retrospektiv betrachtet scheint niemand bereits 1933 wirklich verstanden zu haben, dass Hitlers rassistische Ideologie und seine mörderischen Pläne über die jüdischen Mitbürger der eigentliche Grund seiner Machtübernahme in Deutschland waren. Dabei war es bekannt: In seinem Buch »Mein Kampf« aber auch in allen seinen Reden, auch seinen frühen von 1919 und 1920, erklärte Hitler bereits: »*Wir werden den Kampf ausführen, bis der letzte Jude aus dem Deutschen Reich entfernt ist.*«[196] Das Programm der Nationalsozialistischen Deutschen Arbeiterpartei stand offiziell für die Vereinigung aller Deutschen, auch der im Ausland Ansässigen. Gleichzeitig wurde ein starker Widerstand gegen die Bestimmungen des Versailler Friedens formuliert. Hier konnten die Nazis mit allgemeiner Zustimmung rechnen. Neu und spezifisch nationalsozialistisch war der geplante Ausschluss der Juden vom Bürgerrecht und allen offiziellen Ämtern mit der Begründung, dass »die jüdische Verschwörung« versuche, das deutsche Ideal zu zerstören. Das NSDAP-Programm stand für übertriebenen Nationalismus, militaristische Ambitionen und eine arische Rassenideologie. Die Nazis standen vor allem für Letzteres, dem persönlichen und intensiven Wunsch Hitlers buchstabengetreu folgend und getrieben von einem irrealen, unbegrenzten Hass auf die Juden. Dies war der Mittelpunkt aller politischen Überzeugungen und Bestrebungen Hitlers. Er sprach den jüdischen Bürgern die Daseinsberechtigung in ihrem Land ab, indem er erklärte, dass sie zu einer »*minderwertigen Rasse*« zählten und deshalb keinen Platz im Land der »*arischen Herrenrasse*« hätten. Diese Ideen fußen auf der Entfremdung Darwinistischer Vererbungslehre, die die Schlagworte »survival of the fittest« und »struggle for life« hervorbrachte. Diese waren nun von Hitler auf Menschen und verschiedene Wertigkeiten von menschlichen Rassen bezogen worden, was allerdings (leider) keine alleinig deutsche Idee war.[197] Einmal an der Regierung, setzte Hitler sofort sein menschenverachtendes Programm gegen die jüdischen Mitbürger um. Juden wurden aus dem Staatsdienst entlassen, sie verloren die deutsche Staatsangehörigkeit, sie wurden gejagt, geschlagen, ihre privaten Existenzen wurden vernichtet und auf dem Höhepunkt wurden sie in Konzentrationslager gebracht, gefoltert, zur Zwangsarbeit verpflichtet und dort ermordet. Diejenigen, die das Land noch verlassen konnten, taten es und die Aufnahmeländer profitierten von ihrem Können und ihrem Wissen, besonders auf den wissenschaftlichen Feldern.[198] Allerdings, die Mehrheit der Juden blieb, sie konnten nicht begreifen, was um sie herum geschah, besonders diejenigen, die ihrem Land Deutschland mit Auszeichnung im Ersten Weltkrieg und im Frieden gedient hatten. Warum war dies überhaupt möglich? Ab Ende Februar 1933 waren alle Grundrechte, die der Presse, der freien Sprache und der Versammlung nochmals energisch begrenzt worden und die NSDAP war zur einzigen legalen politischen Führung geworden: Die Partei war das Synonym für den Staat. Die Naziregierung hatte »Privatarmeen« (zunächst die Sturmabteilung (SA) bis zum Röhm-Putsch 1934) und danach die Schutzstaffel (SS) aufgebaut, die das Terrorisieren von Gegnern und politische Morde übernahmen und Gefangene in »Schutzhaft« nehmen durften. Die SS war nicht nur für die Ausführung des staatlichen Terrors zuständig, sie organisierte federführend den Vernichtungsfeldzug gegen die jüdische Bevölkerung. Inzwischen waren Gesetze erlassen worden, die die Verfolgung der Juden staatlicherseits verordneten. Als Erstes die **Nürnberger Gesetze** vom September 1935, die unter anderem die Heirat zwischen Juden und Nicht-Juden untersagten und jegliche Tätigkeit von Juden im öffentlichen Dienst und »arisch-deutschen« Betrieben verboten.[199] Der Übergang zum Morden mit der grausam-zynischen Wortwahl der »Endlösung« begann ab 1938 mit der Einrichtung von Konzentrationslagern, in die jüdische Familien gebracht und dort brutal ermordet wurden. Während des Krieges kamen weitere Dimensionen der Vernichtung hinzu. Überall wo die Wehrmacht ankam, marschierten Einheiten der SS hinterher, deportierten und ermordeten die dort angetroffenen Juden und »Reichsfeinde«. Die europäischen Juden umzubringen war Staatspolitik geworden und während des Zweiten Weltkrieges gingen die Errichtung von Ghettos und der Abtransport in die Vernichtungslager mit militärischer Präzision voran. Bevor der sechsjährige Krieg vorüber war, waren in den von Deutschen besetzten Gebieten sechs Millionen Juden auf fürchterliche Weise ermordet worden. Das Grauen war unbeschreiblich und wie später bekannt wurde unbeschreiblich organisiert: Konzentrationslager, Vernichtungslager mit Gaskammern und Krematorien waren errichtet worden, um sogenannte »*minderwertige*« Menschen systematisch und möglichst zeit- und kostensparend umzubringen.

Im Dickicht der Propaganda und der haarsträubenden Rhetorik der Nazidiktatur bleibt die Tatsache, dass es sich bei der Verfolgung der deutschen und europäischen Juden vor allem auch um einen materiellen Raubzug unglaublichen Ausmaßes handelte, etwas verschwommen. Die Hatz auf die Juden war eine Geschichte der nationalsozialistischen Hab- und Raffgier sondergleichen. Nicht nur um die Auslöschung des jüdischen Volkes in Europa ging es, sondern ebenfalls um das Einheimsen der jüdischen Vermögenswerte. Während der Weimarer Republik wurde vielen jüdischen Mitbürgern die Möglichkeit, die deutsche Staatsbürgerschaft zu erlangen in Aussicht gestellt, insofern sie diese noch nicht besaßen.[200] Ab dem Moment, als Hitler Reichskanzler wurde, wurde die Einbürgerungsuhr auf rückwärts gestellt und bei jedem neuen Akt der Verfolgung und Rechtlosigkeitsmachung von Seiten des Naziregimes sahen sich die deutschen Juden mit Geldbußen belegt. In dem Augenblick als Hitler als Reichskanzler an die Macht kam und die Märzwahlen 1933 hinter sich gebracht hatte, fing er mit seinem mörderischen Programm an. Das bestand in Ausgrenzung, Boykott, Entzug der Lebensgrundlage und Vertreibung, gefolgt von Mord und Vernichtung. Die jüdischen Mitbürger wurden systematisch aus dem Wirtschafts- und Wissenschaftsleben gedrängt, sie wurden enteignet und zur Emigration gezwungen. Für jeden dieser Schritte der Verfolgung mussten sie mit ihrem persönlichen Vermögen zahlen. Bestes Beispiel ist die Reichskristallnacht. Ihr fielen 1.400 Synagogen sowie 800 jüdische Geschäfte zum Opfer und über 30.700 Männer wurden in verschiedene KZs deportiert. Die Schäden an den jüdischen Besitzungen und Geschäften wurden von einem aufgebrachten Mob von Deutschen begangen und waren enorm. Für diese Schäden und deren notwendige Beseitigung, um ein ordentliches Straßenbild zu gewährleisten, wurde den jüdischen Besitzern zwanzig Prozent ihres gesamten Besitzes in Rechnung gestellt. Um die Perversion dieses Ansinnens zu komplettieren, »durften« diese Beträge in vier Raten abbezahlt werden. Unzählige Selbstmorde aus Verzweiflung waren das Ergebnis. Die systematische Eskalation gegen die Juden war von Hitler und seinen Helfern angeordnet worden. Blanker Hass mündete in demagogisch geschürte Gewalt und Zerstörung jüdischen Eigentums mit dem Ziel der totalen Vernichtung. Unter den Begriffen »*Entjudung*« und mit der Instrumentalisierung des »*Volkszorns*« wurde die »*Arisierung*« vorangetrieben. Die Juden erlebten zunächst die soziale Ausgrenzung und danach die materielle Ausbeutung. Selbst die Emigration, die im Verhältnis nur wenigen Juden und ihren Familien gelang, hatte ihren nicht nur emotionalen hohen Preis. Fünfundzwanzig Prozent ihres Vermögens mussten Ausreisewillige dem Regime überlassen. Das stellte in den Jahren von 1933 bis 1934 alleine den Betrag von 153 Millionen Reichsmark dar. Falls die Ausreise von den aufnehmenden Ländern bewilligt wurde und ein Devisentransfer das künftige Leben in

dem neuen Land finanziell sichern sollte, wurde eine »Überweisungs-
steuer« in Höhe von 65 Prozent fällig. Bei genauer Berechnung aller
vom Naziregime verordneten Zwangsabgaben blieben vielleicht zehn
Prozent des ursprünglichen Vermögensbesitzes übrig und selbst darauf
musste vielfach im Austausch gegen das pure Leben verzichtet werden.
Bei der Emigration wurden die Juden gezwungen, »*als Feind der deutschen Regierung*«, so die Formulierung, komplett auf ihr gesamtes
Eigentum zu verzichten. Für den Neuanfang im Exil war dies ohne
Geld und finanzielle Reserven eine zusätzliche und beabsichtigte
finanzielle Bürde.[201] Ab 1938 wurde es noch schlimmer, denn von
Hitler und seinen Getreuen war die Devise ausgegeben worden, »die
Judenfrage zur Erledigung« zu bringen. Federführend und ganz scham-
los war hierbei Göring, der in Zusammenarbeit mit Goebbels eine Art
von Bereicherungswettlauf startete. Die jüdische Auswanderung wurde
zur verzweifelten Massenflucht, die konzentriert in den Jahren 1938
und 1939 stattfand. Sobald die Juden im Ausland angekommen waren
und falls sie noch über Besitz in Deutschland verfügten, verfiel dieser
gemeinsam mit ihrer deutschen Staatsangehörigkeit. Die geringe
Anzahl von Juden, die dann noch im Dritten Reich lebten, belief sich
auf ganze 200.000. Sie wurden alle in die Konzentrations- und Vernichtungslager deportiert. Ihr Besitz fiel somit ohne großen Aufwand und
quasi automatisch dem verbrecherischen Regime zum Opfer. Selbst
falls Juden noch eine Chance zur Auswanderung gehabt hätten, wurde
ihnen offiziell ab Oktober 1941 das Verlassen des Reiches verboten.
Die jüdischen Vermögen, die sich das Hitler-Regime mit brutaler
Effizienz unter den Nagel gerissen hatte, waren beachtlich; im Jahr
1933 kann von einem jüdischen Vermögen in Höhe von zehn Milliarden Reichsmark ausgegangen werden. Die Enteignung des jüdischen
Eigentums stellte eine zusätzliche Facette der neidischen Heimtücke
der Nazis staatlicherseits dar.

Nachdem Hitler mit seinen Helfern die Innenpolitik nach seinen Wünschen organisiert hatte, wandte er sich der **Außenpolitik** zu – mit desaströsen Ergebnissen. Innerhalb von zwei Jahren hatte Hitler Deutschland aus dem Völkerbund gelöst, danach hatte er allen militärischen Festlegungen des Versailler Vertrages eine Absage erteilt und die Wehrpflicht wieder eingeführt. Nun wurde es allen deutlich, dass Hitler ein straffes Wiederaufrüstungsprogramm forcierte, das Arbeitsplätze schuf. Ein »Wirtschaftswunder« innerhalb von fünf Jahren, welches die Glaubwürdigkeit des NS-Regimes unterstützte.[202] Die Beschäftigungszahlen wuchsen rapide an und die wirtschaftliche Erholung, von der deutschen Bevölkerung wahrgenommen, wurde dem neuen Regime gutgeschrieben. Nach der wirtschaftlichen Not der Weimarer Republik fiel die Arbeitslosigkeit von 10,3 Prozent auf 1,9 Prozent. Der Grund hierfür waren die Rüstungsausgaben, zunächst mit einer Etatverdoppelung direkt im Jahr 1933 und in den Folgejahren bis 1938 auf fünfzig Prozent des Gesamthaushaltes. Die Rüstungsanstrengungen wurden verdeckt finanziert, auch unter dem Aspekt das Ausland zu täuschen. Die Staatsausgaben wuchsen parallel an, wurden allerdings nicht steuerlich auf die Bürger umgelegt, sondern mit massiver Verschuldung bezahlt. Ein militärischer Sieg, so das finanzpolitische Kalkül, sollte diese dann decken. Der nächste wichtige und in der NS-Politik omnipräsente Punkt, der ebenfalls auf wirtschaftliche Erwägungen mit zurückzuführen war, galt der Beschaffung von »mehr Lebensraum« für die Deutschen und der Rückführung aller ethnischen Deutschen, die außerhalb Deutschlands lebten » heim ins Reich«. Im Mittelpunkt des Regimes stand ein expansionistischer Superplan, der zunächst die Rückeroberung der im Ersten Weltkrieg verlorenen Gebiete forcierte – insbesondere der polnische Korridor zu Danzig sollte in jedem Falle geschlossen werden und Deutschland wieder zu einem zusammenhängenden Reich vereint sein. Dies mündete aber schnell in der Zielsetzung der Germanisierung des Ostens. Die Argumentation dahinter war der Anspruch der »arischen Rasse«, denn den befähigteren Rassen stehe das Territorium unterlegener Völker zu. Die Kolonialisierung des Ostens begann direkt an der bayerischen Grenze. Denn als erstes hatte sich Österreich ohne größeren Widerstand dem Deutschen Reich angeschlossen. Ermutigt setzte Hitler weiter seine Politik fort, die ethnischen Deutschen zum Reich zugehörig zu machen und fing mit der Tschechoslowakei an. Ab Mitte März 1938 marschierten deutsche Truppen ein und das Land wurde dem großdeutschen Gebiet unter der Bezeichnung »Reichsprotektorat Böhmen und Mähren« (ohne die Slowakei) einverleibt. Statt den direkten Widerstand der anderen Mächte, vor allem von Großbritannien, hervorzurufen, konnte sich Hitler auf die Appeasementhaltung des britischen Premiers Chamberlain verlassen, der mit Hitler das »Münchner Abkommen« vom August 1938 unterzeichnet hatte. Zudem versuchten sich die meisten europäischen Staaten in einer Appeasementpolitik, die argumentierte, dass die Deutschen im gewissen Maße Ansprüche auf diese illegal erworbenen Gebiete hätten und dass man sich nach der Katastrophe von 1914 bis 1918 auch nicht mehr militärisch streiten wolle. Nur so lässt sich erklären, dass bei der territorialen Reduzierung der Tschechoslowakei und der Anbindung als »Reichsprotektorat« England und Frankreich nur verbal protestierten. Das riesige Wiederaufrüstungsprojekt, das Hitler in Auftrag gegeben hatte, wurde zunächst ein großer Erfolg, vor allem weil es die Angestelltenzahlen rasant steigen ließ und deshalb von der Bevölkerung mit Begeisterung aufgenommen wurde. Die öffentliche Zustimmung zu der neuen faschistischen Regierung hatte ebenfalls ihre Wirkung bei den auswärtigen Beobachtern: Es wurde als positiv vermerkt. Mit einem klaren völkerrechtlichen Bruch des Münchner Abkommens, aber ohne direkte Sanktionen aus Furcht vor einem Krieg war Hitler ermutigt, seinen aggressiven außenpolitischen Kurs fortzusetzen. Russland war schon zuvor außer Gefecht gesetzt worden und zwar durch den Hitler-Stalin-Pakt vom 24. August 1939,[203] bei dem beide Diktatoren in einem geheimen Zusatzprotokoll den Osten Europas unter sich aufteilten. Für das Deutsche Reich war die Arrondierung mit Westpolen und Litauen vorgesehen. Die Sowjetunion sollte für ihr Stillhalten mit Ostpolen, Finnland, den beiden baltischen Ländern Estland und Lettland sowie Bessarabien belohnt werden. Einen Tag später, am 25. August 1939, unterzeichnete Hitler den Plan zum Überfall auf Polen. Wie von langer Hand geplant und von Großbritannien gefürchtet[204], erklärte Hitler am 1. September 1939 unter einem Vorwand Polen den Krieg. Nun endlich reichte es den auswärtigen Mächten, die zwei Tage später ihrerseits dem Deutschen Reich den Krieg erklärten. Der Zweite Weltkrieg hatte begonnen und damit der größte Krieg in der Geschichte, bei dem Kämpfe quasi auf jedem Kontinent stattfanden und über 100 Millionen Soldaten involviert waren.[205] Als die Welt zum zweiten Mal im Krieg stand, dauerte dieser sechs Jahre. Der »Totale Krieg«, forderte insgesamt 55 Millionen Tote und unter ihnen sechs Millionen getötete Juden, für deren Ermordung das Deutsche Reich verantwortlich war. Damit war der Zweite Weltkrieg der tödlichste Krieg, der jemals gefochten worden war. Auf der einen Seite standen die alliierten Mächte: Großbritannien, Frankreich, die Sowjetunion und ab 1943 die Vereinigten Staaten. Ihnen gegenüber standen die Achsenmächte mit drei faschistischen Staaten an der Spitze: Deutschland, Italien und Japan. Unterstützt von Albanien, der Slowakei, Ungarn, Rumänien, Bulgarien und Finnland.

Die deutsche Kriegsführung war zu Beginn sehr erfolgreich und wurde deshalb unter dem Namen »Blitzkrieg« bekannt. Erst in Polen und dann in Frankreich marschierten die Truppen fast ohne Widerstand vorwärts. Die Briten dagegen machten es den Deutschen etwas schwerer, denn sie aktivierten alle ihre militärischen Kräfte, um Deutschlands

Vormarsch – vor allem in Frankreich – aufzuhalten. Hitler, vom militärischen Erfolg berauscht, wandte sich trotz des Nichtangriffspaktes gegen Russland. Damit nicht genug: Im April 1940, in der Hoffnung, die Kontrolle in der Nordsee (da waren die Engländer) zu übernehmen, marschierte die Wehrmacht in die neutralen und komplett unvorbereiteten Länder Belgien, Holland, Dänemark und Norwegen ein. Dort wurden Regierungen in Form von Besatzungen nach deutschem Vorbild etabliert. Inzwischen war der Frankreichfeldzug so erfolgreich, dass die französische Regierung im Juni 1940 kollabierte und ein deutsches Oberkommando in Paris die Regierung ersetzte. Nur in London gab es noch ein »Freies Frankreich« unter der Leitung von General Charles de Gaulles. Adolf Hitler war ein überzeugter Antikommunist, im damaligen Sprachgebrauch ein »*Anti-Bolschewist*«, zudem galt die slawische Rasse, zu der auch die Russen zählten, für die deutschen Fanatiker als minderwertig und das bedeutete daher den Krieg gegen Russland, um dort gemäß der Propaganda den benötigten »Lebensraum« zu schaffen. Als Folge attackierten im Juni 1941 drei deutsche Armeen die darauf nicht vorbereiteten Russen, die sich noch auf den Nichtangriffspakt von 1939 verließen. Im Dezember war die Wehrmacht vor den Toren Moskaus angekommen. Dieses Ankommen markierte gleichfalls den Zenit des militärischen Erfolges, den Beginn vom Ende mit dem Jahr 1942. Währenddessen gab es viele Kriegsschauplätze außerhalb der West-, beziehungsweise Ostfront. Da war zum einen der »Kampf um England« seit 1940, denn nach dem Waffenstillstand von Compiègne mit Frankreich stand nur noch Großbritannien gegen Deutschland und wurde deshalb Ziel massiver Luftangriffe. Seit dem Winter 1940/41 war der Krieg ebenfalls auf dem Balkan angekommen, so dass sich Ungarn, Rumänien und Bulgarien Deutschland anschlossen, während Griechenland und Jugoslawien nach dem Angriff unter deutsche Kontrolle fielen. Der Krieg in Afrika war seit dem Frühjahr

1941 im Gange. Dort bekämpften deutsche Truppen unter Generalfeldmarschall Rommel im Verbund mit italienischen Truppen die Briten. Nach den Anfangserfolgen im russischen Feldzug wandelte sich das Kriegsglück. Der Winter kam, und wie bereits Napoleon hatte Hitler die Russen unterschätzt, denn Stalin hatte unter dem Ausruf des »Großen Vaterländischen Krieges« jeden Mann und jede Frau für den Kampf mobilisiert. Die Größe des Landes, das fürchterliche und unnachgiebige Klima[206], die sehr effiziente russische Kriegsstrategie, den Feind tief ins Landesinnere zu locken, durch die Taktik der verbrannten Erde zu schwächen und von Versorgungsrouten abzuschneiden, ihn dort zu isolieren und dann anzugreifen, war das Erfolgsrezept der Russen. Die endgültige Wende an der Ostfront 1942 erfolgte nach dem grauenvollen Kampf um Stalingrad, bei dem 300.000 Soldaten ihr Leben verloren. Die Gegenoffensive der alliierten Streitkräfte begann ernsthaft und konzentriert ab 1942 und dauerte erfolgreich bis 1945. Britische Armeen unter General Montgomery drängten die deutsch-italienischen Einheiten in Afrika zurück (dort Aufgabe im Mai 1943). Die Alliierten rückten in Italien von Sizilien aus vor und nahmen im Sommer 1944 Rom ein. Das stand für das Ende der italienischen Diktatur unter Mussolini, wobei die endgültige Befreiung ganz Italiens von den deutschen Besatzern noch bis Ende 1944 dauern sollte. Im Osten hatte die Rote Armee (seit April 1943) eine erfolgreiche Offensive gestartet und im Mai 1944 zunächst das eigene Territorium befreit. Die Lage änderte sich nochmals dramatisch, als die Vereinigten Staaten auf der Seite der Alliierten in den Krieg eingriffen. Die amerikanische Entscheidung war die Konsequenz aus der Attacke der Japaner auf Pearl Harbour im Dezember 1941. Die amerikanische Regierung, die zuvor sehr zurückhaltend bei dem Thema Krieg in Europa war, kam unter öffentlichen Druck. Wie im ersten Weltkrieg, mit der industriellen Kapazität der USA und den neuen (fast unbegrenzten) Ressourcen war das Kriegsglück Deutschlands endgültig beendet. Nun wurden die deutschen Städte Tag und Nacht bombardiert, während vom Westen die amerikanischen und britischen Truppen voran marschierten und sich vom Osten her die sowjetische Armee näherte. Damit sollte dem Ziel der bedingungslosen Kapitulation Deutschlands, wie bereits in Casablanca (Januar 1943) verabredet, deutlich nähergekommen werden.[207] Mit der Landung der Alliierten am 6. Juni 1944 in der Normandie wurde die letzte Phase des Zweiten Weltkrieges eingeläutet. Bekannt wurde dieses Datum unter dem Namen **D-Day**, denn innerhalb kurzer Zeit standen erst 300.000 und dann eineinhalb Millionen der alliierten Soldaten (vor allem amerikanische) in Frankreich. Das bedeutete die Errichtung einer zweiten Front in Frankreich, wie schon bei der Konferenz von Teheran (November 1943) von den westalliierten Führern und der Sowjetunion beschlossen.

In dieses Zeitfenster fällt auch **das Attentat** auf den Führer durch den militärischen Widerstand um Graf Stauffenberg.[208] Grundsätzlich gab es in den zwölf Jahren Hitlerregime keinen koordinierten und größeren Widerstand gegen die Nazidiktatur. Allerdings gab es über vierzig Versuche Hitler zu ermorden: Hier waren insbesondere kleinere Gruppen relevant, die in Form von Untergrundbewegungen und todesmutigen Einzelkämpfern, wie die der Weißen Rose und Georg Elsners Bombe versuchten, das Regime zu stoppen. Von Seiten der Sozialdemokratie, der Kommunisten, der Gewerkschaften, der Kirchen und von Politikern gab es vereinzelt Widerstand, der zumeist mit dem Tod oder in einem Konzentrationslager endete. Auch im Dritten Reich gab es verschiedene Formen oppositionellen Verhaltens, aber gemessen an der Durchdringung des Naziregimes wirken sie verschwindend gering und waren zumeist nicht von grundsätzlich politischer Übereinstimmung geprägt. Die traditionellen Eliten, die federführend bei dem militärischen Umsturzversuch vom 20. Juli 1944 agierten, lassen sich nicht bei modernen demokratischen Vorstellungen einordnen. Die Deutschen waren nie gut in Aufruhr, Putsch und Revolution. Das wusste schon Bismarck. Noch weniger war es die Generation, die im Kaiserreich sozialisiert war und für die eine Gehorsamsverweigerung (Eid auf den Führer) grundsätzlich undenkbar war. Diejenigen, die sich für den Widerstand entschieden, taten dies aus humanitären Gründen, das ist durchgängig aus den Widerstandsbiographien nachvollziehbar. Sich bewusst dem Terror zu widersetzen, den Tod des bejubelten Führers zu planen, darüber waren sich die Attentäter im Klaren, bedeutete nicht nur die eigene Hinrichtung, sondern Vergeltung an der eigenen Familie, Verwandte und Freunde würden definitiv folgen. Dies sollte in Erwägung gezogen werden, falls der berechtigte Vorwurf geäußert wird, dass der Widerstand führender Militärs erst sehr spät erfolgte. Noch mehr sollte bei der unglaublich minimalen Zahl von ein bis zwei Prozent der Generäle im Widerstand, gemessen an der hohen Gesamtzahl deutscher Generäle, innegehalten werden. Der Krieg war von deutscher Seite schon fast an der Schwelle der Endphase, als für Juli 1944 ein länger verabredeter Plan umgesetzt wurde, bei dem Mitglieder des Militärs in Zusammenarbeit mit zivilen Kräften (Kreisauer Kreis, Kirchen und Politikern) ein Attentat wagten, um sich des Führers zu entledigen. Der Widerstand von innen und von der militärischen Machtzentrale aus war 1944 die einzige noch gangbare Möglichkeit, Hitler und seinen politischen Stab loszuwerden. Unter der Leitung des früheren Generalsstabchef Ludwig Beck wurde geplant, dass Graf Stauffenberg, der Zugang zu dem Führerbunker und zur Besprechung des Oberkommandos der Wehrmacht hatte, dort eine Bombe deponieren sollte, die zum Tode Adolf Hitlers führen sollte. Danach, so war die Verabredung, sollten die führenden Militärs an den verschiedenen Stellen in Berlin und Paris und so weiter mithilfe der Wehrmacht die Macht übernehmen, um dann eine neue Staatsform (Ideen des Kreisauer

Kreises) aufzubauen. Die Idee, erst Hitler zu töten und dann mithilfe von leitenden militärischen Verschwörern einen Putsch in Berlin zu organisieren, schlug fehl, so wie jeder vorherige auch. Die Widerständler begingen Selbstmord, wurden sofort erschossen oder nach einem Schauprozess in Plötzensee aufgehängt. Ihre Familien wurden ebenfalls bestraft[209] und in Gefängnisse oder in Konzentrationslager gebracht, die Kinder kamen in anonyme Kinderheime. Nach dem Hängen der Attentäter in Plötzensee bekamen ihre Witwen die Rechnung zugesandt. Grundsätzlich sollten die Familienangehörigen der Widerständler »bis ins letzte Glied ausgerottet werden« (Himmler). Das geschah nicht, aber es dauerte sehr lang, bis die Verschwörer des 20. Juli nicht mehr als »Volksverräter« – so der Originalton – angesehen wurden. Erst 1954, eine Dekade später, würdigte Theodor Heuss das »andere Deutschland«. Sogar Winston Churchill benannte die Männer des 20. Juli als Grundstein-Legende eines neuen Aufbaus: »*In Deutschland lebte eine Opposition, die zum Edelsten und Größten gehört, was in der politischen Geschichte der Völker je hervorgebracht wurde. Die Männer kämpften ohne eine Hilfe von innen oder von außen, einzig getrieben von der Unruhe ihres Gewissens [...].*«[210] Insgesamt galt dies für ungefähr 200 Personen aus vielen Schichten der Bevölkerung und darunter nur ein Viertel Militärs. Das gescheiterte Attentat gab Hitler die Möglichkeit, seine Macht auszubauen und später den »**totalen Krieg**« (Goebbels) auszurufen. Historiker vertreten die Ansicht, dass mit einer geglückten Ermordung Hitlers der Krieg sofort zu Ende gewesen wäre.[211] Nach dem missglückten Attentat und der Fortsetzung des Krieges wurden nach dem 20. Juli 1944 bis zum Kriegsende Anfang Mai 1945 mehr Menschen (weltweit) getötet als in den Jahren von 1939–1944. Ein zunehmend neurotisch werdender Hitler verordnete ein letztes militärisches Aufbäumen, indem er alle Männer im Alter von sechzehn bis sechzig Jahren zum sogenannten

Volkssturm berief. Im Januar 1945 begann die russische Großoffensive, die das Ende des Krieges, zumindest im Osten – mit der deutschen Niederlage – vorschattierte. Währenddessen hatten sich die alliierten Führer im Februar 1945 in Jalta (Krim) getroffen und die neue europäische Weltordnung besprochen. Im Mittelpunkt der Verhandlungen stand die Frage, wie künftig Deutschland befriedet und ruhig gehalten werden könnte. Angesichts der Rolle, die Deutschland mit seinem aggressiven Hegemonialkrieg und seinen unglaublichen Verbrechen gegen die Menschlichkeit – die allerdings erst hinterher in ihrem ganzen Ausmaß deutlich wurden – einnahm, hatten sich die Alliierten bereits zu dem Nachkriegsthema verabredet und Einigkeit erzielt, eine bedingungslose Kapitulation (»unconditional surrender«) zu fordern. Churchill, Roosevelt und Stalin hatten sich vorgenommen, die Details einer territorialen Neuordnung erst nach der Kapitulation Deutschlands zu bestimmen. Das war 1944 allianzpolitisch vermutlich klug, zeigte sich aber im Nachhinein, nachdem die sowjetische Rote Armee durch ihren Vormarsch Tatsachen geschaffen hatte und ihren »Landgewinn« nicht mehr hergab, als verhängnisvoll. Hier lagen bereits die Wurzeln für die spätere Teilung Deutschlands, beziehungsweise der Welt in zwei politische Blöcke. Deutschland, das muss ganz klar gesagt werden, genoss keinerlei internationales Vertrauen mehr. Deutsche Kriegsgegner unterschieden ab 1942 nicht mehr zwischen dem Naziregime und den Deutschen und dies bedeutete, dass der Krieg entschlossener und erbarmungsloser geführt wurde. Die kaputt-gebombten deutschen Städte am Kriegsende legten Zeugnis davon ab. Die NS-Ideologie hatte nach außen zur Folge, dass den Deutschen ein sehr negativer Volkscharakter bescheinigt wurde. Hier war die Idee der »Umerziehung« der Deutschen (zur Demokratie) von Seiten der Amerikaner geboren. Vor allem von britischer Seite kursierten Denkschriften zum deutschen Nationalcharakter, der die Deutschen in einem denkbar schlechten Bild erscheinen ließ. Federführend war hier ein außenpolitischer Berater der britischen Regierung, Lord Vansittart.[212] Für ihn war die charakterbedingte Fehlentwicklung der Deutschen in der Tradition von den Germanen über Friedrich den Großen, über Bismarck bis Hitler klar festzustellen. »The German Charakter« wird hier zum Kriegsgrund hochstilisiert, Thesen, die sicherlich nicht immer haltbar sind, aber manche Annahmen treffen ins Schwarze. Erwähnt wird der deutsche Untertanengeist, der die Begründung der unbedingten Gefolgschaft zu Hitler erklärt, aber auch den Gehorsam gegenüber einer Besatzungsmacht miteinbezieht. Diese Einstellung und der Kriegsverlauf hatten handfeste Vorgaben bei den alliierten Führern Roosevelt, Churchill und Stalin zur Folge: Eine Dolchstoßlegende wie nach dem ersten Weltkrieg sollte verhindert werden, deshalb war auch die bedingungslose Kapitulation in den Treffen der »Großen Drei« in Casablanca verabredet worden. Betont wurde, dass es nicht um die Vernichtung der Bevölkerung gehe, sondern um die »Zerstörung einer Weltanschauung«, ein begreifbares Ziel, das extra Energien in die alliierte Kriegsführung der letzten Kriegswochen steckte. Die Erfahrung mit Deutschland skizzierte eine Nachkriegsordnung vor, um »*Deutschland und vor allem Preußen daran zu hindern, ein drittes Mal über uns herzufallen*«[213], wie Churchill es in seinem Briefwechsel mit Stalin ausdrückte. Hierzu wurden fünf Punkte verabredet: Das waren erstens die Besetzung Deutschlands und der Verlust der staatlichen Souveränität; zweitens die vollständige Entmilitarisierung und Überwachung der Wirtschaft; drittens eine Entnazifizierung und Umerziehung; viertens die Dezentralisierung der Wirtschaft (Wegnahme des Ruhrgebiets) und fünftens die Aufgliederung Deutschlands in einzelne Staaten.

Hierbei kursierten verschiedene Pläne, aber eine Aufteilung Deutschlands war von allen Seiten erwünscht. Nach Churchill war es vor allem die Trennung Preußens von den süddeutschen Staaten, nach Empfehlungen von amerikanischer Seite war es die Aufteilung in drei Teile, Süddeutschland, Nordwestdeutschland und Nordostdeutschland. De Gaulles, der den französischen Interessen erst einmal Gehör verschaffen musste, war ein Befürworter einer Teilung in mehrere nord- und süddeutsche Staaten und einer ausreichenden Pufferzone zu Frankreich. Hinter allen Konzepten stand die Frage, wie ein besiegtes Deutschland künftig zu kontrollieren sei, nachdem ein europäisches Gleichgewichtssystem grundsätzlich ausgedient hatte. Die verschiedenen Varianten der Aufteilung gingen von einer echten Bestrafung Deutschlands für seine Nazizeit aus. Hierfür stand als Beispiel der Morgenthau-Plan, der vorsah, Deutschland in ein Agrargebiet zurück zu verwandeln. Dafür war eine komplette De-Industrialisierung, die Abtretung westdeutscher Gebiete an die Benelux-Staaten und die Umwandlung des Ruhrgebiets in ein pures Agrarland vorgesehen. Bis hin zu langfristig realistischeren Ideen, die am Ende siegten und in Form einer **Besatzung** von den alliierten Führern umgesetzt wurde. Obwohl sich schon früh ein Dissens bei den Alliierten abzeichnete, war die künftige Rolle der Sowjetunion bei diesen Plänen außer Acht gelassen worden, obwohl Stalin, ohne dies kundzutun, natürlich eigene Vorstellungen hatte, die den hegemonialen Interessen seines Landes und den Erfahrungen mit den Deutschen entsprachen. Sicherheitserwägungen (schließlich war Russland bereits zwei Mal in diesem Jahrhundert von Deutschland »überfallen« worden) und mehr noch ideologische Interessen waren der Antrieb des kommunistischen Führers, denn Stalin hatte die Weltrevolution im Blick und hierzu musste er Teile Mitteleuropas sowie den Balkan unter sowjetrussischen Einfluss bekommen und halten.

Während Stalins Truppen voranrückten, ging Anfang Februar 1945 Berlin beinahe in einem Bombenhagel unter, bei dem 22.000 Menschen starben. Mitte Februar wurde Dresden durch den Feuersturm beinahe komplett zerstört, mit noch mehr Toten. Allerdings hatte die deutsche

Luftwaffe zuvor entsetzlich in Großbritannien (Coventry) gewütet. Am 7. März überquerten die Amerikaner die Brücke von Remagen (dem Rhein); im Osten hatten die Russen Danzig eingenommen und im Süden Wien. Als Reaktion auf diese Nachrichten gab Adolf Hitler am 19. März den Nero-Befehl[214] heraus, der die komplette Zerstörung Deutschlands anordnete, mit dem Ziel, dass die Alliierten nichts mehr vorfinden würden. Am 16. April begann der Kampf um Berlin, eine der blutigsten Auseinandersetzungen des Krieges. Hitler ist oft als wahnsinnig beschrieben worden, erst heute ist klar, dass die Wahrheit zwischen einem gewissen Wahn und einer hohen Abhängigkeit von Rauschmitteln – verabreicht vom Leibarzt – lag.[215] Den Forschungen zufolge war Adolf Hitler spätestens seit Ende 1944 von Eukodal (einer Droge stärker als Heroin) abhängig und war in den letzten Tagen im Führerbunker auf »kaltem Entzug«, als für ihn nicht mehr die gewohnten Beruhigungs- und Betäubungsmittel zu bekommen waren. Am 30. April beging Hitler Selbstmord mit einer Mischung aus Gift und einer Schusswaffe. »*Ich werde alle Männer der Geschichte weit hinter mir lassen. Ich will der Größte werden, und wenn das ganze deutsche Volk dabei verreckt*«[216], sagte Adolf Hitler zu Theo Morrel, seinem Leib- und Drogenarzt, und beschreibt damit recht präzise die heutige allgemeine Wahrnehmung der deutschen Geschichte. Nicht nur die Nazigrößen, sondern ebenfalls sein Heer und die Wehrmacht waren seit Kriegsbeginn »zum Durchhalten« massiv unter Drogen gesetzt worden. Der enorme Drogenmissbrauch der obersten Führung schlug nach unten als von oben verordneter Drogenkonsum zur Stärkung der Kampfmoral durch. Heute weiß man, dass seit dem Einmarsch der Deutschen in Frankreich 1940 Drogen eine hauptsächliche Rolle spielten: Die Soldaten, die sich ihren Ruhm mit dem »Blitzkrieg« erkämpften, standen unter 35 Millionen Dosierungen von Pervitin (die so genannte Panzer- oder Fliegerschokolade). Dieses Präparat ist heute als Crystal

Meth bekannt und dies war die Volksdroge, oder besser die Soldatendroge im Dritten Reich. Nachdem die Kunde von Hitlers Selbstmord bekannt wurde, gab es einem Nachahmungseffekt, insbesondere aufgrund der Erkenntnis, dass NS-Verbrechen nun gesühnt werden könnten. Von über 100.000 Selbstmorden in Gesamtdeutschland wurde berichtet. NS-Politiker, Generäle, Gauleiter SS- und Gestapo-Angehörige folgten ihrem Führer, um sich den Konsequenzen zu entziehen. Die Wehrmacht kapitulierte am 8. Mai 1945 und damit endete eine weitere Urkatastrophe des 20. Jahrhunderts: Der zweite Weltkrieg, der unermessliches Leid und Zerstörung mit sich gebracht hatte. Das zwanzigste Jahrhundert war zur Hälfte um und hatte als Bilanz zwei Mega-Kriege und den Holocaust gesehen. Im Vergleich der Kriege, dem Ersten und Zweiten Weltkrieg ist festzustellen, dass es eine absolute Steigerung des Grauens gegeben hatte. Während des Ersten Weltkrieges waren Soldaten zu 95 Prozent die Opfer geworden. Der »Große« Krieg war noch ein Krieg um die Verteilung von Macht in Europa, während der Zweite Weltkrieg, der »Totale« Krieg, ein Krieg der Ideologien (Faschismus/Kommunismus) war. In der Verteilung der Opfer schlug sich dies nieder, denn ein Drittel der Toten waren Militärs, zwei Drittel waren Zivilisten.

15. Die »Stunde Null«: Der Deutsche Neubeginn

Offiziell hat es – historisch – nie eine Stunde Null gegeben, aber als am 25. April die sowjetische Armee bei Torgau an der Elbe auf die amerikanischen Truppen traf, Hitler Ende April Suizid begangen hatte, gefolgt von der bedingungslosen Kapitulation und die Besatzungstruppen die Macht übernahmen, war dies das Ende und der Neubeginn, der noch keine Gestalt angenommen hatte. Überall herrschten chaotische Zustände in jeder Ausprägung. Eine apathische Bevölkerung lebte, besser existierte, in einer kompletten Verwüstung. Die ausgebombten und traumatisierten Menschen, unter ihnen hungernde und orientierungslose Frauen, Kinder und Greise, zurückgekehrte Wehrmachtsangehörige in zerstückelten Uniformen und Massen an Vertriebenen und Flüchtlingen, verband nur ein Wunsch: Rückkehr zu irgendeiner Form von Normalität und dabei die NS-Zeit ganz schnell vergessen. Über allem hing, so jede Beschreibung, die physische Zerstörung und die psychologische Hoffnungslosigkeit, die die Deutschen als eine nicht mehr funktionierende Gesellschaft zurückließ, die aber schnell in einen »Überlebensmodus« überging, mit der Folge, dass moralische Werte der puren Existenzsicherung in vielen Fällen nachgeordnet wurden. Das mit dem »ganz schnell vergessen«, dem Beiseite-schieben-wollen von knapp dreizehn Jahren Naziregime war so eine Sache, die natürlich nicht funktionierte. Denn nach der bedingungslosen Kapitulation, dem Einmarsch der alliierten Truppen und der anschließenden Besatzung wurde das ganze Ausmaß der Naziverbrechen erst richtig deutlich und vor die Augen der Weltöffentlichkeit getragen. Als Russen und Amerikaner auf die wenigen Überlebenden der Todes- und Vernichtungslager trafen, die eher dem Tode als dem Leben nahe waren, prägte das den Eindruck der deutschen Barbarei nachdrücklich und für immer. Sklavenarbeiter, Gestapo-gefolterte Opfer und vor allem der systematische Versuch des Naziregimes, die europäischen Juden zu vernichten, wurden vor den Augen der Welt deutlich. Noch nie in der Geschichte war Massenmord definiert durch genetische Vererbung und in einer solchen kaltschnäuzigen Bürokratie und Organisation durchgeführt worden. Und nach und nach wurde klar, dass in einem letzten Aufbäumen von Besessenheit während des Vorrückens der Roten Armee und der anderen Alliierten alle Insassen der Konzentrationslager noch schnell ermordet wurden, entweder durch konzertierte Erschießungen oder aber durch einen langwierigen und qualvollen Todesmarsch.[217] Aber nicht nur Juden waren die Opfer des inhumanen Regimes geworden, sondern alle »Volksfeinde«, denen die Gestapo habhaft werden konnte. Darunter Sozialisten, Kommunisten, Gewerkschaftler, Kirchenmänner und Widerständler, die in die Konzentrationslager gebracht oder direkt ermordet worden waren. Für diejenigen unter ihnen, die noch kurz vor Kriegsende hingerichtet wurden, galt die Devise, dass das mörderische System keine lebenden Zeugen hinterlassen wollte. Immer wieder ist die unbequeme Frage gestellt worden, was und ab wann die deutsche Bevölkerung von den Verfolgungen und den Todeslagern wusste. Schon in seinem Buch »Mein Kampf« von 1923 beschrieb Adolf Hitler genau, wie er mit der jüdischen und anti-nazistischen Bevölkerung umzugehen gedachte. Zwar ist nachgewiesen, dass in den Zwanzigerjahren sein Werk kaum gelesen wurde, ab 1933 stiegen die Umsatzzahlen jedoch rapide an, weshalb davon ausgegangen werden kann, dass zumindest einige das Buch auch tatsächlich gelesen haben. Mit den Nürnberger Gesetzen 1935 war die politische Linie der Ausgrenzung bereits klar definiert, ab 1938 waren Drohungen gegen jüdische Mitbürger bekannt, ab 1941 wurden sie in den von den Deutschen besetzten Gebieten ausgeführt, und doch wird von Zeitzeugen berichtet, dass die Regierung versuchte, ihr Vorgehen geheim zu halten und damit bis zu einem gewissen Punkt erfolgreich war. Bis Mai 1941 schien das in Teilen möglich gewesen zu sein, auch aufgrund von strenger Pressezensur. Ein anderer Erklärungsansatz für »das Nichtwissen« liegt in der Tatsache, dass zwar bekannt wurde, dass in allen Gebieten, durch die die Wehrmacht zog, »ethnische Säuberungen«, dies bedeutete Morde, sowie Verfolgung von Kommunisten (Kommissar-Befehl) stattfanden, aber dies nicht im großen Zusammenhang mit einem flächendeckenden Genozid an den Juden begriffen, sondern unrichtig unter »Kriegsfolgen« verbucht wurde. [218] Dennoch ist zweifelhaft, ob eine Bevölkerung, die die systematische Ausgrenzung einer ethnischen Gruppe unterstützte und dann nach deren Abtransport die Wohnungen leer räumte, um sich jüdisches Eigentum einzuheimsen, wirklich nicht über die systematische Ermordung informiert war. Hier war der Großteil der Plünderer und Leichenfledderer offensichtlich davon ausgegangen, dass die jüdischen Nachbarn nicht wiederkommen würden.

Der Krieg hinterließ ein nie dagewesenes Trümmerfeld. Zerbombte Städte, hungernde und traumatisierte Menschen, orientierungslose Überlebende aus den Konzentrationslagern und Zwangsarbeiter, die in ihre Heimat zurückkehren wollten und dies zunächst nicht konnten. Da waren die Millionen Geflüchteten und Vertriebenen aus den Ostgebieten, da waren Soldaten als Kriegsgefangene, die kaum versorgt werden konnten. Viele von ihnen hatten sich schon vor der Kapitulation freiwillig ergeben. Am Rhein waren dies eine Million ehemaliger Wehrmachtsangehöriger, womit die Amerikaner vollständig überfordert waren. Sie brachten die »Kriegsgefangenen« in zwanzig Lagern unter menschenunwürdigen Verhältnissen auf den Rheinwiesen unter, aber spätere Vorwürfe, dass eine Million dabei umkam, stimmen nicht: Die

Opferzahlen beliefen sich auf 5.000 bis 10.000. Insgesamt gab es acht Millionen Wehrmachtsangehörige. Sie wurden zunächst in Gewahrsam genommen, aber ein großer Teil wurde wieder entlassen. Pech hatten diejenigen, die nach Frankreich, Polen, Jugoslawien, oder am schlimmsten in die Sowjetunion geschickt wurden und von dort aus erst sehr spät zurückkehren konnten (hier spielten vor allem Rachegedanken der überfallenen Staaten eine wesentliche Rolle). Deutschland war ab Mai 1945 ein zerstörtes Land: Mehr als die Hälfte des Wohnraumes war verloren und Großstädte wie Berlin, Dresden, Köln und München waren enorm zerstört. Alle Gebäude zerbombt, die Häuserblocks dem Erdboden gleichgemacht, Brücken und Straßen existierten nicht mehr. Die Menschen hatten kein Wasser, keine Elektrizität und kein Gas, aber sie hatten Hunger. Während der Kalorienverbrauch 1936 noch über der vom Völkerbund empfohlenen Menge lag, nämlich bei 3.113 Kalorien, waren es im Frühjahr 1945 2.010 Kalorien und 1946 1.451 bis 800 Kalorien. Noch weit schlechter erging es den wenigen Überlebenden aus den Konzentrationslagern. Die alliierten Truppen, die sie befreiten, waren zutiefst schockiert, die Bilder gingen um die Welt und die Reaktion der örtlichen alliierten Befehlshaber war häufig, die Bevölkerung aus der Nachbarschaft antreten zu lassen, damit sie die Grausamkeit und die Leichenberge sah. Für die überlebenden Insassen war »die Befreiung« keine wirkliche Verbesserung in ihrem Leben: Sie waren frei, aber wo sollten sie hin, denn viele Heimatorte waren komplett zerstört worden, mehrere Generationen an Familienangehörigen waren ermordet worden und vor allem war jedes Vertrauen in die Heimat unwiderruflich erschüttert, weshalb es kein »zu Hause« gab, in das die Insassen zurückkehren konnten. Zusätzlich verkompliziert wurde die Lage durch die neuen Gebietszuteilungen, weite Teile Deutschlands fielen beispielsweise an die Sowjetunion, die nicht bereit war, deutsche Juden aufzunehmen, denen häufig Spionage unterstellt wurde. Außerdem wurde den Befreiten zunächst das Verlassen der Lager untersagt. Dort litten sie (weiter) an Typhus, Fleckfieber und den miserablen sanitären Bedingungen. Nicht zu vergessen, die Millionen von Zwangsarbeitern: Franzosen, Russen, Polen, Tschechen und andere Kriegsgefangene, die von 1939 bis 1945 gezwungen worden waren in der deutschen Industrie und Landwirtschaft zu schuften. Ganz ohne Frage handelte es sich hierbei um Sklavenarbeit. Erst spät wurden diese Zwangsarbeiter als Opfer anerkannt und konnten die Bundesregierung als Rechtsnachfolgerin des Dritten Reiches dazu bringen, ihnen eine Entschädigung zukommen zu lassen.[219] Die »Befreiung« aus den Lagern der Zwangsarbeiter, derjenigen, die Verfolgung und Verschleppung unter dem Nazi-Regime erlebt hatten, war nicht das Ende ihrer Leiden. Viele konnten zunächst nicht nach Hause, benötigten aber ein Dach über dem Kopf, Nahrung und Kleidung und dafür sahen sich die Alliierten zuständig, die ihnen den Namen: »*Displaced People*« (verschleppte Personen) gaben. Nach dem Outline Plan for Refugees and Displaced Persons vom 3. Juni 1944 waren dies Zivilpersonen, die sich wegen der Kriegseinwirkungen außerhalb der nationalen Grenzen ihres Landes befanden, die nach Hause zurückkehren wollten aber dazu nicht in der Lage waren, die weder ohne fremde Hilfe kein Zuhause fanden oder die in ein feindliches oder ehemals feindliches Territorium zurückgebracht werden mussten. Das galt 1945, am Kriegsende und bei der Befreiung durch die Alliierten für zehn bis elf Millionen Menschen. In den späteren westlichen Besatzungszonen waren es noch sechseinhalb bis sieben Millionen Menschen. Deren größte Zahl stammte aus der Sowjetunion, gefolgt von Polen und nur noch 75.000 Juden, die überlebt hatten. Die Fürsorge für die Displaced Persons (DPs) wurde schnell von Hilfsorganisationen übernommen, vor allem von dem bereits 1943 in Washington gegründeten *United Nations' Relief and Rehabilitation*

Administration (UNRRA), die für die Nothilfe und den Wiederaufbau verantwortlich war. Ihre Aufgabe war, medizinische Versorgung, Nahrung, Kleidung, Schutz und weitere lebensnotwendige Dinge bereitzustellen. Überall in Europa wurden DP-Camps errichtet und deren Finanzierung trugen zu neunzig Prozent allein die Vereinigten Staaten und Großbritannien. Noch 1945 verabschiedete sich die Sowjetunion von dem Hilfsprogramm. Aus ihrer Sicht gab es keine entwurzelten Menschen, sondern nach ihrer Wortwahl, nur »*Repatrianten*«, Menschen, die schnellstens wieder in ihre Heimat gebracht werden sollten. Das hatte zur Folge, dass sich diese Menschen aus der Sowjetischen Besatzungszone (SBZ) schnell den abziehenden Amerikanern anschlossen. Auch fand ein Austausch von westlichen DPs gegen russische DPs statt. Um es ganz klar zu sagen, fast keine DPs waren in der Lage, selbstständig ihre Rückkehr zu organisieren. Die Repatriierungen gingen trotzdem – mühsam – voran. Bis 1947 konnten sechs Millionen Verschleppte in ihre Heimat zurückkehren. Für die jüdischen Überlebenden war es viel schwieriger, denn nur die die aus Westeuropa kamen, konnten zurückgehen. Im Osten (Sowjetunion, Polen, Baltikum und Ungarn) erwartete sie totale Zerstörung und ein deutlicher Antisemitismus, deshalb richteten die Westalliierten im August 1945 separate DP-Camps für Juden ein und mit der Staatsgründung Israels im Mai 1948 wanderten viele dorthin oder in die USA (dank gelockerter Einreisebestimmungen) aus. Angesichts der direkten Nachkriegszustände wird klar, dass durch den Krieg, die Flucht und Vertreibung und die »Rückkehrer« (Zwangsarbeiter, ehemalige Kriegsgefangene) eine Art von neuer Völkerwanderung stattfand. Bereits im Winter 1944/45 flohen aus den Ostgebieten ein bis zwei Millionen Menschen vor der herannahenden Roten Armee, die sie regelrecht vor sich hertrieb. Gleichzeitig begann die gewaltsame Vertreibung deutscher Minderheiten aus Ost- und Südosteuropa, unter vielen anderen galt dies auch für Balten. Generell fanden zumeist »*Wilde Vertreibungen*« statt, anstelle der »*Geregelten Aussiedlungen*«, wie von den westlichen Alliierten gewünscht. Dies wurde zum Thema zwischen den Alliierten. In Tschechien wurde mit den früheren Besatzern besonders hart abgerechnet: Deutsche (Sudetendeutsche) wurden interniert und misshandelt, zur Zwangsarbeit gezwungen und über die Grenze getrieben. Überall fand ein Exodus der Deutschen statt, eine der größten Wanderungsbewegungen der Nachkriegszeit. Die Flucht aus den Ostgebieten erfolgte unter brutalen Verhältnissen, denn es war Winter, die Menschen (vor allem Frauen und Kinder) hatten nur das Notwendigste dabei, hinzu kam Bombenbeschuss von oben. Die Kälte, der Hunger und Krankheiten waren verantwortlich für eine hohe Zahl von Opfern, wobei die Zahlen zwischen einer halben Million bis zwei Millionen schwanken. Bei dem hastigen Aufbruch in eine ungewisse Zukunft verloren sich viele Familienmitglieder aus den Augen, noch lange nach dem Krieg suchten Eltern ihre Kinder und Kinder ihre Eltern. »Geregelt« ging nichts vor sich und im kompletten Chaos gedieh die Brutalität. Besonders die Grausamkeiten der Soldaten der Sowjetarmee sind lange im deutschen Gedächtnis geblieben, denn von 1945 bis 1947 wurde nicht nur geplündert und demontiert, sondern vor allem Hunderttausende von Frauen und Mädchen vergewaltigt.[220] Darüber wurde allerdings Jahrzehnte geschwiegen, aus Scham. Was passierte mit den Flüchtlingen? Sie kamen in Lager, in Notquartiere und wurden bei westdeutschen Familien zwangseinquartiert. Die vom Alliierten Kontrollrat angeordnete Volkszählung im Oktober 1946 ergab 9,6 Millionen Flüchtlinge. In der späteren Verteilung fanden sich acht Millionen in der Bundesrepublik und vier Millionen in der DDR wieder.

Mit dem militärischen Zusammenbruch des Dritten Reiches, der bedingungslosen Kapitulation, sowie der Verhaftung der verbliebenen Reichsregierung unter Karl Dönitz am 23. Mai hatten die Alliierten offiziell Deutschland und die Regierungsmacht übernommen. Die Aufteilung des Landes in vier Besatzungszonen – Frankreich wurde in letzter Sekunde dazu genommen – mit einem Alliierten Kontrollrat als Quasi-Regierung war die Folge. Die genaue Ausgestaltung der Nachkriegsordnung sollte bei der Konferenz von Potsdam folgen. Dabei wurde die Rechnung gewissermaßen ohne Stalin gemacht, der die ganze Zeit bereits einen Plan B für seine Besatzungszone hatte. Er war hierzu mit dem Standort seiner Roten Armee in der Lage, die Westmächte vor vollendete Tatsachen in Bezug auf die deutsche Ostgrenze zu stellen. Stalin war somit hauptverantwortlich für die Verzögerung der deutschen Nachkriegsordnung. Der russische Diktator bestand auf einer Westverschiebung der Sowjetunion und dafür musste – mal wieder – zunächst Polen nach Westen verschoben werden. Der Kreml-Chef veranlasste hierzu, dass Polen die deutschen Gebiete östlich der Oder-Neiße-Linie erhielt. Der Dissens der Alliierten hatte sich schon in den letzten Kriegsmonaten gezeigt und an dem Punkt der territorialen Verschiebung wurde er überdeutlich. Die Gebiete, auf die Stalin Anspruch erhob, waren die Heimat von neun Millionen Deutschen und die Westalliierten hatten hier moralische Bedenken angemeldet. Deren Maximalzugeständnis war die »geregelte Übersiedlung« von zwei bis drei Millionen, diese Zahl hatte Stalin allerdings schon fast alleinig durch seine Vertreibungen erreicht, die er euphemistisch als »freiwilligen Fortzug« der ansässigen deutschen Bevölkerung deklarierte. Die USA und Großbritannien waren vehement gegen die von den Russen gewünschte Westverschiebung, selbst als die Polen dafür plädierten, unter der Maßgabe, besonders unter den Deutschen gelitten zu haben. Die umstrittenen Gebiete waren Heimat von noch fünf Millionen Deutschen und selbst falls von einer weiteren »freiwilligen« Ausreise von eineinhalb Millionen ausgegangen wurde, wurde dies zum Hauptproblem der Potsdamer Konferenz, bei der in Art. XIII des Potsdamer Protokolls ein »*geordneter und humaner Transfer*« der Deutschen aus Polen, der Tschechoslowakei und Ungarn eingeleitet werden sollte. Das Programm, auf das sich mit Mühen bei den alliierten Siegerkonferenzen vor Kriegsende (Casablanca, Teheran, Jalta) verständigt wurde, war mit der Kapitulation und Besatzung zunächst erreicht. Die Feinabstimmung auf der Konferenz in Potsdam im Juli und August 1945 ließ sich unter dem Begriff der »vier Ds« gut zusammenfassen: Demilitarisierung: Abbau des militärischen Apparates; Denazifizierung: Ausrottung des Nationalsozialismus und Umerziehung; Demokratisierung: Aufbau einer Demokratie; »Dekartellisierung«: Zerschlagung, Auflösung aller Nazi-Organisationen, auch in punkto Wirtschaft. Die Festlegungen für das besiegte Deutschland, das in vier Besatzungszonen (mit einem gemeinsamen Kontrollrat) eingeteilt worden war, die Entnazifizierung, die territoriale Neuordnung, alles trat zurück vor dem Wunsch des mächtigen Führers der Sowjetunion, Stalin, der einen Cordon von Satellitenstaaten um sein Reich errichten wollte und vor allem auf einer energischen Verschiebung nach Westen bestand: Was schlussendlich zu einer Westverschiebung Polens führte mit der bekannten Maßgabe, dass diese Gebiete zunächst von der dort lebenden deutschen Bevölkerung geräumt werden mussten. Die Konsequenz waren Millionen von Flüchtlingen aus den Ostgebieten in einem total zerstörten Land, in dem schon Millionen von »Displaced People« heimatlos lebten. Die Sowjetunion war besonders erbarmungslos mit der deutschen Zivilbevölkerung, was zum einen natürlich auf den Allmachtansprüchen Stalins beruhte, der sein Reich wesentlich erweitern wollte, besonders jedoch auf den grausamen Krieg der Deutschen in der Union zurückzuführen ist, die Kriegsgefangene, Zivilbevölkerung und Soldaten in ungeheurem Ausmaß folterten und ermordeten. Stalingrad war ein für beide Seiten enorm verlustreiches Gemetzel, dennoch dürfen auch die Attacken auf ungeschützte russische Dörfer und die gezielte Erschießung der Zivilbevölkerung sowie Gräueltaten wie das Aushungern Leningrads, wo die Zivilbevölkerung solange belagert und von allen Lebensmitteln abgeschnitten wurde, bis es sogar zu Kannibalismus kam und etwas mehr als eine Millionen Russen elendig verhungerten, nicht vergessen werden. Rache war ein – eigentlich verständlicherweise – sehr präsenter Gedanke innerhalb der Roten Armee und bei Stalins politischen Überlegungen bezüglich einer Nachkriegsordnung.

Die Situation in Deutschland war verzweifelt und den Alliierten oblag es, ein Management des Elends zu organisieren. Jede der vier Mächte hatte diese Aufgabe in ihrer eigenen Besatzungszone vorzunehmen und dann gemeinsam im Alliierten Kontrollrat zu koordinieren. Doch die machtpolitischen Auseinandersetzungen machten diese Zusammenarbeit von vorne herein unmöglich. Fast von Anbeginn an zeigte sich, dass die Alliierten bei den verabredeten Punkten unterschiedliche Ideen zur Durchführung hatten. Insofern funktionierte eine gemeinsame Besatzungspolitik nicht. Vor allem in der sowjetischen Besatzungszone wurde die Verabredung, dass in jeder Zone eine eigenständige Politik, aber unter einem gemeinsamen Dach (Zentrale Kontrollkommission) gemacht wurde, nicht ernst genommen. Dort wurde so schnell wie möglich eine Politisierung im Sinne der sowjetischen Ideologie vorgenommen. Noch im Krieg, bereits am 1. Mai 1945, war die »Gruppe Ulrich« aus Moskau eingeflogen. Der nächste Schritt war schon im Juni 1945 die Wieder-Zulassung von Parteien mit der deutlichen Bevorzugung von KPD und SPD und der sowjetische Kommandeur gab den Auftrag, Bürgermeister und Bezirksverwaltungen einzurichten. In der SBZ (Sowjetische Besatzungszone) kam es außerdem zu Enteignungen und einer Bodenreform. Alles wurde als Volkseigentum deklariert und im April 1946 vereinigten sich KPD und SPD, um die SED

(Sozialistische Einheitspartei Deutschland) zu bilden. Als Vorbild diente die stalinistische Sowjetunion, inklusive einer sozialistischen Planwirtschaft. Der SED, die Einheitslisten für die Wahlen zur Volkskammer verabschiedete, kam die absolute Führungsrolle zu. Der Marxismus-Leninismus wurde Staatsideologie, die keine abweichenden politischen Interpretationen zuließ. Wer sich nicht staatskonform verhielt, hatte mit Sanktionen zu rechnen.

Die Westalliierten (Bi-Zone: Amerikaner und Briten) hatten in ihren Besatzungszonen ebenfalls wieder Parteien zugelassen (Mehrparteiensystem) und erlaubten die ersten Landtagswahlen, die 1946 stattfanden. Zu den Punkten Demilitarisierung und Dekartellisierung herrschte ebenfalls keine Einigkeit. Stalin wollte sich rächen und bestand auf Reparationsleistungen, der Aufteilung der Marine und sowjetischer Beteiligung an der Industrie. Genau wie bei der selbstherrlichen Einführung des Sozialismus in ihrer Besatzungszone hatte sich die Sowjetregierung mit Demontagen im großen Stil schadlos gehalten. Die Westalliierten sahen dies anders und wussten, dass es ansonsten ihnen oblag, die Bevölkerung zu versorgen, falls ein schneller Aufbau der Industrie und Wirtschaft nicht stattfand. Während Stalin das Augenmerk auf die Sowjetisierung seiner Zone legte, war die versuchte Entnazifizierung das, was bei den Westalliierten und vor allem den Vereinigten Staaten im Mittelpunkt stand. Unter dem Begriff »*Umerziehung*« (Re-Education) wurden zunächst politische Säuberungen vorgenommen: höhere NS-Funktionäre wurden interniert und alle Parteimitglieder aus dem öffentlichen Dienst, der Wirtschaft und dem Handel entlassen.[221] Der Kontrollrat hatte eine Einteilung in fünf Kategorien erlassen, die sich in Hauptschuldige, Belastete, Minderbelastete, Mitläufer und Entlastete aufteilte. Bald wurde allerdings klar, dass bei achteinhalb Millionen (ehemaliger) Parteigenossen die angestrebte Einzelprüfung unter bürokratischen Gesichtspunkten nicht möglich war. Insofern endete dieses Programm viel zu häufig mit kleineren Sanktionen wie Geldbußen und gemeinnützigen Arbeiten. Die Absicht, die NS-Eliten plus Mitläufer zur Rechenschaft zu ziehen, war das vereinbarte Ziel der Alliierten nach der Kapitulation gewesen, aber die Umsetzung war schwierig, um nicht zu sagen erfolglos. Was auch daran lag, dass der Kalte Krieg die Regie übernahm und die Bündelung außenpolitischer Kräfte aus westlicher Sicht gegen die Sowjetunion Vorrang bekam. Zusätzlich kooperierte die deutsche Bevölkerung nicht. Direkt nach der Kapitulation waren alle Hitler-Devotionalien vernichtet worden und nie gab einer zu, für das Naziregime gewesen zu sein. Der Rehabilitationsgedanke fasste so nicht Fuß, allerdings war es gleichfalls das Problem der Ressource Mensch: Es gab nicht genug »Unbelastete« für einen völlig entnazifizierten Wiederaufbau. Abgesehen von den Nürnberger Prozessen, die am 20. November 1945 begannen und bei denen in der ersten Runde vierundzwanzig hauptverantwortliche Kriegsverbrecher vor Gericht gestellt wurden, kam es kaum zu weiteren Prozessen. Allerdings erhielt auch von diesen nur die Hälfte ein Todesurteil, alle anderen dagegen Haftstrafen, selbst wenn ihre Verbrechen härtere Strafen verdient hätten. In den folgenden vier Jahren wurden weitere führende Angehörige der braunen Elite vor Gericht gestellt:[222] Von den 5.000 Verurteilten wurden zehn Prozent hingerichtet. Die Prozesse von Nürnberg wurden vielfach in der deutschen Öffentlichkeit als »*Siegerjustiz*« wahrgenommen, was gemessen an den wenigen Verurteilten und den im Verhältnis zu den unglaublichen Nazi-Verbrechen viel zu milden Strafen nicht gerechtfertigt war. Diese Betrachtungsweise blieb bis in die Siebzigerjahre eine viel zitierte Rhetorik und stand einer frühen Vergangenheitsbewältigung ganz entscheidend im Weg. Eine wirkliche interne Entnazifizierung erfolgte nicht und dies wurde später durchaus zu einer Hypothek für die junge Republik (Stichwort: 68er-Bewegung). Bei den Nürnberger Prozessen handelte es sich nicht um Siegerjustiz, sondern um anerkanntes Internationales Strafrecht, das die Aufgabe hatte, Menschenrechtsverletzungen, Kriegsverbrechen und Völkermord sowie den Angriffskrieg als Bruch des Völkerrechts zu ahnden. Eine häufig unerwähnte Tatsache lag darin, dass die Westalliierten das Entnazifizierungs-Programm ab 1949 den deutschen Behörden überließen, was der gegenseitigen Reinwaschung diente. Ehemalige Widerstandskämpfer und Gegner des Hitler-Regimes sowie deren Angehörige hatten dagegen noch lange mit dem Stigma »des Unrechts« und dem Begriff »der Vaterlandsverräter« zu kämpfen.[223] Auch der unter Hitler entfesselte Antisemitismus war zwar nicht mehr salonfähig, jedoch alles andere als vom Erdboden verschwunden, weshalb Juden immer noch mit Ausgrenzung leben mussten. Erst von 1949 an bis in die Neunzigerjahre hinein wurden die Unrechtsurteile des Freislergerichtshofes offiziell aufgehoben. Die Stimmung direkt nach dem Krieg und noch zehn Jahre danach war nicht antifaschistisch, sondern eher revanchistisch oder gar verleugnend. Der Nationalsozialismus wurde nicht als das gesehen, was er war, ein mörderischer Unrechtsstaat, sondern als eine gute Idee in schlechter Ausführung. Bei Umfragen Mitte der fünfziger Jahre war die Hälfte der (west)deutschen Bürger sich einig, dass das Hauptproblem der Krieg war, nicht die dahinterstehende politische Ideologie.[224] Schweigen und Wiederaufbau mit dem Ziel, einen friedlichen Wohlstand nach den Entbehrungen der Nachkriegszeit zu genießen, das stand im Mittelpunkt des Strebens. Bis zu einer Abrechnung mit der Vergangenheit dauerte es nochmals bis 1968. Ganz wesentlich trug zur inneren Stimmung der neuen Bundesrepublik auch die außenpolitische Lage bei. Angesichts des sich zunehmend verschärfenden Ost-West-Konflikts verschob sich der Fokus schnell auf andere Gebiete wie auf die Frage des Föderalismus und der Wiederherstellung einer funktionierenden Wirtschaft. Föderalismus war verabredet worden und trat an die Stelle einer möglichen Reduzierung oder Zerstückelung Deutschlands. Zwischen 1945 und 1947 wurde eine neue tragfähige föderale Struktur aufgebaut, die im Großen und Ganzen bis heute hält: Preußen verschwand und sein Gebiet wurde zwischen Brandenburg, Schleswig-Holstein und Nordrhein-Westfalen aufgeteilt. Die alten Länder Bayern und die Hansestädte hatten Bestand. Nach den ersten Aktionen im Jahr 1945, bei denen sich schon die unterschiedliche Gewichtung der Alliierten zeigte, nahm diese Entwicklung in den Jahren 1946 (Bi-Zone) bis 1948 an Fahrt auf und endete in dem Kalten Krieg, der die kommenden Jahrzehnte beherrschen sollte. Die politische Abschottung (und wirtschaftliche Auslaugung) der SBZ und die Währungsreform der Westalliierten (Juni 1948), bedeutete den Auszug des sowjetischen Vertreters aus dem Alliierten Kontrollrat in Berlin und ging in die Blockade der viergeteilten Stadt über. Dies alles war eine Folge der Neuorientierung der amerikanischen Deutschlandpolitik unter dem Eindruck des eisernen Griffes, den Stalin über seine Zone und die sich schnell aufbauenden osteuropäischen Satellitenstaaten hatte, denn so musste über eine Eindämmung des sich ausbreitenden Kommunismus (weltweit) nachgedacht werden. Das erfolgte politisch mit der Truman-Doktrin (März 1947) und wirtschaftlich mit dem Marshall-Plan (Juni 1947), der siebzehn westeuropäischen Ländern eine Aufbauhilfe in Höhe von eineinhalb Milliarden US-Dollar zur Verfügung stellte. Damit war die Einbindung Westdeutschlands in das amerikanische und antikommunistische Wirtschafts- sowie Atlantik-System eine Tatsache geworden, genauso wie eine Teilung des Landes in zwei Länder und Systeme, stellvertretend für die ideologische – und dramatische! – Auseinandersetzung zwischen Kapitalismus und Kommunismus, des kalten Krieges.

16. Die Nachkriegsrepublik

Der Wiederaufbau Deutschlands nach den verheerenden Verwüstungen, die der Zweite Weltkrieg in jeder Hinsicht hinterlassen hatte, stand unter schlechten Vorzeichen. Vor allem bezogen auf die unterschiedlichen Auffassungen der ehemaligen Kriegsalliierten, die sich während der Nachkriegskonferenz von Potsdam (Juli bis August 1945) offenbarten. Hier dominierten unverhohlen die eigenen Interessen der Vereinigten Staaten und der Sowjetunion und die jeweils gegensätzlichen politischen Ideen das Geschehen. Eine Einigung, wie eine Neuordnung Deutschlands und damit die künftige Landkarte Europas auszusehen hätte, diese essentiellen Fragen rückten in den Hintergrund. An Stelle von Erleichterung, dass der Zweite Weltkrieg sein Ende gefunden hatte, waren die Weichen für den nächsten Konflikt, den **Kalten Krieg** gestellt.[225] Zum Spielball und Platz der Auseinandersetzung wurde das besiegte Deutschland. Die politisch-ideologischen Differenzen zwischen den Westalliierten mit den USA an der Spitze und der Sowjetunion wurden immer mehr zu einem offenen Machtpoker, in dem es bald weniger um hegemoniale Gewinne und Vergeltung ging als vielmehr um die Frage, welche Ideologie künftig eine globale Welt prägen sollte und das für befriedete Deutschland **in einer Teilung** münden sollte.

Im Ergebnis war dies ein Nachkriegsdeutschland, das sich aufgrund dessen bald mit einer Grenzlinie durch das eigene Land und einer darauf folgenden Teilung wiederfand. Der Kalte Krieg verursachte 1949 die Bildung zweier deutscher Staaten, von denen der größere, aus den drei Westzonen entstanden, in den politischen Westblock eingebunden, die **Bundesrepublik Deutschland** wurde. Der kleinere, aus der ehemaligen Sowjetzone entstandene Staat wurde zur **Deutschen Demokratischen Republik** unter Führung der Sowjetunion. Der Ost-West-Konflikt, der sich aus dem Endkampf und der Neustrukturierung Deutschlands entzündet hatte, prägte die innen- und außenpolitische Entwicklung beider deutscher Staaten nachdrücklich. Für die Bundesrepublik bedeutete es die Westeinbindung in politischer und wirtschaftlicher Hinsicht. Für die DDR bedeutete es den Status als Juniorpartner einer dominanten sozialistischen Weltmacht mit wenig eigenem Gestaltungsraum. Zusätzlich integrierten sich die beiden jungen Republiken in ihre jeweiligen Bündnis-Systeme wirtschaftlich und militärisch. Das war ebenfalls das Ergebnis einer Teilung, die mit dem Mauerbau 1961 physisch vollzogen wurde. Westdeutschland trat durch die enge Bindung an die USA und Großbritannien und später durch die Versöhnung mit Frankreich in ein gesamteuropäisches System ein. Das deutsch-deutsche Verhältnis war anachronistisch entscheidend geprägt von dem Verhältnis der beiden großen Brüder USA und UdSSR (der ehemaligen Anti-Hitler-Koalition) zueinander. Erst als dieses sich entspannte, was in einem Auf und Ab seit den 70er-Jahren geschah, konnte es zu einer besseren Verständigung der beiden deutschen Staaten kommen. **Völkerrechtlich war entscheidend**, dass es aufgrund des massiven Dissenses zwischen der Sowjetunion und den Westalliierten mit der Ostgrenzziehung nicht zum Abschluss eines (damals beabsichtigten) Friedensvertrages gekommen war. Deutschland (weil geteilt) war kein wirklich souveräner Staat (obwohl 1955 die Souveränität der Bundesrepublik plus die Beendigung des Besatzungsstatus pro forma erklärt worden war). Das signalisierte andererseits was die Teilung anging eine Vorläufigkeit der Situation, die als *»zwei Staaten in Deutschland«*[226] (Willy Brandt) eine gewünschte Wiedervereinigung offen ließ.

Das Ende der Anti-Hitler-Koalition wurde zum Beginn der Konfrontation zweier Systeme, die zwar vorher schon existierten, jedoch durch eine zweckgebundene Zwangsgemeinschaft zusammengehalten worden waren, oder besser gesagt während der Kriegshandlungen gar nicht diskutiert werden konnte. Über das »Danach« eines besiegten Deutschlands war zwar in Zeiten der Anti-Hitler-Koalition gesprochen worden, aber dies hielt der Besatzungsrealität nach der Niederlage Hitler-Deutschlands nicht stand. Die Kriegsverbündeten rutschten ganz schnell in eine Situation des Unverständnisses, das die Welt fast an den Rand eines Dritten Weltkrieges führte. Das lag vor allem an dem sowjetischen Ex-Alliierten, denn der sowjetische Diktator Stalin hatte durchaus eine »Beute« im Sinn gehabt. Heute ist bekannt, dass Stalin vermutlich niemals die Absicht hatte, sich an die zwischen den Kriegsverbündeten verabredeten Ziele und Festlegungen zu halten, sondern diese immer nur als Mittel zum Zweck ansah. Folgerichtig behielt Stalin die mit seiner Roten Armee besetzten Gebiete, die zu seiner Besatzungszone wurden, gleich als Unterpfand. Die Sowjetische Besatzungszone wurde überraschend schnell (das heißt im Vergleich mit den anderen Alliierten) politisiert. Was Gesamtdeutschland anging, war Stalin wenig an einer föderalistischen Aufteilung interessiert. Ihm lag die Idee einer zentralistischen Form, die eher dem sozialistischen System entsprach, näher. Die Westalliierten waren immer an einer föderalen Struktur interessiert gewesen, plus an einer Aufteilung Preußens (umgesetzt am 25. Februar 1947) und setzten dies in ihren Hoheitsgebieten schnell um. Die unterschiedliche Staats- bzw. Parteienentwicklung in den Westzonen und der Ostzone trug zu einer weiteren Trennung und einem politischen Auseinanderdriften bei.

Das **Nachkriegsdeutschland** kam in eine geographische und politische Form aufgrund der alliierten Gegensätze. Eine Situation, die sich immer weiter zuspitzte und die sich schon seit Mitte 1945, aber noch mehr seit 1946 in den jeweiligen Besatzungszonen zeigte. Zur ersten Partei-Gründung Deutschlands kam es in der Sowjetischen Besatzungszone mit der Gründung der SED und etwas später gleichfalls mit der Zulassung von politischen Parteien und einer Ausbildung politischer Strukturen in der Amerikanisch-Britischen Besatzungszone ab 1947. Die Besatzer fügten ihre jeweiligen politischen Überzeugungen bei: Hier die Einführung eines sozialistischen Systems nach sowjetischem Vorbild, dort die Grundlagenschaffung für eine Demokratie und Wirtschaftsform nach amerikanischem Vorbild. Verstärkt wurde dies durch die Proklamation der Truman-Doktrin zur Eindämmung des Kommunismus (März 1947) und durch die am Ende gescheiterten Verhandlungen der Londoner Konferenz Ende 1947.[227] Dort stand die Frage der Zukunft Deutschlands im Mittelpunkt. Die Westalliierten formulierten noch einmal ihre Vorstellung eines in gemeinsamer Zentralverwaltung vereinigten Deutschlands mit einer parlamentarischen Vertretung. Von sowjetischer Seite wurde dies gekontert mit der energischen Ablehnung einer vereinigten Zentralverwaltung. Gleichzeitig wurde die Forderung nach Miteinbeziehung der sowjetischen Kontrolle über das Ruhrgebiet sowie Reparationszahlungen aus westdeutschen Industriegebieten laut. Das Scheitern der Londoner Konferenz von Ende 1947 stand sinnbildlich für das endgültige Auseinanderbrechen der alliierten Sache und den dramatischen Auftakt des Ost-West-Konflikts. Die US-Regierung nahm die Herausforderung an und entschied sich in der Verstärkung der Truman-Doktrin für einen umfangreichen wirtschaftlichen Wiederaufbauplan Westeuropas und insbesondere Deutschlands. Der **Marshall-Plan** wurde entwickelt. Dahinter stand die US-amerikanische Idee, zunächst die dringende Versorgung der hungernden Bevölkerungen zu gewährleisten, dann neue Märkte und Wirtschaftsbindungen aufzubauen sowie den offensichtlichen sowjetischen Expansionsdrang einzudämmen. Zur Umsetzung des Marshall-Planes, der bis 1952 16,2 Milliarden Dollar in sechzehn westeuropäische Staaten pumpte wovon Deutschland 1,4 Milliarden (an vierter Stelle) erhielt, kam es zur **Währungsreform** in den westlichen Besatzungszonen im Juni 1948. Genau genommen war die Währungsreform die Vorbedingung für das Umsetzen des Marshall-Planes, denn nur so konnte die Wirtschaft wieder funktionsfähig gemacht und die Schattenwirtschaft mit Schwarzmärkten, Tauschhandel oder Sachwertwährungen (z. B. amerikanische Zigaretten) wieder abgeschafft werden. Die Deutsche Mark (DM) ersetzte die bisher gültige Währung der Reichsmark, die im Verhältnis von 1 zu 1 getauscht wurde. Natürlich ging der Nennwert herunter, aber der Geldüberhang musste sowieso beseitigt werden und noch wichtiger, ein Verhältnis von Angebot und Nachfrage musste wiederhergestellt werden.[228] Denn mit der offiziell als Währung noch bestehenden Reichsmark funktionierte im zerstörten Nachkriegsdeutschland nichts mehr, was das wirtschaftliche Elend und die Bedürftigkeit nur noch erhöhte. Die Alliierten sahen dieses Problem, aber nur die in der Trizone zusammengefassten Länder zeigten eine Bereitschaft, darauf zu reagieren, nachdem im Februar 1948 im Alliierten Kontrollrat eine Einigung an der Haltung der sowjetischen Vertreter gescheitert war. Tatsache blieb, dass die Reichsmark wertlos und überschuldet war und mit ihr die Wirtschaft nicht funktionieren konnte. Mit der Einführung der D-Mark waren plötzlich Waren vorhanden und jeder konnte etwas kaufen. Vorher war es genau anders herum: Geld war vorhanden, aber es gab nichts zu kaufen. Mit der D-Mark kam stabiles Geld ins Spiel und die Preise konnten freigegeben werden, das regte die Wirtschaft an. Die Währungsreform gilt als eigentliche Ursache für das Wirtschaftswunder. Aber es gab auch Nachteile, und zwar nicht nur psychologischer Art: neunzig Prozent aller Ersparnisse waren verloren. Das bedeutete, nur wer irgendwelche Waren oder noch besser Immobilien hatte war wirtschaftlich abgesichert. In Westdeutschland – überquellend mit Flüchtlingen, die alles verloren hatten[229] – bedeutete die Währungsreform zunächst nur Verlust und viele konnten sich auch noch an die Hyperinflation von 1923 erinnern. In Deutschland gab es somit eine Generation, die zweimal den absoluten Verlust aller Geldmittel erlebte. Im zweiten deutschen Staat, der DDR, fand ebenfalls eine Währungsreform statt. Sie war eine Reaktion auf die Währungsreform im Westen, aber auch eine wirtschaftliche Notwendigkeit, die schon zuvor diskutiert worden war. Im Gegensatz zur Trizone war die Logistik weniger ausgereift und als erste Maßnahme wurden auf die Reichsmark Kupons aufgeklebt, die damit zum Zahlungsmittel in der Sowjetischen Besatzungszone »mutierten«. Grundsätzlich kann festgestellt werden, dass die UdSSR auf die westliche Währungsumstellung im politischen Sinne sehr negativ reagierte. Die Einführung einer eigenen Währung war verhältnismäßig harmlos, aber der dramatische Auszug der sowjetischen Vertreter aus dem Alliierten Kontrollrat war eine deutliche Verurteilung mit der Ankündigung weiterer Sanktionen. Diese kamen als eine besonders inhumane Konsequenz in Form der Blockade der Westsektoren Berlins, die inmitten der Sowjetischen Besatzungszone lagen.

Berlin, die vormalige Hauptstadt und nun Viersektorenstadt und seine Bevölkerung wurden zu den Hauptleidtragenden der Eskalation zwischen den Westmächten und der Macht im Osten unter Stalin. Aufruhr in den Ost- und Westsektoren der Stadt, Angst vor der Zukunft sowie eine Mangelversorgung charakterisierten die bangen elf Monate der Berlin-Blockade. Diese dauerte vom 24. Juni 1948 bis zum 12. Mai 1949. Berühmt wurden die Worte des ehemaligen West-Berliner Bürgermeisters Ernst Reuter mit einem Aufruf an die westlichen Mächte, Berlin weiterhin zu versorgen: »*Ihr Völker der Welt, schaut auf diese Stadt.*«[230] Für ein Jahr mussten die Westsektoren deshalb über eine Luftbrücke vor allem mit Lebensmitteln versorgt werden. Unvergessen für viele Berliner der älteren Generation und nicht nur für sie war die Luftbrücke, die vor allem durch die Amerikaner zur Versorgung der Westberliner aufrechterhalten wurde. Auch aus heutiger Sicht eine unglaubliche Logistik und eine humane Geste, die vermutlich lange nachwirkte und zu einer positiven Hinwendung zu den amerikanischen Werten führte. Die nach der Berliner Schnauze »*Rosinenbomber*« genannten Versorgungsflugzeuge retteten mehr als nur die Westberliner vor dem Verhungern. Sie standen für ein alternatives politisches System, eine Möglichkeit, sich für eine eigene Staatlichkeit ohne Repression zu entscheiden. Das Ganze war allerdings ein weiterer, dramatischer Schritt hin zur deutschen Teilung, die innerhalb der sowjetischen Besatzungszone mit eigener Währung und schnellem Aufbau einer eigenen sozialistischen Regierungsform unter sowjetischer Anleitung schon zur Tatsache geworden war. Die Aufteilung in eine westeuropäische, beziehungsweise für Deutschland in eine westdeutsche und eine ostdeutsche politisch-wirtschaftliche Realität nahm weitere Formen an. Deshalb entschieden sich die drei Westalliierten unter Einbeziehung der drei Benelux-Staaten auf der Londoner Sechsmächtekonferenz, die von Februar bis April 1948 tagte, zur Gründung eines westdeutschen Staates. Die Überlegungen waren die Eingliederung der westlichen Besatzungszonen in die westeuropäische Staatenwelt sowie der wirtschaftliche Wiederaufbau. In den sogenannten »Londoner Empfehlungen«, die im Juni 1948 herauskamen, wurde die Einberufung einer verfassungsgebenden Versammlung für Westdeutschland verabredet. Dies änderte nichts an der Tatsache, dass der geplante westdeutsche Verfassungsstaat weiterhin unter dem Besatzungsstatut der Westalliierten stand. Der provisorische Charakter wurde betont, aber aus den realpolitischen Gegebenheiten von 1948 musste eine Aufteilung der Welt folgen und diese begann mit einer westdeutschen Verfassung.

Die anvisierte Verfassung sollte freiheitlich und föderalistisch geprägt sein, so der Wunsch der Sechsmächte, und damit wurde ein sogenannter »Parlamentarischer Rat« (Mitglieder der einzelnen Landtage, insgesamt 65 Parlamentarier) beauftragt. Dieser tagte ab Anfang September mit der Ausarbeitung eines Grundgesetzes. Das »**Grundgesetz**«, keine Verfassung (aufgrund des geteilten Landes), entstand für die drei Westzonen und trat am 23. Mai 1949 in Kraft. Das Grundgesetz hatte die Aufgabe und den Auftrag, eine demokratische Verfassungsform gepaart mit der Garantie individueller Rechte und Freiheiten zu formulieren. Die 65 Mitglieder des Parlamentarischen Rats mit Sitz in der Stadt Bonn hatten als die »Mütter und Väter des Grundgesetzes« die Stärken und Schwächen vorheriger Verfassungen, vor allem die der Weimarer Verfassung, gründlich studiert. Als Ergebnis wurde der grundrechtliche Charakter der Bundesrepublik als demokratisch, freiheitlich und föderal festgelegt. Das Grundgesetz, das nach der Bearbeitung von neun Monaten zunächst den Militärgouverneuren der drei westlichen Besatzungszonen und danach der Zustimmung aller Bundesländer (Bayern stimmte nicht zu) bedurfte und dann in Kraft trat, ist mit der Gründung der Bundesrepublik gleichzusetzen. Allerdings war das Grundgesetz als »vorläufig« und nur für die Westzonen gültig gedacht. Die Teilung, so das beabsichtigte Signal an die Sowjetregierung, die über die Ostzone präsidierte, sollte hiermit nicht zementiert werden. Das erklärte Ziel blieb die Wiederzusammenführung der beiden deutschen Teilstaaten. Deshalb wurde in der Präambel ganz deutlich die Wiedervereinigung als Zielvorgabe formuliert. Dank der historischen Erfahrungen, hier konnte auf die Geschichte früheren Verfassungen zurückgegriffen werden, wurde besonderer Wert auf die Stärkung individueller Freiheiten und Rechte gelegt. Außerdem wurde der deutsche Föderalismus hervorgehoben, das Demokratieverständnis in punkto republikanischer Institutionen, Rechtsstaatlichkeit und soziale Verantwortung betont. Die **Staatsform** folgte dem Vorbild anderer demokratischer Staaten mit einem Zweikammersystem: Einem Bundestag als durch die Bürger direkt gewähltes Gremium und einem Bundesrat als Ausdruck der föderalen Struktur, mit Abgesandten der Länderparlamente als Zustimmungsorgan. Nach den Erfahrungen der Weimarer Republik wurde die Macht des **Bundespräsidenten** deutlich reduziert und er ist noch heute als staatliches Oberhaupt weitgehend repräsentativ. Die **Exekutive** (Bundesregierung) liegt bei dem/der **Kanzler/in** und seinem/ihrem Kabinett (mit Ministerverantwortlichkeit), die **Legislative** beim **Bundestag** sowie **Bundesrat** (Ländervertretung) und die **Jurisdiktion** (Rechtsprechung, Richter) ist frei und unabhängig. Auf die Gewaltenteilung im Sinne von »*check & balance*« ist somit besonderer Wert gelegt worden. Als oberstes Überwachungsorgan des Staates ist das **Bundesverfassungsgericht** bestellt worden, dem nach heutigem Dafürhalten im starken Maße eine fast übergeordnete Entscheidungsfunktion zukommt, wann immer strittige politische oder rechtliche Grundfragen berührt werden. Politisch korrekt wird heutzutage immer betont, dass es »Mütter und Väter des Grundgesetzes« gab. Um der Wahrheit die Ehre zugeben: Es waren insgesamt **vier Mütter** und einundsechzig Väter.[231] Die Biographien dieser vier Politikerinnen sind insofern interessant, als zwei von der SPD kamen, eine vom Zentrum (konservativ und katholisch) und eine von der CDU. Die älteste Parlamentarierin war Helene Weber, die bereits an der Weimarer Verfassung mitgearbeitet hatte und damit sehr viel »historische« Erfahrung mitbrachte. Die zweite, Helene Wessel, wurde 1949 sogar die erste Frau an der Spitze einer deutschen Partei (des Zentrums), lehnte aber in der Endfassung das Grundgesetz ab, da sie das Fehlen sozialstaatlicher und noch mehr christlicher Grundwerte bemängelte. Zusammen mit Friederike (Frieda) Nadig hat sich vor allem Elisabeth Selbert (1896–1986) für eine Festschreibung der

Gleichberechtigung von Männern und Frauen eingesetzt. Gegen den erbitterten Widerstand der zahlenmäßig weit überlegenen männlichen Parlamentarier rang sie ihnen die Formulierung in Art. 3 Abs. 2 ab: »*Männer und Frauen sind gleichberechtigt.*« In der Weimarer Verfassung, die den Frauen das Wahlrecht brachte, stand noch: »*Männer und Frauen haben die gleichen staatsbürgerlichen Pflichten.*« Hätte Elisabeth Selbert nicht so dringend darauf bestanden, wäre die Gleichberechtigung kein Verfassungsgrundsatz geworden. Das hatte zur Folge, dass das Bürgerliche Gesetzbuch (BGB) in dieser Hinsicht ebenfalls überarbeitet werden musste.[232] Man hatte sich unter Art. 117 dahingehend auf eine Übergangsfrist (bis März 1953) geeinigt. Mit der Anpassung des BGBs auf die Gleichberechtigung hatte es die Regierung Adenauer allerdings nicht eilig und das geforderte Gleichberechtigungsgesetz wurde erst 1957, vermutlich noch immer widerwillig, verabschiedet.

In der aktuellen Diskussion um Rechte und Werte, die unsere deutsche Gesellschaft prägen, hier nochmals die wörtliche Form von 1949: **Grundrechte**: Art 1 (1) *Die Würde des Menschen ist unantastbar. Sie zu achten und zu schützen ist Verpflichtung aller staatlichen Gewalt.* **Staatsform**: Art 20 (1) *Die Bundesrepublik ist ein demokratischer und sozialer Bundesstaat.* Und für die historische Epoche der Teilung von 1949 bis 1989 zum Thema **Wiedervereinigung**: […] *haben in freier Selbstbestimmung die Einheit und Freiheit Deutschlands vollendet. Damit gilt dieses Grundgesetz für das gesamte Deutsche Volk.* Die ehemalige DDR ist später der Bundesrepublik beigetreten. Das Inkrafttreten des Grundgesetzes markierte als Zeitpunkt gleichfalls den **Beginn der deutschen Demokratiegeschichte** (im Westen und nach eigener Auffassung im Osten). Von 1949 bis heute 2019 kann die Bundesrepublik auf acht Kabinette zurückblicken. Die ersten fünf Regierungen waren in der Bundesrepublik die unter Konrad Adenauer (1949–1963), gefolgt von der Regierung Ludwig Erhard (1963–1966) und Kurt Georg Kiesinger (1966–1969), danach Willy Brandt (1969–1974), Helmut Schmidt (1974–1982), abgelöst von Helmut Kohl, mit der Wiedervereinigung. Mit Blick auf die ehemalige DDR und das Amt des jeweiligen Vorsitzenden des Staatsrats (bis 1960 hieß er Präsident), der auch die Einheitspartei SED (Sozialistische Einheitspartei Deutschlands) leitete, gab es dort fünf Regierungen. Wirklich frei waren die Wahlen nicht, obwohl außer der SED weitere, aber in ihrer politischen Wirkung unbedeutende Parteien zugelassen waren. In der Abfolge waren es die Regierungen: Wilhelm Pieck (1949–1960); Walter Ulbricht (1960–1973); Willi Stoph (1973–1976); Erich Honecker (1976–1989) an Egon Krenz 1989 erinnern sich noch einige, an Manfred Gerlach, der von Dezember 1989 bis April 1990 dieses Amt inne hatte, kaum noch jemand.[233] Seit 1990 wurde das vereinigte Deutschland durch die drei aufeinander folgenden Regierungen Helmut Kohl (1982–1998), Gerhard Schröder (1998–2005) und Angela Merkel (seit 2005) geleitet. Interessant bei dem Blick auf die acht Regierungen der Bundesrepublik (West) ist, dass von insgesamt acht Regierungen bei drei (Adenauer, Kohl und Merkel) die Kanzlerschaft jeweils über zehn Jahre dauerte. Die Deutschen sind keine Freunde des abrupten Wechsels, sie setzen auf Kontinuität, auf Sicherheit und Stabilität. Das ist ein nicht aus den Augen zu verlierender Faktor der politischen wie der gesellschaftlichen Realitäten.

Zurück zur ersten Regierung der Bundesrepublik, das heißt zu den Westsektoren. Abgesehen von den Landtagswahlen 1946 fand nach der Inkraftsetzung des Grundgesetzes 1949 die erste freie Wahl zum Deutschen Bundestag statt, mit neuen Parteien und den altbekannten aus dem Kaiserreich und der Weimarer Republik. Die längste Tradition wies die SPD auf. Auf der konservativen Seite gab es die CDU/CSU, dann die FDP und eine DP (Deutsche Partei). Gewählt wurde **Konrad**

Adenauer von der CDU mit einem knappen Vorsprung, aber immerhin. Als Kanzler gewählt regierte er bis 1963, insgesamt also vierzehn Jahre. Seine erste Regierung bestand aus einer Koalition mit der FDP und der DP.[234] Wie Adenauer waren die wählbaren Politiker zumeist ältere Herren, was der Tatsache geschuldet war, dass es »unbelastete« Politiker sein mussten, was sie allerdings nicht waren.[235] Konrad Adenauer war ein Gegner des NS-Regimes gewesen, seine Mitarbeiter, vor allem die in der zweiten Reihe, waren es häufig nicht. Weder in der Politik als Mandatsträger, noch in der hohen Justiz oder bei den Wirtschaftseliten hatte eine Entnazifizierung wirklich stattgefunden.[236] Der Platz in der »zweite Reihe« war ein Sprungbrett. Den meisten gelang eine steile Karriere an die Spitze des Staates, in den Ministerien und als Firmeneigentümer, die durch die Ausbeutung von Zwangsarbeitern oder Enteignungen der ehemaligen jüdischen Besitzer zu Wohlstand und gesellschaftlicher Anerkennung gekommen waren. Für diese Tatsachen gab es Erklärungsansätze, die heute allerdings nicht mehr befriedigen, denn die Kontinuität der Funktionsträger zuerst im Dritten Reich und dann in der jungen Bundesrepublik wurde weder erklärt noch entschuldigt. War damit der schnelle wirtschaftliche und politische Erfolg gleichfalls den »belasteten« Leistungsträgern zuzuschreiben? Es war der neue (unbelastete) Kanzler Adenauer selbst, der forderte: »*Vergangenes vergangen sein zu lassen.*«[237] Eine nationale Vergessenskultur wurde von oben verordnet und zum Gebot der Stunde. Dementsprechend gingen die Erzählungen zumeist entlang der rhetorischen Linien: Opfer, statt Mitwisser oder Akteure beziehungsweise »*bloßes Ausführen von Befehlen*«. Die persönlichen Opfer und die allgemein-nationalen Anstrengungen des Wiederaufbaues nach den massiven Kriegszerstörungen (Gefallene, Ausbombungen, Gewalterfahrungen), sowie die große Zahl von Vertriebenen gaben dieser Haltung vielfach Vorschub. Die deutsche Bevölkerung litt unter einer

Generalamnesie: Es wurde geschwiegen, zunächst über alles. War dies eine generationsbedingte Lebenslüge oder Zwang zur Anpassung mit der Aussicht alles hinter sich zu lassen, um von den verbesserten Lebensumständen mitprofitieren zu können? Mehrere Faktoren griffen hier ineinander. Die Haltung der neugewählten Bundesregierung brachte Adenauer in seiner ersten Regierungserklärung vom 20. September 1949 zum Ausdruck, als er sich darauf bezog, dass die Aufarbeitung der Nazi-Zeit unglücklich und er kein Befürworter der Unterscheidung von Bürgern in zwei Klassen sei: Nämlich der »*politisch Einwandfreien*« und der »*Nichteinwandfreien*«. Der Krieg an sich wurde als Prüfung dargestellt, der für Verfehlungen entschuldigend wirkte. Als praktische Folge beschloss die Bundesregierung, sich bei den Alliierten dafür einzusetzen, dass Militärgerichte, die NS-Verbrechen verfolgten, damit aufhörten, beziehungsweise strafmildernd bis erlassend wirkten. Hier spielte der Kalte Krieg dieser Haltung in die Hände: Die alliierten Westmächte hatten unter dem Druck der außenpolitischen Situation, desillusioniert über die deutsche Vergessenskultur, die komplette Verweigerung der angeordneten »Umerziehung«, schlicht aufgegeben. Die Unterstützung Westdeutschlands in dem sich ständig zuspitzenden Konflikt mit Moskau unter dem Aspekt der »Domino-Theorie« (Truman-Doktrin[238]), wurde zu bedeutend und deshalb war der Gesinnungswandel der Deutschen nachgeordnet. Die deutsch-amerikanische Soziologin Hannah Arendt hatte Recht mit ihrer Bemerkung, dass es unmöglich geworden sei, in Deutschland nur einen einzigen bekennenden Ex-Nazi zu finden. Die Amerikaner schauten weg: Verfahren gegen früher mörderische Nazis wurden eingestellt oder nur mit schwacher Bestrafung beendet. Damit konnte der Bundestag die Forderung des Bundeskanzlers Adenauer umsetzten und mit den sogenannten **Amnestiegesetzen** wurde teilweise die Verfolgung der späten NS-Verbrechen und Verbrecher eingestellt. Allerdings war dies nicht die absolute und offizielle Zielrichtung. Vielmehr sollten kleinere Straftaten (Schwarzmarkthandel, Eigentumsdelikte und ähnliches) unter dem Aspekt der speziellen Situation des Nachkriegschaos nicht verfolgt werden. Die Amnestiegesetze, durch die bundesrepublikanische Regierung beschlossen, waren Straffreiheitsgesetze, die rückwirkend amnestierten. Bereits am 15. September 1949 lag ein Entwurf vor, mit dem Straftaten, die vor diesem Stichtag begangen worden waren, unter bestimmten Voraussetzungen nicht strafrechtlich zu verfolgen seien. Dem folgte ein zweites Gesetz 1954, das Straftaten beziehungsweise Ordnungswidrigkeiten, die vor dem 1. Januar 1953 begangen worden waren, für irrelevant erklärte und deren Verfolgung aussetzte. Auch hier wieder waren Tötungsdelikte ausgenommen, aber für viele Naziverbrecher kam dies einer Begnadigung gleich, weil sie gar nicht mehr ermittelt werden konnten.[239] Das 1954er-Gesetz bezog sich mehr auf die Zeit des Zusammenbruchs, die auf den Zweitraum vom 1. Oktober 1944 bis zum 31. Juli 1945 datiert wurde. Zugleich wurde eine Begründung nachgeliefert, die in der späteren Rhetorik viel Verwendung fand: Alle Taten waren nur erfolgt, weil hierzu ein Befehl erteilt worden war. Das Schlagwort vom »Befehlsnotstand« war geboren. Hierbei ging es weniger um die Aussetzung einer verhinderten Generalabrechnung mit den Verbrechern, als um das Davonkommen der Täter in der sogenannten »Endphase« und davon gab es ebenfalls genug. Die Begründung las sich als Bereinigung der durch die »*Kriegs- und Nachkriegsereignisse geschaffenen außergewöhnlichen Ereignisse*«. Im Nachhinein erscheint diese Gesetzgebung apologetisch und unmoralisch. In der bundesrepublikanischen Gesellschaft der ersten Stunde war es eine Vergessenskultur, die von einer Mehrheit zumeist als richtig empfunden wurde.[240] Die alliierte Entnazifizierung hatte nie wirklich Widerhall oder Bestätigung gefunden. Ehemalige Nazis hatten ihre Netzwerke und waren die ersten Lobbyisten für die gesetzliche

Amnestie und ein nationales Vergessen. Sprachliche Verrenkungen, die in Gesetzesform gegossen werden sollten, waren an der Tagesordnung. Ein Beispiel hierfür war, dass sogenannte Straftaten der Vergangenheit, die nicht aus persönlichen (niedrigen) Beweggründen begangen worden waren, deshalb nicht zu ahnden seien. Hier kam dann wieder das Problem des »Befehlsnotstandes« zum Tragen.

Konrad Adenauer war, das ist deutlich, weder nachtragend noch ein besonderer Freund von »Abstrafungen«. Er benötigte eine funktionierende Regierung und wollte eine gesellschaftliche Kultur, die auf eine tragfähige Zukunft gerichtet war. Ihm muss klar gewesen sein, dass sich unter praktischen Gesichtspunkten kaum »Unbelastete« fanden, die eine berufliche Qualifizierung hatten, um zum Aufbau der Bonner Republik beizutragen. Deutschland war fachkräftemäßig und akademisch durch Krieg und Vernichtung, nicht zu vergessen die Millionen Gefallenen, ausgeblutet. Da stellte es sich aus Sicht der ersten westdeutschen Regierung fast als Notwendigkeit dar, auf die Expertise früherer Beamten und staatlicher Verwaltungsangestellten zurückzugreifen.[241] Die zweite Karriere vieler ehemals führenden Nazis verlief erfolgreich und reibungslos, bis eben deren Kindergeneration (68er) anfing, unangenehme Fragen zu stellen. In der Adenauer-Zeit entsprach es dem gesellschaftlichen Konsens, dass der Blick zurück unerwünscht war. Aus späterer Sicht schwer nachvollziehbar, wurde selbst das Dritte Reich mit samt seiner Gräueltaten nicht verurteilt, sondern bestenfalls die Person des Führers Adolf Hitlers, während dem Nationalsozialismus selbst durchaus kein schlechtes Zeugnis ausgestellt wurde.[242] Der Entnazifizierung von amerikanischer Seite, die so vorangetrieben worden war, ist, falls man die Endvierziger und Fünfzigerjahre betrachtet, ein grandioser soziologischer Misserfolg beschieden. Die Stimmung innerhalb der Bevölkerung war nicht »anti-nationalsozialistisch«, aber »anti« in Bezug auf die militärische Niederlage und die Nachkriegsfolgen. Die Westdeutschen gewöhnten sich schnell an den großväterlichen Kanzler Konrad Adenauer, der zur Symbolfigur eines neuen, dem Hunger und Elend schnell entkommenden prosperierenden Staates wurde. Zusammen mit Ludwig Ehrhardt, dem Vater des »Wirtschaftswunders«, griffen Maßnahmen, die die Bevölkerung aus dem wirtschaftlichen Elend (natürlich die erste Priorität) und hin zu einem neuen außenpolitischen Status (Versöhnung mit Frankreich) führten. Der Bundeswirtschaftsminister Ludwig Ehrhardt war der Autor des Konzeptes der **Sozialen Marktwirtschaft**, wobei erwähnt worden werden muss, dass »marktwirtschaftlich« durch die Westeinbindung und die USA (Marshall-Plan) vorgegeben war, die Präzisierung »sozial« war die deutsche Variante. Theodor Heuss (FDP) wurde der erste Bundespräsident.

Die junge Bundesrepublik hatte mit vielen der direkten Kriegsfolgen zu kämpfen. Sehr im Vordergrund stand hierbei das Schicksal der **deutschen Kriegsgefangenen**, die noch in den sowjetischen Lagern interniert waren. Dabei handelte es sich um eine beachtliche Anzahl gemessen an der Zeit, die nach dem Kriegsende verstrichen war. Die Tatsache dieser fehlenden Männer und Väter trieb die neue bundesrepublikanische Gesellschaft intensiver um, als heute vorstellbar ist.[243] Ausgehend von den Jahren 1941 bis 1945 befanden sich mehr als drei Millionen Deutsche (und Österreicher), vor allem ehemalige Soldaten der Wehrmacht und der Waffen-SS (aber auch Zivilisten), in sowjetischen Gefangenenlagern. Grundsätzlich waren 1947 noch ungefähr zwei Millionen in alliierter Kriegsgefangenschaft, die nach Absprache (Außenministerkonferenz in Moskau im April 1947) bis Ende 1948 entlassen werden sollten.[244] Der größte Anteil war dabei in russischer Gefangenschaft, obwohl Außenminister Molotow angab, dass schon knapp über eine Million zurückgekehrt wären. Dennoch wurden weitere Freilassungen von russischer Seite nicht umgesetzt und mehrere

Hunderttausende verblieben in sowjetischen Lagern mit der Begründung, dass sie als Arbeitskräfte eingesetzt würden, um die Schäden, die Deutschland mit seinem Feldzug gegen die Sowjetunion angerichtet hätte, abzuarbeiten. Wie sich bei allen Nachkriegskonferenzen zeigte, war Stalin (sowie seine Nachfolger) getrieben von der Idee der Revanche und der Bußleistung für das Leiden der sowjetischen Bevölkerung durch den Zweiten Weltkrieg. Die aus der Haft entlassenen Soldaten waren nach dieser Begründung diejenigen, die zu alt oder zu krank waren, um die erforderliche Arbeitsleistung zu erbringen. Die Situation der sich noch in den Lagern Befindlichen verschlechterte sich jedoch seit 1949, denn dann griff die Ideologie im Sinne einer Umschulung zu sozialistischen Idealen. Die Folge waren Schauprozesse, in denen die deutschen Kriegsgefangenen zu Kriegsverbrechern erklärt wurden. Das bedeutete in Einzelfällen verschärfte Haftbedingungen oder direkte Hinrichtungen. Damit erklärt sich auch, dass die Zahlen nicht wirklich übereinstimmen (können), denn 1,3 Millionen Gefangene (auch Zivilpersonen) galten als verschwunden und ihre Spuren verloren sich. Für die Verbliebenen in sowjetischer Kriegsgefangenschaft dauerte es bis in die Jahre 1955/56, als endlich eine Entlassung erfolgte. So lange waren insgesamt 30.000 noch interniert. Sie wurden aufgeteilt in militärische und »politisch inhaftierte« Gefangene. Nach dem Sowjet-Terminus waren sie »Kriegsverurteilte«, deren Strafe fünfundzwanzig Jahre Zwangsarbeit hieß. Ein emotionaler Moment war die endgültige Heimkehr der Kriegsgefangenen aus der Sowjetunion, orchestriert von Konrad Adenauer. Der »*Heimkehr der Zehntausend*« waren komplizierte diplomatische Absprachen zwischen Bonn und Moskau vorausgegangen und nach der offiziellen (militärischen) Westeinbindung der Bundesrepublik galt es als sehr überraschend, dass der deutsche Bundeskanzler überhaupt nach Russland eingeladen wurde. Der Kalte Krieg war im vollen Gange und die deutschen Kriegsgefangenen in der UdSSR waren Geiseln – ein Verhandlungsgegenstand. Die Themen der großen deutschen Delegation bei der Reise von 1955 nach Moskau waren zuvorderst eine mögliche Wiedervereinigung mit einem Abstand von den Westverträgen, was dem Wunsch der sowjetischen Regierung entsprach. Nikita Chruschtschow (ab 1953 Parteichef der KPdSU) wollte außerdem die Anerkennung seiner »eigenen« Demokratischen Deutschen Republik durchsetzen. Allerdings hatte Konrad Adenauer von vornehrein die Rückkehr der noch Inhaftierten an erste Stelle seiner Prioritätenliste gesetzt. Von sowjetischer Seite wurde der Deal, der schon im Vorhinein verhandelt worden war, nicht extra erwähnt.[245] Hier wurde Rücksicht auf die sowjetische Öffentlichkeit, die dagegen war, genommen. Das Ergebnis der Reise war die Zusicherung, dass 10.000 Kriegsgefangene nach Deutschland zurückkehren dürften. Zunächst wurden diese im Oktober 1955 ins Lager Friedland gebracht: Es handelte sich um 600 ausgemergelte und elend aussehende Männer. Konrad Adenauer wurde für seinen humanitären Einsatz in der deutschen Öffentlichkeit sehr gewürdigt und gelobt. Die bewegenden Bilder der Spätheimkehrer, im deutschen Fernsehen gezeigt, überlagerten sentimental und emotional die vielen Probleme, die die heimkehrenden Männer zehn Jahre nach Kriegsende erfuhren. Sie kamen in eine neue Republik, schon wiederaufgebaut, in neue politische Strukturen, übergangslos. Privat war es noch gravierender: Zurück in ihre Familien, die sie kaum (noch) kannten und in denen sich vielfach neue Konstellationen ergeben hatten. Zudem waren die Spätheimkehrer[246] durch ihre Erlebnisse in der Kriegsgefangenschaft tief traumatisiert. Es gab viele Geschichten, wie die davon betroffenen Familien sich aus dieser Situation nicht mehr wiederfanden.

War die Wiedereingliederung in die bundesrepublikanische Realität von 1955 schon schwierig genug, dann galt dies noch mehr für den Ostdeutschen Staat, in den über 10.000 Kriegsgefangene ebenfalls entlassen worden waren. Dort durften sie niemals über ihre Erfahrungen der brutalen Behandlung in den sowjetischen Lagern berichten. Auf den großen »Bruderstaat« durfte kein schlechtes Licht fallen. Sie waren über ihre schwierigen Erfahrungen in der Sowjetunion zum Schweigen verurteilt. Die Gründung der Bundesrepublik zog nahtlos die Gründung der **Deutschen Demokratischen Republik (DDR)** nach sich, die Beginn Oktober 1949 von dem »Zweiten Deutschen Volksrat der Sowjetischen Besatzungszone« beschlossen wurde. Ein zweiter deutscher Staat mit der Hauptstadt Ostberlin. Kurz danach fanden Wahlen statt und Wilhelm Pieck wurde zum ersten und einzigen Präsidenten der DDR. Als Ministerpräsident wurde Otto Grotewohl ernannt. Ab 1950 war Walter Ulbricht das Oberhaupt der DDR als Generalsekretär des Zentralkomitees der SED. Seit 1946 dominierte in der SBZ und späteren DDR die SED (Sozialistische Einheitspartei Deutschlands) als Einheitspartei und als deren Führung das Zentralkomitee (ZK). Obwohl weitere Parteien zugelassen wurden, dominierte trotzdem eine »Einheitsliste«. Bei den Parlamentswahlen (zur Volkskammer) wie im Oktober 1950 wurde Wert daraufgelegt, dass diese nicht geheim stattfanden und sie waren auch nicht wirklich transparent als parlamentarischer Vorgang. Das folgte den Vorgaben aus der UdSSR, die eine Volkskammer (das Parlament) nicht als demokratische Repräsentation, sondern als Volksvertretung ansah. Als weiteres Kapitel im Kalten Krieg kritisierte die Regierung der Sowjetunion die Gründung der Bundesrepublik, bezeichnete diese als Vertragsbruch unter den Besatzungsmächten, erkannte aber im Gegenzug die DDR als deutschen Staat an. Die DDR postulierte positiv die Oder-Neiße-Grenze als Westgrenze Polens, während die Bundesrepublik den Beitritt zum Europarat beschloss. Die Außenminister der drei Westmächte erklärten auf einer Konferenz in New York, dass die Bundesrepublik die einzige legitime Regierung Deutschlands darstelle. Die Teilung

Deutschlands in zwei Staaten erschien so vollzogen. Die Folgen: Zwei deutsche Länder, die Bundesrepublik Deutschland (BRD) und die Deutsche Demokratische Republik (DDR), zwei Wirtschaftssysteme: Eines sozial-marktwirtschaftlich und ein anderes sozialistisch-planwirtschaftlich, sowie zwei Hauptstädte: Bonn und Ostberlin. Dahinter jeweils eine der Ex-Alliierten Mächte, die für die westliche beziehungsweise östliche Block-Einbindung sorgten. Zwei Grundgesetze/Verfassungen, zwei Nationalhymnen: In der DDR »*Auferstanden aus Ruinen*«, von Johannes B. Becher, Melodie Hanns Eisler (November 1949) – Bundesrepublik: »*Einigkeit und Recht und Freiheit*«, dritte Strophe des Deutschlandliedes, Musik Haydn.

Die Abgrenzung zum Nationalsozialismus war sozusagen kein Thema, denn die DDR sah sich niemals als Nachfolgestaat des Dritten Reiches. Dies blieb dem westdeutschen Bruderstaat überlassen, während offiziell die Deutsche Demokratische Republik mit einer ideologisch weißen Weste ihre sozialistische Staatsgründung vorantrieb. Die Wahrheit sah anders aus. Genauso wie im Westen Deutschlands kamen belastete ehemalige Nazis sehr schnell wieder in Amt und Würden. Moskau hatte die DDR-Führer vorbildlich im real existierenden Sozialismus geschult, die dann die Staatsführung übernahmen. Aber das Ministerium für Staatssicherheit war ein Auffangbecken für ehemalige Nationalsozialisten und »Spezialisten« der SA und SS. Die Staatspartei SED übernahm mühelos frühere NSDAP-Mitglieder in ihre Ränge. Von mehr als 100.000 ist die Rede. Was allerdings nicht bedeutete, dass, falls opportun, nicht auch westdeutsche Politiker oder Amtsträger mit ihrer braunen Vergangenheit von Ost-Berlin aus in Bedrängnis gebracht wurden.[247] In der Sache und in Bezug auf die Zielpersonen lag die DDR-Regierung richtig. Beispiele: Theodor Oberländer und Heinrich Lübke.[248] Allerdings war das Ziel weniger die Sichtbarmachung der Nazi-Verbrechen, als die Destabilisierung der westdeut-

schen Regierung und die Diffamierung ihrer Vertreter. Die Adenauer-Regierung wies derartige Attacken als »Hetzkampagnen« zurück.
Währenddessen war die Situation in der DDR nicht wirklich stabil, trotz der machtvollen Assistenz durch den sowjetischen »großen Bruder« in Moskau. Durch die Enteignungen und politische Bevormundung entschieden sich viele die DDR zu verlassen. Insgesamt machten sich von 1945 bis 1950 ca. 12,5 Millionen Deutsche auf den Weg. Die Zugrichtung war immer vom Osten in den Westen. Die Mehrheit waren allerdings Auswanderer, die unter Zwang aus den neupolnischen Gebieten östlich der Oder-Neiße-Linie vertrieben wurden. Später wurde mit einem sogenannten »Lastenausgleich« versucht, eine Entschädigung für die materiellen und territorialen Verluste, die Einzelne als Kriegsfolge erlitten hatten, auszugleichen. Mit dem **Volksaufstand von 1953** wurde ebenfalls deutlich, dass viele der »daheimgebliebenen« Bürger der DDR alles andere als glücklich mit ihrem Regime waren. Am 17. Juni explodierte der Unwillen in Form eines Volksaufstandes, der tragisch endete. Das Ganze begann mit einem Arbeiter- und Generalstreik, der dann weitere Kreise der DDR-Bevölkerung miteinbezog. Das ausgerechnet die Arbeiter an der Spitze dieses Volksprotestes standen, war fast ironisch. Die Arbeiterschaft wurde als Rückgrat des sozialistischen Aufbaus betrachtet und bei jeder Gelegenheit öffentlich idealisiert. Die soziale Unzufriedenheit hatte allerdings handfeste Gründe: eine Wirtschaftskrise mündete in einer Ernährungskrise und in ein nochmaliges Absinken des Lebensstandards. Die DDR war noch als sowjetische Besatzungszone unter dem Vorwand der Reparationen durch ihre Besatzer massiv ausgeplündert worden. Die Demontage war fast vollständig, das heißt die DDR-Wirtschaft musste von einem sehr niedrigen Level aus starten. Das hatte zur Folge, dass auf der II. Parteikonferenz der SED 1952 die Regierung Ulbricht den »Aufbau des Sozialismus« in Form einer mas-

siven Erhöhung der Arbeitsnormen proklamierte. Das war der eigentliche Anlass des Protestes, der eine Million DDR-Bürger auf die Straßen trieb, die friedlich gegen die politischen (Bevormundung) und wirtschaftlichen Zustände (Erhöhung der Arbeitsnormen) ihre Stimme erhoben. Im Laufe des Protestes verselbständigten sich die Forderungen allerdings: Nun kam der Wunsch nach freien Wahlen, einer Wiedervereinigung sowie eine Ablösung der SED-Spitze hinzu. Die SED-Regierung war unentschlossen, wie richtig zu reagieren sei und bevor das Krisenmanagement ganz aus dem Ruder lief, schaltete sich die Sowjetregierung ein.[249] Sie verhängte im Namen der DDR-Regierung den Ausnahmezustand und das Kriegsrecht. Sowjetische Panzer rollten ein und die DDR-eigene Volkspolizei wurde aktiviert. Insgesamt fünfzig DDR-Bürger starben bei dem Aufstand, 15.000 wurden festgenommen und davon ein Zehntel verurteilt und in Arbeitslagern nach sowjetischem Vorbild inhaftiert. Der ganze Streik und Protest wurde als »faschistische Provokation« deklariert, wofür im Gegenzug die Bundesrepublik später den 17. Juni bis 1990 zum »Tag der Deutschen Einheit« erklärte.

310

17. Deutschland wird europäisch: Die Integration

Die Bundesrepublik möglichst schnell zu einem souveränen und mit dem Westen verbundenen Staat zu machen, war Adenauers höchstes Ziel. Gegner warfen ihm deshalb immer wieder vor, sich zu einem »Erfüllungsgehilfen« der westlichen Alliierten instrumentalisieren zu lassen. Aber sie übersahen hierbei, dass die spezielle Situation Deutschlands auch nach der Staatswerdung der Bundesrepublik nur einen begrenzten politischen Spielraum ließ. Mit dem Grundgesetz von 1949 war die Bundesrepublik gegründet, den föderalistischen und den republikanischen Ideen war Rechnung getragen worden, aber ein gesamtdeutscher Staat war kurz- und mittelfristig nicht realisierbar. Mehr noch, das Grundgesetz trat nur in Kraft durch die Billigung der Militärgouverneure, da das Besatzungsstatut noch galt.[250] Die Berlinfrage blieb brennend und dass Berlin 1949 nicht zur Hauptstadt wurde, sondern Bonn (»*als provisorische Hauptstadt*«, 10. Mai 1949) war der besonderen Nachkriegssituation geschuldet. Die drei westlichen Militärgouverneure blieben in ihrer Rolle als überwachende Regierung und das hatte praktische Auswirkungen. Kein bundesrepublikanisches Gesetz konnte in Kraft treten ohne deren Gegenzeichnung. Die Bundesrepublik war gegründet, aber nicht souverän. Und hier ist die Persönlichkeit des ersten **Bundeskanzlers Konrad Adenauer** entscheidend. Dieser war vor allem ein politischer Realist, der die Chancen, die es gab, witterte und ergriff. Und er war überzeugter Europäer. Er wollte seine Bundesrepublik souverän wissen und sie gleichzeitig in ein westliches Bündnis einbinden. Die Diskussionen um das Saargebiet mit Kohle und Stahl, die als klassisch kriegswichtige

Ressourcen galten, waren im Hauptinteresse Frankreichs und hatten eine »Reparationsfunktion« in Form von Demontagen. Das war nicht im Interesse des neugegründeten Staates (Arbeitsplätze, sowie Förderung und Verteilung) und deshalb trat Adenauer im Namen seiner Bundesrepublik der Internationalen Ruhrbehörde bei, um zu retten, was zu retten war. Den Vorwurf der »*Kanzler der Alliierten*« (Kurt Schumacher) zu sein, musste er sich daraufhin gefallen lassen. Die geopolitische Realität seines westdeutschen Staates begründete Adenauers Haltung. Europa war geteilt in einen demokratischen Westen und einen kommunistischen Osten. Die Grenze dieses eisernen Vorhangs (Churchill) ging durch Deutschland und die Hoffnung auf schnelle Wiedervereinigung war gering aufgrund der kalten Kriegssituation. Konrad Adenauers konservative Regierung (1949–1963) war außenpolitisch »eingesperrt« und deshalb orchestrierte Adenauer hellsichtig die Hinwendung zum westlich-europäischen Nachbarn und früheren traditionellen »Erbfeind« Frankreich. Erst recht, als ihm von französischer Seite dahingehend Avancen gemacht wurden. In Frankreich stand mit General Charles de Gaulle ein Zeitgenosse mit Kriegserfahrung an der Spitze der Regierung, was viel zum persönlichen Verständnis der beiden Regierungshäupter beitrug. Beide »elder Statesmen« waren zu dem Schluss gekommen, dass den Zeiten egoistisch-kriegerischen Nationalismus, der in zwei Weltkriegen Millionen von Toten verursacht hatte, ein neues Konzept entgegen zu setzen sei. Sie griffen zurück auf die Idee eines geeinten Europas, das schon einmal als Paneuropa – Initiative nach dem Ersten Weltkrieg und am Ende der Zwanzigerjahre als französische Idee im Gespräch war.[251] Beide Male war die Zeit nicht reif für das Konzept eines vereinten Europas, nun nach den dramatischen Zerstörungen eines ganzen Kontinents schon. Vor der Vision zur Umsetzung der europäischen Integration gab es viele Hürden zu nehmen und vor allem sich zu verständigen, welches

Europa entstehen sollte und in welcher Form. Zwei Möglichkeiten, geordnet nach Idealisten und nach Realisten standen zur Auswahl: Erstens, die einzelnen europäischen Länder in einem Bundesstaat zu organisieren, was eine erhebliche Aufgabe der einzelnationalen Interessen bedeutet hätte, oder zweitens einen Bund von Staaten (Vereinigte Staaten von Europa) schaffen, der nationale Eigenständigkeiten beließ und in eine schrittweise, zunächst wirtschaftliche Verständigung mündete. Die zweite Variante, von den Realisten befürwortet, trug den Sieg davon. Letztlich kam es der Idee des »*Europas der Vaterländer*«, wie es **Charles de Gaulle** elegant nannte, näher. Die Umsetzung einer übernationalen europäischen Integration gestaltete sich schwierig vor dem Hintergrund des gesamten Kalten-Krieg-Szenarios. Bei Deutschland war klar, dass nur ein Teil und zwar der westliche als Integrationsmasse zur Verfügung stand. Die Sowjetunion hatte keinerlei Interesse an irgendeiner Form von Integration, die nicht unter sozialistischen Vorgaben stattfand. Die USA förderten die Idee, weil sie damit die westeuropäischen Länder in eine Wirtschaftsgemeinschaft zur Umsetzung des Marshall-Plans zwangen. Die Gründung der »Organization for European Economic Cooperation« (OECD) 1948 kann absolut als ein erster entscheidender Schritt hin auf dem Weg zur europäischen Einigung angesehen werden. Eine wesentliche Initiative in Form einer Chance kam jedoch von französischer Seite. Im Mai 1949 hatte der überzeugte Europäer, der französische Außenminister Robert Schuman den **Europarat** gegründet.[252] Er lud den deutschen Bundeskanzler ein, diesem beizutreten, was dieser im Mai 1952 als Vollmitglied tat und als einen Schritt hin zur gewünschten nationalen Souveränität betrachtete. Noch ehrgeiziger im Sinne einer neuen europäischen Verständigung war ein Projekt von 1950, das Jean Monnet von der französischen Planungsbehörde für Robert Schuman im Sinn hatte. Robert Schuman hatte die Idee entwickelt, eine Montanunion für

Kohle und Stahl zu bilden, um die Möglichkeit eines Krieges für mindestens fünfzig Jahre auszuschließen. Damit sollte ebenfalls die Kontrolle der »Ruhrkohle« nach dem Ende der alliierten Aufsicht gesichert werden, woran vor allem Frankreich großes Interesse hatte. So war die Idee des gemeinsamen Marktes für die beiden Hauptprodukte geboren und ebnete den Weg in einen wirtschaftlichen Zusammenschluss beider Länder. Mehr noch, die damit verbundene Einigung Westeuropas bildete die Auftaktveranstaltung für die **Europäische Integration**, mit Frankreich und Deutschland als Motor dieser bahnbrechenden Vereinigung. Im April 1951 wurde so die Europäische Gemeinschaft für Kohle und Stahl EGKS, die Montanunion (Mitglieder: Bundesrepublik Deutschland, Frankreich, Italien und die Benelux-Staaten) gegründet. Im nächsten Schritt wurde 1957 mit den Römischen Verträgen die Europäische Wirtschaftsgemeinschaft (EWG) gegründet.[253] Dem Weg einer wirtschaftlichen Integration wurde die politische nachgeordnet. Allerdings muss dem Fortschritt hin zu einer gemeinsamen Wirtschaftsgemeinschaft mit einem freien Binnenmarkt, in dem die Bürger der Mitgliedsstaaten Freizügigkeit hatten, große Anerkennung gezollt werden. Mit diesem kam es zum politischen, europäischen Vereinigungsprozess, denn ab 1958 gab es ein »Europäisches Parlament«.

Obwohl sich die Situation im Kalten Krieg durch den Ausbruch des Koreakrieges (1950–1953) verschärfte, wurde aus der Idee eines gemeinsamen Europäischen Verteidigungsbündnisses (EVG: Europäische Verteidigungsgemeinschaft) nichts, aufgrund der Ablehnung durch Frankreich. Grundsätzlich kam aber die Wiederbewaffnung der Bundesrepublik auf den Plan. Die Vereinigten Staaten, die das Gesamtszenario des sich zuspitzenden Kalten Krieges klar vor Augen hatten, waren an einem deutschen Wehrbeitrag interessiert. Sowjetische Truppen in hoher Anzahl standen in Europas Mitte und zeigten eine gewisse Bereitschaft, jederzeit loszuschlagen. Die DDR-Rhetorik unter Walter Ulbricht (hier war die Volkspolizei zur militärischen Einheit aufgebaut worden) war ein bewusstes Anheizen von Befürchtungen zum Thema Ausbruch eines Dritten Weltkrieges. Konrad Adenauer war ebenfalls für eine Wiederbewaffnung. Ganz geschickt schlug er der Hohen Kommission der Westalliierten eine Freiwilligentruppe von 150.000 Mann vor. Großbritannien wollte diese Truppe nur im Rahmen einer Europäischen Armee aufgehoben wissen, also eine europäische Armee mit deutschem Kontingent. Mit einem Coup drückte Adenauer seinen Wehrbeitrag durch. Der protestierende Politiker Gustav Heinemann (SPD) trat deshalb zurück. Der Gründung der Bundeswehr und der Wiederbewaffnung begegnete man von vielen Seiten mit Protesten.

Zum einen waren es traditionell ganz stark die protestantischen Kreise, die inzwischen eher zum Pazifismus neigten, und natürlich die linken Politiker- und Intellektuellenkreise. Allen voran die Sozialdemokraten, die unter dem Slogan »*Ohne mich*« ihrem Protest Gehör verschafften. Zu nah waren für viele noch das Dritte Reich mit Wehrmacht und Waffen-SS und die damit verbundenen Schrecken. Außerdem gingen Bundeswehrgegner davon aus, dass sich mit einer deutschen Wiederbewaffnung die deutsche Teilung verstärken und eine immanente Kriegsgefahr erhöhen könnte. Hier bildeten sich zwei Regierungslager. Befürworter unter Konrad Adenauer, dem vorgeworfen wurde, der Wiedervereinigung vielleicht nicht oberste Priorität einzuräumen, und auf der anderen Seite die Gegner der Remilitarisierung, die alles unterlassen wollten, was den Teilungszustand weiter zementieren konnte. Dem entsprachen die Reaktionen aus dem anderen Teil Deutschlands, der DDR, die unter Otto Grotewohl immer wieder eine gesamtdeutsche Lösung als Provisorium in Aussicht stellten, aber dafür die militärische Westeinbindung der Bundesrepublik kassieren wollten. Adenauer bestand im Gegenzug immer auf der Reihenfolge: Erst gesamtdeutsche freie Wahlen, dann ein weiteres gemeinsames Vorgehen. Vor diesem Hintergrund erregte die sogenannte »**Stalin-Note**« von März 1952 ein gehöriges Aufsehen. Hierin wird eine Wiedervereinigung Deutschlands als »neutrales« Land in Aussicht gestellt. Nach der Stalin-Note hätte ein Gesamtdeutschland sich verpflichten müssen, keinerlei Militärbündnisse oder Koalitionen einzugehen. Was die Grenzziehung anginge, so wurde auf die dahingehenden Beschlüsse der Potsdamer Konferenz verwiesen. Der Vorschlag der Sowjetunion wurde nicht angenommen, weil Stalin nicht vertraut und deshalb unter Federführung Adenauers dieser Vorschlag energisch abgelehnt wurde.[254] In der Folge kam immer wieder der Vorwurf an den Bundeskanzler, nicht die »nationale Karte« (mögliche Wiedervereinigung) gespielt zu haben. Adenauer wollte die Westintegration und sah in ihr die sichere Variante. Zudem wollte er Stalin, der dieses Angebot vermutlich nicht wirklich ernst gemeint hatte, noch nicht einmal den Hauch einer Chance geben, die Verhandlungen zu einem westlichen Verteidigungsbündnis ins Stocken geraten zu lassen. Gesamtpolitisch betrachtet hätte die Neutralisierung Deutschlands die US-Strategie, in der Mitte Europas starke Partner gegen die Sowjetunion zu positionieren, ad absurdum geführt. Das Machtgleichgewicht auf dem europäischen Kontinent wäre auf dem Höhepunkt des Kalten Krieges zugunsten der bereits vor der Haustür mit starkem Militär stehenden kommunistischen Kraft aus dem Osten verschoben worden. Aber im Gegenzug zu Adenauers Absage an Stalin wurde die Besatzung der Bundesrepublik durch die drei Westmächte drei Jahre später offiziell beendet. Die Bundesrepublik erhielt so die Rechte eines souveränen Staates mitsamt der diplomatischen Anerkennung. Das galt nur für die westliche Variante Deutschlands und war kein offizieller Friedensvertrag. Damit sollte die Vorläufigkeit betont und einer Wiedervereinigung mit einer möglichen Neuverhandlung einer gesamtstaatlichen Verfassung nicht vorgegriffen werden. Der Nachteil: Ohne einen offiziellen Friedensvertrag und die Zusammenführung der zwei Staaten hatte dies völkerrechtlich nur einen begrenzten Status und unterstrich ein politisches Provisorium, das immerhin 38 Jahre bestand. Für die Bundesrepublik hatte Konrad Adenauer einen großen außenpolitischen Erfolg durch die Pariser Verträge von Mai 1955 errungen. Vermutlich angetrieben durch die Verhältnisse in der DDR und der starren Haltung der Sowjetunion, waren die Westalliierten (USA, Großbritannien und Frankreich) bereit, das Besatzungsstatut für die Bundesrepublik aufzuheben. Westdeutschland erhielt so seine volle innere und äußere Souveränität. Dahinter stand der Wunsch, die Bundesrepublik im Rahmen der Westintegration als volles Mitglied in die NATO aufzunehmen. Anstelle der Streitkräfte als Besatzer blieb ein Kontingent an NATO-Streitkräften im Lande. Das war gewissermaßen eine Umbenennung (der ehemaligen Besatzungsmächte) und als Sicherungsmaßnahme gegen die an der Grenze stehenden Streitkräfte der Sowjetunion, die ihre Präsenz seit 1951 sehr deutlich gemacht hatten, gedacht. Bundeskanzler Adenauer hatte sich im Gegenzug verpflichten müssen, keine gewaltsame Wiederherstellung der deutschen Einheit zu forcieren, bekam aber die Bestätigung der friedlichen Unterstützung der drei Ex-Alliierten zur Herstellung einer gewünschten Wiedervereinigung beizutragen. Die **Pariser Verträge von 1955** und die gleichzeitige Gründung der Westeuropäischen Union (WEU) war durch die sich wieder verschärfende Sicherheitslage in punkto Kalter Krieg verursacht worden. Man wollte sich der festen Einbindung der Bundesrepublik in das westliche Verteidigungsbündnis versichern, bot im Gegenzug die staatliche Souveränität und machte damit die Gründung der Bundeswehr möglich. Das mit der »staatlichen Souveränität« hatte einen Haken – abgesehen davon, dass es sich nur um einen Teil Deutschlands handelte – denn so ganz gleichberechtigt wurde die Bundesrepublik nicht: Als NATO-Allianz behielten die Westalliierten bis 1963 »alliierte Rechte«. Dennoch blieb die alliierte Notstandsgesetzgebung bis 1968 in Kraft und wurde dann mit viel politischem Getöse (68er-Unruhen) zur bundesdeutschen Notstandsgesetzgebung. Spätestens bei der Wiedervereinigung nach 1989 und den dafür notwendigen »Zwei-plus-Vier-Gesprächen« zeigte sich, dass alliierte Vorbehaltsrechte noch Bestand hatten. Was 1955 anging, hatte sich durch die Einbindung Westdeutschlands in die NATO der Ton zwischen den Großmächten in West und Ost verschärft und im Gegenzug gründete die Sowjet-Union den **Warschauer Pakt** (östliches Verteidigungsbündnis) mit den Mitgliedern: Polen, Tschechoslowakei, DDR, Ungarn, Rumänien, Bulgarien und Albanien.

Die Teilung Deutschlands mit der jeweiligen politischen und militärischen Einbindung in zwei Lager unter den Bedingungen des Kalten Krieges wurde zum Ausgangspunkt des **Mauerbaus 1961.** Die DDR wollte ihre Bürger »behalten« und die »Abstimmung mit den Füßen« stoppen. Zwischen 1945 und 1961 hatten nämlich dreieinhalb Millionen Menschen erst die Sowjetische Besatzungszone und dann die DDR verlassen. Die dahinterstehenden Gründe waren das politische System, Verwandte im Westen und die Bodenreform mit ihren willkürlichen Enteignungen. Das restriktive politische Klima mit deutlichen Benachteiligungen derjenigen, die sich nicht freudig dem sozialistischen System verschrieben, stellte weitere Ursachen der Fluchtbewegung dar. Bereits im Mai 1952 wurde eine Grenze gezogen und mit Stacheldraht abgesperrt, aber die Menschen verließen die »Ostzone« weiterhin über die grüne Grenze, obwohl ab Dezember 1957 *»die Republikflucht«* unter Haftstrafe gestellt wurde. Mitte August 1961 riegelten 15.000 Volkspolizisten die Grenze nach Westberlin ab und nach und nach wurde eine schwer bewachte Mauer errichtet. Die verbliebene DDR-Bevölkerung war eingesperrt worden.

Währenddessen schritt die europäische Einbindung der Bundesrepublik voran. Der Krönung der deutsch-französischen Verständigung in Form eines Freundschaftsvertrags, dem Elysee-Vertrag von 1963, war bereits der erklärte Wille, beide Länder fest in ein europäisches System einzubinden, vorausgegangen. Die Deutsch-französische Freundschaft wurde zum Motor der europäischen Einigung, bis hin zu der Form, die heute als Europäische Union als übergeordnete Kraft die Geschicke von über 300 Millionen Europäern bestimmt – oder um der Wahrheit die Ehre zu geben: bestimmen sollte. In einzelnen Stufen, über die Montanunion (EGKS), die Europäische Wirtschaftsgemeinschaft (EWG), die Europäische Gemeinschaft (EG) bis hin zur **Europäischen Union (EU)** ist das europäisch-politische Miteinander der Staaten eine Realität geworden, wenn auch manchmal mit Brüchen. Die EU startete 1967 zunächst als wirtschaftliche Organisation zur Europäischen Gemeinschaft, bis die europäischen Staaten eine funktionierende Freihandelszone (EFTA) bildeten und sukzessive weitere Staaten in ihr System integrierten. Für den Rahmen blieb die ursprüngliche Form der Europäischen Gemeinschaft für Kohle und Stahl wegweisend. Die EU besteht aus einer Kommission (fungiert als Kabinett), die von den nationalen Regierungen beschickt wird, einem Ministerrat (als Gesetzgeber), dazwischen einem Wirtschafts- und Sozialausschuss (als Beratung) und einem Europäischen Gerichtshof, der auf die Einhaltung der Gesetze achtet. Das Herzstück der Europäischen Institutionen ist die Vertretung der europäischen Bürger durch das Europäische Parlament. Die anhaltende Diskussion – auch in Deutschland – dreht sich zumeist um die Frage, ob an die Europäische Union zu viel oder zu wenig nationale Macht abgegeben wurde und inwieweit die Europäische Union in der Lage ist, sich über brennende Fragen, die nur supranational-europäisch gelöst werden können, zu einigen. Festzustellen ist, dass die Ära Adenauer federführend war bei der Einbindung der Bundesrepublik in ein europäisches System, das

Deutschland außenpolitischen Status zurückgab, für ein übergeordnet starkes Europa in der Welt stand und die Grundlagen einer neuen Weltordnung schuf.

Während sich die Deutsche Demokratische Republik schwer tat, wirtschaftlich auf die Beine zu kommen, aufgrund von radikalen Demontagen durch die sowjetischen Besetzer und der durch Moskau vorgegebenen Plan-Wirtschaft,[255] erlebte die Bundesrepublik Deutschland ein »Wirtschaftswunder«. Darunter wird die überraschend schnelle wirtschaftliche Erholung Deutschlands nach dem Zweiten Weltkrieg verstanden. In den 1950er- und 1960er-Jahren fand ein wirtschaftlicher Nachkriegsboom in Deutschland (und übrigens in ganz Westeuropa) statt, der seine Ursachen in drei Tatsachen hatte: Erstens waren achtzig Prozent der industriellen Produktionskapazität in Deutschland nicht während des Krieges zerstört worden; zweitens, die wirtschaftliche Aufbauhilfe durch den Marshall-Plan und drittens, die soziale Marktwirtschaftspolitik Ludwig Ehrhardts. Dazu kam ein weiterer Faktor, nämlich sogenannte »Gastarbeiter« als Assistenten des Wirtschaftswunders. Unter **Gastarbeitern** wurde eine ausländische Personengruppe verstanden, die aufgrund von Anwerbung einen zeitlich begrenzten Aufenthalt in der Bundesrepublik bekamen, um hier Einkommen zu erzielen. Gastarbeiter waren also Arbeiter, die freiwillig kamen und dies wurde von beiden Seiten als temporäre Maßnahme angesehen. Die Initiative wurde schon während der Adenauer-Regierung gestartet, als der Bundeskanzler (1955) nach Rom reiste und dort mit einem Anwerbeabkommen Anreize für Arbeitsstellen in Deutschland bot. In der Folge wurden mit weiteren Ländern von 1955 bis 1973 Anwerbeabkommen abgeschlossen, die Gastarbeiter für die deutsche Industrie requirierte. Die Länder, aus denen die Gastarbeiter kamen, waren Italien, Spanien, Griechenland, Türkei (ab 1961), Marokko, Südkorea, Portugal, Tunesien und Jugoslawien. Benötigt wurden weniger Facharbeiter als Arbeiter, die bereit waren, ungelernte, »niedrige« Arbeiten zu verrichten, für die nicht ausreichend deutsches Personal vorhanden war. Die Geringqualifizierung hatte Auswirkungen auf die Integrationsmöglichkeit, die aber zunächst gar nicht Bestandteil der Berechnung war, denn wie selbstverständlich wurde davon ausgegangen, dass die Arbeiter nur temporär im Lande wären, wie es der Name »Gast« schon suggerierte. Von Regierungsseite wurde – seit 1969 war eine sozialliberale Koalition (SPD und FDP) an der Regierung – aus humanitären Gründen der Familienzuzug in den Jahren 1973 bis 1975 gefördert. Der Zeitpunkt hierzu war ungünstig, denn 1973 war aufgrund der Ölkrise ein starker Abbau von Arbeitsplätzen unter dem Titel des wirtschaftlichen »Gesundschrumpfens« verordnet worden. Viele Gastarbeiter und ihre Familien blieben in Deutschland, und heute schon in der dritten Generation hat die Integration eigentlich gut funktioniert, abgesehen davon, dass falls es zu Arbeitslosigkeit kam, die geringeren Bildungschancen zu einem deutlich höheren Armutsrisiko in dieser – inzwischen deutschen – Bevölkerungsgruppe führte und bis heute noch führt.

18. Von Bonn nach Berlin

Während in den 50er-Jahren, der Zeit des wirtschaftlichen Aufbaus, eine Verdrängung der Kriegserfahrungen und der Nazizeit stattfand, bildete sich eine – aus heutiger Sicht – eher spießige Familienform heraus. Alles war den Themen Konsolidierung und Wiederaufbau nachgeordnet, doch dies veränderte sich in den 60er-Jahren. Eine zunehmend wirtschaftliche Saturiertheit erlaubte plötzlich sozial-politische Fragen zu stellen, die von der älteren Generation als sehr unangemessen angesehen wurden. Zuerst war es die Infragestellung des klassischen Familienmodells, angefeuert durch die Möglichkeit der Empfängnisverhütung (Pille); dann war es ein Wegrücken von der Kirche als spiritueller Gemeinschaft und schließlich kamen die politischen Fragen. Die junge Generation, die als **68er-Generation** bekannt wurde, erhob ihr Haupt und stellte alles in Frage, was in mühsamer Wiederaufbauleistung und in Form hochgelobter bürgerlicher Werte als schützenswert galt.[256] Für die Jugendlichen im Alter von zwanzig bis dreißig Jahren war der »Mief« der Elterngeneration, die als im Materiellen erstarrt erschien, unerträglich. Für die »Alten«, die durch den Krieg, Vertreibung und das Nachkriegselend gegangen waren und für den wirtschaftlichen Wohlstand der »Jungen« gesorgt hatten, war es eine Ohrfeige. Die Elterngeneration der 68er hatte nach ihrem Dafürhalten eine Leistung erbracht und erhielt von ihren Kindern einen Spiegel vorgehalten, der ihr die Enge ihres Lebens und ihres Denkens zeigen sollte. Das generationenübergreifende Unverständnis wurzelte gleichfalls in der Tatsache, dass die Eltern noch in der Nazizeit sozialisiert worden waren. Und zwar in einer Zeit, in der den Eltern widerspruchslos Respekt gezollt wurde und Erziehung quasi diktatorisch von oben nach unten erfolgte. Somit hatten die 68er-Eltern kein pädagogisches Rezept an der Hand, wie mit langhaarigen, Parka tragenden Hippies, die Joints rauchten und aufbegehrten, umzugehen sei. Eine nicht-untypische Reaktion war das Lossagen von den enttäuschenden Sprösslingen und das offizielle Hinausschmeißen aus dem Elternhaus. Dies focht die sowieso aus dem Haus und in die Welt strebenden Jugendlichen allerdings wenig an. Materieller Sicherheit und patriarchalischer Enge wollten sie sich ja gerade entziehen. Im Prinzip handelte es sich um eine Gegenbewegung zum Wirtschaftswunder, das der jungen Nachkriegsgeneration diese Möglichkeiten erschlossen hatte, nun den Aufbruch gegen die Spießigkeit zu wagen. Hippiekultur, freie Liebe und Widerstand gegen Konventionen, all dies verärgerte und provozierte sittenstrenge Bürger. Die Protestgeneration garnierte ihren Aufstand mit eingängigen und frechen Slogans, wie »Wer zweimal mit demselben pennt, gehört schon zum Establishment«, oder »Unter den Talaren, der Muff von tausend Jahren«, – in Anspielung auf das »tausendjährige« Reich der Nazis. Jugendliches Protestverhalten, neue Musikkultur, Auflehnung gegen das Althergebrachte, das wäre gerade noch akzeptabel gewesen, aber nun wurden politische Parolen aufgestellt, die sich ganz gezielt gegen die Generation richtete, die durch den Krieg und die NS-Zeit gegangen war und die den Wiederaufbau geschultert hatte. Modernisierung der Gesellschaft im Sinne von mehr gesellschaftlicher Vielfalt geht häufig einher mit wirtschaftlichem Wohlstand. Den Abbau autoritärer und hierarchischer Strukturen kann dies begleiten, aber die neue Studentengeneration war radikal in ihrer Ablehnung von Traditionen und revolutionär in ihrer Forderung nach Veränderungen: politisch und gesellschaftlich. Die 68er-Generation wurde, wie der Begriff schon sagt, am Ende oder kurz nach Ende des Krieges geboren und war in den Genuss von verbreiteten Bildungsmöglichkeiten gekommen. Nun an den Universitäten, wurden sie von intellektuellen Theoretikern geschult, die einen gesellschaftlichen Umbau befürworteten und in einer verquasten soziologischen Terminologie – weitgehend unverständlich für den durchschnittlichen Bürger – die Studenten indoktrinierten. Die sogenannte Frankfurter Schule[257] mit Namen wie Theodor Adorno, Max Horkheimer und Herbert Marcuse lieferte den theoretischen Unterbau für die protestierende Nachkriegsgeneration. Bis heute sind deren Texte sprachlich und inhaltlich nicht leicht zugänglich, aber trotz der intellektuellen Überhöhung handelte es sich um einen geforderten Umbau der gesellschaftlichen Normen und Formen. Mit den traditionellen Strukturen von politischer Macht und Autoritäten, zumal vielfach in den Händen von Belasteten des Dritten Reiches, sollte radikal gebrochen werden. Ziele und Mittel (Aktivismus) bezogen sich auf eine neue Gesellschaftsstruktur, die Autonomie und Gleichheit beförderte. Soweit die schöne Theorie, aber die Gegner im Besitz des staatlichen »Gewaltmonopols« konnten zu Recht darauf hinweisen, dass die im Hintergrund stehenden Ideologien durchgängig sozialistischer Herkunft waren. Mit Kampfparolen wie »*Abschaffung des kapitalistischen Systems*« und »*Kampf dem Imperialismus*« wurde vor allem polarisiert. Als Folge der ihnen vermittelten Theorien fingen die Jugendlichen an, ihrer Elterngeneration mit den unbequemen Fragen nach »Mitschuld«, Verantwortung und der nicht vollzogenen Entnazifizierung auf die Nerven zu gehen. In der Sache lagen die 68er-Studenten richtig, aber da dies so schnell radikale Reaktionen von beiden Seiten annahm und unausgesprochen das Ganze von Seiten der Obrigkeit nur als sozialistisch-kommunistisch, umgangssprachlich »linke« Bewegung verdächtigt wurde, war ein normaler inhaltlicher Diskurs schwierig. Nicht zu vergessen, das Aufeinanderprallen einer jugendlichen Anti-Generation mit dem traditionellen »Establishment« fand vor dem Hintergrund eines noch immer tobenden Kalten Krieges statt. Grundsätzlich waren Vielfalt und abweichende Ansichten von der Wiederaufbaugeneration nicht gewünscht, aber die ideologischen Auseinandersetzungen fanden nicht im luftleeren Raum statt. Im Wesentlichen waren es drei Faktoren, die die Diskussionen beherrschten: Erstens der Nationalsozialismus war nicht wirklich aufgearbeitet worden. Die Kriegsgeneration hatte daran keinen Bedarf gehabt und mit vielen ehemaligen Nazis in Amt und Würden war die bundesrepublikanische Öffentlichkeit eher von einer Verdrängungs- als einer Erinnerungskultur geprägt. Zweitens gab es den Vietnamkrieg als Ausdruck des Kalten Krieges und als erste globalisierte Bewegung schwappte die amerikanische Anti-Kriegshaltung über den großen Teich. Dies wurde drittens angereichert durch die Anbetung von Freiheitshelden und Widerstandskämpfern, meist sehr sozialistisch-kommunistischer Prägung wie Che Guevara (Kuba) und Ho Chi Minh (Nord-Vietnam).[258] Selbst der chinesische Diktator Mao Tse-Tung hatte eine Gefolgschaft unter den radikalisierten Jugendlichen in Deutschland gefunden.[259] Seine brutale Kulturrevolution taugte zum Vorbild für einen Aufstand gegen den Kapitalismus und den europäischen Kommunismus à la Moskau gleichermaßen. Krieg der Generationen, verpackt in einen Klassenkampf. Das war ein explosives Gemisch, auf das die ältere und aggressiv anti-kommunistische Generation in West-Deutschland sehr schlecht reagierte. Bei ihnen bestand eine Null-Toleranz für die Helden und den erklärten »Anti-Imperialismus« der jungen Generation. Einen Anlass für die sich immer weiter verstärkenden Auseinandersetzungen boten ebenfalls die Diskussionen um eine Wiederbelebung der Notstandsgesetze im Fall einer Staatskrise. Diese Notstandsgesetze beinhalteten eine Verfassungsveränderung, denn damit waren für eine Zeit die Grundrechte (wie Presse- und Meinungsfreiheit, Versammlungsfreiheit etc.) eingeschränkt. Dies wurde von 68er-Aktivisten als »Staatsstreich von oben« angesehen.

Verstärkend kam hinzu, dass die Regierung CDU/FDP Ende 1966 von einer Großen Koalition aus Union und SPD abgelöst worden war. Für die linke Studentenschaft war das Fehlen einer richtigen Opposition ein weiterer Makel: Sie verstanden sich deshalb als Korrektiv, als eine »außerparlamentarische Opposition«, kurz APO. Das Zentrum der »revoltierenden« Studenten wurde schnell **West-Berlin**, die geographische Enklave der Bundesrepublik im bereits real existierenden Sozialismus der DDR. Intellektuelle der neuen Linken hatten sich ebenfalls in Frankfurt, dank der Frankfurter Schule, gesammelt, aber der Aufbau der links-intellektuellen Szene fand vor allem in West-Berlin statt. Im Mittelpunkt stand der Sozialistische Deutsche Studentenbund (SDS), organisiert wie ein leninistischer Kader (so die Kritiker), der die Aktionen organisierte. Wofür der SDS genau eintrat, ist heute schwer nachzuvollziehen, auf jeden Fall wurde jede Form des Kapitalismus abgelehnt, genauso aber auch die sozialistischen Diktaturen Osteuropas. Propagiert wurde eine »*Weltrevolution für wahre Gerechtigkeit*«[260]. Da die Kundgebungen des SDS häufig in Tumulten endeten und die Proteste radikal und aggressiv ausgetragen wurden, entstand eine Atmosphäre des Hasses und der Angst. Das politische Klima, die Mandatsträger und die ältere Generation waren anti-kommunistisch eingestellt. Das heißt, die Bundesrepublik Deutschland hatte sich gewissermaßen in alt gegen jung, konservativ gegen fortschrittlich, in rechts gegen links unterteilt. Medien und Presse, ebenfalls polarisiert, taten ihr Bestes, die Situation noch anzuheizen und befeuerten die gegensätzlichen Positionen.[261] Ziviler Ungehorsam mündete in offenem Aufruhr: Demonstrationen, die in Straßenschlachten endeten, erschütterten die bundesrepublikanische Gesellschaft. Es kam zu blutigen Auseinandersetzungen um die richtige Ideologie und Gesellschaftsordnung. Bei der Frage der Gewaltanwendung ist die Haltung unter den Protestlern unentschieden. Gewalt gegen Sachen war erlaubt und als notwendig erachtet im Sinne von Che Guevara: »*Die Pflicht eines jeden Revolutionärs ist, die Revolution zu machen*«[262]. Staatlicherseits war die Haltung eindeutig: Stoppt den »*Terror der Jungroten*«. Einer möglicherweise bewaffneten Revolte sollte energisch begegnet werden. Bei einer Demonstration gegen den Schah-Besuch wurde 1967 von einem Kriminalobermeister ein junger unbeteiligter Student, Benno Ohnesorg, erschossen. Heute ist bekannt, dass der Schütze ein von der DDR angeheuerter Polizist war.[263] Ein Jahr danach wurde auf den charismatischen und kämpferischen Studentenführer Rudi Dutschke, während er als »Kommunistenschwein« tituliert wurde, geschossen. Er überlebte, aber das Ergebnis war eine der größten Straßenschlachten der Bundesrepublik. Von Seiten der Obrigkeit wurde keine andere Möglichkeit gesehen als mit Härte vorzugehen, während von Seiten der aufrührerischen Studentenschaft nur das autoritäre Niederknüppeln wahrgenommen wurde. Ganz deutlich hatten es die aufrührerischen Linksintellektuellen nicht geschafft, sich mit der Arbeiterschaft zu verbünden. Bei der breiten Masse der bundesrepublikanischen Bevölkerung fanden sie keinen positiven Widerhall, im Gegenteil.[264] Zur Deeskalation trug schließlich Willy Brandt (damals Vizekanzler) bei, indem er zur Toleranz und Friedfertigkeit aufrief.[265] Am 30. Mai verabschiedete der Bundestag die umstrittenen, allerdings modifizierten Notstandsgesetze: Punktsieg für die Obrigkeit.

Was blieb übrig von den **Studentenrevolten**? Wie tiefgreifend war dieses eine Jahr 1968? Die meisten sind sich einig darüber, dass die 1968er-Unruhe keine Revolution war, denn dies wäre ein Volksaufstand, sondern eher eine Revolte, allerdings mit einer langfristigen und revolutionär-kulturellen Wirkung.[266] Der Veränderungswunsch in radikaler Form von der Nachkriegsgeneration gegenüber den Alten und Autoritäten postuliert, veränderte den öffentlichen Raum und die Politik. Die langfristige Folge waren mehr gelebte Demokratie, das

Hinterfragen politischer Entscheidungen, das Nicht-mehr-Hinnehmen der Entscheidungen »von oben« und ganz allgemein eine größere gesellschaftliche Partizipation. Das galt sowohl für die Gründung von politischen Gruppierungen und Interessengemeinschaften, als auch für Bürgerinitiativen, die heute gang und gebe sind. Insgesamt: Das Jahr und die Ereignisse von 1968 politisierten die Menschen, mehr noch, sie zwangen sie dazu, eine Position zu beziehen und ihren eigenen politischen Standpunkt zu definieren. Das lange Schweigen der Generation des Dritten Reiches trug nicht mehr. Die Fragen nach Mitschuld und das wirkliche Angehen einer Umerziehung, der Entnazifizierung, die die Amerikaner beabsichtigt hatten, aber nicht durchsetzen konnten, begann. Und es lag diesmal in deutscher Hand.

Partizipation im Sinne von Teilhabe und bekannt geworden unter dem Begriff **Emanzipation**, das galt ganz besonders für die Frauen. Die 68er-Bewegung legte einen der Grundsteine für eine Frauenbewegung, die lange überfällig war. In den Sechzigerjahren waren die Familien »heil« und das Verhältnis der Geschlechter »stabil« geordnet. Frauen durften keine Hosen tragen, sie durften keinen Job ohne die Erlaubnis des Ehemanns annehmen (bis 1977) oder gar ein eigenes Konto besitzen. Dazu passte, dass Homosexualität unter einen Strafparagraph (§ 175 StGB) fiel. Frauen waren aktiv in der 68er-Bewegung, aber sie waren eher Beiwerk. Im Sozialistischen Deutschen Studentenbund (SDS) führten die Männer und Frauen hatten keine Redezeit, obwohl ununterbrochen diskutiert wurde. Gesellschaftlicher Kampf gegen das kapitalistische »Establishment« war eine definiert männliche Aufgabenstellung.[267] Weibliche Beteiligte der 68er, wie zum Beispiel Alice Schwarzer, konnten von gönnerhaften und machohaften Verhalten, besonders im SDS berichteten.[268] Trotzdem, geändert hatte sich für die Frauen abseits der Aufstände etwas sehr Entscheidendes und Praktisches. Zum ersten Mal in der Geschichte waren sie nicht mehr das

Opfer ihrer Fertilität, denn es gab ab 1961 die Pille zur Empfängnisverhütung. Und innerhalb der männlich dominierten Proteste lernten die Frauen sich öffentlich zu wehren: Gegen männliche Strukturen, gegen Ungleichbehandlung im Arbeitsleben und gegen die Bestimmung über ihren Körper (Verhütung und Abtreibung). Die weibliche 68er-Generation kam hierbei in den Genuss der späten Geburt, nämlich der nach 1945. Wirtschaftlicher Wohlstand und äußere Stabilität machten es zum ersten Mal wirklich möglich, dass Mädchen und Frauen Ausbildungen machten und ungehindert an den Universitäten studieren konnten und somit zum festen Bestandteil des ökonomischen Arbeitsprozesses wurden. Weg von der Landwirtschaft (dort mussten Frauen im Familienrahmen immer mitarbeiten) verlagerte sich die weibliche Berufstätigkeit hin zum Dienstleistungssektor. Dieser Prozess ermöglichte den Frauen eine Selbstständigkeit, die zuvor undenkbar gewesen war. Mit der Freiheit kamen ein gesteigertes Selbstbewusstsein sowie die Forderungen nach gesellschaftlicher Gleichstellung. Dies dominierte unter dem Begriff **Feminismus** ganz stark und durchaus umstritten die gesellschaftliche Debatte der 68er/70er-Jahre. Die ältere Generation war dem klassischen Frauenbild verbunden. Das bestand in dem Modell der Frau als Familienmanagerin (die drei K: Kinder, Küche und Kirche) und dem Mann als Verantwortlichem für die Finanzierung der familiären Idylle. Ganz negativ wurde hierbei die Berufstätigkeit von Müttern wahrgenommen. Ungeachtet ob sie alleinerziehend, geschieden oder verwitwet waren. Das gehörte sich einfach nicht und verstieß gegen die bewährte Geschlechterordnung mit der in Stein gemeißelten Rollenzuschreibung. Nun veränderte sich allerdings etwas dramatisch. Das Bildungsniveau von Frauen stieg, parallel dazu ihr Selbstbewusstsein und die Anti-Baby-Pille erleichterte die Familienplanung. Wichtige Anmerkung: Die Pille wurde nur verheirateten Frauen verschrieben. Der Rückgang der Geburtenrate, der sogenannte

»Pillenknick«, der nach dem Baby-Boom der frühen Sechziger folgte, wird heutzutage nicht mehr daraus erklärt, sondern vielmehr aus dem höheren Bildungsniveau der Frauen. Kinder zu bekommen und vor allem deren Anzahl zu bestimmen wurde zur bewussten Entscheidung dank der neuen Verhütungsmöglichkeiten. Der kämpferische Feminismus erwuchs aus der 68er-Bewegung, denn das Ungleichgewicht von Macht und Hierarchie, für die Studentenrevolte die ideologische Auseinandersetzung zwischen Kapitalismus (Machtbesitz) und Sozialismus (sozialer Gerechtigkeit), ließ sich genauso für eine neue Beziehung zwischen den Geschlechtern instrumentalisieren. Männliche Autoritäten in Frage zu stellen, die gesellschaftlichen Hierarchien herauszufordern und Gleichberechtigung in allen öffentlichen Räumen zu verlangen: Hier war ein neuer Kampfplatz eröffnet. Männlich waren die Ideen einer neuen Linken, die sich gegen autoritäre und reaktionäre Strukturen wandte. Der Kampf gegen die Diskriminierung von Frauen stand nicht auf der Agenda. Da mussten die Frauen selber aktiv werden. Eine Veränderung des Machtgefälles zwischen Männern und Frauen wurde energisch und lautstark von Alice Schwarzer und ihren Mitstreiterinnen eingefordert. Der Rückgriff auf klassische Emanzipationsliteratur (Simone de Beauvoir[269]) half bei der rhetorischen Auseinandersetzung, um die herkömmliche Aufgabenverteilung zwischen den Geschlechtern anzuprangern. Die Frauenbewegung erhob die Diskussion um weibliche Gleichstellung und Gleichberechtigung auf eine weitere Ebene, indem sie die Hoheit über ihre Körper einforderte. Bei der Kampagne um den Paragraphen 218 StGB (Recht auf Abtreibung) 1971 wurde »*das Private sehr politisch*«, denn Abtreibung als Straftatbestand wollten die Frauen nicht mehr hinnehmen. Auf allen Ebenen der Gesellschaft wurde hierzu heftig Stellung bezogen und die Kampagne kulminierte in der Aktion »Ich habe abgetrieben« als 374 Frauen in der Zeitschrift »Stern« sich hierzu »outeten«. Das wurde zum großen Skandal. Die Diskussion um den Paragraphen 218 StGB war zuvor als ein theoretischer Ideenaustausch zwischen Fachleuten (männlich) ausgetragen worden. Nun nahmen die Frauen sich das Recht, dies zu ihrer eigenen Angelegenheit zu erklären.[270] Die Abschaffung des Paragraphen wurde trotz aller militanten Aktionen nicht erreicht.[271] Das Ergebnis war eine Fristenlösung, die bis heute in Kraft ist. Die hitzigen Gefechte um den Paragraphen 218 StGB förderten eine Frauenbewegung, die bis heute aktiv ist, wenn auch nicht mehr militant, wie zu Zeiten der Endsechziger und Beginn der Siebzigerjahre. Fragen der Geschlechterauseinandersetzung und Kampf gegen Diskriminierungen sowie die Erforschung von Stereotypen, die Frauen im Berufsleben benachteiligen, sind geblieben. Selbst in diesen Fragen trennten sich die Traditionslinien der alten 68er von denen, die entweder den Kampf aufgaben oder gemäßigt wurden, das heißt aufhörten, sich mit den bürgerlichen Traditionen anzulegen. Eine kleine Minderheit wollte den Kampf – und zwar bewaffnet – fortführen. Dieser Teil der 68er radikalisierte sich in extremer Form und setzte auf den bewaffneten Kampf gegen die Bundesrepublik und ihre Repräsentanten in der Wirtschaft. Nach Gudrun Ensslin[272] war dem faschistischen Staat (»Generation Auschwitz«) nur mit Gewalt beizukommen. Aus Aktivisten wurden Terroristen und versetzten die Bonner Republik und deren Bevölkerung in Angst und Schrecken. Die militante Fortsetzung der 68er-Bewegung spaltete sich endgültig: Die Gemäßigten trennten sich inhaltlich von denjenigen, die bereit waren, für ihre ideologische Überzeugung zu morden. Die Ideale verblichen und viele ehemalige 68er-Studenten »verbürgerlichten«, um ihrerseits zur politisch-wirtschaftlichen Stützen des bundesrepublikanischen Systems zu werden. Der Terrorismus der Siebzigerjahre wurde zur besonderen Herausforderung für die Regierung der Bundesrepublik mit der im Mittelpunkt stehenden **Roten Armee Fraktion**, kurz RAF. Diese hielt mit ihren politischen Anschlägen und Morden in den Jahren 1970 bis 1977 die deutsche Gesellschaft in Atem. Das definierte Ziel der Terroristen war eine veränderte gesellschaftliche Realität durch die Beseitigung von gesellschaftlichen und wirtschaftlichen Führungspersönlichkeiten im Sinne eines Linksrucks. Staatlicherseits wurde allerdings mit Entschlossenheit reagiert. Der Kampf gegen den Terrorismus fiel in die Regierungszeit der sozial-liberalen Koalition und Bundeskanzler Helmut Schmidt. Das Jahr 1977 (Herbst 1977) galt als der absolute Höhepunkt der terroristischen Gewalt, als die RAF mit Entführung und Morden, vornehmlich an Wirtschaftsführern, die elf bereits inhaftierten Gesinnungsmitglieder freipressen wollte. Nach dem Tod von drei Repräsentanten der ihnen verhassten Gesellschaftsstruktur wurde ein Passagierflugzeug entführt, um der Forderung nach Freilassung ihrer in Stammheim (bei Stuttgart) inhaftierten Genossen entsprechenden Nachdruck zu verleihen. Der Staat reagierte mit Härte, auch wenn dies ein weiteres Leben (das von Hanns Martin Schleyer) kostete. Die Strafprozessordnung wurde verschärft und der ideologischen Forderung der Terroristen und ihrer Anhänger, dass sie Freiheitskämpfer seien – was in ihrer Darstellung bedeutet hätte, dass politischer Mord anders zu bewerten sei als ein »gewöhnlicher« Mord, nämlich als bewaffneter Kampf gerechtfertigt – wurde nicht stattgegeben. Mit dem Selbstmord der führenden RAF-Häftlinge war der Höhepunkt des Terrors überschritten.[273]

Die **Regierungsjahre der Bonner Republik** und später Berlin waren geprägt von einem regelmäßigen politischen und deshalb »farblich« benannten Wechsel der Regierungen. Nach Adenauer (1949–1963), der noch sehr komfortabel mit einer CDU/FDP-Mehrheit (schwarzgelb) regieren konnte, wurde es bei Ehrhard (1963–1966) ebenfalls zum Schluss etwas enger, denn er führte eine Minderheitsregierung bestehend aus CDU/CSU. Bei Kiesinger kam es zur ersten großen

Koalition aus CDU/CSU und SPD (schwarz-rot) und diese hielt auch nur drei Jahre. Bei der Wahl im September 1969 wechselten die Mehrheiten und Farben: Es bildete sich eine sozialliberale Koalition aus SPD und FDP, die dann unter Schmidt bis 1982 hielt. Nach den rund zwanzig Jahren konservativer Regierungspolitik, dominiert von CDU/CSU und mithilfe der Liberalen wurde die deutsche Politik sozialdemokratischer. Im Rückblick spielte die Veränderung im öffentlichen Raum und die Schwächung der beharrenden konservativen Kräfte durch die 68er in Form eines »geputschten« Linksrucks eine wesentliche Rolle. Die gesellschaftlichen Realitäten hatten sich verändert und die politischen Kräfte versuchten darauf eine passende Antwort zu finden. Alle Parteien hatten seit der Gründung der Bundesrepublik versucht, mit Reformen ihr Profil zu schärfen,[274] aber der SPD- Erfolg von 1969 war gleichfalls auf die zehn Jahre zuvor erfolgte programmatische Anpassungsstrategie unter dem Namen »Godesberger Programm« erfolgt. Das Godesberger Programm der SPD war beispielhaft in seiner Bemühung und dem sich daraus ergebenden Erfolg, eine ehemalige Klientelpartei (in diesem Fall für die Arbeiterschaft), in eine moderne Volkspartei zu verändern. Die gesellschaftlichen Realitäten, neue Berufsfelder (berufstätige Frauen) und eine veränderte Bevölkerungsstruktur mit einem stärker werdenden Mittelstand verlangten von den politischen Kräften, ihre Interessen danach auszurichten. Die SPD öffnete sich für dem Mittelstand angehörige Berufstätige (Lehrer, Beamte, Angestellte) und nahm Abstand von den ehemaligen Klassenkampfideologien. Die CDU/CSU hatte sich direkt nach dem Krieg auf eine konservative Mehrheit, die nach Sicherheit und Kontinuität strebte, leichter verlassen können. Konrad Adenauer erfüllte zusätzlich als Typus den immer präsenten Wunsch nach einer Vaterfigur, die führte. Die Wirtschaftswunderjahre halfen, auch aufgrund der sehr erfolgreichen sozialen Wirtschaftspolitik dank Ludwig Ehrhardt. Die steigende

Bildung breiterer Schichten und der inhaltlich stärker werdende gesellschaftliche Diskurs erforderten von der CDU/CSU weitergehende
Bemühungen, eine stabile Wählerklientel langfristig zu binden. Die
FDP in der Mitte hatte eine Scharnierfunktion und bewegte sich in den
Folgejahren von rechtsliberal zu links-liberal, in sich anbietenden
Koalitionen. FDP-Wähler waren die Angehörigen der Wirtschaftselite,
sofern nicht konservativ verankert und als Wählerschaft sicher. Liberal
hatte für viele einen guten Klang, aber dank der Fünfprozenthürde
musste sich die FDP mehr als jede andere Partei immer wieder neu
politisch verorten. Genau das taten sie 1969, als sie von der CDU-
Bindung zur SPD wechselten und ermöglichten, dass Willy Brandt mit
einer Mehrheit von nur acht Stimmen Kanzler werden konnte.[275] Die
Regierung Willi Brandts, der von 1969 bis 1974 mit einer sozialliberal-
en Koalition SPD/FDP regierte, hatte sich innenpolitisch unter dem
Eindruck der 68er ein ehrgeiziges Programm verordnet. Der Machtwechsel sollte ein inhaltlicher Wechsel sein und die Themen Bildungspolitik (mehr Bildungschancen für Kinder aus nicht akademischen
Familien) und ein Hin zu mehr Demokratie waren die Stichworte.
Daraus ergab sich eine Liberalisierung des Rechts (Strafrecht, Fami-
lienrecht und Demonstrationsrecht). An die wirtschaftlichen Erfolge
der vorherigen, konservativen Regierung konnte das Kabinett Brandt
nicht anschließen, das lag allerdings in Teilen an einer sich negativ ent-
wickelnden Gesamtwirtschaftslage. Sozialen Schieflagen wurde mit
Steuerangleichungen begegnet, was wiederum konservative und besitzende Schichten verprellte. Allerdings waren die umfassenden Reformen der sozialliberalen Regierung sehr kostspielig. Bildungsinitiativen,
eine Rentenreform, die Stärkung der Arbeiterrechte (Gewerkschaften
verlangten höhere Löhne) und Sozialhilfeangleichungen verschlangen
Geld und dies in einer Zeit von sich verringernden Steuereinnahmen.
Von der Regierung Brandt werden die **Ostverträge**, deren Architekt

der Kanzler war, am meisten in Erinnerung bleiben, denn mit ihnen wurde die Außenpolitik der Bundesrepublik neu definiert und der Dialog mit der Sowjetunion zum Thema »geteiltes Deutschland« neu angegangen. Die Interessenlage war klar: Die Sowjetunion und ihr deutscher Satellitenstaat wollten die völkerrechtliche Anerkennung der durch den Kriegsausgang geschaffenen Grenzziehungen. Der Kalte Krieg hatte sich beruhigt, der Ost-West-Konflikt konnte in eine neue Phase gehen und Bundeskanzler Willy Brandt hatte eine Art von Entspannungspolitik bereits in seiner Zeit als (West)Berliner Bürgermeister umgesetzt. Aus seiner Perspektive sollten die deutsch-deutschen Beziehungen eine Normalität erfahren und hierbei musste die Bundesrepublik – trotz Westeinbindung – Zugeständnisse in Bezug auf die Anerkennung der geschaffenen Tatsachen machen. Willy Brandts Idee war, sich mit der Sowjetunion zum Thema Westverschiebung, was Polen anging, und der deutschen Teilung in eine Art von Einvernehmen zu setzten. Allerdings konnte dies nur in einem grundgesetzlichen und völkerrechtlichen Rahmen geschehen, der einen engen Spielraum vorgab. Das Grundgesetz hatte die Wiedervereinigung als conditio sine qua non festgeschrieben und der Viermächtestatus verhinderte zudem die Anerkennung der DDR als zweiten deutschen Staat.[276] Inhaltlich und rhetorisch stützte diese Tatsache die Haltung der Bundesrepublik, das Vorhandensein eines zweiten deutschen Staates nicht zu akzeptieren, wobei sie für eine Mehrheit der westdeutschen Bevölkerung sprach, mit dem Hinweis, dass nur ein wiedervereinigtes Deutschland zu einem souveränen Staat werden könne. Demgegenüber standen der Anspruch der DDR auf Eigenstaatlichkeit und der Wunsch der sie protegierenden Sowjetunion, die in Europa geschaffenen Grenzen als Tatsache festzuschreiben.

Die Ostverträge, deren Ziel es war, zu einer Normalität der Beziehungen im Rahmen der Möglichkeiten und fünfundzwanzig Jahre nach

Kriegsende beizutragen, bestanden aus zwei Verträgen: Dem Moskauer und dem Warschauer Vertrag. Der **Vertrag mit Moskau** wurde im August **1970** unterschrieben und darin verpflichtete sich die bundesdeutsche Regierung, die aktuellen Grenzziehungen (Oder-Neiße-Linie) und die deutsch-deutsche Grenze als gegeben zu betrachten. Damit hatte die Bundesrepublik allerdings nicht auf ihren Wunsch nach einer Wiedervereinigung[277] und ihre Einbindung in ein westeuropäisches Bündnis verzichtet. Dem Moskauer Vertrag folgte, wie vor Ort bereits zwischen beiden Regierungsvertretern verabredet, der **Vertrag von Warschau** im Dezember **1970**.[278] Bonn erkannte die polnische Westgrenze an (auch hier unter Vorbehalt der Wiedervereinigung), was faktisch nichts verändert hätte und hat. Gleichzeitig wurde vereinbart, noch in Polen lebende Deutsche beziehungsweise Deutschstämmige ausreisen zu lassen. Das war eine humanitäre Vereinbarung, trotzdem beklagten viele Menschen, die am Ende des Krieges unter schweren Bedingungen vertrieben worden waren, diesen Vertrag als endgültiges Aufgeben des deutschen Anspruchs auf ihre ehemalige Heimat. Diese persönlichen Verlustgefühle waren nachvollziehbar, jedoch muss aus heutiger Sicht festgestellt werden, dass aus den Kriegsfolgen, dem Sieg der Alliierten über Nazi-Deutschland, territoriale Tatsachen geschaffen worden waren, die einem Domino-Effekt folgten. Als direkte Kriegsfolge wurde die Oder-Neiße-Linie zur Ostgrenze Deutschlands, das heißt Ostdeutschlands. Das polnische Gebiet hatte sich auf frühere deutsche Gebiete (Oberschlesien, Niederschlesien und Pommern) verschoben. Das passierte hauptsächlich aufgrund der Westverschiebung der Sowjetunion, die allerdings viel mehr Land von Polen annektiert hatte, als die deutsche Entschädigungsmasse für Polen darstellte. Die Sowjetunion hatte auch deutsches Territorium zur Westexpansion in Anspruch genommen.[279] Die Besatzungspolitik Stalins ab 1945 und sein unverrückbarer Anspruch auf den Ausbau des sowjetischen

Machtmonopols mit der Formung von Satellitenstaaten waren nicht aufzuhalten gewesen. Dass ein Vierteljahrhundert später die geschaffenen historischen Tatsachen in ein Vertragswerk einflossen, war ein Akt der Entspannung auf dem Weg zur Versöhnung, vor allem als dies mit einem Abkommen verbunden wurde.[280] Mit dem **Viermächteabkommen über Berlin** vom September **1971** (auch Berlinabkommen) wurde der Status der geteilten Stadt geklärt und die Lebenssituation der West-Berliner verbessert. Damit wurde West-Berlin nicht wirklich als Bestandteil der Bundesrepublik festgeschrieben, sondern blieb im Zustand einer Stadt mit Sonderstatus und unter der weiteren Aufsicht der vier (Besatzungs-)Mächte. Keines der beiden Deutschlands war mit dem Ergebnis zufrieden. Die deutsche Wiedervereinigung war bestenfalls »vertagt« worden und die DDR hatte keine völkerrechtliche Anerkennung, sondern nur eine »staatsrechtliche Souveränität« erhalten. Die Bonner Regierung erkannte die DDR-Nationalität nicht an, aber ebnete gleichzeitig den Weg Ost-Berlins in internationale Organisationen. Der **Deutsch-Deutsche Grundlagenvertrag von 1972** steht für eine Mischform, für die Erreichung des Möglichen und der Akzeptanz des nicht zu Ändernden. Der Weg zu einem Miteinander war gefunden und einer der größten Vorteile der mühsam verhandelten vertraglichen Festlegungen galt den Menschen beider Staaten mit deutlichen Reiseerleichterungen und dem praktischen Abbau von Schikanen.[281] Bundeskanzler Willi Brandt hatte allerdings große Schwierigkeiten, seine Ostverträge und Berlinabkommen durch das Parlament und somit ratifiziert zu bekommen. Die sozial-liberale Koalition hatte nur eine knappe Mehrheit und die konservativen Parteien CDU/CSU stellten sich energisch dagegen. Der Hauptkritikpunkt war, dass mit den Zugeständnissen in den Verträgen mögliche Rechtspositionen aufgegeben und Tatsachen geschaffen wurden, die nicht mehr rückgängig gemacht werden könnten (Grenzregelungen).

Besonders die völkerrechtlich wachsweiche Formulierung der »staatlichen Anerkennung« der DDR stieß auf erbitterten Widerstand. Der Hauptvorwurf war, dass damit gegen das Wiedervereinigungsgebot im Grundgesetz verstoßen würde.[282] Die Diskussionen im Bundestag explodierten und die Auseinandersetzungen zwischen einzelnen Protagonisten nahmen epische Ausmaße an. Parlamentarische Mehrheiten wurden unsicher, Fraktionswechsel waren an der Tagesordnung und dies nahm der Unionsführer Rainer Barzel zum Anlass, im April 1972 ein Misstrauensvotum zu stellen, dass allerdings spektakulär scheiterte. Zeitlich gekoppelt an die Ratifizierung der Ostverträge (erfolgte aufgrund von ausreichenden Enthaltungen der CDU/CSU-Fraktion) wurde für November 1972 eine vorgezogene Bundestagswahl anberaumt. Trotz heftiger Schlagabtausche von Seiten der konservativen Kräfte gegen die Ostverträge und die damit kritisch-politische Stimmung wurde die SPD zur stärksten Kraft im Bundestag. Einer Fortsetzung des sozial-liberalen Kabinetts war der Weg geebnet. Zwei Jahre später (im Mai 1974) musste Willy Brandt aufgrund der Guillaume-Affäre seinen Rücktritt erklären.[283] Sein Nachfolger wurde Helmut Schmidt, der die Regierungsgeschäfte für acht Jahre von 1974 bis 1982 führte.

Die **Regierung Schmidt**, wieder eine sozial-liberale Koalition, sah sich einer veränderten Aufgabenstellung, zum Teil als ererbte wirtschaftliche Konsequenz (Konjunktureinbruch) und zum Teil als neue außenpolitische Herausforderung gegenüber, als Konsequenz der sich wieder zuspitzenden Entfremdung zwischen den beiden Großmächten USA und Sowjetunion. Eine spezifisch deutsche Entspannungspolitik in Form der Ostverträge hatte nicht zu einer langfristigen Verbesserung der Beziehungen zwischen Washington und Moskau geführt. Deutschland im Rahmen seiner Nato-Aufgaben und als Bündnispartner sah sich in der Pflicht zu einer Wiederaufrüstung (Nato-Doppelbeschluss), was bei der deutschen Bevölkerung sehr umstritten war. Gleichzeitig ging Deutschland zum ersten Mal nach dem Zweiten Weltkrieg durch eine schwere Rezession. Nachdem es mit der deutschen Wirtschaft immer nur bergauf gegangen (Wirtschaftswunder) und das Land zu einer der großen Wirtschaftsmächte avanciert war, stellte dies eine Herausforderung der neuen Art dar. Als eine der leitenden Exportnationen waren die Deutschen an Vollbeschäftigung und einen gehobenen Lebensstandard (mit Fernreisen) gewöhnt. Die Gewerkschaften hatten dem wirtschaftlichen Erfolg Rechnung getragen und kräftige Lohnzuwächse für die Arbeitnehmer herausgeholt. Grundsätzlich war die Bundesrepublik ein Opfer der **Weltwirtschaftskrise.** Allerdings war die heimische Industrieproduktion ebenfalls nicht rechtzeitig umstrukturiert worden. Der Dienstleistungssektor stieg an, während die traditionelle Schwerindustrie aber auch das textilproduzierende Gewerbe schrumpfte. Dass Deutschland von einer Industrienation zu einer Dienstleistungsnation wurde, war in Teilen verschlafen worden. Moderne Produktionsmöglichkeiten, Automatisierung sowie Rationalisierung hatten zusätzlich zur Freistellung von Arbeitern in traditionellen Arbeitsprozessen geführt. Arbeitslosigkeit als Begriff und Tatsache wurde zur existentiellen Bedrohung.[284] Zusätzlich wurde der deutsche Wohlstand zu Beginn der Siebzigerjahre aufgrund von zwei miteinander verknüpften äußeren Faktoren auf den Prüfstand gestellt. Zum einen waren dies Währungsturbulenzen (hohe Inflationsraten), denen der Exportmeister Deutschland nicht entkommen konnte. Die D-Mark war zwar aufgewertet worden, aber da die Weltwährung auf dem Dollarkurs basierte, wurden instabile Wechselkurse zum deutschen Problem. Die USA hatten sich im Vietnamkrieg verkalkuliert und das hohe amerikanische Handelsdefizit unterminierte die Stabilität der internationalen Geldflüsse. Die Europäer reagierten gemeinsam darauf, indem sie ihre Währungen im März 1973 von der amerikanischen Leitwährung lösten. Das zweite Problem war die sogenannte Ölkrise. Auch dahinter standen kriegerische Konflikte, nämlich die Nahostkrisen. Deutschlands Wirtschaft, intensiv von erschwinglicher Energie abhängig, litt stark unter dem steigenden Ölpreis in Kombination mit den reduzierten Fördermengen. Die ölproduzierenden Staaten erkannten bei dieser Gelegenheit ihre Macht und schlossen sich in Kartellen zusammen, um den Ölpreis je nachdem zu erhöhen.[285] Die internationale Wirtschaft war ab da vom »good will« der Ölstaaten abhängig – mit allen Auswirkungen, selbst den außenpolitischen. Die erste Ölkrise war 1973, die zweite 1978/79. Die Verzweigung der Wirtschaft auf internationaler Ebene verbunden mit gravierenden Währungsproblemen rund um den Globus war im Bewusstsein der bundesrepublikanischen Gesellschaft angekommen. Der Konjunktureinbruch, vielmehr die Einbrüche standen für eine strukturelle Erschütterung der deutschen Wirtschaft. Für viele Arbeitnehmer war dies eingreifend und beängstigend. Die Ölkrise betraf selbst die Menschen, die sich über wirtschaftliche Hintergründe wenig Gedanken machten. Zum ersten Mal in der Geschichte der Bundesrepublik gab es autofreie Sonntage, an denen die Deutschen »ihr liebstes Kind«, nämlich das Auto, stehen lassen mussten. Was vorher heiß debattiert worden war, stellte sich als amüsante Erfahrung raus, Familien konnten nun Spaziergänge auf der Autobahn unternehmen. Die Bundesregierung unternahm keine Spaziergänge, sondern versuchte mit allen Mitteln die Konjunktur zu stützen und sich Gegenmaßnahmen einfallen zu lassen, die nicht immer konsequent durchgehalten wurden. Die Konsolidierung des Bundeshaushalts war eines, die Reduzierung der Sozialabgaben ein anderes, was auf heftigen Widerstand stieß. Die Wirtschaft als Rückgrat des deutschen Wohlstands wurde von Abgaben entlastet und unterstützt. Trotzdem kam es zum dramatischen Anstieg von Arbeitslosenzahlen, die der reduzierte Wohlfahrtsstaat doch abfangen musste. Dem Zusammenbruch der

Weltwirtschaft, gekoppelt mit der Währungskrise wurde auf europäischer Ebene begegnet. Helmut Schmidt und der französische Präsident Giscard d'Estaing verständigten sich auf ein **europäisches Währungssystem**, das unabhängiger von den US-amerikanischen Wechselkursen agieren konnte. Helmut Schmidt, ein Wirtschaftsfachmann, wurde zum internationalen Krisenmanager und gründete zusammen mit dem französischen Präsidenten einen Weltwirtschaftsgipfel, in dem die damals sieben wichtigsten Industrienationen ihre Wirtschaftspolitik koordinieren sollten.

Die Entspannungspolitik, die von vielen ersehnt wurde und die eine Zeitlang möglich schien, Stichwort die Konferenzen für Sicherheit und Zusammenarbeit in Europa KSZE[286] zwischen 1973 und 1975, war nur von kurzer Dauer. Der in Helsinki im Sommer 1975 verabredete Dialog zwischen den beiden Supermächten wurde nicht umgesetzt. Im Kern ging es um Auf- oder Abrüstung (ein Dauerthema des Kalten Krieges), um die gegenseitige nukleare Bedrohung und die Aufrüstungsspirale als gegenseitige Abschreckung. Ziel von Verhandlungen war immer, entweder die Nuklearwaffen auf einem Niveau zu einem Zeitpunkt X einzufrieren oder gar endlich abzurüsten. Insgeheim versuchte allerdings jede der beiden Supermächte, die eigene militärische Stärke zu erhöhen und ihre Bündnispartner – für die Westmächte die NATO und für die Sowjetunion ihre Satellitenstaaten (der Warschauer Pakt) – als Assistenzmächte zu gewinnen. Als Moskau neue Mittelstreckenraketen (SS-20) aufstellen wollte, eskalierte der Streit und die USA bestanden auf einer Aufrüstung, um eine entsprechende Nuklearwaffenbilanz aufrecht zu erhalten. Der Nato-Doppelbeschluss im Dezember 1979 wurde ganz maßgeblich von Helmut Schmidt durchgesetzt. Hierin wurde die Stationierung von Waffensystemen (Raketen und Marschflugkörper) vereinbart, mit denen die Sowjetunion im gleichen Maß bedroht werden konnte. Diese Absicht wurde an die Idee gekoppelt, dass falls Moskau die Stationierung seiner Raketen nicht durchführe, der Westen seine Raketen ebenfalls nicht in Stellung bringe. Die Idee der Aufstellung neuer Atomraketen in der Mitte Europas und damit natürlich Deutschlands, nun mittendrin in diesem Aufrüstungskonflikt, hatte eine durchschlagende innenpolitische Wirkung. Die **Friedensbewegung** wurde deshalb geboren, Protestmärsche gegen die nukleare Bedrohung waren an der Tagesordnung. Die Stimmung großer Teile der westdeutschen Gesellschaft war ganz deutlich feindlich gegen das nukleare Wett- und Weiterrüsten eingestellt. Bündnisse von ganz links bis hin zur Mitte wurden eingegangen und gemeinsame Protestaktionen koordiniert. Die brandneue Partei der »Grünen«, eigentlich aus der Umweltbewegung kommend, half mit ehemaligen 68ern eine Art von neuer außerparlamentarischer Bewegung zu koordinieren. Die Nachrüstungsgegner waren zahlenmäßig stark und hochmotiviert.[287] Selbst in seiner eigenen Partei, den Sozialdemokraten, hatte Helmut Schmidt zu kämpfen. Führende Sozialdemokraten standen nicht hinter der vom Kanzler favorisierten Nachrüstung und zeigten ihre Sympathien für die Friedensbewegung. Der Raketenstationierungsbeschluss fand im November 1983 eine knappe Mehrheit im Bundestag. Einen Monat später begann die Aufstellung der neuen Mittelstreckenraketen. Die Kombination mit der sich nur langsam erholenden deutschen Wirtschaftsleistung, der umstrittene Nato-Doppelbeschluss: Bundeskanzler Schmidt und sein Kabinett waren politisch angezählt. Der Juniorpartner FDP kippte die Koalition und 1982 kam es zu Neuwahlen. Im Nachhinein war es weniger der Nato-Doppelbeschluss, der die sozial-liberale Koalition zum Zerbrechen führte, als vielmehr grundsätzliche Uneinigkeit, wie mit den Folgen der wirtschaftlichen Rezession (seit der zweiten Ölkrise 1979) umzugehen sei. Die Liberalen plädierten für deutliche Einschnitte bei den Sozialausgaben und wollten mehr Freiheit für wirtschaftliche Entscheidungen, damit weg

vom staatlichen Dirigismus. Helmut Schmidt konnte davon nicht überzeugt werden und mit einem Misstrauensvotum gegen Schmidt wurde
Helmut Kohl zum Kanzler gewählt (Oktober 1982) und in einer
anschließenden Wahl März 1983 bestätigt. Die Regierung war nun
christlich-liberal geführt und blieb es bis 1998.

In die **Ära Kohl**, die sechzehn Jahre andauerte, fiel das »weltbewegen-
de« Ereignis der deutschen Wiedervereinigung. Zunächst war die vor-
dringlichste Aufgabe, den innerdeutschen Haushalt zu konsolidieren
und die Auswirkungen der Wirtschaftskrise (hohe Arbeitslosenzahlen)
in den Griff zu bekommen. Hilfreich war dabei, dass sich die Weltwirtschaft wieder in einem Aufwärtstrend bewegte und dies im Zusam-
menspiel mit einem sinkenden Ölpreis die deutsche exportorientierte
Industrie beförderte. Von staatlicher Seite wurde mit Privatisierungen,
Deregulierungen und sinkender Neuverschuldung gearbeitet. Wirtschaftsfachleute argumentierten, dass die Regierung notwendige
Reformen zögerlicher umsetzte als es notwendig gewesen wäre, aber
dem Problem der Arbeitslosigkeit[288] mit einer radikalen Reduzierung
der Sozialausgaben zu begegnen, entsprach nicht dem historisch gewachsenen Verständnis einer sozialen Wirtschaftspolitik. Gerade eine
konservative Regierung, immer im Machtverhältnis mit dem Bundesrat, in dem die jeweiligen Ministerpräsidenten die jeweils kommenden
Landtagswahlen in Sichtweite hatten, war in dieser Hinsicht eingeschränkt. Hier entstand ein Spannungsfeld zwischen dem was machbar
und dem was wünschenswert war. Gleichzeitig konnten sich die SPD
und die neugegründete Partei der »Grünen« als Opposition profilieren
und wurde von vielen als politisch-moderne Alternative zum konserva-
tiv-liberalen Regierungskonzept angesehen. Die Epoche Helmut Kohls
mit der zunehmenden weltweiten Vernetzung bei gleichzeitigem inner-
deutschem Strukturwandel (beachtliche Arbeitslosenzahlen mit hohen
Anforderungen an die Sozialsysteme) führte zu veränderten gesell-

schaftlichen Wahrnehmungen. Damit zogen die wirtschaftlichen Veränderungen und Verlagerungen soziologische Nachjustierungen nach sich. Unter dem etwas sperrigen Begriff der »post-industriellen Gesellschaft« wurde eine immer stärker werdende Individualisierung, die Neubewertung familien- und klassenspezifischer Einteilung sowie ein verändertes Geschlechterverhältnis bezeichnet. Die Baby-Boomer, so genannt, weil ihre Geburt in die Sechzigerjahre fiel, hatten für einen enormen Kinderschub gesorgt, der sich danach nur noch ins Gegenteil verkehrte: ab da war die demografische Wende mit einer immer älter werdenden deutschen Bevölkerung eingeläutet. Die Generation X identifizierte sich an traditionellen Werten (ihrer Eltern) genauso wie an den sich ihnen neu erschlossenen finanziellen und bildungstechnischen Möglichkeiten. Die Welt wurde kleiner, aber die individuellen Verwirklichungsmöglichkeiten breiter. Zur Revolte gab es wenig Anlass, vielleicht weil gerade die 80er-Generation von den Errungenschaften und den gesellschaftspolitischen Schneisen, die die 68er geschlagen hatten, in der Umsetzung profitierte. »Sozial verantwortliche« und »sinnsuchende« Bewegungen hielten Einzug.[289] Sie waren Ausdruck einer neuen Lebensorientierung, getragen von einem verbreiteten Wohlstand einer verhältnismäßig stabilen deutschen Mittelschicht. Dementsprechend war die Studentenschaft der 80er-Jahre (geboren in den 60ern) weit weniger politisiert, schon saturierter aber trotzdem auf der Suche nach zu ihnen passenden Themen. Diese wurden gefunden in einem neuen ökologischen Bewusstsein und einer sich wieder intensivierenden Bewegung zum Thema Weltfrieden. Die **Friedensbewegung** verbündete sich mit der Hinwendung zum gesteigerten Umweltbewusstsein und nahm den Platz früherer linker Ideologien ein. Engagiert wurde sich, aber in einer verbindlicheren Weise und die Themen hatten sich verändert. Gleichzeitig fanden Umweltaktivisten eine politische Vertretung ihrer Ansicht in der neugegründeten

»Grünen«-Partei. Interessanterweise befanden sich unter den Gründungs- und Führungsmitgliedern viele ehemalige 68er und sogar ehemalige Unterstützer der RAF, denen die Radikalität abhandengekommen war. Mit den Grünen wurde das politische Spektrum aufgemischt und in jeglicher Hinsicht bunter.

Außenpolitisch begab sich die Regierung Kohl zum Thema Sicherheitspolitik nicht in einen Widerspruch zu den bereits getroffenen Festlegungen und Deutschland blieb ein zuverlässiger Verbündeter im westlichen Verteidigungssystem.[290] Die enge Zusammenarbeit zwischen den USA und Westdeutschland blieb eine Konstante der Außenpolitik. Helmut Kohl setzte sich allerdings für eine weitere Belebung der europäischen Integration ein und hierfür benutzte er seine guten Beziehungen zum französischen Partner. In der Ära Kohl kam es zur Umformung der Europäischen Gemeinschaft (EG), der früheren Europäischen Wirtschaftsgemeinschaft (EWG) in die Europäische Union (EU) und zu einer deutlichen Erweiterung der europäischen Gemeinschaft. Des Weiteren verständigten sich Bonn und Paris auf eine geplante Wirtschafts- und Währungsunion und auf eine Stärkung der europäischen Institutionen in Brüssel und Straßburg. Die gute Vernetzung der Bonner Republik mit den USA und die Einbindung als führende europäische Macht kamen auch dem deutsch-deutschen Verhältnis zu Gute. Die Regierung Kohl war an einem guten Einvernehmen mit der DDR-Regierung interessiert und lehnte eine Verhärtung der Fronten zwischen beiden deutschen Staaten ab. Pragmatismus im gegenseitigen Umgang war das Gebot der Stunde. Eine mögliche Wiedervereinigung wurde nicht strapazierend thematisiert, aber über humanitäre Fragen wie Reiseerleichterungen und Ausreisen aus der DDR wurden Einigungen erzielt.[291] Das Ganze wurde der DDR unter Erich Honecker noch »versüßt«, indem die Bundesrepublik zwei Milliarden D-Mark in Form von Krediten (mit einer

Rückzahlung konnte mit Sicherheit nicht gerechnet werden) gewährte. Warum war diese Finanzspritze überhaupt notwendig? Seit Mitte der 80er-Jahre wurde eine Aufweichung des kommunistischen Systems in den Ostblockländern deutlich: Begleitet von wirtschaftlichen Engpässen und nachlassender politischer Kontrolle zeigte sich ein neues zunehmendes Selbstbewusstsein der DDR-Bürger. Friedensparolen (»Schwerter zu Pflugscharen«) und ein gesteigertes Umweltbewusstsein hatten ihren Weg in die sozialistischen Republiken gefunden. Systemkritiker und Unzufriedene wagten ihrem Unmut öffentlich eine Stimme zu verleihen und besonders die Kirchen in der DDR gaben die Gelegenheit zu Versammlungen und standen den Kritikern praktisch und theoretisch bei. Schon zuvor und dann parallel zu der Entwicklung in der DDR waren Protestbewegungen in Polen (Gewerkschaftsbewegung »Solidarnosc«) und in Ungarn Reformbewegungen zu beobachten, die wiederum den Willen zur politischen Umgestaltung bei der DDR-Bevölkerung befeuerten. Friedensgebete und Montagsdemonstrationen, bei denen die Worte: »*Wir sind das Volk*« skandiert wurden, nahmen dramatisch zu. Die DDR-Obrigkeit schien bald nicht mehr den Willen und den Biss zu haben, diese Massenproteste blutig zu unterdrücken. Im Hintergrund stand eine wirtschaftliche Impotenz, die die DDR-Spitze in ihrer Handlungsfreiheit zusätzlich lähmte. Im September und Oktober 1989 wurden die Forderungen nach politischen Reformen immer lauter und kamen von Gruppierungen wie »Demokratischer Aufbruch«, »Neues Forum«, »Demokratie jetzt«, ebenfalls von der DDR-SPD. Die SED verlor täglich an Glaubwürdigkeit und wie sich zeigte an ideologischer Verankerung in den Köpfen ihrer Bürger. Selbst ein schneller Machtwechsel an der Spitze der SED von Erich Honecker zu Egon Krenz (Oktober 1989) und die Tatsache, dass gerade der 40. Jahrestag der Staatsgründung gefeiert worden war, konnten die Ereignisse nicht mehr aufhalten. Mit eventueller Unterstützung aus Moskau war nicht mehr zu rechnen. Denn dort, und das war hilfreich für die Inner-DDR-Protestbewegung, hatte die Sowjetunion ihren Griff auf die befreundeten sozialistischen Staaten gelockert. Der neue Generalsekretär der KPdSU, **Michail Gorbatschow** hatte neue Schlagworte wie »*Glasnost*« (Transparenz) und »*Perestroika*« (Umgestaltung) kreiert, die auf eine politische Reform im Mutterland des Sozialismus hinwiesen und »Morgenluft« für Oppositionskräfte, auch in der DDR, versprachen. Gorbatschows berühmter Ausspruch: »*Wer zu spät kommt, den bestraft das Leben*«[292] war später die Bilanz und der Schlusspunkt einer Entwicklung, die zur Auflösung des Ostblockes und zur Wiedervereinigung Deutschlands führte.

Ein weiteres Indiz für eine Unruhe in der DDR waren die immer dramatischer ansteigenden Ausreiseanträge, die zunächst von Seiten der DDR-Regierung mit persönlichen Repressionen beantwortet wurden, aber dann immer weiter zunahmen, so dass deren Bearbeitung kaum noch möglich war.[293] Im Sommer 1989 wurden dann Tatsachen geschaffen, in Form von Zehntausenden von Flüchtlingen, die über die Grenze erst nach Ungarn flohen (Ungarn hatte seine Grenzen geöffnet) und von dort über die grüne Grenze nach Österreich gelangten. Insgesamt fand eine Massenflucht von 225.000 Menschen in den Westen statt. Das Thema Reisefreiheit und die Verabschiedung eines neuen Reisegesetzes wurden zu dringenden Forderungen an die noch im Amt befindliche SED-Regierung. Eine Einigung konnte nicht erzielt werden und durch das Vorpreschen eines Sprechers des Politbüros wurde der Eindruck erweckt, dass die Grenze bereits geöffnet worden sei und die Reisefreiheit gewährt wäre. Damit stürmten Teile der ostdeutschen Bevölkerung und vor allem die Ost-Berliner auf die Mauer zu und die von der Situation komplett überforderten Grenzbeamten (sie hatten keine oder nur widersprüchliche Weisungen erhalten), öffneten die Schlagbäume. Einem Zufall der Geschichte fiel die Mauer, die

Deutschland in zwei Hälften und zwei politische Systeme teilte, zum Opfer. Das »Unvorhergesehene« geschah am **9. November 1989**. Mit dem **Mauerfall** realisierte sich, was vom damaligen amerikanischen Präsidenten Ronald Reagan gefordert worden war: »*Mr. Gorbatschow, reißen Sie diese Mauer nieder.*«[294] Vergessen ist im Nachhinein, dass im ersten Augenblick der Euphorie und der vollendeten Tat der Öffnung noch nicht klar gewesen war, was mit den zwei deutschen Ländern in Zukunft geschehen sollte. Eine SED-Regierung (Hans Modrow) war noch in Kraft und hoffte im ersten Moment auf eine Beibehaltung des Status quo unter wirtschaftlicher Mithilfe der Bonner Regierung.[295] Gleichfalls ungeklärt war allerdings die vollzogene Reisefreizügigkeit, die einen Auswanderungsschub von Ost nach West erwarten ließ.[296] Alle, in beiden Teilen Deutschlands und in der Welt waren von den Ereignissen überrascht worden. Jetzt musste eine Form den Ereignissen folgen, die nur unter Miteinbeziehung der **ehemaligen Alliierten Schutzmächte** beschlossen werden konnte. Mit gegenseitigen Besuchen konnte die Lage eruiert werden und schnell wurde klar, dass Vertragsgemeinschaften und eine neue föderale Konstruktion nicht das waren, was die Menschen wollten, auf jeden Fall nicht im ostdeutschen Teil des Landes. Die letzten Wahlen der DDR waren im März 1990. Hierfür hatten sich die Parteien neu formiert und umbenannt. Aus der SED war die PDS (Partei des demokratischen Sozialismus) geworden, die Konservativen (DDR-CDU) und Liberalen (DDR-FDP) hatten sich zu einer »Allianz für Deutschland« zusammengefunden. Die Bürgerrechtsbewegung fand sich in einem Bündnis 90 zusammen. Sie war ein Sammelbecken von Oppositionskräften, die die DDR reformieren, aber dennoch nicht ganz in einem westdeutschen (sozialwirtschaftlichen) System aufgehen wollten. Mit knappen fünfzig Prozent siegte die Allianz für Deutschland und somit gab es ein klares Votum des Wählerwillens für erstens, eine Wiedervereinigung unter bundesrepublikanischen Vorzeichen und zweitens eine deutliche Absage an das alte System.[297] Mit dem konservativen Ministerpräsidenten Lothar de Maizière wurden die staatliche Einheit und eine wirtschaftliche Angleichung Schritt für Schritt, aber doch verhältnismäßig zügig, umgesetzt. Die Währungsunion trat in Kraft, nach welcher die DDR-Mark durch die D-Mark eins-zu-eins ersetzt wurde. Gleichzeitig wurden die **ersten gesamtdeutschen Wahlen** für den Dezember 1990 festgelegt. Die alliierten Siegermächte wurden zur Bestätigung und genau genommen »Erlaubnis« der Wiedervereinigung herangezogen und in den »Zwei-Plus-Vier-Gesprächen« wurde die neue außenpolitische Lage eines wiedervereinigten Deutschlands in bundesrepublikanischer Prägung verhandelt. Die Vereinigten Staaten waren pro Wiedervereinigung und unterstützten von vorneherein das deutsch-deutsche Projekt. Das galt im Prinzip auch für den sowjetischen Präsidenten Michail Gorbatschow, wenngleich die Frage der Nato-Mitgliedschaft eines gesamten Deutschlands kurzzeitig als Problem im Raum stand. Das war an sich widersprüchlich, denn schließlich war es doch Gorbatschow gewesen, der mit seinen Reformen innerhalb seines Landes eine Schneise für die Restrukturierung gesamt Osteuropas geschlagen hatte. Der Sowjetunion, die sich mit der geopolitischen Neustrukturierung einer veränderten politischen und militärischen Balance gegenübersah, wurden Konzessionen gemacht. Diese gestalteten sich dergestalt, dass der Sowjetunion finanzielle Unterstützung (plus Extra-Kredite) zugesagt wurden, aber unter dem Aspekt, dass die sowjetischen Besatzungskräfte bis 1994 das Land räumen mussten. Die anderen zwei ehemaligen Besatzungsmächte England und Frankreich waren nicht durchgängig positiv gestimmt, denn die Erinnerung an ein machtvolles Deutschland und welche Auswirkungen das hatte, kamen dabei wieder nach oben. Diese Haltung verband sie mit Deutschlands direkten Nachbarn wie den Niederlanden, Polen, der damaligen Tschechoslowakei oder Dänemark, die historisch gesehen schon ausreichend unter deutscher Großmachtpolitik zu leiden gehabt hatten. Unter diesem Aspekt wurde besonderer Wert darauf gelegt, dass Deutschland fest in das westliche Verteidigungsbündnis und in die EU eingebunden wurde. Nach dem Abschluss der **Zwei-Plus-Vier-Gespräche** im September 1990 kam es zu dem Einigungsvertrag. Schon zuvor wurden relevante Details wie die Einführung der bundesrepublikanischen Wirtschaftsform und die Umstellung der Sozialleistungen, Renten und so weiter, festgelegt. Ein Fond zur Bezahlung der Wiedervereinigung in der Höhe von 150 Milliarden D-Mark wurde garantiert.[298] Dem Föderalismusgedanken wurde Rechnung getragen und fünf weitere Länder wurden im Zuge der Wiedervereinigung zu gesamtdeutschen Bundesländern. Das geeinte Deutschland hat seitdem sechzehn Bundesländer. Nach dem **Einigungsvertrag** ist die DDR der Bundesrepublik beigetreten und damit auch dem Grundgesetz, das ab diesem Zeitpunkt für das gesamte und wiedervereinigte Land gilt. Deutschland war zum ersten Mal seit 1945 wieder ein souveränes Land in seinen völkerrechtlichen Grenzen. Und mit einer neuen »alten« Hauptstadt: Berlin statt Bonn. Die Bonner Republik war beendet.

19. Welches Deutschland? Der Nationenbegriff

»Welches Deutschland?«, fragten sich viele Menschen, die sich von der **Wiedervereinigung** mehr versprochen hatten. Die überraschende Öffnung der Mauer am 9. November 1989 war ein Grund zur Freude und ein Triumph über die Geschichte der Teilung eines Landes, das seit vierzig Jahren mit einer unüberwindlichen Grenze gelebt hatte. Der offizielle Tag der Einheit auf den 3. Oktober 1990 gelegt[299], wurde mit Reden und Feuerwerk grandios gefeiert. Danach trat eine gesamtdeutsche Realität ein, die weniger das war, was Bundeskanzler Kohl als *»blühende Landschaften«* in der Ex-DDR versprochen hatte. Die inneren und äußeren Kosten der Wiederaufbauhilfe Ost waren bei Weitem unterschätzt worden. Die Mauer in den Köpfen entstand und bestand. Die ehemaligen DDR-Bürger, vor allem die Generation, die ihr ganzes Leben in dem sozialistischen System verbracht hatte, waren enttäuscht. Auch die soziale Marktwirtschaft der Bundesrepublik brachte ihnen nicht den schnellen wirtschaftlichen Wohlstand, der erhofft und vielleicht zu vollmundig in Aussicht gestellt worden war. Zusätzlich kam mit der Wiedervereinigung ein ebenfalls sehr leidiges Thema an die Oberfläche, bei dem eigentlich nur Enttäuschung und das Gefühl des Unrechts zurückbleiben konnten. Es handelte sich um die Frage der Rückerstattung enteigneten Eigentums, seien es Ländereien oder Immobilien oder beides zusammen. Alteigentümer pochten auf die Rückgabe ihres Eigentums, aber dieses war in den vergangenen vierzig Jahren umverteilt worden und die komplette Wiedererstattung hätte in vielen Fällen neues Unrecht nach sich gezogen. Die dann getroffene Regelung wurde als Kompromiss verkauft. Enteignungen, die als

Kriegsfolge, aufgrund der Besatzungsmächte oder Flucht stattgefunden hatten, blieben bestehen.[300] Das bedeutete im Umkehrschluss, dass der Verlust von Eigentum nach 1949, aufgrund der DDR-Verfassung und bei »Republikflucht« restitutionspflichtig war. Die Menschen aus den neuen Bundesländern sahen sich häufig mit den Forderungen ehemaliger Besitzer konfrontiert, die aus dem Westen kamen und seit vierzig Jahren einen verhältnismäßig gesicherten Wohlstand hatten erleben dürfen. Und dann war da noch die absolut desolate Lage der DDR-Wirtschaft, die in einem Gesamtkraftakt von einer neugeschaffenen Institution namens »**Treuhand**« restrukturiert werden musste.[301] Bald wurde offensichtlich, dass die DDR kollabierte, weil ihre Wirtschaft am Ende gewesen war. Maueröffnung anstelle des Staatsbankrottes. Nun sollte was noch vorhanden war organisiert, saniert und privatisiert werden. Die sozialistische Planwirtschaft hatte 800 Kombinate hinterlassen, die zum größten Teil gar nicht privatisierungsfähig waren. Die Treuhand und ihre in einer unglaublichen Hektik eingestellten Wirtschaftsfachleute – das Personal zur »Abwicklung« war gar nicht vorhanden gewesen – waren schnell von der Situation überfordert, wie im Nachhinein konstatiert werden kann. Das Ergebnis waren Stilllegungen, Aufteilungen, genau genommen ein übermäßiger Abbau von Industrien, die nicht mehr zu retten waren. Die menschliche Komponente des wirtschaftlichen Bankrotts wog noch schwerer: Arbeitslosigkeit und wenig Aussichten, je wieder einen Job zu bekommen. Nach der »Bereinigung« durch die Treuhand waren achtzig Prozent der Industriearbeitsplätze verschwunden. Das ging einher mit dem kompletten Verlust der Nachfrage für die Ostprodukte. Der wirtschaftliche Vorsprung der westdeutschen Bevölkerung manifestierte sich, während die Hoffnung auf bessere Lebensentwürfe der ostdeutschen Bevölkerungsteile sich ins Gegenteil verkehrte. Das war weit weg von den Erwartungen an das materielle Paradies und die blühenden Landschaften. Die Ostdeutschen konnten sich zunächst als Verlierer fühlen, denn der finanzielle und soziale Abstand zwischen den ehemaligen DDR-Bürgern und den Bürgern der »alten« Bundesländer trennte zu Beginn der gemeinsamen Geschichte. Denn das unmittelbare Ergebnis bereits im Jahre 1990 und in den Folgejahren waren hohe Arbeitslosenzahlen (1,8 Millionen Menschen in den neuen Bundesländern waren arbeitslos), verbunden mit einer heftigen Migration von Osten nach Westen. Vor allem die Jüngeren suchten ihr berufliches Heil in den alten Bundesländern. Auch ehemalige Funktionsträger und Eliten verloren ihren Job. Soweit sie sich im Bereich der Erziehung zum »real existierenden Kommunismus« (Hochschulen und Bildungssystemen) befanden, sehr verständlich. Aber von der Ersetzung ehemaliger DDR-Posten waren der gesamte Bereich der Politik, Administration und alle rechtlichen Institutionen betroffen. Westdeutsche Beamte übernahmen ihre Funktionen und dies geschah nicht immer mit vorsichtigem Taktgefühl. Der Arbeits- und Führungsstil unterschied sich in den Anfängen des noch nicht zusammengewachsenen Landes deutlich. Gleichzeitig wurde bekannt, welche unglaubliche Macht die sogenannte **Stasi** (Ministerium für Staatssicherheit), die ehemalige Geheimpolizei der DDR, über ihre Bürger hatte. Gefühlt hatte jeder und wurde jeder ausspioniert und die Frage, wie mit den »giftigen« Erkenntnissen, sorgfältig dokumentiert, umgegangen werden sollte, war ein Thema, das die gesamtdeutsche Öffentlichkeit länger beschäftigte.[302] Inoffizielle Mitarbeiter (IM) oder Geheime Informatoren (GI), so die Bezeichnungen für Spitzel, lieferten Informationen freiwillig, unter Druck oder mit vermeintlichen Anreizen gelockt, die genau genommen nicht immer wirklich politisch relevante Informationen beinhalteten. Die öffentliche Empörung erhitzte sich deshalb mehr an der Tatsache, dass Nachbarn Nachbarn und Freunde Freunde »verrieten«. Ein System, geboren aus von oben verordneter Diktatur, die alle totalitären Regime kennzeichnet und deshalb nicht so überraschend gewesen sein konnte. Das Hauptproblem, mit dem sich die Regierung des wiedervereinigten Deutschlands an diesem Punkt konfrontiert sah, war die Frage des Umganges mit den hinterlassenen sensiblen Informationen. Das giftige Erbe der »friedlichen Revolution« bestand in 110 Kilometern Akten, zusätzlich 1,8 Millionen Fotos und Filmdokumenten.[303] Abgesehen von dem Stasi-Erbe empfanden viele der ehemaligen DDR-Bürger, dass ihnen zu wenig Verständnis und mangelnde Wertschätzung entgegengebracht wurde. Sie, die keine Wahl gehabt hatten und ein ganzes oder einen Teil ihres Lebens unter einem totalitären Regime verbracht hatten waren nun mit Arbeitslosigkeit und materiellem Mangel konfrontiert. Sie waren die Zurückgelassenen, die wenig Chancen hatten, von der Maueröffnung zu profitieren. Das galt erst wieder für ihre Kinder und auf jeden Fall für die nach1989 Geborenen. Die öffentliche Auseinandersetzung mit der Nachwendezeit, die sich in der Überheblichkeit der »*Besserwessis*« gegenüber den »*Meckerossis*« zeigte, in der Kombination mit den sich häufenden Eigentumsunterschieden zuungunsten der Menschen in den neuen Bundesländern. Aus Sicht der ehemaligen westdeutschen Bundesrepublikaner war die offensichtliche Unzufriedenheit in den neuen Bundesländern ebenfalls schwer verständlich, was fortan als »die Mauer in den Köpfen« bezeichnet wurde. Denn **die Wiedervereinigung kostete** einen sehr hohen Betrag. Darin enthalten waren die Transferleistungen an die neuen Bundesländer, Aufbauhilfen, Altlastensanierungen, Sonderleistungen und die Übernahme der DDR-Verbindlichkeiten, sprich Schulden. Der Abzug der sowjetischen Streitkräfte kostete (12,5 Milliarden) und die Bundesregierung schulterte diese Kosten. Ein wesentlicher Aspekt waren die Transferleistungen, wie Sozialleistungen und Rentenversicherungen, die neu berechnet und dann finanziert werden mussten (hier kann von 300 Milliarden ausgegangen werden). Die Wiedervereinigung wurde bezahlt durch Steuererhöhungen, Umlagen und Neuverschuldung. Der sogenannte Solidaritätsbeitrag, eine Sondersteuer besteht heute noch, dreißig Jahre danach. Die Wiedervereinigung war teuer, teurer als alles andere jemals zuvor.[304] Heute wird angenommen, dass sich die Kosten der inzwischen dreißigjährigen Wiedervereinigung auf ungefähr 1,3 bis 2 Billionen Euro belaufen. Konkreter sind die Zahlen nicht zu fassen, auch weil Sanierungen und Transferleistungen ein noch andauernder Prozess sind. Allerdings reist man durch die neuen Bundesländer und sieht die Hauptstadt Berlin, dann ist dieses Geld sehr gut angelegt. Große Industrielandschaften, obwohl erhofft, sind (noch) nicht entstanden. Aber die schönen Landschaften, die für die Westdeutschen für Dekaden nicht zugänglich waren – obwohl die ehemalige Heimat – wurden zu attraktiven Reisezielen. Eine moderne Infrastruktur macht vieles leichter und ein »Vor-Ort-Verwurzeltsein« in den sogenannten neuen Bundesländern ist für viele zu einer Selbstverständlichkeit geworden. Um von einem Teil Deutschlands in den anderen zu reisen, muss keine Mauer überwunden werden. Und je weiter sich der Anlass dieser Kosten aus dem gemeinsamen Bewusstsein entfernt, inzwischen sind es drei Jahrzehnte, kann gesehen werden, wie sich die Systeme in den Köpfen dank nachgewachsener Generationen angeglichen haben. Die Deutschen, im Innersten sparsam, hatten nie wirklich Freude am Geldausgeben und an **Währungsumstellungen**. Doch erzwang der Verlauf der deutschen Geschichte immer wieder Währungsreformen. Genau genommen seit 1871: Sechs- bis sieben Mal. Die erste 1871 bis 1873 ergab sich logisch aus der Nationenbildung, der Einheit des Kaiserreiches. Die vielen Währungsformen wurden zu einer: Der Mark als deutsche Reichswährung. Mit Beginn des ersten Weltkrieges wurde dies zur »Papiermark« und gab der inflationären Entwicklung (Geldentwertung) schon einmal einen Vorlauf, bevor diese als Hyperinflation von 1923 in aller Schärfe ausbrach. Die Folge war eine Umstellung der

Währung in eine stabilere Einheit namens Reichsmark. Als indirekte Kriegsfolge bedeutete dieses für viele Deutsche eine weitere finanzielle Traumatisierung mit einem materiellen Totalverlust. Daran erinnerten sich noch viele Bürger, als 1948 in der Bundesrepublik und in der DDR die Währungsreform vorgenommen wurde. In der Bundesrepublik wurde die *Deutsche Mark* (D-Mark) eingeführt und in der neugegründeten Deutschen Demokratischen Republik die *Ostmark*. Die DDR-Bürger hatten das Pech, noch zweimal eine Währungsumstellung zu erleben. Einmal aufgrund eines enormen Bargeldüberhanges 1957, als nur ein nominaler Betrag in die »neue«/alte Währung (DDR Mark) getauscht werden durfte. Bei der Wiedervereinigung kam es zur Währungsunion, denn die DDR war der Bundesrepublik beigetreten und trat nun der D-Mark ebenfalls bei. Getauscht wurde im Verhältnis 1:1, bei Beträgen von über 6.000 DDR-Mark im Verhältnis 2:1. Das war 1990, und mit einem ungefähr zehnjährigen Sprung zu 1999 bis 2002 nach vorne kam die nächste – europäisch induzierte – Währungsumstellung. Die wiedervereinigten Deutschen bekamen neues Geld: Den **Euro**. Dieser wurde von großen Teilen der Bevölkerung wenig enthusiastisch aufgenommen. Dafür gab es verschiedene Erklärungsansätze. Zum einen, wenn etwas den (West)Deutschen nach 1945 und in den folgenden Jahrzehnten bei Auslandsreisen und ähnlichem Status gab, dann war es ihre besonders harte, stabile Währung. Selbst falls den Deutschen eingedenk der zurückliegenden historischen Ereignisse wenig Sympathie entgegengebracht wurde, die D-Mark wurde gern genommen. Also eine positive Identifikation der deutschen Bevölkerung mit ihrer Währung. Die zweite Komponente der Ablehnung war der Eindruck, dass es sich beim Euro in Wirklichkeit um einen »Teuro« handelte. Der Wechselkurs von zwei zu eins suggerierte bei vielen, dass sich der Preis verdoppelt hätte. Das entsprach nicht der Realität, denn in Wirklichkeit konnten Ökonomen nur einen Preisanstieg von zwei

Prozent feststellen. Die gleichen Wirtschaftsfachleute und Währungs-
hüter sprechen allerdings heute davon, dass der Euro zu überhastet eingeführt wurde. Ausgehend von einer zu hohen Arbeitslosenzahl, einem
zu hohen Realzins (europaweit) und dem allgemeinen Schulden-
machen quer durch die Europäische Union. Zehn Jahre später kam
dann die Eurokrise als Reaktion auf die Finanzkrise in den USA 2008
in Europa an. Die Gründe hierfür wurden mit zu hohen Lohnsteigerun-
gen, der Negierung der Defizitgrenzen und steigenden Immobilien-
preisen benannt. Auf gut Deutsch: Europa hatte über seine Verhältnisse
gelebt und nun waren harte Reformen angebracht.

Der Zeitpunkt der deutschen Wiedervereinigung ist ein guter Anlass,
sich der Diskussion um die Begriffe Nation, **nationale Identität**,
Patriotismus und seit Neuestem »Heimat« zu nähern. Ihnen ist eines
gemeinsam: Sie werden unscharf definiert und je nach Belieben eingesetzt. Solange Deutschland geteilt war in eine »alte« und eine »zweite«
Republik wurzelte der westliche Teil fest im transatlantischen Bündnis
und bezog seinen Wertekatalog (als staatliche Grundlage das Grundgesetz), stark beeinflusst von dem großen Bruder über dem Teich, als
aktives und führendes Mitglied der Europäischen Union. Die DDR
hatte eine eigene Staatlichkeit unter der Fuchtel des großen Bruders in
Moskau. Unter den sowjetischen Satellitenstaaten war die DDR zwar
mit deutscher Gründlichkeit und Effizienz schnell zum Musterschüler
aufgestiegen, aber ein eigenes (deutsches) Nationalbewusstsein war
kein Thema. Der Stolz auf die Übererfüllung der sozialistischen
Vorgaben, die Vertretung der richtigen politischen Ideologie und die
Weigerung, sich als Erbe der Geschichte vor der eigenen Staatsgründung 1948 zu sehen, hatte diesen Platz besetzt. Mit der Wiederverein-
gung gab es eine »Neue« Bundesrepublik und damit eine, die mehr
politisches Gewicht in die europäische und globale Waagschale werfen
konnte. Hinzu kam der totale Zusammenbruch des osteuropäischen

Sowjetsystems mit dessen Auflösung im Jahr 1990. Deshalb musste hier eine neue Balance gefunden werden, bei der sich die Interessen der USA und die der »Russischen Föderation« in einer neuen Formation ausbalancierten. Der Kalte Krieg als Angst- und Konfliktklammer war vorbei. Nicht ein westlicher und ein östlicher Machtblock standen sich mehr gegenüber, sondern Einzelstaaten in einer globalen Anordnung und mit der Tendenz, die eigenen politischen Interessen in den Vordergrund zu stellen. Dabei spielte das neu erstarkte Deutschland sehr wohl eine Rolle. Die Staatenordnung hatte sich dadurch verändert und damit kamen außenpolitisch alte Ängste nach einer Vormachtstellung der Deutschen in der Mitte Europas hoch. Innenpolitisch begann langsam aber sicher die Suche nach einer eigenen Identität dieses »neuen Deutschlands«. Interessanterweise ließ sich die geopolitisch erstarkte Position Deutschlands vor allem an seiner Außenpolitik messen. Noch genauer an seiner Bereitschaft, als Nato-Mitglied an militärischen Einsätzen teilzunehmen oder eben nicht. Der Einsatz der Bundeswehr wurde bereits zu einem Stolperstein unter der Regierung Schröder im Jahr 2001. Das deutsche Parlament ist – aufgrund historischer Erfahrung – grundsätzlich nicht pro militärische Einsätze. Deshalb musste Bundeskanzler Schröder den Einsatz in Afghanistan gegen den internationalen Terrorismus mit einer Vertrauensfrage verbinden. Nach 2001 stellte Deutschland das größte Kontingent bei den Einsätzen im Rahmen von UNO-Truppen und NATO-Einsätzen. Per Definitionem handelte es sich immer um Friedensmissionen. Als Ausdruck eines gewachsenen nationalen Selbstbewusstseins kann dann allerdings gleichfalls die deutsche Weigerung gesehen werden, sich ab März 2003 von Präsident Georg Bush in den Irak-Krieg ziehen zu lassen. Die feste Position Deutschlands erleichterte es den kontinentalen europäischen Staaten, sich ebenfalls von diesem Kriegsabenteuer zu distanzieren.[305] Die neue Entscheidungsfreiheit, welchen Friedensmissionen die

Bundeswehr im Rahmen ihrer internationalen Aufgaben nachkommt, hat auch die traditionelle Verbundenheit Deutschlands mit seinem amerikanischen Partner verändert. Das wiedervereinigte Deutschland, die Export-Wirtschaftsmacht Europas, tritt als Global Leader in einer Form auf, die vor der Wiedervereinigung undenkbar gewesen wäre. Der Druck, sich der eigenen Nation zu versichern, sich in dieser Hinsicht neu zu definieren, kommt in der Tendenz häufig als Druck von außen. Aktuelles Beispiel bietet der US-amerikanische Präsident Trump, der mit seinem »*America first*« die anderen Länder geradezu dazu drängt, sich einer eigenen Nationalität im Sinne von Abgrenzung zu verpflichten. Wenn er zusätzlich noch mit Strafzöllen und verbalen Abwertungen anderer Staaten und deren Bewohner aufwartet, dann kommen eigene Nationalgefühle automatisch auf. Das beschreibt einen möglicherweise von äußeren Bedingungen hervorgerufenen Druck, aber nicht den, der durch die Flüchtlingskrise 2015 in der innerdeutschen Bevölkerung aufkam und bis heute anhält. Der Alleingang der Bundesregierung unter der Leitung von Kanzlerin Angela Merkel kreierte in Deutschland eine Kultur der Auseinandersetzungen, die sich in Form und Verlauf in einer nie dagewesenen Weise darbieten. Häufig weit weg von praktischen Erwägungen, wie ein künftiges Deutschland aussehen könnte, bis hin zur Frage, was eine gelungene Integration beinhaltet, wurde der Boden zum weiteren Aufstieg einer neuen Partei, die sich »Alternative für Deutschland« (AfD) nennt, geebnet. Die rechtspopulistische AfD nimmt für sich in Anspruch, das Deutschsein mit Bezug auf das »völkische« Erbe neu zu beleben und generell Ausländer und Menschen mit Migrationshintergrund auszugrenzen. Die **Begriffe Nation, nationale Identität** und die Frage was damit überhaupt gemeint ist, kamen in Mode, werden aber sehr diffus eingesetzt. Dies geschah im Rahmen der öffentlichen Aufgeregtheit, die durchaus von den Medien und Politikern instrumentalisiert wurde, im offiziellen Diskurs als Reaktion auf den Zuzug von rund einer Million Immigranten im Jahr 2015 nach Deutschland. Wohlgemerkt, diese waren in der Mehrheit Bürgerkriegsflüchtlinge aus Syrien, die vor den Bomben in ihrer Heimat Schutz suchten. Deren Zahl war hoch, deren Ankunft (angeblich) überraschend und seitdem »tobt« ein fast ideologisch zu nennender Kampf um unsere eigene nationale Identität, der sich in den Rängen der Politik, in den gesellschaftlichen Räumen und vielen Zeitungsartikeln verschiedener Prägung abspielt. Nachdem »deutsches Nationalgefühl« weder groß erwähnt wurde noch in den Jahren zuvor eine Rolle spielte, wird nun die Mitgliedschaft in der deutschen Nation zu einer Suche nach Identifikation, zu einem Kampf um Orientierung und dient gefühlt vor allem nur einem: Einer Abgrenzung nach außen, ohne dass die Betonung der Gleichheit im Inneren bereits gelungen ist.

Weg von der aktuellen Polemik kann der Blick zurück in die Geschichte hilfreich sein. Desgleichen eine saubere Definition, worum es in der öffentlichen Debatte unter dem Oberbegriff »nationale Identität« überhaupt geht. Die Idee der **Nation** ist eine willkürliche, denn sie beruht auf der Tatsache, dass sich die Menschen selbst einer »Organisationsform«, basierend auf gemeinsamer Abstammung, einer territorialen Standortbestimmung, einer gemeinsamen Kultur in Form von Sprache, Religion und Lebensverhältnissen oder aufgrund von politischer Staatlichkeit zuordnen. Eine weitere und übliche Unterscheidung ist die einer Kulturnation oder Staatsnation. Ein über Jahrhunderte hinweg föderales Gebilde wie Deutschland, aufgeteilt in kleinere und größere staatliche Einheiten, kann dementsprechend eher als Kulturnation bezeichnet werden. Zentrale Gebilde und zentralisierte Staatlichkeit von alters her, ein gutes Beispiel hierfür ist Frankreich, würde bei dieser Aufteilung als Staatsnation gelten. Historisch gesehen sind beide Begrifflichkeiten einem steten Wandel unterworfen. Und die Frage bleibt unbeantwortet im Raum stehen, wann und in welcher Form sich Bevölkerung, besser Bevölkerungsteile an eine Nation gebunden sahen. Hatten sie überhaupt die Wahl einer derartigen Identifikation und falls ja, von welcher Gesellschaftsordnung war diese abhängig? Der Begriff Nation kommt vom lateinischen »*natio*« und sagt zunächst gar nichts Besonderes aus, stellt nur die Tatsache eines Geburtsvorganges fest. Dass sich daraus ein Begriff mit (nationalen) Zuschreibungskriterien entwickelte, hatte mit der mittelalterlichen Sprachveränderung des Lateinischen zu tun. Mit »*de natione*« wurde eine Staatlichkeit umschrieben, die seit Beginn des 16. Jahrhunderts gebräuchlich wurde und übertragen auf Deutschland hieß dies dann: »*Nationis germanicae*«, übersetzt mit »*Teutscher Nation*«. Das passte in das Gesamtbild nationaler Staaten, die sich durch andauernde Kriege mit immer verändernden Grenzziehungen in ein System einpassten, das langfristig nach Gleichgewicht und Balance streben musste.[306] Aus Nation folgte »national« und »nationalistisch«. Das war im Großen und Ganzen Napoleon zu verdanken, der durch seine Expansionsfreude andere Nationen und ganz besonders die deutschen Staaten zwang, sich der Tatsache der eigenen Nation und dem Erfordernis des gemeinschaftlichen Handelns in deren Interesse klar zu machen. Nationale Souveränität war als Begriff schon bekannt und wurde in Kombination mit der Idee eines gemeinsamen Freiheitskampfes zum Erfordernis des Tages. Durch die vorhergehende Revolution in Frankreich hatte der ursprünglich obrigkeitsstaatliche Nationenbegriff bereits eine entscheidende Weiterentwicklung erfahren, indem weitere Dimensionen hinzugefügt wurden. Volkssouveränität, politische Teilhabe und der Wunsch nach Verfassungen, der nie mehr abflaute, wurde Bestandteil nationaler Prägungen. Souveränität als politische Souveränität war eins, aber Volkssouveränität in Kombination mit dem Wunsch nach verfassungsrechtlichen Freiheiten etwas ganz anderes. Die Idee der Rechte des

Einzelnen war geboren, woraus ein neues Rechtsverständnis folgte. Ein Rechtsverständnis, das die verfassungsmäßige Grundlage mitein-schloss, dass Menschen, die den Gesetzen unterliegen, gleichzeitig freiheitliche Rechte besitzen. Nicht nur mit dieser historischen Tat-sache ist festzustellen, dass der Nationenbegriff über die Jahrhunderte hin immer kompakter und komplexer wurde, weil hierunter immer mehr subsumiert werden konnte. Unklar ist häufig die Unterscheidung von Nationalismus und **Patriotismus**. Wie hängt dies beides und in welcher Form zusammen? Der Begriff des Patriotismus (Vaterlands-liebe), der vom lateinischen »*patria*« (Vaterland) kommt, sollte nicht als Synonym für Nationalismus benutzt werden, wurde es aber häufig. Nationalismus wiederum ist keine Teilmenge des Patriotismus, da es diesen nicht miteinschließen muss, aber kann. Patriotismus als Begriff ist viel komplexer, weil er für Sprache, Tradition, Gesetze und Ethik stehen kann. Mit Patriotismus war ursprünglich die Idee einer positiven Entwicklung der Gemeinschaft verbunden. Die Unterscheidung von Patriotismus und Nationalismus kam durch die Aufklärung, als Patriotismus für Menschlichkeit und Wohlwollen sowie gegen zu harte Strafen stand. Erst im 19. Jahrhundert, ab dem Zeitpunkt der Natio-nalstaatsgründung, prägte sich der Nationalismus in seiner negativen Dimension aus. Die Idee, dass jemand patriotisch gesinnt sein konnte, gleichwohl kritisch seiner Nation gegenüber stand, immer im Bestre-ben, zu deren Verbesserung beizutragen, trat zurück. Der Begriff Patrio-tismus wurde korrumpiert, indem eine Konzentration auf die National-staatlichkeit stattfand. Patriotismus wurde zum Ausgrenzungsmerkmal. Nur die eigene nationale Gemeinschaft zählte. Damit ist Patriotismus, als objektive Tugend charakterisiert, heutzutage ein Problem. Gerade die deutsche Geschichte beweist dies, denn verstärkter Patriotismus mündete in stärkere Kriegsbereitschaft. Im ausgehenden Kaiserreich, kurz vor dem Ausbruch des Ersten Weltkrieges, stand »Vaterlandsliebe«

an der Spitze der Begriffe, die für die Verbundenheit mit der Nation in Form von überhöhtem Nationalstolz standen. Aus Abstammung, Kultur und Sprache ergeben sich die Wurzeln einer Nation. Die deutsche Nationenentwicklung war nicht gradlinig, konnte nicht gradlinig sein, in einem Territorium, das über Jahrhunderte so zersplittert war. Einheit gab es nicht, Freiheit im bürgerlichen Sinne (Verfassungen) auch erst spät. Noch 1848 definierten sich die deutschen Staaten nur durch ihre spezielle Form der Staatlichkeit. In der Frankfurter Paulskirche wurde festgestellt: »*Die Nationalität ist nicht mehr bestimmt durch Abstammung und die Sprache, sondern [...] durch den Staat*«[307]. Dieser Staat waren mehrere Staatsgebilde. Das Deutschsein war bestimmt von dem Leben in einem der dazugehörigen Gebiete. Hieran zeigt sich, dass die ethnisch-homogene Kultur nicht die alleinige Grundlage einer nationalen Geschichte sein muss. Erst durch die Nationalstaatsbildung 1870/71 wurde die Tatsache eines vereinten Landes geschaffen, die damit eine Nachjustierung im Sinne einer gemeinsamen nationalen Identität verlangte. Zuerst war der Nationalstaat da, dann kam der Nationalismus als eine ideologische Begründung geschaffener territorialer und staatlicher Verhältnisse. Der Staat war vorhanden, das Konzept wurde nachgereicht und diese Tatsache warf dann einen langen Schatten in Form eines überzogenen Nationalismus. Denn dieser stand für die Hinzufügung einer Schlagkraft nach außen zur Erhöhung des außenpolitischen Status. Hierfür eigneten sich Kriege. Das was nach der Reichsgründung erfolgte und sich in imperialen Streben (Kolonien) und erstarkenden Militarismus (großes Heer, moderne Waffentechnik) und immer in der Bereitschaft »Loszuschlagen« manifestierte, zeigte die negative Dimension und Degeneration eines gesunden Nationalgefühls. Zum kompletten Missbrauch des Nationenbegriffs unter dem Begriff des »*Völkischen*« und zu seiner brutalsten Perversion kam es im Dritten Reich. Hier wurden das verbindende Element des Deutschseins und das Gemeinsamkeitskriterium ausschließlich dem Aspektes der rassischen Einheit und Reinheit verordnet. Mit der grausamen Konsequenz, dass »nicht-arische« Deutsche als fremd bezeichnet und zum Opfer von millionenfachen tödlichen Verfolgungen wurden. »*Das Deutsche Volk*« als Nation mit einem einheitlichen Genpool oder was immer Adolf Hitler, seine Helfer und Helfershelfer darunter verstanden, war allerdings in der Geschichte der Entstehung und des Vergehens der Nationen einmalig. Der Genozid an den Juden, der Versuch der Vernichtung eines ganzen Volkes war die größte Sünde der Nazis gegen Menschlichkeit und Anstand! Der Holocaust repräsentiert das beunruhigendste und grausamste Kapitel der deutschen Geschichte, möglicherweise überhaupt der Menschheitsgeschichte. Nie wird wirklich verstanden werden können, wie so etwas möglich war, noch dazu in diesem Ausmaß und in dieser perfektionierten Ausführung. Damit ergibt sich zwangsläufig die **Frage nach der Mitschuld** der Vielen an dem Morden. Handelte es sich bei den »anderen« Deutschen um Komplizen, um Opfer oder um neutrale Mitläufer? Für die sogenannte »Schuldfrage« gibt es keine eindeutige Antwort. Von den Veröffentlichungen, wie »Hitlers willige Helfer«[308] bis zum in der historischen Analyse auch verwendeten Begriff der »Zustimmungsdiktatur«, ist diese Frage immer wieder thematisiert worden. Aus deutscher Sicht ist dies kaum zu beantworten. Nicht-deutsche Historiker haben Erklärungsmöglichkeiten geboten, wie mit dem Erbe des Dritten Reiches und seiner mörderischen Bilanz umzugehen sei. Der Ansatz, drei bis vier Generationen später von einer Kollektivschuld aller Deutschen und der Nachgeborenen zu sprechen, ist vermutlich wenig hilfreich. Aber die Pflicht zur Übernahme der gemeinsamen Verantwortung der eigenen nationalen Geschichte bleibt. Gerade aufgrund dessen ist jede rechtpopulistische Anmaßung, Geschichte als nationalistische Rhetorik heranzuziehen, vollkommen danebengegriffen. »*Geschichte als Unfall-*

chronik der Menschheit« (Talleyrand) eignet sich hierfür sowieso nicht. Besonders nicht die deutsche Geschichte, denn mit dem Holocaust haben wir Deutschen »dieser Unfallchronik« die Krone aufgesetzt und nicht aus Zufall, sondern mit eiskalter Planung. Als Erbe seiner nationalen Geschichte muss jeder Nachgeborene mit dieser Tatsache umgehen, und zwar angemessen. Und ohne Verkleinerung dieser absolut kriminellen und unmenschlichen Epoche von zwölf Jahren. Der Genozid an der jüdischen Bevölkerung lässt sich nicht einfach einordnen in ein historisches Narrativ, das als Bezugspunkt eine nationale Herleitung hat.

Nationale Kulturen und die Entstehung von Nationen sind immer ein Prozess und niemals statisch. Auffallend ist allerdings, dass die Suche nach nationaler Identität (»Politische Leitkultur«) immer in die Diskussion kommt, wenn gefühlt oder tatsächlich eine Abgrenzung nach außen, gegen das sogenannte Fremde oder gegen andersartige Kulturen als erforderlich betrachtet wird. Ungeachtet der Tatsache, ob dies überhaupt notwendig ist. Deutschland, wiedervereinigt, eingebunden in internationale Allianzen mit einer herausragenden Stellung im europäischen Verbund, ein führendes Mitglied in der globalisierten Ökonomie und trotzdem scheint die Menschen ein Unbehagen umzutreiben. Regionalität gegen Internationalität: »*Mia sein mia*« (die bayerische Version) gegen vermeintlich abzulehnendes »Multikulti«. Im zweiten Jahrtausend sind die Abschottung und Ablehnung von Fremden, anderen Kulturen und religiösen Standortbestimmungen eigentlich nicht mehr möglich und trotzdem vielfach wieder erwünscht. Die Rückbesinnung auf die eigene nationale Identität steht im Widerspruch zur globalen Einbettung, der – gefühlt – nicht zu entgehen ist. Und so macht ein neues Schlagwort oder ein Ersatzbegriff Karriere: »*Heimat*«[309]. Dahinter steht die Forderung von Heimat, die als einzigartig und als abgeschlossen für sich selbst reklamiert wird. Heimat, ein Gefühl der eigenen Nationalität gegen fremde, nicht zugehörige Nationalitäten. Nationalgefühl in seiner positiven Erscheinungsform ist wiederum gebunden an gemeinsame historische Erfahrungen einer sich darüber verbunden fühlenden Bevölkerung. Davon abgesehen, dass die Begriffe Nation und Nationalismus zu allen Zeiten etwas Unterschiedliches darstellten, das Verbindliche daran war die Funktion der gemeinsamen Geschichte.[310] Ländergrenzen verschoben sich durch die vielen und andauernden Kriege in Europa, aber immer teilten Gruppen von Menschen Erlebtes und die historische Dimension war die Klammer zum Thema Nation. Erbe einer gemeinsamen Geschichte zu sein ist der Inbegriff einer verbindenden Kultur und nationalen Identifikation.

20. Von Wanderungsbewegungen zur Willkommenskultur

Beim Gang durch die Geschichte ist festzustellen, dass deutsche Gebiete über die Jahrhunderte hinweg **viele Wanderungsbewegungen** erlebt haben, in Form von Einwanderung und Auswanderung.[311] Das Land an sich bildete sich mit der Völkerwanderung durch das Zusammenziehen deutschstämmiger Völker und Ländergebiete, in denen sich »das-Deutsch-sein« durch Sprache und Kultur manifestierte. Dieses Deutschland, besser die deutsche Staatenvielfalt, wurde zum Durchgangs-, Ein- und Auswanderungsgebiet. Migration als Phänomen zieht sich durch die Jahrhunderte und hatte vielfache Auswirkungen persönlicher Art und Weise: von den Ankommenden bis zu den Aufnehmenden, von den Auswandernden, die sich ein besseres Leben erhofften, bis hin zur kulturellen und wirtschaftlichen Bereicherung der aufnehmenden Gesellschaft vor Ort. Anpassung und gesellschaftlicher Wandel hielten sich oft die Waage. Im Allgemeinen und im historischen Rückblick waren die Wirkungen der Migration positiv und die Integrationen in die bestehenden Strukturen innerhalb und außerhalb funktionierten. Zugegebenermaßen, politische und hitzige Debatten, wie diejenige, die als Reaktion auf die Flüchtlingskrise von 2015 stattfand, konnten in früheren Verfassungsformen nicht geführt werden. In Staatengebilden, in denen Regierung von oben stattfand (König-/ Kaiserreiche), der Parlamentarismus noch nicht ausgebildet war, gab es keinen Raum für politischen Diskurs und keine Pressefreiheit. Inwieweit überhaupt das Bewusstsein für Folgen gesellschaftlicher Neudefinitionen vorhanden war, ist eine weitere Frage. Absolutistische Herrscher hatten gute Gründe Menschengruppen anzuwerben, das

heißt, es handelte sich um gesteuerte und erwünschte Bevölkerungs-
zuwachse. Heutzutage wäre die Bezeichnung dieses Vorganges gezielte und beabsichtigte Arbeitsmigration. Unter diesem Begriff könnte die
Auswanderung von Millionen Deutschen im 18. und 19. Jahrhundert
stehen, die sich nach Amerika aufmachten, auf eigenen Wunsch und
nach eigenem Vermögen. Immer auf der Suche nach einem besseren
Standort und zumeist mehr wirtschaftlichen Erfolg. Die sie aufnehmenden Länder hatten ein Interesse an den Einwanderern, sei es, weil
weite Landstriche noch nicht (nach europäischem Verständnis!) besiedelt waren, wie Kanada, Amerika oder Australien, und weil dort
Arbeitskräftemangel herrschte. Jedoch muss bedacht werden, dass
frühere Migrationen keine globale Dimension hatten, sondern zumeist
nur regionale oder internationale beziehungsweise überseeische Wanderungsbewegungen waren. Und sie fanden in der Regel in längeren
und koordinierten Zeitrahmen statt. Schon in der Antike war Migration
eine Tatsache. Deutschland, noch unter dem Namen Germania
(Tacitus), entstand aufgrund von Wanderung. Die Begrifflichkeiten,
die noch heute benutzt werden, kommen aus dem Lateinischen von
»migrare« (wandern) bis »immigrare« (einwandern).[312] Übersiedlun-
gen waren in der römischen Zeit an der Tagesordnung. Volksstämme
wanderten, denn Nomadentum war eine alltägliche Lebensform. Die
Agrargebiete waren erschöpft, dann kamen noch Klimakatastrophen
hinzu oder kriegerische Überfälle der Nachbarstämme und ganze
Volksgruppen begaben sich auf Wanderschaft auf der Suche nach
neuen Lebensräumen. Die Germanen waren nicht nur im Rahmen der
Völkerwanderung sehr »wanderungsfreudig« und nicht der jeweiligen
heimatlichen Scholle verbunden. Die sich über zwei Jahrhunderte hin-
ziehende **Völkerwanderung** (375–568) war das Ereignis und der
Begriff, an dem sich künftig alle Wanderungsbewegungen messen lassen mussten. Der Aufbruch der Germanen in Richtung Westen und

noch mehr in Richtung Süden, das heißt in das römische Gebiet, wurde zum Maßstab und zwar als Einfall von Barbaren in eine Zivilisation, die darauf nicht vorbereitet war und damit nicht umgehen konnte. Interessant im Sinne von Migrationsforschung, dass die Einwanderer (Immigranten) alles Vorgefundene übernahmen: den Staat, die Kultur, die Zivilisation – alles. Das Ergebnis war eine Symbiose und die Geburtsstunde einer zunächst fränkischen (Karl der Große) und viel später Deutschen Nation.

Warum »*wandern*« Menschen »*aus*«, »*ziehen fort*« und verlassen ihren angestammten Platz, gemeinhin als Heimat beschrieben? Die Gründe waren und sind immer die gleichen: Kriege, Krisen, Naturkatastrophen, Verfolgung im religiösen oder politischen Sinne und natürlich der Wunsch nach besseren wirtschaftlichen Verhältnissen. Die Mobilität der heutigen Menschen ist höher als je zuvor. Schließlich stehen auch ganz andere und schnelle Transportmittel zur Verfügung. Aber von der Antike, über das Mittelalter bis in die Neuzeit: Immer wurde gewandert. Ausgewandert, eingewandert, assimiliert, homogenisiert und als Folge entstand jeweils eine etwas andere Gesellschaft. Vermutlich war die jeweils aufnehmende Gesellschaft zunächst wenig enthusiastisch. Zu jeder Zeit wurde das Fremde, das Andersartige mit Misstrauen betrachtet. Die Konflikte, die gruppendynamisch und individuell entstanden sein mögen, sind vorstellbar. Vielleicht waren sie eine der Ursachen von Diskriminierungen und Benachteiligungen, von denen es ausreichend historische Beispiele gibt. Und die Ankommenden, die Neuen, waren sich dieser Gefahren durchaus bewusst. Grundsätzlich ist und war jede Wanderungsbewegung ein Abenteuer mit ungewissem Ausgang. In früheren Zeiten war es noch abenteuerlicher, denn ohne die heutigen Kommunikationsmittel war es häufig der Weg ins komplett Ungewisse. Im Dritten Reich war es vor allem die Flucht vor rassistischer, tödlicher Verfolgung der jüdischen Bevölkerung. Dieses geht unter dem Begriff Gewaltmigration, wie jede Art von Flucht aufgrund kriegerischer Auseinandersetzungen, Vertreibungen und Unrechtsregimen. Ein weiteres Beispiel waren hierfür die Folgen des Zweiten Weltkrieges mit sechzig Millionen Flüchtlingen in Europa. Katastrophen epischen Ausmaßes zeitigten Folgemigrationen. Nach 1945 war kaum vorstellbar, wer als direkte Kriegsfolge alles auf der Flucht war: Befreite KZ-Häftlinge, freigelassene Kriegsgefangene, ehemalige Zwangsarbeiter, Vertriebene aus den östlichen Gebieten, ausgebombte Menschen und es gab keinerlei Ort, der zunächst als Zuflucht dienen konnte. Entwurzelte, heimatlose Menschen, von den Alliierten als »*Displaced People*« (*DP*) bezeichnet, die untergebracht, versorgt und deren spätere Wiederansiedlung irgendwo mit vorhergehender Wanderungsbewegung organisiert werden musste.

Historisch hatte es schon mehrmals Wanderungsbewegungen, erzwungen oder freiwillig nach großen Kriegen und Naturkatastrophen gegeben. Zum Beispiel im 17. Jahrhundert und als direkte Folge des Dreißigjährigen Krieges mit der flächendeckenden Zerstörung und einem enormen Bevölkerungsschwund. Durch den sich drei Dekaden hinziehenden Krieg wurden ganze Gebiete quasi entvölkert, teilweise in der Höhe von sechzig bis neunzig Prozent, je nach Region. Landwirtschaft konnte nicht mehr stattfinden und dies in einer Zeit, in der die überlebende, hungernde Restbevölkerung ernährt werden musste. Wie immer nach dieser Art von tiefgreifenden Katastrophen durch die Geschichte, kam es zu einem starken Bevölkerungsanstieg, der im 18. Jahrhundert Europa eine Bevölkerung von 185 Millionen bescherte. Von diesem machte sich eine nicht geringe Anzahl auf den Weg, zumeist um religiöser Verfolgung zu entkommen oder als direkte Kriegsfolge. Bereits im frühen 18. Jahrhundert wurde Preußen einer der prominenten Aufnahmestaaten. Das machte Sinn, denn gerade die Gebiete um Potsdam und die Uckermark waren vom Dreißigjährigen

Krieg besonders entvölkert und menschenverwaist. Was der Große Kurfürst Friedrich Wilhelm als Gegenmaßnahme einsetzte, wurde unter dem französisch-deutschen in Mode gekommenen Schlagwort »*Peublierungsmaßnahme*« bekannt, und stand für eine kontrollierte Erhöhung der Bevölkerungsanzahl mit Zielrichtung der Fachkräfteanwerbung. Interessiert war der Herrscher des eher ärmlichen und sandigen Flächenstaates an holländischen, schweizerischen und französischen Einwanderern. Diese waren in der Regel Glaubensflüchtlinge und passten gut in das karge, protestantische Land. Vom Großen Kurfürsten an bis zu seinen Nachfahren wurde das obrigkeitsstaatliche Programm durchgeführt, mit der Folge, dass die Neuankömmlinge vor allem in der Mark Brandenburg, Ostpreußen und Schlesien angesiedelt wurden. Ab 1680 konnte **Brandenburg-Preußen** als relativ junges Staatsgebilde enorm von der Integration der Glaubensflüchtlinge profitieren, die im Ergebnis hauptverantwortlich für den wirtschaftlichen Aufschwung des Landes wurden. Der größte Immigrantenanteil war hugenottisch, von denen 150.000 bis 200.000 Frankreich unter Zwang, nach der Aufhebung des Edikts von Nantes 1685, hatten verlassen müssen. Von ihnen siedelte sich eine hohe Anzahl in Preußen an,[313] weitere im Hessischen und im Hannoverischen. Vor allem Preußen profitierte im hohen Maße von den Zugezogenen. Nicht nur von den prominentesten Immigranten, den Hugenotten und den Holländern (Holländisches Viertel in Potsdam), sondern ebenfalls von den österreichischen Protestanten, genau genommen Salzburgern. Sie waren vom Erzbischof zur konfessionellen Reinhaltung seiner Stadt in den Jahren 1731/32 des Landes verwiesen worden. König Friedrich II. hatte sie offiziell eingeladen, in Ostpreußen zu siedeln. Alle diese Neu-Preußen wurden zum Garanten des ökonomischen Aufschwunges und standen für eine durchaus gelungene Integration.

Mitte des 18. Jahrhunderts wurde, vor allem von Süddeutschland aus, ausgewandert. Die geographische Richtung war Osteuropa und Südosteuropa. Zum Ende des Siebenjährigen Krieges lockten andere Länder, wie zum Beispiel **Russland** unter Katharina der Großen, deutsche Einwanderer, zugunsten von Besiedlungsprogrammen an. »Neu-Russland« lockte mit Vergünstigungen wie Befreiung vom Militärdienst und Steuern sowie großzügigem Landbesitz. Der Hintergrund war genauso wie in Brandenburg-Preußen ein »*Peublierungsprogramm*«. Große Flächen Russlands sollten mit Fachleuten bevölkert werden. Vor allem gebürtig aus dem Pfälzischen folgten 25.000 Siedler den Einladungsmanifesten der deutschstämmigen russischen Zarin. Grundsätzlich strebten im 18. Jahrhundert eine erstaunlich hohe Anzahl von Menschen aus Süddeutschland in die östlichen Gebiete des Kontinents. Die Gesamtzahl von über einer halben Million wird genannt.[314] Die sogenannten »Schwabenzüge« in den Jahren von 1763 bis 1788, bei denen die ungeheure Anzahl von 70.000 Handwerkern und Landwirten aus Baden, Württemberg, Franken, Österreich und bis hin aus Lothringen und Luxemburg sich im Banat und in Siebenbürgen (heutiges Rumänien) ansiedelten. Sie bauten sich in Süd-Ost-Europa für 250 Jahre eine Existenz auf, bis Adolf Hitler sie mit seinem »Heim ins Reich-Programm« mitsamt ihrer Heimat eingemeindete und als Kriegsfolge entwurzelte.

Die Vereinigten Staaten von **Amerika** wurden bereits im 18. Jahrhundert zum Traumziel vieler auswanderungswilliger Deutscher. Immer wieder kam es zu Wanderungsbewegungen aus den deutschen Territorien. Manches ging dabei auch schief, so 1702, als sich aus den süddeutschen Ländern rund 10.000 Menschen in Bewegung setzten und in London einen Zwischenstopp zur Weiterreise nach Amerika machten. Sie erhofften sich diese kostenlos, denn ihnen war das Geld ausgegangen. Entsetzen bei den Briten, spontan kam der Begriff der »Völkerwanderung« im Sinne eines nicht durchdachten Vorhabens hoch. Für die Vereinigten Staaten – damals noch eine Englische Kolonie – sprach, dass hier die Möglichkeit religiöser Freiheit kombiniert mit der Chance Land zu erwerben bestand. Während in den deutschen Territorien eine ständische Gesellschaftsform noch jeglichen vertikalen Aufstieg verhinderte und Landerwerb nur für freie Bauern eine Möglichkeit darstellte. Der Hauptgrund für die Auswanderung lag jedoch in erster Linie in religiösen Fragen begründet. Glaubensflüchtlinge wie die Herrnhuter, Pietisten und Quäker, zumeist aus dem Südwesten der deutschen Staaten, emigrierten. Von 1710 bis 1782 wurde aus deutschen Gebieten aus- und in die Gegend von Philadelphia eingewandert. Ende des 18. Jahrhunderts stellten die deutschen Einwanderer schon neun bis zehn Prozent der europäisch eingewanderten Bevölkerung in den Vereinigten Staaten dar.

Für Deutschland gilt, dass jede Zeit ihre spezifische Migration kreierte. Ganz besonders als Reaktion auf gesellschaftliche Umbrüche wie die des »langen« 19. Jahrhunderts. Der rapid schnelle Übergang von einer agrarischen zu einer industrialisierten Gesellschaft mit Landflucht und Verstädterung im Gepäck, war ein typisches auslösendes Moment für das Verlassen der alten Heimat auf der Suche nach neuen Gestaden mit einer besseren Lebensperspektive. Von insgesamt 55 bis 60 Millionen Europäern ist die Rede, die den alten Kontinent verließen,[315] zumeist aus Armut und einem wahrgenommenen Mangel an Chancen. Das war auch der Fall für die deutschen Auswanderer. Sie folgten den Lockungen einer der stärksten Wirtschaftsmächte, die für ihre industrielle Produktion permanent neue Arbeitskräfte benötigte. Der Dienstleistungssektor der Vereinigten Staaten bot gleichfalls weitgehende Chancen und dies war vor allem für die weiblichen Auswanderer ein weiterer Anreiz, der gleichzeitig den (weiblichen) Familiennachzug beförderte. Die kommerzielle Schifffahrt hatte parallel das finanzielle Potential der auswanderungswilligen Wanderer entdeckt. Verstärkter Passagierschiffbau und der Ausbau der Transatlantikrouten waren die Folge und erleichterten die Emigration der Wanderungswilligen. Die Auswanderungsströme unterlagen den Wirtschaftszyklen des Einwanderungslandes und je nachdem kamen mehr oder weniger in die Vereinigten Staaten. Von 1840 bis 1880 sollen vier Millionen Deutsche ihre Heimat in Richtung Übersee verlassen haben. Übersee hieß allerdings nicht nur Amerika, denn Auswanderungstrends in Bezug auf den Zielort unterlagen unterschiedlichen Zeitabschnitten. Während Nordamerika vom Beginn des 19. Jahrhunderts für die längste Zeit das Traumziel Nummer Eins darstellte, änderte sich dies in der zweiten Hälfte des Jahrhunderts. Ab 1850 rückten weitere Zielorte ins Auge der auswanderungsbereiten Deutschen: Südamerika mit Brasilien, Argentinien und Uruguay, sowie Australien und Neuseeland. Warum wurden diese Destinationen interessant? Der Hauptgrund war die Spezies Auswanderer, die sich mehr aus landwirtschaftlichen Räumen rekrutierte. Und die genannten Länder boten großzügig Siedlungsräume und somit die Möglichkeit zum Landbesitz an. Durch die Reedereien wurden per Agenten geradezu Anwerbungskampagnen gefahren, wie zum Beispiel im ländlichen Mecklenburg, natürlich immer mit dem Ziel, daran zu verdienen. Erstens durch die Passage, die teilweise von den um mehr Bevölkerung buhlenden Zielländern gezahlt wurde. Auch Schleusertum war eine bekannte Größe, denn die weiteren bei einer Emigrationsreise anfallenden Kosten wurden erpresserisch auf die Ausreisewilligen umgelegt. Wird die Emigration von Deutschen in einem längeren Zeitraum, so von 1830 bis 1900 betrachtet, dann nahm die Auswanderung in die »Neue Welt« – an erster Stelle die in die USA, dann Kanada und Südamerika und Australien – ständig zu. Bis 1914, dem Beginn des Ersten Weltkrieges, hatten insgesamt fünfeinhalb Millionen Deutsche den »alten Kontinent« verlassen.[316] Die Auswanderung hatte regionale Schwerpunkte und diese lagen zumeist im Südwesten

Deutschlands. Das hatte seine Ursachen in einem starken Bevölkerungswachstum ohne die entsprechenden Erwerbsmöglichkeiten. Konfessionelle Gründe spielten ebenfalls eine Rolle und die Idee, in den überseeischen Gebieten in Ruhe seiner Glaubensform nachzugehen, war ein deutlicher Anreiz. Politische Gründe waren Mitte des 19. Jahrhunderts gegeben, als die »politischen« Aktivisten des Vormärz und der 1848er Revolution ihre Länder verlassen mussten. Mit Blick auf die Landwirtschaft, die während der zweiten Hälfte des 19. Jahrhunderts im zunehmenden Maße der Industrialisierung stark an Bedeutung verlor, war die süddeutsche Realteilung ebenfalls ein Faktor. Die Agrarbetriebe verkleinerten sich bei jedem Erbgang und vielfach war es pure Armut, die die Auswanderung förderte. Schichtspezifisch waren es vor allem ärmere bäuerliche Schichten, die deshalb emigrierten, emigrieren mussten. Aus diesem Grund kam die Masse der Auswanderungswilligen vor allem aus Süd- und Südwestdeutschland. Zur Jahrhundertwende änderte sich dies, und Auswanderer kamen dann eher aus den urbanen Zentren. Am Beispiel Preußens zeigte sich, dass 1910 bereits sechzig Prozent der Bevölkerung in städtischen Bezirken lebten und davon gab es 45 urbane Zentren, während die Dekaden zuvor nur zwei bedeutende Städte kannten: Nämlich Berlin und die Hansestadt Hamburg. Die städtische Verdichtung im Deutschen Reich war die Folge der explosiv entstandenen Industrialisierung seit den Gründerjahren, die allerdings nicht krisenunabhängig war. Insofern war die Ursache der städtischen Auswanderung ebenfalls die Arbeitsmigration, bei der Amerika das bevorzugte Ziel blieb. Mit dem Ergebnis, die deutschen Immigranten in den USA auf Platz zwei nach den Iren rückten und zur Jahrhundertwende schließlich den ersten Platz besetzten. Die Vereinigten Staaten sind in ihren bevölkerungstechnischen Wurzeln sehr Deutsch.

Das 19. und 20. Jahrhundert bildete absolute Höhepunkte für überseeische Auswanderungen. Interessanterweise unterlag die Zielbestimmung häufig sowohl Moden wie natürlich Möglichkeiten.[317] Stichwort waren hier die neuen Kolonien des Kaiserreiches ab 1857. An allen Auswanderungsorten spielte die sogenannte Kettenmigration eine Rolle. Waren an einem Bestimmungsort bereits größere Gruppen gleicher Herkunft ansässig, so zog dies weitere Aussiedler an. Der Vorteil lag darin, dass die Logistik und die Struktur vor Ort bereits bekannt waren und diese Informationen zurück in die alte Heimat reisten. Diese Tatsache erleichterte den später Ankommenden den Start. Oft wirkte dies auch innerfamiliär oder zumindest in der eigenen Dorf-/Stadtgemeinschaft in ermunternder Weise.[318] Das wird heute ein »Netzwerk« genannt und ein solches ist zu jeder Zeit bei »dem Sprung ins Ungewisse« hilfreich gewesen. Das Vorhandensein der jeweiligen Auswanderungsnetzwerke ist der Grund, warum sich viele Menschen gleicher Herkunftsorte an gemeinsamen Orten ansiedelten. Sogenannte »Deutsche Kolonien« in Amerika zeugten davon. Die Siedlungsschwerpunkte wie Philadelphia, Maryland und North Carolina sowie Virginia sind bis heute dafür bekannt.

Allerdings wenig ist zu den Strukturen und dem Organisationsrahmen von Auswanderungen bekannt. Diese konnten nicht im luftleeren Raum und nach dem individuellen Gusto stattfinden. Ein persönlicher Wunsch nach Lebensmittelpunktveränderung war im 17. und 18. Jahrhundert kein ausreichender Grund, sich aus dem jeweils einzelstaatlichen monarchischen Gebilde herauslösen zu können. Das Leben verlief in festgesetzten Bahnen vor allem in punkto Schichtzugehörigkeit und für alles und jedes musste eine Erlaubnis eingeholt werden, obwohl es offiziell Auswanderungsfreiheit gab. Aber ein Untertan, selbst nach Aufhebung der Leibeigenschaft, konnte nicht frei über sein Schicksal entscheiden. Das galt sowohl für die Aus- wie für die Einwanderung. Im Wesentlichen waren es drei Faktoren, die miteingerechnet werden mussten: erstens die Regeln für ein Auswanderungsersuchen; zweitens eine Genehmigung, zunächst für jeden Grenzübertritt; und drittens eine möglicherweise finanzielle Unterstützung dieses Vorhabens. Der Auswanderungswillige musste zudem beweisen, keine weiteren finanziellen Verpflichtungen (Schulden) zu haben. Das klingt nach der Bekanntgabe des Vorhabens in Form eines Aufgebotes. Ein weiterer, sehr wichtiger Aspekt war die Wehrpflicht im Sinne von männlicher Bürgerpflicht. Falls einem Auswanderungsbegehren nicht stattgegeben wurde, war der Verweis auf den noch ausstehenden Militärdienst der übliche Hinderungsgrund. Die Frage der Finanzierung oder der finanziellen Unterstützung eines Auswanderungswunsches ist interessant. Da kam wenig Freude auf, aber die Entfernung von unliebsamen Untertanen und deren »Transportation« konnte schon einmal die Börsen der Obrigkeit öffnen. Da gab es »die Kriminellen«, die entfernt werden sollten, oder noch schlimmer, »die Politischen« und selbst »überflüssige Menschen«. Denen wurde als Incentive eine finanzielle Unterstützung angeboten, die nicht kostendeckend war, aber immerhin das »unnütze Subjekt« erst einmal entfernte.[319] Das stellte eine obrigkeitsstaatliche Deportation als weitere Facette der Emigration dar: Export der unerwünschten und unbequemen Untertanen. Einmal im Land der Träume, war die die Auswanderer erwartende Realität nicht wirklich günstig. Die empfangenden Länder, zum Beispiel die Vereinigten Staaten, hatten strikte Einwanderungsregeln und diese verschärften sich bei steigender Nachfrage nach dem Aufenthaltsrecht. Bei Krankheit, bei kompletter Mittellosigkeit und bei zu vielen Ankömmlingen wurden diese auf Kosten der Schiffsreedereien zurück expediert. Das sich daraus ergebende Elend und die Hoffnungslosigkeit muss unvorstellbar gewesen sein. Die berühmte Freiheitsstatue im New Yorker Hafen gilt als Symbol der Freiheit, sie präsidiert jedoch über Ellis Island, dem Auffanglager für die Neuankömmlinge.

Dort vegetierten Einwanderer oft wochen- und monatelang (insbesondere bei Krankheitsanzeichen) vor sich hin, bevor ihnen eine Weiterreise, auf eigene Kosten, gestattet wurde. Die zunehmende Verschärfung der Ankunftskontrollen von US-amerikanischer Seite war weniger der Anzahl der deutschen Ankömmlinge, als den preußisch-deutschen Aktivitäten zum Thema »Transportieren von Menschen« zu verdanken. Von den 1890er-Jahren bis zum Ersten Weltkrieg wurden die Hansestädte Hamburg und Bremen zu Auswanderungszentren von Osteuropäern, die sich auf Schiffen der dortigen Reedereien einschifften. Unglaubliche neunzig Prozent davon waren Ausreisewillige aus Russland und Polen (aufgrund politisch-diskriminierendem Druck) und kauften ihre Passage in Deutschland. Ein gutes Geschäft für die Reeder, aber es gab ebenfalls Nachteile. Die amerikanische Einwanderungsbehörde wollte nicht jeden ärmlichen und kränklichen Passagier aufnehmen. Das probate Mittel war, die Kosten der Rückführung den Schifffahrtsgesellschaften selbst aufzuerlegen. So wurden die erforderlichen Einwanderungskontrollen schon von den deutschen Transporteuren vor Reiseantritt vorgenommen. Die Errichtung von speziellen Auswandererstationen unter dem Namen »Auswanderungsbahnhof«, entstand genau in dieser Zeit. Wann ließen die deutschen Auswanderungen, vor allem in die Vereinigten Staaten nach? Genau genommen nach dem Ersten Weltkrieg. Das lag daran, dass Grenzkontrollen verschärft wurden und die Aufnahmefreundlichkeit gegenüber ehemaligen Kriegsgegnern sich in engen Grenzen hielt. Genau wie die europäischen Länder hatten die USA mit negativen wirtschaftlichen Kriegsfolgen zu kämpfen, das heißt Arbeitsmöglichkeiten gab es im geringeren Maße. Die Weltwirtschaftskrise von 1929/30 steht für den kompletten Zusammenbruch der Wanderungsbewegungen in doppelter Hinsicht: Weder fand sich die Bereitschaft zusätzliche Immigranten aufzunehmen, noch konnte eine Übersiedlung in die Neue Welt finan-

ziell gestemmt werden. Das markierte das Ende der Auswanderungs-
willigkeit, die sich fünf Jahre nach dem Ende des Ersten Weltkrieges
abzeichnete. Die Ursache war in der vielfach empfundenen Perspek-
tivlosigkeit der Weimarer Republik zu finden. Gleichwohl wurden die
Auswanderungszahlen des 19. Jahrhunderts nie mehr erreicht.

Mit der Konzentration auf die überseeische Auswanderung wird die
Binnenwanderung, die ebenfalls stattfand, häufig außer Acht gelassen.
Industrialisierung, Urbanisierung und daraus folgend Mobilität können als Schlagworte einer gesellschaftlichen Entwicklung verstanden
werden, die vor allem die Jahre ab 1880 bis 1910 charakterisierten. Im
Durchschnitt die Hälfte der städtischen Bevölkerungsteile im Deutschen
Reich, hier wird vor allem von den Großstädten gesprochen, waren
nicht dort geboren. Zuwanderung, saisonale Wanderungen, die in Zuzug mündeten, aber ebenfalls wieder Abwanderungen waren Beispiele
unglaublicher Mobilität und einer gesellschaftlichen Umschichtung,
die eine starke Dynamik hatten. Die Ursachen waren die üblichen:
Die Suche nach Arbeit, besserem Verdienst, mehr Lebenschancen und
einer größeren Auswahl an Heiratspartnern. Die innerdeutsche Binnenwanderung vom Land zur Stadt war eine Sache, die internationale von
einer Nation zur nächsten eine andere. Zudem kam bei diesem Thema
der Motor der Industrialisierung zum Tragen, insbesondere der rapide
Ausbau von Eisenbahnstrecken und Kanälen. Im Deutschen Bund,
dann im Norddeutschen Bund – also noch vor der Reichsgründung –
waren 25.000 km Bahnschienen verlegt worden.[320] Diese Arbeit,
schwer, gefährlich, aber im Verhältnis wohlbezahlt, musste jemand
machen. Bahnbauarbeiter arbeiteten in Kolonnen, waren in der Regel
Wanderarbeiter auch aus dem Ausland (Italiener, Niederländer und
Polen) und nach der Natur ihrer Arbeit erreichten sie selten ein hohes
Alter. Sie mussten also ersetzt werden. Die ersten »Gastarbeiter«
kamen nicht erst 1955 durch Adenauers Initiative, sondern bereits 1870

und davor. Die Zentren des Bergbaus, des Kohleabbaus und der Stahl-
herstellung – Stichwort Ruhrgebiet – waren ebenfalls sehr personalin-
tensiv. Deshalb wurden Arbeiter (zumeist ungelernt) in großer Zahl
angeworben. Diese kamen aus den polnischen Gebieten Ost- und
Westpreußens. Das bedeutete, sie waren offiziell keine Ausländer, aber
sie zogen in Form der Kettenmigration weitere polnische Arbeiter in
die mitteldeutschen Industriegebiete. Die sogenannten »Ruhrpolen«
aus der ersten Generation sprachen polnisch und verstanden sich nicht
als preußische Untertanen. Sie konservierten ihre kulturelle Identität
und heirateten bevorzugt untereinander. Ihre große Anzahl und der
nach und nach erfolgte Familiennachzug machten dies möglich.
Vierzig Jahre nach ihrem Zuzug war ihre Zahl auf 400.000 angewachsen.[321] Gerade die Geschichte der »Ruhrpolen«, preußischer und polni-
scher Zuwanderer, die in den westdeutschen Industriegebieten schufte-
ten, erhellte eine Tendenz, die immer deutlicher wurde. Das Deutsche
Reich wurde zum Ziel- und Einwanderungsgebiet unter dem Aspekt der
Arbeitsmigration. Im gleichen Maße wie die Erwerbsmöglichkeiten in
dem von explosionsartiger Industrialisierung bestimmten Reich
anwuchsen, wanderten aus dem Ausland Arbeitskräfte ein. Seit dem
Beginn des 20. Jahrhunderts ebenfalls explosionsartig – in Preußen
allein war die Rede von 900.000 Fremdarbeitern. Im überwiegenden
Rahmen waren sie in der Industrie tätig, aber sie füllten auch die verwaisten Ränge in der Landwirtschaft und ersetzten hier die in die urbanen Zentren Abgewanderten. Die Bevölkerung, egal wo sie lebte und
arbeitete, musste schließlich ernährt werden. Warum nicht, wie schon
erprobt, mit Hilfe von ausländischen Saisonarbeitern. Diese waren in
der Mehrheit die bereits erwähnten preußisch-polnischen Arbeiter
sowie Polen aus den angrenzenden, zum Teil russischen Gebieten. Auch
das Habsburger Reich lieferte Arbeitskräfte aus (West-)Galizien.[322]
Für diejenigen, die in der Landwirtschaft arbeiteten, stellte es eine

kleine Verbesserung ihrer vorherigen Situation dar, denn zu Hause waren sie noch mehr land- und vor allem rechtlosen Strukturen ausgeliefert. Allerdings waren sie nur dem finanziellen Anreiz gefolgt. Denn genau genommen war die Situation der Fremdarbeiter alles andere als gut. Diskriminierung von Fremden (aus unteren Schichten) war im Deutschen Reich üblich, gleichfalls die Tatsache, dass sie nur als Arbeitssklaven wahrgenommen wurden. Obwohl ihre Arbeitskraft gebraucht wurde, wurde dies nicht mit einer sozialen Miteinbeziehung belohnt. Das lag daran, dass die Mentalität im Deutschen Reich nationalistisch war und das schloss Toleranz gegenüber Fremden per se aus.

Das andere Stichwort war Regulierung der Zuwanderung. Bereits seit den 1890er-Jahren kümmerte sich die kaiserliche Regierung um eine Begrenzung von östlichen und südöstlichen Zuwanderern, das hieß der Polen. Deren saisonale Arbeit (Frühjahr bis Herbst) wurde erlaubt, aber dann wurde energisch für eine Rückkehr, unter dem Begriff von »*Sperrfrist*« gesorgt.[323] Arbeitsmarkttechnische Erwägungen traten zurück hinter der Furcht, dass auslandspolnische Arbeiter sich für immer im Reich niederlassen könnten. Die Tatsache, dass sich eine im Verhältnis große polnische Fremdarbeiterkolonie wie die der Ruhrpolen bereits etabliert hatte, beförderte die Idee, kein weiteres Anwachsen der »fremden« Bevölkerungsgruppe zuzulassen. Außenpolitische Bedenken, wie die mögliche Forderung nach einem unabhängigen polnischen Staat spielte genauso eine Rolle, wie die Zuordnung der Polen zu den nach Bismarck'scher Diktion als »*Reichsfeinde*« bezeichneten Oppositionellen der kaiserlichen Exekutive. Dies hätte zunächst eine politische Betätigung logischerweise bei den der Sozialisten oder Sozialdemokraten voraussetzen müssen, was sehr unwahrscheinlich erscheint. Grundsätzlich war das Mittel sowieso das bewährte System der Kontrolle als Vermeidungsstrategie. Jeder Pole, der sich außerhalb der Saisonarbeitszeit (Karenzzeit) im Deutschen Reich aufhielt, hatte eine »*Rote Polenkarte*«, als Legitimation bei sich zu tragen.

Diese Art von Regulierung und Kontrolle fremder oder angeblich fremder Bevölkerungsgruppen warf schon einmal ein Schlaglicht auf die grauenerregenden Ereignisse, die ab 1933 folgten. Von allen Wanderungsbewegungen ist die der Gewaltmigration, weltweit, in Europa und natürlich in Deutschland die häufigste Wanderungsform. Zielgerichtet traf sie durch die Geschichte Bevölkerungsgruppen, die als »fremd« empfunden wurden, egal ob aufgrund von ethnischer Zugehörigkeit, Religion oder Nationalität. Damit rückten immer wieder die Juden in den Mittelpunkt von Verfolgungen, die sie dann zum »Weiterziehen« veranlassten – unter Zwang. Zum Ende des Mittelalters hin wurden sie aus den Städten vertrieben (Auflösung der Ghettos) und verlegten ihren Lebensmittelpunkt in eher ländliche Gebiete. Neben den süd- und südwestdeutschen Gebieten waren dies Westpreußen und Posen. Diese Entwicklung erfuhr eine Umkehrung, als zu Beginn des 19. Jahrhunderts eine Lockerung des antijüdischen Reglements stattfand und damit die jüdische Bevölkerung überproportional stark und überproportional schnell an der Urbanisierung teilnahm.[324] Landflucht zugunsten von Verstädterung wurde zur Formel jüdischen Aufstieges in einer ihnen trotzdem nicht wohlgesonnenen Gesellschaft. Ihr Erfolg und die Entwicklung zeigten, dass die längst überfällige Emanzipation der Juden eine Befreiung ihres Potentials darstellte, von dem die Gesellschaft des Kaiserreiches im hohen Maße profitierte. Im neuen Nationalstaat wurde bedingt durch wirtschaftliche Aktivitäten, aufstrebende Wissenschaften und als kulturelles Zentrum, Berlin zum Hauptzuzugsort deutscher Juden. Während 1871 nur elf Prozent aller Juden in der Hauptstadt lebten, waren es kurz vor Ausbruch des Ersten Weltkrieges schon 35 Prozent. Das stellte allerdings nur 4,3 Prozent der gesamtstädtischen Bevölkerung Berlins dar. Ganz deutlich, der jüdische Deutsche war doppelt so oft in städtischen Zentren anzutreffen als sein nichtjüdischer Mitbürger. Ein gesellschaftlich akzeptierter Antisemitismus war im Kaiserreich weit verbreitet, aber es mündete nicht in eine Verfolgung, sondern zeigte sich in Form von Ausgrenzung. Juden konnten nicht oder nur in Ausnahmefällen Offiziere werden. Die Erhöhung in den Adelsstand erfolgte nur bei hochverdienten Industriellen, die in dieser Form für ihr Engagement fürs Reich belohnt wurden. Dann war es das Geld und der damit verbundene Einfluss, dem entsprach jedoch keine wirkliche soziale Akzeptanz. Nationalismus und Militarismus standen der wirklichen Assimilation jüdischer Bürger im Wege. Nach dem Ersten Weltkrieg verschlechterte sich deren Situation dramatisch. Schuldige an der Kriegsmisere und den Kriegsfolgen wurden gesucht und angeblich in den Juden gefunden. Ihnen wurde vollkommen unlogisch angelastet, als Feinde im Inneren zu wirken, oder gewirkt zu haben. Die Idee einer »fünften Kolonne«[325] war geboren. Einer Diskriminierung der angeblich fremden Minderheit wurde mit dieser Argumentation der Weg geöffnet. Der letzte Auswanderungshöhepunkt, nicht nur in die Vereinigten Staaten, war das Ergebnis der **Judenverfolgung** im Dritten Reich. Eine der grausamsten Emigrationswellen überhaupt. Leider gelang die Flucht aus dem nationalsozialistischen Gewaltregime nur sehr wenigen Juden. Die Zahl, und hier handelt es sich um Vermutungen, kann um die 500.000 gelegen haben. Hierbei sind die Juden aus Deutschland, dem angeschlossenen Österreich und den weiteren von Hitlers Truppen besetzten Ländern miteingerechnet. Fluchtbewegungen folgten jeweils auf die sich ständig verschärfenden Diskriminierungsmaßnahmen. Nur wenige erkannten die Gefahr schon 1933 (erste Fluchtbewegung), deutlicher wurde die Gefahr mit der Verabschiedung der Nürnberger Gesetze (1935) und der Reichskristallnacht (1938). Mit Kriegsbeginn 1939 nahm die Möglichkeit für jüdische Mitbürger, denen ihre Bürgerrechte genommen worden waren, das Dritte Reich noch zu verlassen, dramatisch ab. Die Flucht in europäische Nachbarländer war von Beginn an ein Wagnis, denn Grenzübertritte waren unberechenbar schwierig und viele Länder verweigerten die Aufnahme jüdischer Flüchtlinge. Zusätzlich gab es ab 1941 ein offizielles Abwanderungsverbot durch das NS-Regime und ohne Papiere war das Verlassen des Reichsgebietes unmöglich. Die meisten Flüchtlinge, ungefähr die Hälfte, wurden von den Vereinigten Staaten aufgenommen. Weitere jüdische Flüchtlingsgruppen gingen nach Großbritannien und Argentinien.

Wenig Augenmerk wird darauf gerichtet, dass jede Kriegshandlung und erst recht **die beiden großen Weltkriege** (1914–1918; 1939–1945) Wanderungsbewegungen zumeist in Form von Gewaltmigration verursachten. Und zwar in ganz großen Zahlen. Die Neuheit der zwei Weltkriege des 20. Jahrhunderts lag in der Tatsache, dass beide Male mehr Zivilisten betroffen waren als kämpfende Soldaten. Mehr Zivilisten wurden getötet und mehr Zivilisten wurden entwurzelt. Zivilisten flohen aus den Gebieten, die zum Platz der Kampfhandlungen wurden. Das galt im Ersten Weltkrieg sowohl für die Westfront als für die Ostfront. Die Zahlen sind nicht einheitlich aber insgesamt können – das galt für Gesamteuropa – bis zu sieben Millionen Menschen auf der Flucht gewesen sein. Deutlich feststellbarer werden die Wanderungsbewegungen als Folge des verlorenen Krieges. Die Festlegungen des Pariser Friedensvertrags (der Vertrag von Versailles betraf Deutschland) bedeuteten, dass Deutschland und Österreich Menschen aus den für beide Staaten verlorenen Territorien eine neue Heimat geben mussten. Für Deutschland belief sich dies auf eine Million »Neu-Bürger« mit deutschem Pass. Sie kamen aus drei ehemals zum Deutschen Reich gehörenden Gebieten: den Ostgebieten, die an Polen abgetreten werden mussten, den ehemaligen Kolonien, die England und Frankreich unter sich aufteilten, und Elsass-Lothringen, das Frankreich wieder zurückerhielt. Der mit Abstand größte Anteil der sogenannten »Grenzvertriebenen« kam aus dem Osten. Als Nebenbemerkung: In die schon angespannte Flüchtlingslage kamen zu Beginn der Zwanzigerjahre noch geschätzte ein bis zwei Millionen Russen, als Folge der Revolution und als Ausgewiesene. Dementsprechend handelte es sich eher um Angehörige der Adels- oder der Oberschicht, die sich zunächst in Berlin und danach in Paris niederließen.[326] Das Ergebnis des Ersten Weltkrieges war Elend, Hunger und Zerstörung bis weit in die Zwanzigerjahre hinein. Die Masse an Vertriebenen und Flüchtlingen verschärfte die Situation nur noch. Im und nach dem Zweiten Weltkrieg ein ähnliches Szenario, nur viel schlimmer und noch viel extremer. Der Auftakt hierzu war ab Mitte Januar 1945, als die Rote Armee erst die ostpreußische Bevölkerung (2,5 Millionen) in den Westen vor sich hertrieb und dann die weiteren »wilden Vertreibungen« aus Ost- und Ostmitteleuropa stattfanden, deren Anzahl sich letztlich auf vierzehn Millionen belief. Die NS-Zeit, die Kriegsfolgen und der Versuch der Ausbreitung des Sowjetkommunismus lösten die größte Völkerwanderung der Geschichte aus: Sechzig Millionen Menschen waren in Europa auf der Flucht und in Bewegung – die Folge zweier menschenverachtender totalitärer Regime.

Viele wollen es heute nicht gern wahrhaben, aber Deutschland ist seit Jahrhunderten ein Einwanderungsland. Vom zögerlichen Beginn mit der Einladung des Großen Kurfürsten an die Glaubensflüchtlinge hugenottischer Herkunft, die die Super-Preußen wurden, bis hin zu den Menschen, die heute Schutz und Asyl in Deutschland beantragen und zum Teil hoffen, hier bleiben zu können. Genau wie Millionen Deutsche – vor allem nach Übersee – seit dem 19. Jahrhundert ihr Heil in fremden Ländern suchten. Immer gab es durch die Jahrhunderte hindurch Gründe zu emigrieren und zu immigrieren. Im Moment ist es die Einwanderung, die in unserem Land zur Diskussion steht. Genau genommen der Umfang und die Einzelfälle, in denen die Integration nicht funktioniert oder sogar in Gewalt eskaliert. Trotzdem, der Faktor Einwanderung ist eine historische Realität für die Deutschen, ebenso wie die geopolitische Lage, die ebenfalls hierzu beiträgt sowie die Tatsache der stabilen Wirtschaftskraft und der deshalb – glücklicherweise – zur Verfügung stehenden sozialen Unterstützungssysteme bedürftiger Menschen: Deutscher und Nicht-Deutscher.

Der Wirtschaftaufschwung nach dem Krieg in Westdeutschland funktionierte nur mit den von der Bonner Republik angeworbenen »**Gastarbeitern**«, die in den Jahren von 1955 bis 1973 zu uns kamen. Das waren insgesamt vierzehn Millionen, und wenig bekannt: achtzig Prozent kehrten wieder in ihre Heimatländer zurück.[327] Selbst unter Einrechnung des Familiennachzuges (1973–1985) und in Deutschland geborener Kinder entspricht die tatsächliche Anzahl der Hiergebliebenen und Nachgeborenen nicht dem »*viele sind hiergeblieben*«, von dem man oftmals hörte. In den Jahren 1961 bis 1973 war die Zuwanderung von außen gewollt und gefördert. Sie umfasste allerdings nicht nur die angeworbenen Gastarbeiter, sondern gleichfalls die angekommenen Kriegsflüchtlinge aus dem Osten, die aus der DDR (bis zum Mauerbau) übersiedelten. In den Jahren 1964 bis 1973 war die Zahl »wirklicher« Ausländer in Westdeutschland auf vier Millionen angewachsen. Das Jahr 1973 war deshalb prägnant, weil durch die schlechte Lage auf dem Arbeitsmarkt die Bonner Regierung Fremdarbeiter nicht weiter anwarb und den Familiennachzug gleichfalls stoppte. Die Repatriierung in die Herkunftsländer wurde gefördert, so erklärt sich die Zahl von achtzig Prozent der Zurückkehrenden. Solange es wirtschaftlich Sinn machte, war die Ein- und Auswanderungsbilanz positiv konstant. Das veränderte sich jedoch in dem Moment, als eine Rezession einsetzte. Die vielen ungelernten Arbeiter aus dem Ausland wurden weniger gebraucht, wegrationalisiert und erhöhten die Arbeitslosenzahl im hohen Maße. Das war dann der (erste) signifikante Moment, in dem eine Diskussion um den Ausländeranteil in der Bevölkerung einsetzte.

Kaum einer erinnert sich noch an die **vietnamesischen Bootsflücht- linge**. Dabei hatte sich gerade Ende der siebziger Jahre die deutsche Bevölkerung sehr großzügig und bereitwillig bei der Aufnahme von Fremden, Kriegsflüchtlingen (Boatpeople) aus Südostasien gezeigt. Als am 30. April 1975 der Vietnamkrieg mit dem Sieg des kommunistischen Nordens endete, war eine direkte Folge eine riesige Vertreibungs- und Bestrafungswelle. Insgesamt 1,6 Millionen Menschen waren auf der Flucht in überladenen Booten, nachdem 200.000 hingerichtet wurden und 165.000 aufgrund der Inhaftierungen, Folterungen und Vertreibungen ihr Leben ließen. Die Nachbarländer Vietnams sahen sich weder in der Lage, alle Flüchtlinge aufzunehmen, noch war die Bereitschaft hierzu vorhanden. Viele der zumeist überladenen Schiffe erreichten kein Land und Schätzungen gehen von einer Viertelmillion dabei ertrunkener Flüchtlinge aus. Die meistaufnehmenden Länder waren die USA und Frankreich, was sich aus der kolonialen Geschichte und dem Kriegsgeschehen ergab. Die USA hatten seit 1975 die Bundesregierung ebenfalls um Aufnahme der vietnamesischen Bootsflüchtlinge (Kontingentflüchtlinge) gebeten. Nach einigem Zögern waren es die Bilder der völlig überfüllten Schiffe mit den hoffnungslos aussehenden Flüchtlingen, die eine öffentliche Hilfswelle initiierte. Ab November 1978 bis 1982 wurden circa 35.000 »Boatpeople« aufgenommen. Dass ihnen eine große Hilfs- und Spendenbereitschaft von Seiten der Bevölkerung entgegengebracht wurde, lag an der sehr intensiven Berichterstattung aus dem Vietnamkrieg, jeden Abend in den Nachrichten, und daran, dass sie je nach politischem Standpunkt als Opfer der dortigen siegreichen Kommunisten oder als Opfer der amerikanische Kriegspolitik betrachtet wurden.[328] Der kalte Krieg

spielte noch im Hintergrund, erklärt aber nicht die damals überborden-
de Solidarität und die überaus freundliche Aufnahme der Vietnamesen
in Deutschland. Vielmehr war es eine Zuwanderung, die kontrolliert
und eingeladen war, erklärt der Migrationsforscher Oltmer. »*Vor allem
die räumliche Distanz zu Vietnam war da entscheidend – denn niemand
kam direkt von dort nach Deutschland. Es herrschte die Vorstellung
vor, die Bewegung sei jederzeit beherrschbar. Die Situation 2015 hin-
gegen förderte bei Vielen ein Gefühl des Kontrollverlusts, was gewiss
dazu beigetragen hat, dass im Herbst 2015 ein Umschwung in der
Aufnahmebereitschaft einsetzte.*«[329]

Ab dem Ende der 80er Jahre ließ die freundliche Aufnahmebereitschaft
der Deutschen deutlich nach. Das zeigte sich bei den Folgezuzügen,
wie denen aus den Ostblockländern. Unter dem Begriff **Aussiedler** und
Spätaussiedler lassen sich die Zuwanderungswellen der 1980er und
1990er erklären. Die Einwanderung aus den Ländern Polen, Rumänien, der Tschechoslowakei und den Nachfolgestaaten der ehemaligen
Sowjetunion, sowie aus Jugoslawien, war eine Konsequenz der Aus-
wanderungsmöglichkeit und der späteren Öffnung des Ostblocks.
Deshalb teilt sich der Begriff in Aussiedler (der 1980er-Jahre) und
Spätaussiedler (ab 1992) auf. Genau genommen gab es dies schon vorher – als Kriegsfolge – aufgrund von Vertreibung nach dem 8. Mai 1945
oder als Abstammung einer Person, die nach dem 31. März 1952 ihren
Wohnsitz in »*Aussiedlungsgebieten*« hatte. Insgesamt 1,4 Millionen
Aussiedler kamen in den Jahren 1951 bis 1987 in die Bundesrepublik.
Wird der Zeitraum bis 2011 ausgedehnt, dann kommen Zahlen von ungefähr 4,5 Millionen zustande. Darin enthalten war eine große Anzahl
von Familienangehörigen (Ehegatten, Kinder, Enkel). Die Zuwanderung nach Deutschland erfolgte, weil sie als »deutsche Volkszuge-
hörige« einen Aussiedlerstatus, aufgrund der Tatsache, dass sie entweder nach 1945 nicht vertrieben oder östlich der Oder-Neiße-Linie

geboren waren, erhalten konnten. Das galt auch für Angehörige der deutschen Minderheiten, die trotz der »*Heim-ins-Reich*« – Kampagne des Dritten Reiches seit Generationen in einem osteuropäischen Staat beheimatet waren. Nach dem Bundesvertriebenengesetz hatten sie ein Recht auf Zuzug.[330] Die erste und größte Gruppe der Aussiedler kam aus Russland. Die Möglichkeit einer Auswanderung unter dem Aspekt, dass sie häufig als deutsche Minderheit diskriminiert waren, erfolgte gleichzeitig in der Hoffnung, sich ein besseres Leben in der Bundesrepublik aufzubauen. Dieser Wunsch realisierte sich häufig nicht, denn in Deutschland wurden zum Beispiel die Russlanddeutschen, auch aufgrund mangelnder Sprachkenntnisse, »als Russen« wahrgenommen. Die mangelnde Integration und Aufnahmebereitschaft von deutscher Seite wurden vielfach mit mangelnden Sprachfähigkeiten begründet sowie einer nicht adäquaten Berufsausbildung. Schnell war wieder von einer Überforderung der Sozialsysteme die Rede, obwohl die Aussiedlerzahlen seit 2006 sehr niedrig sind. Das liegt zum einen daran, dass ethnische Minderheiten in früher kommunistischen Ländern weniger diskriminiert wurden und zum anderen daran, dass die Rückwanderung von Russisch sprechenden Menschen in Gebiete der Russischen Föderation aktiv gefördert werden, wie beispielsweise durch das »*Programm zur dauerhaften Rückführung von im Ausland lebenden Personen russischer Muttersprache auf das Territorium der Russischen Föderation*« vom Juni 2007.

Die Gesamtzahlen der Einwanderung in Deutschland für die Jahre von 1991 bis 2015 ergeben 24,9 Millionen Zuzüge, aber auch 17,8 Millionen Wegzüge, das heißt ein Bevölkerungszuzug von real nur sieben Millionen. Darin sind enthalten die Asylbewerber (Ende der 80er und Beginn der 90er) sowie Aussiedler und Spätaussiedler zwischen 1987 und 1999. Dann gibt es noch die EU-Bürger, denen Freizügigkeit garantiert wurde. Bürger der (Neu-)Mitglieder der europäischen

Union, deren Bevölkerung auf einem niedrigeren wirtschaftlichen Niveau lebt, nutzen – verständlicherweise – die Möglichkeit der Binnenwanderung in der EU zur Verbesserung ihres Lebensstandards. Die Zahl der Zuwanderung aus den EU-Staaten ist seit 2007 kontinuierlich angestiegen: 2015 konnten 382.000 Zuwanderer registriert werden. Die Herkunftsländer sind der Reihe nach: Rumänien, Polen, Bulgarien und Kroatien und hier kann von Wirtschaftsimmigranten gesprochen werden. Seit 2011 tobt in Syrien ein grausamer Bürgerkrieg, der nach den Zahlen der UNHCR 4,9 Millionen syrische Bürger in die Flucht getrieben hat. Während sich die meisten Flüchtlinge noch in Lagern der Nachbarstaaten (Libanon, Jordanien, Türkei und Ägypten) befinden, suchten in Deutschland 600.000 Syrer Schutz (zwölf Prozent), entweder direkt oder über Drittstaaten (EASY-System). Die Bilder von Familien, die den ganzen Weg liefen, im Regen und Schnee, zumeist unzureichend gekleidet und unterversorgt, hat sich tief in das Gedächtnis eingegraben, aber eben auch eine Diskussion zur Folge gehabt, wie Deutschland mit dieser Flüchtlingskatastrophe und den Folgen umgehen könnte. Eine (unerwartete?[331]) humanitäre Katastrophe war in unserem Land angekommen und bewirkte politische Diskussionen entlang der Linien: Wie viele Menschen, welche, das heißt aus welchen Ländern und mit welchen Folgen kann Deutschland überhaupt integrieren? Dem schloss sich die Frage nach der Rolle der Europäischen Gemeinschaft an, und noch mehr innenpolitisch: Wie reagiert die Bevölkerung und warum wirkt dieses Thema, oft unter dem fehlverstandenen Begriff der »Überfremdung«, so polarisierend? Zuerst, wie schon aufgezeigt: Deutschland ist ein klassisches Einwanderungsland und 2015 sind laut dem Migrationsbericht 2,14 Millionen Menschen zugereist (minus eine Million, die wieder ausgereist sind). Zweitens hat sich die deutsche Bevölkerung in einem ganz überwiegenden Maße großzügig, verständnisvoll und gastfreundlich den Bürgerkriegsflüchtlingen gegenüber verhalten. Die ungeheurere Anzahl von freiwilligen Integrationshelfern legt ein beredtes Beispiel davon ab. Drittens sind die Asylrichtlinien klar vorgegeben. Eine Einreise ohne Visum gilt als Flucht, hier greifen humanitäre Gründe und es gibt eine auf zwei Jahre begrenzte Aufenthaltserlaubnis. Angesichts der Diskussion um kulturelle Identitäten soll hier nochmals »nachgedacht« werden. Im April 2017 hat der damalige Innenminister De Maizière zehn Thesen zur Leitkultur aufgestellt, unter dem Thema *»Wer sich seiner eigenen Kultur sicher sei, sei stark.«*[332]

Zur Leitkultur gehören unter anderem »das Erbe der deutschen Geschichte«, erwähnt wird ebenfalls der Leistungsgedanke, der kulturelle Reichtum und: *»Allen, die ins Land kommen und bleiben dürfen, reichen wir unsere ausgestreckte Hand [...].«*[333] Enden wir mit Luther, dem maßgeblichen Begründer unserer deutschen Sprache: ***»Deutschland ist ein sehr gutes Land,*** *hat alles genug was man haben soll, dies Leben reichlich zu erhalten. Es hat allerlei Früchte, Korn, Wein, Getreide, Salz, Bergwerk usw. und was aus der Erden zu kommen und zu wachsen pflegt; allein mangelts an dem, dass wirs nicht achten noch recht brauchen, wie wir sollten, Gott zu Ehren und dem Nächsten zu Nutz, und ihm dafür danken. Ja, wir missbrauchen es aufs Allerschändlichste, viel ärger als die Säue.«*[334] Drastische Worte, typisch Luther, aber dahinter steckt die Aufforderung dankbar zu sein für den materiellen und kulturellen Reichtum, den Deutschland bietet. Zur Zeit Luthers und noch mehr heute. Deutschland ist eines der wohlhabendsten Länder der Welt mit einem hohen Lebensstandard. Deshalb kann die Hand hilfreich ausgestreckt und dieser Wohlstand klug und maßvoll geteilt werden. Auf jeden Fall mit Menschen, die unseren Schutz vor Krieg und Vertreibung benötigen. Asyl, und so sieht es unser Grundgesetz und die Genfer Konvention aus gutem Grunde vor, soll bekommen, wer es benötigt und sich an die Gesetze des Gastlandes hält. Gast zu sein ist ein Privileg und in der ganzen Welt gibt es ungeschriebene Regeln des Verhaltens in einem fremden »Haushalt«. Das ist im gleichen Maße eine Selbstverständlichkeit, wie die Ausübung des Gastrechtes. Jedes Aufnehmen von Gästen ist eine Großzügigkeit von Seiten des Gastgebers und sollte als solche gewürdigt werden. Von diesen Selbstverständlichkeiten in Form von Höflichkeit und Verständnis auf allen Seiten kann direkt die Dauer eines Aufenthaltes und eine mögliche Integration erfolgen. Übertretungen oder Verletzungen des Gastrechtes schließen dies selbstverständlich aus.

Vieles davon lehrt uns der Rückblick auf unsere eigene Geschichte, die neben allen positiven Errungenschaften gleichfalls eine Chronik des generationenübergreifenden Erlebens von Grausamkeiten, sowohl von Täter- als auch von Opferseite ist. Aber selbst nach dem dunkelsten Kapitel unserer Geschichte haben wir Deutschen Hilfe von außen erfahren. Stichwort Marshall-Plan, der wenn auch aus strategisch-außenpolitischen Erwägungen (Kalter Krieg), doch den Impuls für das deutsche Wirtschaftswunder gab. Die direkte und praktische Assistenz von Seiten der USA, die Berliner Luftbrücke und die amerikanischen Care-Pakete sind weitere Beispiele dafür, wie uns Deutschen von außen geholfen wurde, als wir am Boden lagen. Wir verdanken der Nachkriegskonstellation die Einbindung in ein politisch und wirtschaftlich freies System, von dem zunächst Westdeutschland als Bundesrepublik und ab 1990 das wiedervereinigte Land profitierte. Deutschland ist ein Rechtsstaat, in dem alle Rechte und Freiheiten durch das Grundgesetz verbrieft und garantiert sind. In unserem Land gibt es das Recht auf Bildung, somit die Möglichkeit eines sozialen Aufstiegs in einer aufwärts mobilen Gesellschaft. Gleichzeitig selbstverständlich Hilfe für Menschen in Not, die ein Anrecht auf soziale und finanzielle Unterstützung von Seiten des Staates haben. Eine Unterstützung der Schwächeren, finanziert durch die Stärkeren mithilfe ihrer

Steuerabgaben. Ein System, das nur in wenigen Ländern der Welt in dieser Weise funktioniert. Deutschland hat eine parlamentarische Verfassung, die es denjenigen erlaubt, die sich an der Politik unseres Landes beteiligen wollen, zu partizipieren. Wer die »politische Ochsentour« über Parteien auf sich nehmen möchte, kann dies tun. Zudem gibt es umfassende Presse- und Meinungsfreiheit. Alles Ergebnisse unserer Geschichte, in deren Kenntnis wir diese Errungenschaften doch mit Menschen teilen können, die auf Zeit oder länger in unser Land kommen und auf dem Boden unserer Verfassung ein Gastrecht genießen: Willkommenskultur als Ergebnis unserer historischen Identität!

Anmerkungen

1 Hier Dank an den Initiator, Prof. Dr. Markus Launer, Ostwestfalia Hochschule.

2 Poseidonios, genannt Poseidonios von Rhodos, war ein griechischer Philosoph und Historiker des Späthellenismus. Er lehrte häufig in Rom und galt als ethnographisch besonders bewandert. Ihm wird die erste Erwähnung (inklusive Beschreibung) der Germanen zugeschrieben, obwohl diese nur noch fragmentarisch (bei Athenaios v. Naukratis) und datiert auf 200 n. Chr. erhalten ist (Athenaios Bd. IV, 153, Fragment 22/73). Details dank Jürgen Malitz: Die Historien des Poseidonios. München 1989, S. 204.

3 Das Ende der Eisenzeit und der Übergang zur Römischen Kaiserzeit als Teil der Antike wird üblicherweise mit der Eingliederung des jeweiligen Gebietes in das Römische Reich angegeben und unterscheidet sich in Germanien dementsprechend je nach Provinz. Bronze- und Eisenzeit sind nach dem verwendeten Material zur Werkzeugherstellung benannte Perioden und keine an feste Daten gebundene Kategorisierungen. Dementsprechend lange währt Bronzezeit von ca. 2200 v.Chr. bis 800 v. Chr., die Eisenzeit von 800 v. Chr. bis 5 n. Chr.

4 Für alles Wissenswerte über die Germanen sind die Veröffentlichungen eines der besten Germanenkenners, Herwig Wolfram, besonders zu empfehlen. Herwig Wolfram: Die Germanen. 9. Aufl. München 2009. Herwig Wolfram: Die 101 wichtigsten Fragen. Germanen. Beck'sche Reihe. München o. J.; Herwig Wolfram: Das Reich und die Germanen. Zwischen Antike und Mittelalter. Berlin 1998.

5 Die hier erwähnten römischen Chronisten waren: Tacitus; Cäsar und Cassius Dios.

6   Die Quelle ist von 50 v. Chr. Gaius Julius Caesar: De bello Gallico. Der Gallische Krieg. Commentarii belli Gallici. Die Commentarien über den gallischen Krieg. Lateinisch/Deutsch. Übersetzt und herausgegeben von Marieluise Deißmann. Stuttgart 2014. Caesar beschreibt dies ausführlich in seinem sechsten Buch (in deutscher Übersetzung). Künftig zitiert: Caesar.

7   Die Beschreibung der Essengewohnheiten kam auch von Poseidonios über Athenaios Bd. IV. Fragment 22/73. Diese Charakterisierungen verdanken wir den Römern. Grundsätzlich wurde als »homo barbarus« derjenige bezeichnet, der nicht als gleichwertig angesehen wurde, weil er der römischen/griechischen Sprache nicht mächtig war. Später wurde dies mit dem Mangel an Zivilisation gleichgesetzt.

8   Wie schon erwähnt, die Quellenlage ist schlecht was die Germanen angeht. Neuere Forschungen haben ergeben, dass nicht eindeutig bestimmt werden kann, wo die Schlacht tatsächlich stattgefunden hat. Auch zog sie sich hin, was eine detaillierte Ortsbestimmung noch schwieriger macht. Ärgerlich ist jedoch, dass selbst das Datum manchmal variiert – dann fand die Schlacht 9 v. Chr. statt.

9   Aus Arminius wurde in der deutschen Geschichtsschreibung auf der Suche nach einer passenden und gloriosen Herkunftsgeschichte: Hermann der Cherusker.

10   Lucius Claudius Cassius Dios (Senatshistoriker, griechischer Herkunft 164–230 n. Chr.) beschreibt dieses Ereignis in seinem Werk: 80 Bände zur Römischen Geschichte, hier in Bd. 56 und 200 Jahre später!

11   Auch dieser Bericht von Cornelius Tacitus (55–120 n. Chr.) ist nicht wirklich zeitnah, sondern erst 110 n. Chr. verfasst. Deshalb hier: Reinhard Wolters: Die Schlacht im Teutoburger Wald. Arminius, Varus und das römische Germanien. München 2017, sowie derselbe: Die Römer in Germanien. München 2008. Ebenfalls: Boris Dreyer: Arminius und der Untergang des Varus. Warum die Germanen keine Römer wurden. Stuttgart 2009.

12   Drei wesentliche Werke zu dem Thema waren die »Annalen«, die »Germania« und die »Historien«.

13   Original Latein: *Quintili Vare, legiones redde!, nach* Sueton: Augustus in: Werner Eck: Augustus und seine Zeit. München 2003, S. 97.

14 Warum Siegfried, wenn bisher nur von Arminus oder Hermann die Rede war? Der Grund liegt in den cheruskischen Namen in der Generation von Arminus' Vater. Dieser und seine Brüder hießen Sigimer, oder Segimer oder Segestes, also lauter Namen, mit denen sich gut das deutsche Wort »Sieg« verbinden lässt.

15 Der Historiker Rainer Wiegels nennt noch weitere Beispiele, wie Arminius als Hermann der Cherusker in der deutschen Geschichte instrumentalisiert wurde: Von dem Begründen einer deutschen Nation bis hin zur Dolchstoßlegende. Rainer Wiegels: Die Varusschlacht. Wendepunkt der Geschichte? Darmstadt 2007.

16 Beispiel ist das erst 1875 errichtete Hermannsdenkmal bei Detmold.

17 Anthropologen haben anhand germanischer Skelette nachgewiesen, dass germanische Männer 170–180 cm groß waren und die Frauen 160–165 cm (mit allen Abweichungen). Das war auf jeden Fall größer als die Römer.

18 Caesar, sechstes Buch 23, 1–4; S. 337.

19 Ebenda, 21, 4/5; S. 335 und (Cornelius) Tacitus Germania, Kap. XVIII.-XX.

20 Beispiel: Oberdorla in Thüringen, das an einem Opfermoor liegt.

21 Der Codex Euricianus unter den Westgoten, der als Vorbild für spätere Gesetzeswerke galt.

22 Wulfila, vermutlich schon als Kind getauft, wurde 341 durch die Synode von Antiocha zum ersten Bischof im gesamtgotischen Land, das in diesem Fall auch dort ansässige Römer miteinschloss. Genau genommen war Wulfila Arianer, das heißt Angehöriger der Glaubensrichtung, die im 4. Jahrhundert üblich war. In diesem Fall sind der Sohn und der Heilige Geist Gott absolut untergeordnet.

23 Mischa Meier: Geschichte der Völkerwanderung: Europa, Asien und Afrika vom 3. bis zum 8. Jahrhundert n. Chr. München 2019.

24 Oadakers Herrschaft währte nicht lange, er wird 493 n. Chr. von einem Ostgoten ermordet, der als Theoderich von Ravenna aus regiert. Mit dem oströmischen Kaiser Justinian (527–565), der alle Ostgoten umbringen ließ, ging diese Epoche zu Ende.

25 Die Literatur zu Karl dem Großen ist vielfältig: Matthias Becher: Karl der Große. 6.Aufl. München 2014; Dieter Hägermann: Karl der Große.

Eine Biographie. München 2010; Wilfried Hartmann: Karl der Große. Stuttgart 2010; Johannes Fried: Karl der Große. Gewalt und Glaube. München 2013; Rudolf Schieffer: Die Karolinger. Stuttgart 2006.

26 Bitte nicht verwirren lassen: Die Beinamen Pippins, des Vaters Karls des Großen, variieren: Pippin III. (korrekt, es gab zuvor weitere Pippins), Pippin »der Jüngere«, Pippin »der Kleine« oder Pippin »der Kurze«. Machtbewusstsein und Brutalität kann allen Karolingern zugeschrieben werden. Um an die Herrschaft zu gelangen, hatte Pippin III. seinen jüngeren Halbbruder Grifo aus Karl Martells zweiter Ehe mit Swanahild getötet, dann den letzten Merowinger Childerich III. abgesetzt.

27 Um der Verwirrung Herr zu werden: Papst Zacharias (741–751), dann Papst Stephan II (751–757) während der weiteren Regierungszeit von Pippin III. und danach Papst Paul I. (757–767), gefolgt von Papst Paul II. Dann kam Papst Leo III., der Karl den Großen krönte.

28 Im Sinne einer frühkindlichen Sozialisation muss die Szene sehr nachdrücklich gewesen sein. Mit Sicherheit hat sie im Leben Karls des Großen nachgewirkt.

29 Hage, Wolfgang: Das Christentum im Frühen Mittelalter. in: Manfred Jacobs (Hrsg.): Zugänge zur Kirchengeschichte, Göttingen 1993, Band 4, S. 91.

30 Zitiert nach Andreas Horchler in Unterwegs in der Geschichte Deutschlands. Von Karl dem Großen bis heute. Hrsg.: Dorothee Meyer-Kahrweg und Hans Sarkowitz. München 2014, S. 15.

31 Einhard war 770 geboren und wurde (als Mönch) im Kloster Fulda ausgebildet. Später profitierte er von Karls des Großen Bildungshunger und akademischen Interessen und kam 794 an die Hofschule, mit der Möglichkeit bei dem berühmten angelsächsischen Gelehrten Alkuin zu studieren.

32 Die thematische Einteilung war eine absolut neue Herangehensweise. Die Einteilung, die Einhard vornahm, ist in vier Bereiche gegliedert: Karls Taten; Karls Gewohnheiten, die Reichsorganisation und Karls Tod.

33 Scharff, Thomas: Ein Klassiker mittelalterlicher Geschichtsschreibung. Einhards »Vita Karls des Großen«. In: Regina Toepfer (Hrsg.): Klassiker des Mittelalters, Hildesheim 2019, S. 48.

34 Lex Salica: Das Volksrecht der Franken

35 »Personenverbandsstaat«, so nannte dies der 1972 verstorbene, Historiker Theodor Mayer.

36 Lindner, Konstantin: Biografische Zugänge zur Kirchengeschichte. Religionsdidaktische Auslotungen. In: Stefan Bork, Claudis Gärtner (Hrsg.): Kirchengeschichtsdidaktik. Verortungen zwischen Religionspädagogik, Kirchengeschichte und Geschichtsdidaktik. Stuttgart 2016, S. 216.

37 Das sind hier nur ausgewählte Orte, die erwähnt wurden. Karl der Große soll insgesamt 150 Pfalzen, das heißt Königshöfe, in seinem Besitz gehabt haben.

38 Seebald, Christian: Libretti vom »Mittelalter«. Entdeckungen von Historie in der (nord)deutschen und europäischen Oper um 1700. Tübingen 2009, S. 275.

39 Das war die »Kebsehe«, bei der ein grundbesitzender Mann sich eine oder mehrere Geliebte, die rechtlos waren, nehmen konnte. Hier war keine Gleichrangigkeit gegeben und entsprechend waren Kinder aus derartigen Beziehungen nicht erbberechtigt. Bei der »Friedelehe« kam die Frau zumeist ebenfalls aus einem nachgeordneten Stand, aber die Beziehung unterlag einer gewissen Freiwilligkeit. Dadurch wurden die Kinder erbberechtigt. Bei der Vielzahl der Friedelehen wurde dies zum Problem, denn die Kinder aus den »Muntehen« waren ihnen erbrechtlich durch die Stellung der Mutter – legitime Ehefrau aufgrund von Gleichrangigkeit – übergeordnet. Vgl. Edith Ennen: Frauen im Mittelalter. 6. Auflage, München 1999.

40 Auch dieses Wissen ist auf seinen Chronisten Einhard zurückzuführen. Aber Karl dem Großen seine Schreibschwierigkeiten anzulasten, ist etwas unfair: Frühmittelalterliche Herrscher lernten sprechen aber weniger schreiben. Dafür hatten sie Mönche, denen diktiert wurde. Schreiben und Lesen wurden als zwei voneinander getrennte Fertigkeiten angesehen.

41 Das war im Wesentlichen das Althergebrachte der klassischen Bildung: Das sogenannte Trivium (Grammatik, Rhetorik, Dialektik), sowie das Quadrivium (Arithmetik, Geometrie, Astronomie und Musik).

42 Der Abt vom Kloster St. Gallen berichtet anschaulich in seinen Gesta Karoli (eine erst später verfasste Quelle), wie der fränkische Herrscher Schulen persönlich inspizierte und Schüler in handgreiflicher Form rügte.

43 Er war nicht der einzige mittelalterliche Herrscher, der heiliggesprochen wurde: Genau andersherum, weil andere wie Heinrich II. oder der englische und dänische König zuvor in den Heiligenstand versetzt worden waren, war das zum Muss für dem »Gründungskaiser« geworden.

44 Die Goldene Bulle von 1356 war die Urkunde zur Verfassung des Heiligen Römischen Reiches. Die wichtigsten Bestimmungen der Bulle waren die Wahl und die Krönung des römisch-deutschen Königs und Kaisers durch die Kurfürsten. Als Grundgesetz des Reiches blieb es bis 1806 in Kraft.

45 Die Herrschaft der Ottonen wird datiert von 919–1024.

46 Hierfür hatte Otto I. schon drei Italienzüge hinter sich, bevor ihn Papst Johannes XII. »endlich« salbte.

47 Sarcowicz, Hans: Unterwegs in der Geschichte Deutschlands. Von Karl dem Großen bis zur Gegenwart. München 2017, S. 18.

48 Berühmt war der Hoftag zu Quedlinburg 973, bei dem mit großer und formaler Prachtentfaltung die Macht Kaiser Ottos I. demonstriert wurde.

49 Ohne Frage waren die Deutschen »rückständiger«, wenn sie mit Italien, Byzanz oder auch dem muslimischen Spanien verglichen werden.

50 Widukind von Corvey über den Empfang der Kaiserwürde. Aus: Laudage, Johannes: Otto der Große. Eine Biographie. 3. Aufl., Regensburg 2012. S. 158.

51 Widukind von Corvey zum Tode Ottos des Großen. Aus: Becher, Matthias: Otto der Große. Kaiser und Reich. Eine Biographie. München 2012, S. 254.

52 Ebenda.

53 Bernd Schneidmüller: Karl der Große lebt weiter. S. 115–127. In: Strategien mittelalterlicher Erinnerung III: Aachen oder Paris. In Damals das Magazin für Geschichte. Das Reich Karls des Großen. Sonderband; Hrsg. und in Zusammenarbeit mit der WBG. Darmstadt 2011. Hier S. 123.

54 Was uns heute als »eklig« erscheint, muss im Zusammenhang mit den damaligen Gebräuchen und Vorstellungen eingeordnet werden. Das Leben nach dem Tod hatte eine andere Betrachtungsweise und Deutung. Und die Inszenierung des Kaisers Karls des Großen nach dessen Tod gewährt uns Einblick in die frühmittelalterlichen Vorstellungen. Hier sei der Verweis auf die Ägypter und ihre Grabkultur (Pyramiden) gestattet.

55 Die Salier waren eine ostfränkische Herrscherdynastie, die von 1024 bis 1125 die Römisch-Deutschen Könige und Kaiser stellten.

56 Rahewin IV, Kapitel 86, in: Margarethe Wevers: Einhards Vita Karoli Magni in der mittelalterlichen Geschichtsschreibung und Heldensage. Marburg 1929, S. 6.

57 Fuhrmann, Horst: Die Päpste. Von Petrus zu Benedikt XVI. München 2005, S. 127.

58 Nach Lothar von Segni: Vom Elend des menschlichen Daseins, übersetzt und eingeleitet von Carl-Friedrich Geyer. Hildesheim, Zürich, New York 1990.

59 Die so genannte Zwei-Schwerter-Theorie.

60 Bonifaz VIII. soll 1303 aufgrund eines Wutanfalls, vermutlich über Philipp IV., aus dem Leben geschieden und sein Nachfolger Benedikt XI. soll nach einem Amtsjahr vergiftet worden sein.

61 Die Kreuzzüge finden statt von 1095–1250. Von deutscher Perspektive aus handelte es sich mit 1250, dem Ende der Staufer, um den letzten Kreuzzug von Friedrich II. von Hohenstaufen. Weitere Kreuzzüge (die Geschichte zählt acht) gingen von französischer Initiative aus und spielten sich vor allem im heutigen Nordafrika ab.

62 Die Datierung und Nummerierung der zahllosen Kreuzzüge ist ein Problem. Von den angenommenen acht Kreuzzügen sind die letzten eher von Frankreich dominiert. 1204 war Konstantinopel erobert worden und mit dem letzten Kreuzzug gegen das Osmanische Reich (1443/44) fällt Konstantinopel 1453 endgültig.

63 Pestpandemien gab es mehrmals, aber die zwischen 1347 und 1353 wütete, war die mit der geographisch weitesten Verbreitung und der höchsten Opferzahl. Zuvor kam es 541 und dann wieder 750 n. Chr. zu Pestausbrüchen. Zur Literatur: Klaus Bergdolt: Die Pest. Die Geschichte des Schwarzen Todes. München 2018; derselbe: Der Schwarze Tod in

Europa. Die Große Pest und das Ende des Mittelalters. 7. Aufl., München 2017.

64 Historiker haben herausgefunden, dass sich ein Unfreier aus dem Feudalsystem befreien konnte, falls er ein Jahr und einen Tag in der Stadt gelebt hatte. Die Formel war: »Stadtluft macht frei«. Berufliche Chancen gab es eher in städtischen Zentren, allerdings bekam ein Zugewanderter nicht automatisch Bürgerrechte.

65 Die von Mongolen belagerte Festung Caffa, ein genuesischer Handelsstützpunkt auf der Krim, wurde als letzte Maßnahme mit Toten beschossen: Pest-Tote wurden in die eingeschlossene Stadt katapultiert. Daraufhin flohen die Einwohner und trugen die Seuche per Schiff weiter.

66 Die detaillierten Kenntnisse über die mittelalterliche Pest verdanken wir einem französischen Arzt, Alexandre Yersin, der einen Pestausbruch in Hongkong im Jahr 1894 miterlebte und dokumentierte.

67 Viele Menschen, wenig Bürger: Auch bei Zuzug in eine städtische Metropole erhielt man nicht automatisch die Bürgerrechte. Am Beispiel des spätmittelalterlichen Kölns wird angenommen, dass überhaupt nur ein Drittel der Städter auch »Bürger« waren.

68 Frankfurt, Freiburg, Fulda, Köln, Lübeck, Naumburg, Ravensburg, Stuttgart, Worms.

69 Zuvor hatte es ein herrscherliches Hin- und Her zwischen den jeweiligen Anwärtern auf den römisch-deutschen Kaisertitel gegeben. Dies spielte sich vor allem zwischen den Habsburgern, Luxemburgern und neu, den Wittelsbachern ab, die plötzlich auch Ambitionen auf das höchste Amt zeigten.

70 Als Beispiel gilt die Vermählung der französischen Prinzessin Isabelle mit einem Fürsten Visconti aus der Herrscherfamilie Mailands, die im Jahre 1360 mit tausend Gästen und über vier Tage gefeiert wurde. Die Pest hatte in Italien schon dreizehn Jahre gewütet, aber Mailand verschont. Das hatte einen einfachen Grund: Kein Kranker durfte die Stadt betreten und Erkrankte innerhalb wurden kurzerhand eingemauert. Im Jahr 1361 kam die Pest dann doch in der Stadt an und verursachte den Tod von 50.000 Städtern.

71 Bergdolt, Klaus: Der schwarze Tod in Europa. Die große Pest und das Ende des Mittelalters. 2. Aufl., München 2003, S. 106.

72 Jacob Grimm (1785–1863) und Wilhelm Grimm (1786–1859), geboren im hessischen Hanau.

73 Kinder und Hausmärchen. Ausgaben 1812, 1815 und überarbeitet 1819. Die Gebrüder Grimm (nannten sich selbst nicht so) sind nicht die Erfinder der berühmten Märchen, sondern haben diese als Volkskundler als überlieferte Geschichte zusammengetragen und in eine sprachlich angemessene Form gebracht.

74 Damit legte er das Fundament für die moderne Etymologie.

75 Siehe hierzu Kapitel 10: Deutsches Biedermeier und Revolutionäre der Einheit.

76 Mit der Namenskunde befasste sich auch Jacob Grimm.

77 Friedrich III. von Habsburg regierte 53 Jahre. Das war eine unglaublich lange Zeit, ebenfalls in Lebenszeit gemessen.

78 Der Humanismus steht für die Zeit von 1480 bis 1520.

79 Die Kirche war hier nicht so ignorant und indolent wie Kirchenkritiker der Zeit oft verkündeten. Das 15. und 16. Jahrhundert sahen viele Reformkonzilien (insgesamt fünf), bei denen Reformversuche im Mittelpunkt standen. Unter ihnen die Beseitigung des Papstschismas und Reformen, die sich gegen den Ämterkauf (Simonie) und das Leben im Konkubinat der Priester wandten. Die Initiative scheiterte, weil die päpstliche Verwaltung selbst zu korrupt war.

80 Kummer, Joachim: Die gefegte Messe. Luthers Reform des Gottesdienstes. in: Rolf Sons (Hrsg.) Wie feiern wir Gottesdienst? Gemeinde zwischen Tradition und Erlebniskultur. Wuppertal 2005, S. 63.

81 Martin Luther zitiert nach Hans-Ulrich Delius (Hrsg.): Martin Luther, Studienausgabe, Band 1. Oakland 2009, S. 387.

82 Die Reihe kleinteiliger Herrschaftsträger war fast unübersehbar: Größere Länder (Brandenburg-Preußen, Bayern, Sachsen, etc.) bis hin zu Freien Reichsstädten und Klostergütern unter der Leitung von Äbten (und wenigen Äbtissinnen).

83 Eines der Hauptprobleme war, dass sich die Reichsexekutive nicht über den Westfälischen Frieden gerettet hatte. Der Kaiser wurde quasi zum Bittsteller, der auf den Reichstagen »seine« Steuern von den Reichsständen anfragen musste.

84 Zeitlich charakterisiert der Absolutismus die Periode der frühen Neuzeit zwischen dem Dreißigjährigen Krieg und der Französischen Revolution.

85 König Friedrich I. (1657–1713), ist ab 1701 erster preußischer König. Gefolgt von dem »Soldatenkönig« Friedrich-Wilhelm I. (1688–1740), der von 1713 bis 1740 regierte. Sein Sohn Friedrich II. (1712–1786), bekannt unter dem Namen »Friedrich der Große« übernahm dann bis 1786.

86 Erbfolgekriege: 1683 bis 1714.

87 Diese Expansionskriege, vor allem unter Ludwig XIV. lassen sich von 1667 bis 1697 datieren. Es gab allerdings noch viele weitere militärische Auseinandersetzungen: Krieg gegen die Türken: Türken gegen Österreich 1683 bis 1687; Schlacht bei Fehrbellin: *Preußen* über Schweden 1675; **Neunjähriger Krieg**: Frankreich gegen den Rest Europas, 1688 bis 1697; **Spanischer Erbfolgekrieg**: Österreich/England/Niederlande gegen Frankreich 1701 bis 1714; Nordischer Krieg: Schweden gegen Polen/Russland/Dänemark 1700 bis 1721; Erster schlesischer Krieg: *Preußen* gegen Österreich 1741 bis 1743; Zweiter schlesischer Krieg: *Preußen* gegen Österreich 1744 bis 1745; Siebenjähriger Krieg: *Preußen* besetzt Sachsen 1756 bis 1763; Teilungen Polens: Zwischen *Preußen*, Österr. und Russland 1772 bis 1795.

88 Schätzel, Walter: Der Staat. Was Staatsmänner, Politiker und Philosophen über den Staat und seine Probleme gesagt haben. Basel 1977, S. 179.

89 Bekannt waren Abgaben, Leistungen und Fron unter dem Begriff »Servituten«. Die Bezeichnung »Leibeigenschaft« wurde erst in den 1880er Jahren rückwirkend geprägt.

90 Landwirtschaftliche Eigentumsverhältnisse waren Fragen, die 1848 aufflackerten und 1850 in Gesetzesform gegossen wurden.

91 Unter dem Originaltitel: *Chur-Brandenburgisches EDICT, betreffend Diejenige Rechte/Privilegia und andere Wolthaten/welche Se. Churf. Durchl. Zu Brandenburg denen Evangelisch-Reformirten Französischer Nation so sich in Ihren Landen niederlassen werden daselbst zu verstatten gnädigst entschlossen seyn. Gegeben zu Potsdam/den 29. Octobr.1685.*

92 Hier ist darauf hinzuweisen, dass die sogenannte »Friedrich der Große – Verehrung« vor allem nach dem Tode des Herrschers stattfand. Nur für ein einziges Portrait des preußischen Königs saß dieser Modell. Alle

anderen wurden in Erinnerung und einem eher verklärenden Kult angefertigt. Einen besonderen Anteil hatte daran die volkstümlich pseudorealistisch gestalteten Gemälde von Adolf von Menzel. Dieser lebte von 1815 bis 1905.

93 Seit der Weimarer Republik und durch den Nationalsozialismus wurde Friedrich II. instrumentalisiert. Siehe die Wahlplakate der Deutschnationalen Volkspartei (1932) oder der 1930 gedrehte Film: Das Flötenkonzert von Sanssouci, mit dem Schauspieler Otto Gebühr, der sich langanhaltender Beliebtheit erfreute.

94 Die grauenvolle Begebenheit, als sein bester Freund Katte auf Befehl und als Strafaktion seines Vaters vor seinen Augen hingerichtet wurde, ist ausreichend bekannt.

95 Schon 1731 hatte sich Friedrich II. eine Art von ambitioniertem Regierungsprogramm erstellt. In schwärmerischen Worten schrieb der damals 19-Jährige: »*Ich schreite von Land zu Land, von Eroberung zu Eroberung [...]*« Hier der Verweis auf die original (wieder) abgedruckte und recht unverständlich zu lesende Quelle: *Anti-Machiavel, oder Versuch einer Kritik über Nic. Machiavels Regierungskunst eines Fursten. Friedrich (Preuen, Koning, II.) – Rechtschreibungsfehler im Original! Nach des Herrn von Voltaire Ausgabe ins Deutsche übrsetzt; wobey aber die verschiedenen Lesarten und Abweichungen der ersten Haagischen, und aller andern Auflagen, angefügt worden. Frankfurt und Leipzig, 1745.* Der erste Druck dieses Werkes erfolgte bereits 1740/41 in Den Haag.

96 Vgl. hierzu auch Christopher Clark: Von Zeit und Macht. Herrschaft und Geschichtsbild vom Großen Kurfürsten bis zu den Nationalsozialisten. 4. Aufl. München 2018. Hier das Kapitel 2: Warum sollte ein König Geschichte schreiben?« S. 89–131.

97 Beide in: Friedrich II. von Preußen: Schriften und Briefe. Leipzig 1990. Auch: Otto Bardong (Hrsg.): »Friedrich der Große«, Politisches Testament von 1752. Darmstadt 1982.

98 Für die Militärexperten: Erster Schlesischer Krieg: 1740 bis 1742; Zweiter Schlesischer Krieg: 1744 bis 1745; Dritter Schlesischer Krieg: 1756 bis 1763.

99 »Kartoffelbefehl«: Die Bauern sollten über die Vorteile des »Erdge-wächses« aufgeklärt werden. Zunächst war die Einführung der Kartoffel allerdings eine Katastrophe, weil die Landwirte nicht verstanden, dass es um die Ernte der Erdknolle ging, und nicht das, was oberhalb wuchs und außerdem als giftig galt.

100 Wilhelm Weischedel (Hrsg.): Immanuel Kant: Beantwortung der Frage: Was ist Aufklärung? In: Immanuel Kant: Werke in zwölf Bänden. Hier Bd. 11. Frankfurt 1977.

101 Das Politische Testament von 1752 Friedrichs des Großen. Diese Textpassage findet sich, im vierten Abschnitt unter der Frage: »*Soll der Fürst selber regieren?*«

102 Der englische Staatsmann und Philosoph Edmund Burke (1729–1797) hatte mit seiner beredten Gegnerschaft zu revolutionären Umstürzen für lange Zeit die konservativen Kräfte mit Argumenten versorgt. Mit seiner Denkschrift von 1790 gilt er als einer der theoretischen Begründer des Konservatismus.

103 Maximilien de Robespierre (1758–1794). Der Jakobinismus wird häufig mit dem Begriff Demokratie umschrieben, der hier aber nicht den Formen der heutigen demokratischen Verfassung entspricht.

104 Deklaration von Pillnitz (August 1791). Die Fürstenversammlung in Pillnitz bei Dresden wurde vom Grafen von Artois dazu benutzt, Kaiser Leopold II. und den preußischen König Friedrich Wilhelm II. in Aktion zu bringen, mit der dahinterstehenden Idee, dass mit dieser Deklaration Druck auf die französische Nationalversammlung ausgeübt werden soll-te. Die Erklärung forderte, den französischen König wieder in seine Rechte einzusetzen und drohte mit kriegerischen Maßnahmen.

105 Die fünf Koalitionskriege stehen für einzelne Kriegsepochen und für wechselnde Koalitionen, dies macht sie so kompliziert. Insgesamt lassen sie sich im Zeitraum von 1792 bis 1815 datieren. 1. Koalitionskrieg 1792–1798: Revolutionskriege; 2. Koalitionskrieg 1798–1801; 3. Koalitionskrieg 1805; 4. Koalitionskrieg 1806/07; 5. Koalitionskrieg: Befreiungskriege 1813–1815, inklusive der Rückkehr Napoleons.

106 Die sogenannte Reichenbacher Konvention vom Juli 1790, in der sich gegenseitige militärische Unterstützung zugesagt worden war. Damit wurde der lange dominierende preußisch-österreichische Dualismus beendet.

107 Hier der berühmte Spruch Johann Wolfgang von Goethes, der der Schlacht als Augenzeuge beiwohnte: »*Von hier und von heute aus wird eine neue Epoche der Weltgeschichte ausgehen, und wir können sagen, wir sind dabei gewesen.*«

108 Ein berühmtes Beispiel war Mainz, wo sich zur jährlich deutschlandweit ausgestrahlten Fernsehsendung die ehemals französischen (Karnevals)Uniformen bewundern lassen.

109 Ein komplizierter Begriff, der eigentlich »Hauptschluss der außerordentlichen Reichsdeputation« bedeutet. Es handelte sich um das letzte offizielle Gesetz des Heiligen Römischen Reiches, das für einen Entschädigungsplan stand, mit dem die weltlichen Fürsten linksrheinisch – auf französischen Druck – abgefunden wurden. Dies war ein Gebiet von rund 45.000 Quadratkilometern und fünf Millionen Einwohnern. Die Rheinbundakte war der finale Schuss von Napoleon, der die deutschen Staaten in einer neuen Form zusammenfügte.

110 Ausführlich beschrieben in: Alexandra von Ilsemann: Die Politik Frankreichs auf dem Wiener Kongress. Talleyrands außenpolitische Strategien zwischen Ersten und Zweiten Restauration. Beiträge zur deutschen und europäischen Geschichte. Bd. 16. Hamburg 1996.

111 Polen war aus der zweiten Teilung 1793 und der dritten Teilung 1795 als Großherzogtum Warschau hervorgegangen und wurde vom König von Sachsen regiert. Bei der zweiten Teilung hatte sich Russland bedient und Preußen schon einen Anteil (Südpreußen) geholt.

112 Interessant war die Berechnungsform der jeweiligen Land- und Bevölkerungsansprüche. Beim Wiener Kongress hatte sich eine sogenannte statistische Kommission gebildet, die berechnete, was ein Land plus Einwohner – unter dem schönen Begriff »Seelen« – wert war.

113 Diese Botschafterkonferenzen fanden statt und zementierten ein System der restaurativen Überwachung, die in der Abwehr liberaler und national-verfassungsrechtlicher Bestrebungen lagen. Kongress von Aachen 1818; Kongress von Troppau 1820; Kongress von Laibach 1821 und Kongress von Verona 1822.

114 Grundsätzlich ist dieser Begriff vor allem in der Kulturgeschichte zu gebrauchen. Er bezeichnet die Kunst und die Kultur eines aufstrebenden, aber auch die Ruhe und den Rückzug ins Private suchenden

Bürgertums, welches nicht mehr revolutionär aufbrechend strebt, sondern konservativ-hausbacken die familiäre Idylle pflegt. Zeitlich eingeordnet ist es die Epoche vom Ende des Wiener Kongresses 1815 bis zur Revolution von 1848.

115 Der Begriff an sich kommt aus dem Mittelalter und bezieht sich auf Städter. Diese waren im Gegensatz zur ländlichen Bevölkerung frei und hatten Möglichkeiten zur kommunalen Mitbestimmung. Bürgerrechte wurden vererbt, aber als Einschränkung muss auf den Zwang zur Mitgliedschaft in Gilden und Zünften verwiesen werden.

116 Der Begriff »Kleinbürger« war damals (soziologisch) anders definiert als in heutiger Zeit. In Preußen wurde ein mittlerer Beamter mit diesem benannt.

117 Heinrich Heine und Georg Büchner sind als aufrührerische Schriftsteller sicherlich zwei der bekannteren Protagonisten, die sich keine Freunde bei der herrschenden Aristokratie machten.

118 Das mit den Ausweisungen bezieht sich auf die »Göttinger Sieben«: sieben Professoren, unter ihnen die Sprachwissenschaftler Gebrüder Grimm, die ihre Professuren verloren und das Land zu verlassen hatten.

119 Nämlich fünf Millionen Tonnen Steinkohle pro Jahr.

120 Friedrich Engels: Die Lage der arbeitenden Klasse in England von 1845 gehört zu den grundlegenden Veröffentlichungen als Anklageschrift für die Zustände der frühen Industrialisierung. Danach verfasste Engels mit Marx im Februar 1848 das kommunistische Manifest, als Grundlage der marxistischen Ideologie. Das Kapital, »schwerbändig« (drei Bände), schrieb Karl Marx alleine und veröffentlichte dies im Jahr 1867.

121 2018 jährte sich der 200. Geburtstag von Karl Marx (1818–1883). Dementsprechend gab es mehrere Veröffentlichungen. Jürgen Neffe: Marx. Der Unvollendete. Ditzingen 2017; Wilfrid Nippel: Karl Marx. München 2018; Gareth Stedman Jones: Karl Marx. Die Biographie. Frankfurt/M. 2017; Thomas Steinfeld: Herr der Gespenster: Die Gedanken des Karl Marx. München 2017.

122 Zu Recht weist der Karl Marx-Kenner Wilfried Nippel darauf hin, dass als 1910 Marx' Werke offiziell herausgegeben wurden, diese sorgfältig überarbeitet werden mussten. Die Sprache war einfach zu grob und unflätig, um sie im Original der Leserschaft zuzumuten.

123 Bezeichnung durch den Historiker Heinrich von Treitschke.

124 Die aktuellen Bismarck-Biographien sind folgende: Der Klassiker nach
wie vor Lothar Gall: Bismarck. Der Weisse Revolutionär. 4. Aufl. 2013;
Ernst Engelberg: Größe und Tragik des Eisernen Kanzlers. Eberhard
Kolb: Bismarck. München 2014; Ernst Engelberg/August Engelberg:
Bismarck. Sturm über Europa. München 2014; Christoph Nonn:
Bismarck: Ein Preuße und sein Jahrhundert. München 2015; Jonathan
Steinberg: Magier der Macht. Berlin 2015; Norbert F. Plötzl: Bismarck.
Der Wille zur Macht. Berlin 2015.

125 Eine Intrige, die Bismarck allerdings den unabdingbaren Hass der späteren Königin Augusta (Gemahlin von Wilhelm I.) einbrachte.

126 Das ging unter »niederkartätschen« und brachte dem forschen Prinzen
den wenig schmeichelhaften Spitznamen, der »Kartätschenprinz« ein.
Den Ruf, eine militärische Lösung einer politischen vorzuziehen, hatte
er somit und berechtigterweise weg.

127 Louise Otto(-Peters), (1819–1895) war eine der Frauenrechtlerinnen des
19. Jahrhunderts. Besonders gut beschrieben bei Barbara Beuys: Die
neuen Frauen – Revolution im Kaiserreich. 1900–1914. Berlin 2015.
(Künftig zitiert: Beuys.) Zitat S. 14.

128 Aus: Verfassungsurkunde für den Preußischen Staat, 31. Januar 1850.

129 Beuys, Zitat S. 19.

130 Schleswig und Holstein hatten eine Sonderstellung, mit dem dänischen
König als amtierenden Herzog beider Gebiete. Holstein gehörte zum
Römisch-Deutschen Reich, während Schleswig zu Dänemark gehörte.
Die Bevölkerung in Schleswig war gemischt. 1848 versucht der deut-
sche Bevölkerungsanteil mit preußischer Unterstützung sich gegen die
dänische Herrschaft aufzulehnen. Vier Jahre später ist wieder Ruhe, aber
nun will der dänische König 1863 seine Herrschaft offiziell über
Holstein ausdehnen.

131 Den maritimen Traum konnte erst sein Enkel Kaiser Wilhelm II. mithilfe
eines größenwahnsinnigen Admirals durchboxen.

132 Um den Titel gab es ein Gezerre zwischen dem Preußischen König und
seinem Kanzler: Während Wilhelm I. sich die Bezeichnung »Kaiser von
Deutschland« wünschte, Bismarck dies verfassungsmäßig und diploma-
tisch als eher unverträglich ansah, hatte er »Kaiser in Deutschland«

vorgeschlagen. Letztlich war der Ausweg, die aktuelle Proklamation Wilhelm I. als »Deutscher Kaiser.«

133 Das mit dem »prunkvoll« ist ebenfalls eine Mär: Die Proklamation war eine eher schlich-militärisch geprägte Angelegenheit, bei der nur wenige Zeugen zugelassen waren. Die meisten Anwesenden mussten dies vom Nebenzimmer aus verfolgen. Nur weil das berühmte Gemälde von Anton von Werner, gemalt im Jahre 1877, es anders suggeriert, ist es dieses Image, das lang anhaltend im deutschen Gedächtnis blieb.

134 Vereinheitlicht worden war allerdings der Geldfluss: Seit Dezember 1971 gab es die »Reichsmark« anstelle von bisher sieben deutschen Geldsystemen.

135 Diese »Ewigkeit« bestand bis 1890, als er vom jungen Kaiser Wilhelm II. verabschiedet wurde.

136 Kaiser Wilhelm I. war von 1861 bis 1888 als Preußischer König und dann als Deutscher Kaiser von 1871 bis 1888 an der Macht.

137 Otto von Bismarck im Reichstag am 9. Oktober 1878: »*Ich habe bestimmte, positive, praktische Ziele, nach denen ich strebe, zu denen mir mitunter die Linke, mitunter die Rechte geholfen hat […] ich gehe mit dem, der […] nach meiner Auffassung geht; die Fraktion, der er angehört, ist mir vollständig gleichgültig.*«

138 König Friedrich Wilhelm IV. war zudem mit einer (ehemals) katholischen Prinzessin von Bayern verheiratet.

139 Der Begriff »Reichsfeinde« war die Diffamierung für viele, die dem Reichskanzler unlieb waren. Darunter fielen Katholiken, Föderalisten, aufständische Polen und Elsässer, die sich nicht als Neu-Deutsche fühlen wollten.

140 Krieger, Karsten (Hrsg.): Der Berliner Antisemitismusstreit 1879–1881, 2 Teile. München 2003/04, Teil 1, S. 10-16.

141 Die Kenntnis und die Benennung dieser Diskussion geht auf den Literaturkritiker Walter Boehlich (1921–2006) zurück. Walter Boehlich: Der Berliner Antisemitismusstreit. Frankfurt 1965.

142 Hier machte sich der kaiserliche Hofprediger Adolf Stöcker einen Namen, der kämpferisch alles ablehnte, was nicht dem streng protestantischen Glauben folgte.

143 Die Belohnung dieser Erfindung kam in Form eines Regierungsauftrags, als 1859 300 »Sechspfünder« (Kanonen) in einem Auftragsvolumen von 200.000 Reichstalern eintraf.

144 Das führte aber auch dazu, dass die Damen der Gesellschaft, allen voran Kaiserin Auguste Viktoria (1958–1921) sich diesen Themen unter dem Begriff des Kampfes gegen die »sittliche Verwahrlosung« annahmen.

145 Um 1900 wurden 17.000 Fabriken und Betriebe gezählt. Sie hatten einen Bedarf an mehr als 321.000 Arbeitskräften, die zumeist vom Land in die Städte emigrierten.

146 August Bebel (1840–1913) und Wilhelm Liebknecht (1826–1900), Vater Karl Liebknechts (1871–1919), dem Begründer der kommunistischen Partei Deutschlands, die sich 1918 aus dem Zusammenschluss aus dem Spartakusbund mit weiteren linken Splittergruppen bildete.

147 Kampmann, Wanda (Hrsg.): Bismarck, Paderborn 1967, S. 108 f.

148 Ernst Moritz Arndt 1813: »*Der Rhein, Deutschlands Strom, nicht Deutschlands Grenze.*«

149 Tatsächlich war die Frage nach dem Besitz des Elsass mit Straßburg ein politisch-kriegerisches Hin und Her, welches sich über Jahrhunderte zog. Dies begann bereits im Westfälischen Frieden 1648, zog sich als Thema durch die Kriege mit Ludwig XIV. bis zu den Festlegungen des Wiener Kongresses 1814/15, als einer Rückgabe an den Deutschen Bund nicht entsprochen wurde. Das war dem Sieg des französischen Diplomaten Talleyrand zu verdanken, der den Alliierten klar machte, dass Frankreich nur in den Grenzen von 1792 seiner Rolle in der europäischen Pentarchie künftig entsprechen könnte.

150 In den Jahren 1918 bis zum Zweiten Weltkrieg gingen in den Bereichen Chemie (17), Physik (11), Medizin (9), aber auch Frieden (3) und Literatur (5) Nobelpreise nach Deutschland.

151 In angepasster Form ist das BGB noch unser heutiges Zivilrecht. Die Aktualisierungen betrafen vor allem die Rechte der Frauen und der Familien. Das Bürgerliche Gesetzbuch wurde zum Vorbild für das Zivilrecht in anderen Ländern wie z. B. in der Schweiz und in Japan.

152 Ernst von Wildenbruch, Schriftsteller und Dichter (1845–1909).

153 Ernst von Wildenbruch: Gesammelte Werke. 15. Band: Gedichte und kleine Prosa. Nikosia 2017, S. 492.

154 Heinrich [von] Treitschke. Zitiert nach: Daban, Mirhag: Kolonialismus. Kolonialdiskurs und Genozid. München 2004, S. 28.

155 Begriff nach George F. Kennan.

156 Unüberschaubar ist die Literatur zum Ersten Weltkrieg, hier werden nur einige Werke genannt: Jean-Jacques Becker/Gerd Krummeich: Der Große Krieg. Deutschland und Frankreich im Ersten Weltkrieg 1914–1918. Essen 2010; Volker Berghahn: »Der Erste Weltkrieg«. München 2009; Christopher Clark: Die Schlafwandler. Wie Europa in den Ersten Weltkrieg zog. München 2013.

157 Berliner Kongress vom 13. Juni bis 13. Juli 1878, bei dem die europäischen Großmächte, das heißt das Deutsche Reich, Österreich-Ungarn, Frankreich, Großbritannien, Italien, Russland und das Osmanische Reich zusammen kamen, um eine Balkankrise zu klären und neue europäische Friedensvereinbarungen zu verabschieden.

158 Diese Werften waren auch große Arbeitgeber: 1902 arbeiteten rund 40.000 Menschen an 421 Schiffen.

159 Dahinter stand vor allem die wirtschaftliche und politische Hoffnungslosigkeit vieler Menschen aus Russland. In ganz großer Zahl und mehreren großen Wellen verließen jüdische Einwohner das Zarenreich, auch in der steten Sorge vor Pogromen.

160 Zugegebenermaßen wurde der maritime Look auch in anderen Ländern zur selben Zeit Mode. Da war das Deutsche Reich kein alleiniger Wegbereiter.

161 Die Finanzierung wurde durch eine sogenannte Flottenvorlage in den Jahren 1906, 1908 und 1912 vorgenommen.

162 Hiervon kommt der noch heute gängige Begriff der »Luxussteuer«.

163 Keiner hat dies so klar beschrieben wie Christopher Clark in seinem Aufsehen erregenden Buch über die Ursachen des Ersten Weltkrieges. Christopher Clark: The Sleepwalkers. How Europe went to War in 1914. London 2012.

164 Ein strategisch-operativer Plan für den Generalstab lag bereits vor. Er war von 1905 und verfasst von Generalfeldmarschall Graf Alfred von Schlieffen. Dieser Plan verfehlte sein Ziel und mündete in einen aussichtslosen Zweifrontenkrieg.

165 Bei Chlorgas (und Phosgen) und bei Senfgas handelte es sich um ein Lungengift und Kontaktgift (eingesetzt ab 1917). Die beiden Gassorten verätzten ihre Opfer inner- und äußerlich. Das Senf-Gas führte zu Verbrennungen, »*fraß*« buchstäblich die Gesichter weg, oder die Lungen verbrannten bei der Einatmung des Giftes und die Opfer erstickten jämmerlich. Die Schätzungen gehen von rund 90.000 Toten durch Giftgaseinwirkung aus.

166 Der Jubel und die völlig überzogene Begeisterung in den Krieg zu ziehen sind in der neueren Forschung umstritten und werden vielmehr als Propagandaaktion gedeutet. Dennoch war dies die offizielle Lesart, die in Zeitungen und anderen Medien so verbreitet wurde. Siehe hierzu: Kruse, Wolfgang: Die Kriegsbegeisterung im Deutschen Reich zu Beginn des Ersten Weltkrieges. In: Ders.: Der Erste Weltkrieg, München 2014, S. 180–196.

167 Das veränderte zum ersten Mal im großen Stil die Aufgaben der Frauen. Als Arbeiterinnen mussten sie die an der Front befindlichen Männer ersetzen und die Hälfte bis Zweidrittel der Produktion wurde von ihnen aufrechterhalten.

168 Die Tatsache, dass die Preise von einem zum anderen Tag plötzlich von 40 % auf 150 % steigen konnten und die Unberechenbarkeit, die dies mit sich brachte, konnte von den Menschen nicht verarbeitet werden.

169 Dem Friedensvertrag von Brest-Litowsk am 3. März 1918 war der Waffenstillstand vom 15. Dezember 1917 vorangegangen. Aufgrund der Revolution verabschiedete sich Russland damit aus dem Ersten Weltkrieg.

170 Der deutsche U-Boot Angriff am 7. Mai 1915 auf die Lusitania gilt als einer der Auslöser für den zwei Jahre späteren Eintritt der Vereinigten Staaten in den Ersten Weltkrieg. Das Schiff, das offiziell als unsinkbares Passagierschiff unterwegs war, hatte vermutlich hohe Mengen an Munition beigepackt. Dass über 1.200 Menschen starben, wurde in der Presse in Großbritannien und den USA als barbarischer Akt bezeichnet. Dennoch räumt die neuere Forschung inzwischen ein, dass es sich bei der Versenkung der Lusitania um einen gezielten Akt der Seekriegführung von britischer Seite handeln könnte, um die USA zum Kriegseintritt zu bewegen. Besonderer Verfechter und überzeugender Vertreter dieser Theorie ist Colin Simpson.

171 2018 jährte sich das Ende des Weltkriegs und der Monarchie zum hundertsten Mal. Das war der Anlass für viele Veröffentlichungen: Lars-Broder Keil/Sven Felix Kellerhof: Lob der Revolution. Die Geburt der deutschen Demokratie; Darmstadt 2018; Kersten Knipp: Im Taumel. 1918. Ein europäisches Schicksalsjahr. Darmstadt 2018; Gerd Krummeich: Die unbewältigte Niederlage. Das Trauma des Ersten Weltkriegs und die Weimarer Republik. Freiburg 2018; Andreas Platthaus: 18/19. Der Krieg nach dem Krieg. Deutschland zwischen Revolution und Versailles. Berlin 2018.

172 Zunächst blieb der Kaiser für eineinhalb Jahre in Kasteel Amerongen (im Besitz des Grafen Bentinck), begleitet von seinem Flügeladjutanten Sigurd von Ilsemann. Danach kaufte er im benachbarten Doorn »Huis Doorn« und lebte dort bis zu seinem Tod 1941. Georg Friedrich Prinz von Preußen (Hrsg): Kaisertage. Die unveröffentlichten Aufzeichnungen (1914 bis 1918) der Kammerdiener und Adjutanten Wilhelms II. Texte Paul Schönberger und Stefan Schimmel. Konstanz 2018.

173 Militärisch war ein Sieg nicht mehr zu erwarten, deshalb das abrupte Ende der Kriegshandlungen mit der Bitte um einen Waffenstillstand (anstatt der tatsächlich erfolgten Kapitulation am 11. November 1918). Ob der Waffenstillstand nur als »Verschnaufpause« geplant war und sich die oberste Heeresführung unter der Leitung von General Ludendorff davon einen politisch-strategischen Vorteil versprach, ist heute eher Spekulation.

174 Dieser Hinweis wird gegeben, weil der Versailler Vertrag nur ein Teilvertrag – der die deutschen Festlegungen betraf – des großen Friedensvertrags von Paris 1919 war.

175 Hierbei muss miteinbezogen werden, dass England und Frankreich durch den Ersten Weltkrieg finanziell in die Knie gezwungen worden waren und deshalb ein hohes Interesse daran hatten, wieder Liquidität zu bekommen. 2010 wurden die letzten Schulden aus den Reparationszahlungen des Ersten Weltkrieges von der Bundesrepublik Deutschland als rechtliche Nachfolgerin des Deutschen Reiches abbezahlt. 1990 mit der Wiedervereinigung waren noch 125 Millionen Euro offen.

176 Zudem wurde mit dem Versailler Vertrag vom Juni 1919, Teil VII, Artikel 227, dem sogenannten Kriegsverbrecherparagraphen, Kaiser

Wilhelm II. öffentlich zum Kriegsverbrecher erklärt, der die »*Heiligkeit der Verträge*« missachtet hätte und wegen »*schwerer Verletzung des internationalen Sittengesetzes*« sofort an die Alliierten auszuliefern sei. Dies wurde von der deutschen Bevölkerung, die zwar schwer enttäuscht von ihrem Kaiser und seiner militärischen Führung war, dennoch als ungerechtfertigt und in vielen Teilen als falsch empfunden. Ihrer Ansicht nach hatte sich der Kaiser weder besser noch schlimmer als die anderen Staatsoberhäupter verhalten. Propagandistisch wurde dies in der NS-Zeit ausgeschlachtet.

177 Das traf die hohe Anzahl von drei Millionen.

178 Die Ludwig-Maximilians-Universität in München erlaubte 1918 die erste Habilitation einer Frau, die der Medizinerin Adele Hartmann.

179 Interessanterweise waren vor Beginn des Pariser Friedenskongresses, der immerhin die Zeitspanne von eineinhalb Jahren umfasste, zahlreiche Studien zu dem Wiener Kongress 1814/15 erschienen. Gefördert von der Idee, eine Anleitung zu einem tragfähigen und langanhaltenden Friedenswerk zu erhalten.

180 Zwischen 1907 und 1925 gab es einen Bevölkerungsanstieg um 13,2 Prozent. Die Lebenserwartung stieg im Zeitraum von 1901/10 bis 1932/34 bei Männern von 45 auf 48 Jahre und bei Frauen von 60 auf 63 Jahre. Bei den Männern muss natürlich die Kriegszeit zum Thema Mortalität miteingerechnet werden. Gunther Mai: Die Weimarer Republik. 2. Aufl. München 2013. S. 73f.

181 Alle Zahlen nach Gunther Mai: Die Weimarer Republik. 2.Aufl. München 2013. S. 32f.

182 Unterzeichnet am 16. April 1922 im italienischen Rapallo war das Abkommen zwischen dem Deutschen Reich und der Russischen Sozialistischen Föderalen Sowjetrepublik (später Sowjetunion) der Normalisierung der Beziehungen der ehemaligen Kriegsgegner verpflichtet. Damit wollte sich das Deutsche Reich gleichfalls gegen die anderen ehemaligen alliierten Kriegsgegner positionieren. Auch die Konferenz von Locarno im Oktober 1925 beschäftigte sich mit den Versailler Vertragsfolgen und bahnte den Weg Deutschlands in den Völkerbund.

183 Die Konferenz von Lausanne, im Juni/Juli 1932.

184 Zu Adolf Hitler und seiner Biografie gibt es unzählige Veröffentlichungen. Hier können nur einige benannt werden. Zunächst der »Klassiker«: Sebastian Haffner. Anmerkungen zu Hitler. München 1994; Joachim Fest. Hitler. Eine Biografie. Berlin 2002; Ian Kershaw: Hitler (1889–1945). München 2009; Derselbe: Der Hitler Mythos. Führerkult und Volksmeinung. München 2018; Peter Longerich: Hitler. Biographie. München 2017; Lothar Machtan: Hitlers Geheimnis. Das Doppelleben eines Diktators. Berlin 2001.

185 Bei den ersten Reichstagswahlen 1919 hatte die SPD noch 38 Prozent der Stimmen auf sich versammeln können. Der erste Reichspräsident war Friedrich Ebert, SPD, der eine Weimarer Koalition führte, bestehend aus DDP (linksliberal) und katholischer Zentrumspartei. Die SPD hatte im Schnitt bei allen Wahlen zwischen Januar 1919 und März 1933 gute Ergebnisse von im Mittel 20 bis 30 Prozent eingefahren. Die KPD, seit 1920 bei den Wahlen angetreten (1920: USPD 17,9 Prozent), hatte das beste Ergebnis bei der Novemberwahl 1932 mit rund 17 Prozent.

186 DAP: Deutsche Arbeiterpartei; NSDAP: Nationalsozialistische Deutsche Arbeiterpartei.

187 Rede Adolf Hitlers am 10. Februar 1933 im Berliner Sportpalast.

188 Die Folge des vermutlich angestifteten Reichstagsbrandes vom 27./28. Februar 1933.

189 Das »Gesetz zur Behebung der Not von Volk und Reich« vom 24. März 1933. Am 22. Juni 1933 kam es zusätzlich zu vielfachen Selbstauflösungen der Parteien. Ab dem 14. Juli wurde dann die »Neubildung« von Parteien offiziell verboten. Ab Ende Februar 1933 wurden die Mitglieder der KPD und der SPD drangsaliert mit Verboten von Pressearbeit und Inhaftierungen.

190 Der Begriff Holocaust stammt aus dem Griechischen und bedeutet »vollständig verbrannt« und wurde meist im Zusammenhang mit Tieropfern verwendet. Später bezeichnete dieser auch Feuertode, ab ca. 1800 wurde er für Massenmorde gebraucht. Ab 1942 wird der Begriff Holocaust in der britischen Presse im Zusammenhang mit der Ermordung der europäischen Juden unter deutscher Herrschaft verwendet. Die Nationalsozialisten verbargen die Massenvernichtung unter dem euphemistischen Ausdruck »Endlösung der Judenfrage«, während die

jüdische Bevölkerung selbst dem Massenmord den hebräischen Namen Shoah gab, was Katastrophe bedeutet. Viele Historiker haben sich mit dem Holocaust beschäftigt. Deshalb hier nur eine Auswahl: Wolfgang Benz: Der Holocaust. 8. Aufl. 2014; Bernward Dörner: Die Deutschen und der Holocaust. Was niemand wissen wollte, aber jeder wissen konnte. Berlin 2007; Ulrich Herbert (Hrsg.): Nationalsozialistische Vernichtungspolitik 1939–1945. Neue Forschungen und Kontroversen. Frankfurt/M. 1998; Raul Hilberg: Die Vernichtung der europäischen Juden. 3 Bde. Frankfurt/M. 1990; Peter Novik: Nach dem Holocaust. Der Umgang mit dem Massenmord. Stuttgart, München 2001.

191 Insgesamt zehn Staaten fielen einer Diktatur anheim.

192 Hannah Arendt: The Origins of Totalitarism. London 2017.

193 Der Terminus Faschismus kommt aus dem Italienischen (fascio = Verein, Liga) und steht für eine politische Bewegung mit einer autoritären politischen Ideologie, die an eine Massenbewegung gebunden ist, die das Individuum und soziale Interessen vollständig den staatlichen Interessen unterordnet. Klassisches Merkmal einer Diktatur. Genau genommen taugt der Begriff Faschismus mehr als der Überbegriff, der eine ganze Klasse autoritärer, politischer Ideologien beschreibt und mithin deren Schlüsselelemente: Nationalismus, Militarismus, Totalitarismus und Populismus.

194 1873 steht für ein Jahr der Wirtschafts- und Bankenkrisen. Dies Ereignis wurde auch »Gründerkrise« genannt.

195 Die Hitler-Biographien sind zahllos und hier kann nur eine kleine und aktuelle Auswahl angeführt werden. Mit dieser können alle weiteren Verweise, Veröffentlichungen und Quellen nachvollzogen werden. Ian Kershaw: Hitler (1889–1945). München 2009; Peter Longerich: Hitler. Eine Biographie. München 2015; Ralf Georg Reuth: Hitler. Eine politische Biographie. 2005; Volker Ullrich: Adolf Hitler. Die Jahre des Untergangs 2018.; Rainer Zitelmann: Hitler. Selbstverständnis eines Revolutionärs. 5. Aufl. Reinbek 2017.

196 Vergleiche hierzu: Hitlers Eintritt in die Politik und die Reichswehr. In: Vierteljahreshefte für Zeitgeschichte, Jahrgang 7 (1959) Heft 2, S. 177–227.

197 Ideen zu verschiedenen Rassen entstanden vorrangig in Europa, insbesondere mit der sich verändernden Wirtschaft, der weiteren Erschließung der Amerikas, der voranschreitenden Kolonialisierung und vor allem mit dem wachsenden Sklavenhandel. Diese Ideen wurden später weltweit übernommen und vor allem ab dem späten 19. beziehungsweise frühen 20. Jahrhundert mit angeblich biologischen und natur-historischen Erkenntnissen wissenschaftlich unterfüttert. Zahlreiche Gruppen wurden daraufhin als Rassen definiert, darunter »religiöse Rassen« wie beispielsweise die Juden, oder aber »nationale Rassen« wie die Iren. Insbesondere die Hautfarbe wurde zu einem klassifizierenden Rassemerkmal innerhalb dieser Theorien. Rassismus im Sinne vom Ausschluss nationaler Rassen und Rassismus gegen Schwarze hat sich insbesondere in den USA und Südafrika durchgesetzt. Die USA und Australien sind zudem Vorreiter für den Rassismus gegenüber indigenen Kulturen. Japan auf der anderen Seite drehte den Spieß der angeblichen »Gelben Gefahr« in den USA mit dem Slogan »Asien den Asiaten!« um, stattdessen wurde nun von der »weißen Gefahr« in Asien gewarnt. Von den definierten fünf asiatischen Rassen war nach japanischer Rassentheorie die Yamato-Rasse am weitesten entwickelt und dementsprechend berufen, die anderen asiatischen Rassen zu beherrschen und zu »erleuchten«, was schlussendlich zu verheerenden Kriegen gegen Russland (weiße Gefahr) und China (zu erleuchtende Rasse) führte. Bis heute werden in Japan insbesondere die Buraku (Burakumin) als minderwertig angesehen und erheblich diskriminiert. Siehe hierzu: Winant, Howard: Race and Race Theory. In: Annual Review of Sociology, Vol. 26 (2000), S. 169–185.

198 Auch hier muss differenziert werden: Grundsätzlich war die Bereitschaft in den Dreißigerjahren flüchtende Juden aufzunehmen in keinem Land besonders groß, und wenn wurden nur Akademiker oder besonders verdiente Juden aufgenommen. Beispielhaft sollen zwei Fälle erläutert werden: Der sich formierende Staat Israel, zu diesem Zeitpunkt noch Palästina und unter britischem Mandat, hatte aufgrund der arabischen Revolte eine Quote herausgegeben, also eine Maximalzahl an möglichen Emigranten. Trotz der lebensbedrohlichen Situation ließen sich die Briten aus machtpolitischen Überlegungen nicht erweichen, diese Zahl zu erhöhen – im Gegenteil, sie wurde regelmäßig gesenkt. Auch die

USA zierten sich, Flüchtlinge aufzunehmen. Unvergessen ist der Fall der St. Louis, die 1939 mit teilweise aus Konzentrationslagern freigelassenen Juden aus Hamburg auslief. Die Ausreise wurde den Juden an Bord nur unter der Prämisse gewährt, nie wieder ins Deutsche Reich zurückzukehren. Die ganze Aktion war eine Propagandashow, von Goebbels höchst selbst geplant. Als die St. Louis den Zielhafen Havanna erreichte, wurden alle Visa für ungültig erklärt und das Schiff aus dem Hafen gezwungen. Alle umliegenden lateinamerikanischen Staaten lehnten die Aufnahme ebenfalls ab, genau wie Kanada und die USA. Die Irrfahrt sollte wieder in Deutschland enden und war vom NS-Regime geplant, um zu zeigen, dass die ganze Welt eigentlich judenfeindlich war. Schließlich wurden die 900 Passagiere zwischen Belgien, Frankreich, Großbritannien und den Niederlanden aufgeteilt. Zweidrittel von ihnen wurden mit der Besatzung durch die deutsche Wehrmacht dennoch Opfer des Holocaust.

199 Die Nürnberger Gesetze wurden auf dem 7. Reichsparteitag der NSDAP am 15. September 1939 verabschiedet und standen für die Gesetzesform der Judenverfolgung. Auch bekannt unter dem Namen Ariergesetze verboten sie Beziehungen und Eheschließungen zwischen Juden und Nicht-Juden unter dem Stichwort der »*Reinerhaltung des deutschen Blutes*«. Sie sprachen den jüdischen Bürgern ihre staatsbürgerlichen Rechte ab und mündeten in die Schikane des verpflichtenden Tragens des Judensterns.

200 Ab 1934 war es für Juden nicht mehr möglich, sich einbürgern zu lassen und ab 1935 griffen die Nürnberger Gesetze zusätzlich.

201 Dies war insbesondere problematisch, da viele Einreiseländer den Nachweis eines gewissen Mindestvermögens forderten. Allen voran Großbritannien, Mandatsmacht über Palästina, weigerte sich, die Einreise von mittellosen Juden nach Palästina zu erlauben.

202 Ulrich Herbert: Geschichte des 20. Jahrhunderts. München S. 2017. Vgl. hier S. 343f.

203 Dieser Nichtangriffspakt, der »Hitler-Stalin-Pakt« vom 24. August 1939, zwischen der Sowjetunion (Molotow) und dem Deutschen Reich (von Ribbentrop) verfolgte offiziell den Plan, dass Adolf Hitler bei einem Angriff auf Polen keine militärische Reaktion Russlands befürch-

ten sollte. Josef Stalin verfolgte den Plan, den Krieg mit dem Reich zugunsten einer besseren Aufrüstung hinauszuzögern.

204 Am 31. März hatte Chamberlain in Abkehr von seiner Appeasement Politik im britischen Unterhaus eine Garantie für Polen abgegeben.

205 Der Vollständigkeit halber muss erwähnt werden, dass in Asien der Krieg schon 1937 mit dem Zweiten Sino-Japanischen Krieg begann. Dieser mündete in die weiteren Kriegshandlungen, die zwar ihren Hauptschwerpunkt in Europa hatten, aber dennoch weltweit ausgetragen wurden. Zudem befand sich Japan ab 1938 im Krieg mit der Sowjetunion, nach Pearl-Harbor 1941 zusätzlich mit den USA.

206 Hier ist erneut Vorsicht geboten, denn dass es in Russland im Winter kalt wird, war schon lange vor Napoleon, aber spätestens nach dessen gescheitertem Feldzug gemeinhin bekannt. Die Erklärung, in Russland sei es aufgrund des Wetters zur Niederlage gekommen, ist eine alte, vor allem impliziert sie jedoch eine Art höhere Macht, die den Sieg unmöglich gemacht hat. Propagandistisch wurde der Winter vorgeschoben, tatsächliche Gründe für die Niederlage waren jedoch unzureichende Planung, nicht ausreichender Nachschub im Hinblick auf Nahrung und Kleidung, ermüdete Soldaten, nicht ausreichende Truppenstärke aufgrund anderer Kriegsschauplätze und eine absolut starrköpfige Unnachgiebigkeit, in keinem Falle einen Rückzug zu befehlen.

207 Die Alliierten Konferenzen dienten zur Absprache und Strategie. Insgesamt fanden davon acht statt. Bekannt sind die vier »großen« von Casablanca, Teheran, Jalta und Potsdam. Die Inhalte markierten den jeweiligen Kriegsverlauf. 1. Casablanca (Januar 1943), 2. Washington (Mai 1943), 3. Quebec (August 1943), 4. Moskau (Oktober 1943), 5. Kairo (November 1943), 6. Teheran (November 1943), 7. Quebec (September 1944), 8. Jalta (Februar 1945), und 9. Potsdam (Juli/August 1945).

208 Vergleiche hiermit die Literatur: Wolfgang Benz: Der Deutsche Widerstand gegen Hitler. München 2014; Günter Brakelmann: Der Kreisauer Kreis. Chronologie, Kurzbiographien und Texte aus dem Widerstand. Münster 2003; Günter Brakelmann: Helmuth James von Moltke 1907–1945. München 2009; Peter Hoffmann: Stauffenberg und der 20. Juli 1944. München 1998; Linda von Keyserlingk-Rehbein: Nur eine »ganz kleine Clique«? (Schriften der Gedenkstätte Deutscher Widerstand,

Bd. 12). Berlin 2018; Gerd R. Ueberschär: Stauffenberg und das Attentat vom 20. Juli 1944. Frankfurt/M. 2004; Gerd Ueberschär (Hrsg.): Der 20. Juli. Das »andere Deutschland« in der Vergangenheitspolitik. Berlin 1998.

209 Wenig bekannt ist, wie es den Familien und Kindern der Verschwörer erging. Deshalb hier der Hinweis auf: Felicitas von Aretin: Die Enkel des 20. Juli 1944. Leipzig 2004; Friedrich-Wilhelm von Hase: Hitlers Rache. Das Stauffenberg-Attentat und seine Folgen für die Familien der Verschwörer. Holzgerlingen 2014; Konstanze von Schulthess: Nina Schenk Gräfin von Stauffenberg. Ein Portrait. München und Zürich 2008; Valerie Riedesel Freifrau zu Eisenbach: Geisterkinder. Fünf Geschwister in Himmlers Sippenhaft. 2. Aufl. Holzgerlingen 2017.

210 Hartmut von Hentig: Nichts war umsonst. Stauffenbergs Not. Göttingen 2008, S. 50.

211 Ian Kershaw: Das Ende. Der Kampf bis in den Untergang NS-Deutschland 1944/45. München 2011. S. 526.

212 Wolf D. Gruner: Die deutsche Frage in Europa 1800 bis 1990. München, Zürich 1993. S. 215.

213 Schulze, Hagen: Kleine deutsche Geschichte. München 2007, S. 264.

214 Den Ausdruck Nero-Befehlt findet man erstmals ab 1957 in der deutschen Forschung. Er bezeichnet die völlige Zerstörung Deutschlands auf Hitlers Befehl hin, um den ankommenden alliierten Streitkräften keine Grundlage für Versorgung etc. zu geben. Der Begriff spielt auf den römischen Kaiser Nero an, der 64 n. Chr. angeblich den großen Brand von Rom absichtlich herbeigeführt haben soll, um städtebauliche Maßnahmen nach seinem Gusto durchzuführen. Dies ist jedoch historisch unzutreffend.

215 Diese Erkenntnisse verdanken wir Norman Ohler: Der Totale Rausch. Drogen im Dritten Reich. Köln 2017.

216 Ebenda, Zitat S. 295

217 Mit der absehbaren Niederlage wurden verschiedene Konzentrationslager von der SS geräumt, die Akten vernichtet, die Baracken zerstört und die Inhaftierten auf Todesmärsche geschickt. Dabei wurden sie weg von der östlichen Frontlinie ins Innere des Reiches getrieben. Die meisten Häftlinge überlebten die Märsche nicht. Sie verhungerten, erfroren,

starben an Erschöpfung oder wurden von der SS erschossen. Einige Märsche wurden in direkte Kriegshandlungen verwickelt, andere endeten in Massakern. Einige der Todesmärsche führten direkt durch Dörfer oder an belebten Straßen vorbei. Dies streut weitere Zweifel an dem angeblichen Unwissen der deutschen Bevölkerung.

218 Gitta Sereny: The German Trauma. Experiences and Reflections 1938–2001. London 2001.

219 Die Entschädigung der Zwangsarbeiter hatte sich lange hingezogen. Grundsätzlich waren zunächst nur an betroffene Staaten Entschädigungen überwiesen worden. Zwischen 2001 und 2007 wurden an einzelne ehemalige Zwangsarbeiter 500 Euro bis 7.700 Euro gezahlt.

220 Auch in den anderen Besatzungszonen wurde fleißig vergewaltigt. Das Klischee des vergewaltigenden Russen ist nur präsenter im kollektiven Gedächtnis: Hier spielt insbesondere der Rachefeldzug der Sowjets hinein, ganz wichtig ist jedoch, dass die Idee des Russen »als Untermenschen« immer noch eine wichtige Rolle spielte – der Russe als regelrechtes Tier. Weiter befeuert wird das Bild des »vergewaltigenden Russen« mit der Ziehung des Eisernen Vorhanges, da Russland der erklärte Feind war. So wurde das von Russen angetane Unrecht im kollektiven Gedächtnis aufgenommen, während die Verbrechen an Frauen in anderen Besatzungszonen eher untergingen. Über das Ausmaß der Gewalt an Frauen in allen Besatzungszonen liegen keine validen Zahlen vor und sie sind daher Gegenstand von Spekulationen.

221 Die Amerikaner hatten sich am deutlichsten der geplanten Entnazifizierung verschrieben: Im ersten Jahr nahmen sie deshalb 250.000 Deutsche in Haft.

222 Bei den Angeklagten handelte es sich um hohe Beamte, Wirtschaftsführer, Juristen und Mediziner.

223 Gut nachzulesen bei Felicitas von Aretin: Die Enkel des 20. Juli 1944. Leipzig 2004. Auch die Angehörigen bekamen erst sehr spät eine kleine finanzielle Entschädigung und erfuhren eine Art von Anerkennung der von ihnen erbrachten Opfer.

224 Nach gegenwärtigen Umfragen (Stand 2019) sagt immer noch ein Viertel der Befragten unter Hitler sei nicht alles schlecht gewesen. Siehe hierzu: https://www.welt.de/kultur/article1282653/NS-Mythen-an-die-Deutsche-immer-noch-glauben.html.

225 Der Kalte Krieg kann grob auf den Zeitraum von 1947 bis 1991 datiert werden. Diese Einteilung folgt damit der Truman-Doktrin von 1947 bis zum Fall der Mauer 1989 und dem Ende der Sowjetunion 1991.

226 Willy Brandt in seiner ersten Regierungserklarung, 28. Oktober 1969.

227 Das mit den Konferenzen in London ist kompliziert. Die hier erwähnte war die zweite Londoner Konferenz. Die erste fand bereits 1945 statt und diente der Vorbereitung der Konferenz von Potsdam. Die zweite, die für das endgültige Auseinanderbrechen der Anti-Hitler-Koalition steht, war 1947. Und dann gab es noch eine dritte: Die Londoner Sechsmächtekonferenz von Februar bis April 1948.

228 Diese Marktprinzipien waren nämlich im Dritten Reich vollkommen außer Kraft gesetzt worden, indem mit festgesetzten Preisen, Lebensmittelmarken und Bezugsscheinen gearbeitet wurde. Hitlers Regime benötigte eine Kriegsfinanzierung, die mit Geldschöpfung (Gelddrucken) und Ausbeutung der besetzten Gebiete zu einer Inflation (Geldüberhang) geführt hatte.

229 Später gab es für diejenigen einen Lastenausgleich, der allerdings von vielen als nicht ausreichend angesehen wurde.

230 Ernst Reuters Rede am 9. September 1948 vor dem Reichstag.

231 Elisabeth Selbert (SPD), Friederike Nadig (SPD), Helene Weber (CDU) und Helene Wessel (Zentrum). Siehe zu diesem Thema: Birgit Meyer: Frauenpolitiken und Frauenleitbilder der Parteien in der Bundesrepublik. In: Aus Politik und Zeitgeschichte. Beilage zur Wochenzeitung »Das Parlament« vom 17.08.1990. S. 16–29, hier S. 16ff. Sowie Carmen Sitter: Die Rolle der vier Frauen im Parlamentarischen Rat: Die vergessenen Mütter des Grundgesetzes. Münster 1995.

232 Die Sprache ist aus dem Bürgerlichen Gesetzbuch von 1900, das als familienrechtliche Bestimmungen die von 1896 weiterführte.

233 Mit dem 3. Oktober 1990 trat die Wiedervereinigung in Kraft.

234 Die Deutsche Partei war eine nationalkonservative Partei. Sie war eine typische Partei der Nachkriegszeit, gegründet 1945 als NLP, dem rechtsgerichteten Gedankengut verpflichtet. Sie löste sich 1961 auf, existierte allerdings noch auf Landesebene – vor allem in Niedersachsen.

235 Eine Tatsache, die dann von den 68er-Studentenrevolutionären zu Recht bemängelt wurde.

236 Hier nur eine Auswahl an Namen. Politiker: Kurt-Georg Kiesinger (CDU) – Bundeskanzler; Karl Schiller (SPD) – Wirtschaftsminister; Ewald Bucher (FDP) – Justizminister; Karl Carstens (CDU) – Bundespräsident; Rolf Dahlgrün (FDP) – Finanzminister; Hermann Höcherl (CSU) – Landwirtschaftsminister; Hans Filbinger (CDU) – Ministerpräsident von Baden-Württemberg. Justiz: Wolfgang Fränkel – Generalbundesanwalt; Hubert Schrübbers – Präsident des Verfassungsschutzes; Volkmar Hopf – Präsident des Bundesrechnungshofes. Wirtschaftsführer: Friedrich Flick; Josef Neckermann; Hermann Quandt und Rudolf-August Oetker.

237 Regierungserklärung Adenauers vom 20.9.1949.

238 Damit wird die Eindämmungstheorie beschrieben, nach der die US-Regierung unter Präsident Truman versuchte, die Einfluss Sphären der nach der Weltmacht strebenden sozialistischen Sowjetunion zu begrenzen.

239 Das Erste Amnestiegesetz von 1949 sah unter Art. 10 allerdings die Möglichkeit einer Selbstanzeige mit dann verminderter Strafe unter dem Begriff der »Verschleierung des Personenstandes« aus politischen Gründen vor. Von den angenommenen 80.000 Personen sollen sich 241 gestellt haben. Nach: https://de.wikipedia.org/wiki/Straffreiheitsgesetz_1954.

240 Eine deutliche Ausnahme machten die SPD-Anhänger und Abgeordneten.

241 Die Zahlen sind kaum zu glauben, aber nach Joachim Telgenbüscher, Mitarbeit: Olaf Mischer und Andreas Sedlmaier in: Deutschlands dunkles Erbe. In GEO Epoche, Nr. 88: Das Jahr 1968. S. 111–119, waren 1950 »90 Prozent aller Richter und Staatsanwälte in Bayern ehemalige Nationalsozialisten.« Das Bonner Außenministerium beschäftigte ein Drittel belasteter Diplomaten und die Wirtschaft war dominiert von Profiteuren des NS-Regimes.

242 Umfragen von 1955 nannten Hitler einen »großen Staatsmann« aber verurteilten den von ihm angezettelten Krieg.

243 Lange wurde in der politischen Geschichtsschreibung der Vorwurf gemacht, dass die Kriegsgefangenen-Politik wissenschaftlich ignoriert wurde. Das stimmt so nicht, wie beispielhaft an der folgenden Veröffentlichung zu sehen ist: Elena Aggazi/Erhard Schütz (Hrsg.): *Heimkehr:*

eine zentrale Kategorie der Nachkriegszeit. Geschichte, Literatur und Medien. Berlin 2010.

244 Von den Wehrmachtsangehörigen, die am Kriegsende in Gefangenschaft gerieten, waren 435.000 bei den britischen Alliierten; 630.000 in französischer Gefangenschaft, verschwindend geringe 30.000 bei den amerikanischen Truppen.

245 Konrad Adenauer hatte im Gegenzug die Aufnahme diplomatischer Beziehungen mit der Sowjetregierung angeboten. Das wurde übrigens ziemlich kritisiert.

246 Spätheimkehrer wurde ein klar definierter Begriff: Dieser galt für alle, die nach dem Jahresende 1946 zurückkehrten.

247 Viele der entscheidenden NS-Archive befanden sich im Osten und derartige (berechtigte) Anschuldigungen wurden in einem sogenannten »Braunbuch« gesammelt.

248 Theodor Oberländer (Vertriebenenminister) hatte Tausende von Zivilisten in Polen und der Ukraine erschießen lassen. Mit diesem Thema kam Kanzler Adenauer in Bedrängnis. Heinrich Lübke, Bundespräsident, soll angeblich als Architekt Konstruktionszeichnungen von Konzentrationslagern angefertigt haben.

249 Zuvor war die SED-Spitze heftig vom Großen Bruder kritisiert worden. In ziemlicher Unkenntnis, dass deren Forderung nach Produktionsgütern verbunden mit den vorherigen Demontagen eine wesentliche Ursache bildeten.

250 Deshalb konnte auch West-Berlin nicht zum zwölften Bundesland werden, sondern bekam einen Sonderstatus mit der Überwachung durch die drei Westalliierten.

251 Graf Coudenhove-Kalergi hatte die Paneuropa-Union ins Leben gerufen mit der klaren Absicht, durch einen europäischen Schulterschluss weitere Kriege zu verhindern. Aristide Briand verfolgte dieselbe Idee 1930, was aber an nationalen Egoismen scheiterte.

252 Der Europarat wurde in Strasbourg gegründet und bestand neben den OECD-Mitgliedern zusätzlich aus den USA und Kanada. Der Europarat von 1949, der noch heute besteht (natürlich mit erweiterter Mitgliederzahl), wurde zur moralischen Institution mit der Vereinbarung der »Europäischen Konvention zum Schutze der Menschen«. Dies war auch eine direkte Reaktion auf die gerade erlebten Kriegsgräuel.

253 Gleichzeitig wurde auch EURATOM, die Europäische Atomgemein-schaft gegründet.

254 Bis heute debattieren Historiker, ob hierbei eine Chance auf eine frühere Wiedervereinigung verschenkt wurde. Realistisch ist diese Annahme nicht.

255 Durch die Demontagen lag die Produktionskapazität am Boden und sobald die Planwirtschaft einigermaßen in Gang kam, mussten aus der DDR Kapital und Produkte im großen Umfang in die Sowjetunion gelie-fert werden.

256 Auch die 68er-Bewegung lässt sich datieren: 1968 bis 1972.

257 Hier der Hinweis, dass Politikwissenschaften und Soziologie neue Studienfächer waren.

258 Beide Helden waren Ikonen der studentischen Revolte und Abbilder des kommunistischen Vietcong-Kämpfers sowie des bolivischen Freiheits-helden, des Guerillero Che Guevara fanden sich überall. Als deutsche anti-kapitalistische Ikonen gab es Karl Liebknecht und Rosa Luxemburg.

259 In Westberlin hatte sich eine selbsternannte »Rote Garde« gebildet und Maos Rotes Buch wurde siebzigtausendfach verkauft.

260 Außerdem wurde für eine Reform der Universitäten, für eine »freie« Gesellschaft, gegen Gewaltherrschaft in aller Welt eingetreten.

261 Hier ist besonders die Springer-Presse zu erwähnen, die vor allem mit der populären Bild Zeitung ein massives öffentliches Gegengewicht zu den 68ern und sämtlichen linksgerichteten Bewegungen darstellte. Im Gegenzug positionierte sich das Magazin »Der Spiegel« auf Seiten der Linksintellektuellen.

262 Gilcher-Holtey, Ingrid: Die 68er Bewegung. Deutschland – Westeuropa – USA. München 2001, S. 7.

263 Der Todesschütze, dem wohl an einer Provokation gelegen war, hieß Karl-Heinz Kurras. Ihm passierte nichts, er wurde befördert und starb nach langem Pensionsbezug. Die Wahrheit über ihn kam erst mit der Sichtung der Stasi-Akten ans Licht.

264 Am 20. Februar 1968 kam es zu einer bürgerlichen Gegendemonstration von 60.000 Westberlinern, die ein hartes Vorgehen gegen die »Volks-feinde« im Inneren forderten.

265 Seine genauen Worte waren: »Reißen wir das Fenster auf, um frische Luft hereinzulassen. Aber die Fensterscheiben müssen heil bleiben.«

266 Auflösung und Hinterfragung autoritärer Strukturen und Rahmenbedingungen. Darein fällt zum Beispiel auch die anti-autoritäre Erziehungsidee, die zuvor als selbstverständlich geltende pädagogische Rahmenbedingungen auf den Prüfstand stellte.

267 Dies war den Protestlerinnen durchaus bewusst: Sie wurden als Zuarbeiterinnen, Gefährtinnen oder erotische Aufregerinnen in der Kommune (Uschi Obermeier) wahrgenommen. Den Frauen war dies klar und sie forderten mehr Aufmerksamkeit und ihnen ist der Satz: »Das Private ist auch politisch« zu verdanken.

268 Alice Schwarzer wurde zur Ikone der Frauenbewegung. Als »Ober-Feministin« und Herausgeberin der Zeitschrift »Emma« spaltete sie allerdings die Gesellschaft in Gegner/innen und Befürworter/innen. Heute, sozusagen ein halbes Jahrhundert später, kann diese Diskussion gelassen betrachtet werden. Ohne die kämpferischen Feministinnen der 70er-Jahre wäre die Gleichberechtigung der Frauen – auch 2020 – noch weniger »gleichberechtigt«, in den Bereichen Politik und Wirtschaft und ganz generell in der gesellschaftlichen Teilhabe.

269 Die französische Philosophin Simone de Beauvoir hatte bereits 1949 das aufsehenerregende Buch unter dem Titel: »Das andere Geschlecht« geschrieben.

270 Die Forderungen der Aktionsforen sahen folgendermaßen aus: Erstens Abtreibung sollte nicht mehr als strafbar gelten; zweitens Fachärzte sollten die Erlaubnis erhalten, einen Schwangerschaftsabbruch auf Wunsch der Frauen vornehmen zu dürfen; die Krankenversicherungen sollten für die verschriebene Pille und die Abtreibung zahlen.

271 Bis heute ist Abtreibung in der Deutschen Gesellschaft umstritten und steht nach wie vor unter Strafe, außer es werden bestimmte Bedingungen erfüllt. Zudem führte der Zusatzparagraph 219a StGB im Juni 2019 zur Verurteilung von mehreren Ärzten/Ärztinnen, die angeblich durch die dargebotenen Informationen zum Schwangerschaftsabbruch »Werbung« für diesen gemacht haben. Die Debatte um Straffreiheit der Abtreibung oder mindestens zur Abschaffung des § 219a StGB ist seither erneut entflammt.

272 Gudrun Ensslin und Andreas Baader waren die Gründungsmitglieder der»Roten Armee Fraktion«.

273 Um diesen Selbstmord rankten sich viele Theorien und Geschichten. Wie waren die einsitzenden RAF-Häftlinge an die Waffen gekommen? Wie hatten sie sich zum gemeinsamen Selbstmord verabreden können? Nach der Wiedervereinigung wurden an unauffälligen ehemaligen DDR-Orten einige der zweiten Garde der Terroristen wiederentdeckt. Die DDR-Regierung hatte ihnen eine zweite Identität und unauffällig Asyl gewährt.

274 Ziel dieser Reformen – bei allen Parteien – war eine Schärfung der programmatischen Ziele, eine Mitgliederanwerbung im großen Stil, um sich in richtige Volksparteien zu verwandeln. Keine der in der neuen Bundesrepublik aktiven Parteien konnte inhaltlich an frühere Zeiten (Kaiserreich und Weimarer Republik) anknüpfen.

275 1969 hatte die CDU mit 46 Prozent die Fraktionsmehrheit gewonnen.

276 Die Vier Mächte hatten die Gesamtverantwortung für den deutschen Staat und nicht für zwei.

277 Hierbei war zu einem diplomatischen Trick gegriffen worden, denn die Bonner Regierung hatte der sowjetischen Regierung zusammen mit dem Vertragswerk einen »Brief zur deutschen Einheit« beigelegt, der den Wunsch nach einer Wiedervereinigung beinhaltete. Die sowjetische Seite nahm dies zur Kenntnis.

278 Berühmt geworden ist Willy Brandts Kniefall im Warschauer Ghetto am Tage der Vertragsunterzeichnung, mit dem er die unsühnbare Schuld der NS-Verbrechen an diesem Ort des Todes und der Verzweiflung zum Ausdruck bringen wollte.

279 Die Oder-Neiße-Linie zum Westen und die Curzon-Linie, die Grenze von 1947 zur Sowjetunion. Dazwischen lag Polen.

280 Außerdem war dies die Vorbedingung für weitere Ostverträge mit der Tschechoslowakei und der DDR.

281 Dies alles sollte mit einem Transitabkommen, einem Post- und Fernmeldeabkommen, sowie einem Verkehrsabkommen erreicht werden.

282 Das Bundesverfassungsgericht, angerufen von der Bayerischen Landesregierung, erklärte den Grundlagenvertrag als mit dem Grundgesetz vereinbar.

283 Ausgerechnet bei dem Initiator der Ostverträge plus Grundlagenvertrag hatte die Stasi – der DDR Geheimdienst – einen Spion als engen Mitarbeiter des Bundeskanzlers platziert.

284 Von 1975 an stieg der Arbeitslosenanteil auf eine Million an und nahm stetig zu.

285 Gründung der OPEC.

286 Die KSZE Schlussakte (August 1975) beinhaltete eine Bestätigung der Nachkriegsgrenzen; verbesserte Menschenrechte und formulierte das Ziel einer engeren Zusammenarbeit.

287 Beispiel der »Krefelder Appell« vom April 1980, bei dem 2,7 Millionen Unterschriften gesammelt worden waren.

288 Inzwischen gab es über zwei Millionen Arbeitslose.

289 Mit »sinnsuchend« ist eine neue Hinwendung zu alternativen und esoterischen Lebensformen gemeint. Neben dem politischen Engagement rückte die persönliche Befindlichkeit mehr in den Mittelpunkt.

290 Die unter Bundeskanzler Schmidt so umstrittenen Stationierungen neuer Waffensysteme fanden im November 1983, also unter der Bundeskanzlerschaft Kohl, statt.

291 Im Jahr 1987 kam es noch zu einem spektakulären Staatsbesuch von Erich Honecker in Bonn.

292 Das Zitat wurde in Laufe der Zeit angepasst. Das Original lautete: »Ich glaube, Gefahren warten nur auf jene, die nicht auf das Leben reagieren.«
https://archiv.bundesregierung.de/archiv-de/rede-von-bundeskanzlerin-merkel-zur-der-eroeffnung-der-fotoausstellung-zum-leben-von-michail-gorbatschow-424514.

293 Die Reisefrage war nicht so neu, wie sie im Jahr 1989 erschien. Die DDR hatte gemeinsam mit anderen Ländern die KSZE-Schlussakte von Helsinki im August 1975 unterschrieben. Seitdem pochten Ausreisewillige DDR-Bürger auf ihr Recht der Freizügigkeit.

294 Rede von US-Präsident Ronald Reagan in West-Berlin am 12. Juni 2987.

295 Die SED-Regierung machte den Vorschlag einer Vertragsgemeinschaft, auf den Kohl mit der Idee eines Zehn-Punkte-Plans konterte.

296 Von November bis Jahresende 1989 hatten schon 120.000 DDR-Bürger das Land verlassen. Für das gesamte Jahr 1989 ist von über 350.000 die Rede.

297 Genauer: Allianz für Deutschland 48,1 %, SPD 21,8 %; PDS 16,3 % und Bündnis 90 2,9 %.

298 Wie sich herausstellte, war diese finanzielle Annahme nicht ausreichend. Zu diesem Zeitpunkt konnte nicht abgesehen werden, wie marode die DDR-Wirtschaft wirklich war und welche Summen zu fließen hatten, um die größten Finanzlöcher überhaupt zu schließen.

299 Der 8. oder 9. November kamen als Feiertage aus historischen Gründen nicht in Frage: Im Vordergrund steht hier die Reichspogromnacht vom 9. November 1938. Man wollte verhindern, dass die Opfer in Vergessenheit gerieten und durch den neuen Feiertag marginalisiert würden oder dass unter dem Deckmäntelchen des Tags der Deutschen Einheit vielleicht neonazistisches Gedankengut gefeiert werden könnte.

300 Betroffen von dieser Regelung waren auch viele ehemalige Rittergüter und adlige Besitzungen. Bundeskanzler Kohl hatte erklärt, dass die Nicht-Zurückstellung an diese Personengruppe eine Forderung der Sowjetunion gewesen wäre. Dies ist nicht erwiesen, aber dass einer kleinen ehemaligen Elite kein Extra-Bonus zukommen sollte, war politisch aus seiner Sicht wohl vertretbar.

301 Einer der Vorwürfe an die Treuhand ist heute, dass nie wirklich Sanierungen der Ostbetriebe das Ziel waren, sondern möglichst viele Staatsbetriebe aufgelöst werden sollten. Die Folge waren 1990 1, 8 Millionen ehemals ostdeutsche Arbeitslose.

302 Der Film:»Die Welt der Anderen« des Regisseurs Florian von Henckel-Donnersmarck illustrierte dies wie kaum etwas anderes.

303 In den ersten Jahren nach der Wiedervereinigung erfolgte ein wahrer »Run« auf die Akteneinsicht, die mit vielen schmerzlichen Erkenntnissen stattfand. Heute werden nur noch ungefähr 40.000 Akten pro Jahr konsultiert.

304 Im Vergleich hierzu die Kosten des Marschall-Plans, der im Zeitraum von 1948–1952 in das kriegszerstörte Europa Kredite, Rohstoffe, Lebensmittel pumpte. Die Berechnung geht von 14 Milliarden Dollar aus, die heute mit 131 Milliarden Dollar berechnet werden.

305 Heute ist bekannt, wie gerade der Irakkrieg in einem Dominoeffekt zu einer massiven Destabilisierung des gesamten Nahen Ostens führte.

306 Das geschah erst durch den Westfälischen Frieden von 1648, mit dem der Dreißigjährige Krieg beendet wurde.

307 Wilhelm Jordan, Berliner Abgeordneter während einer Debatte in Frankfurter Paulskirche zum Entwurf der Reichsverfassung vom 5. Juli 1848. Streitgegenstand war die Frage, wer als »Deutscher« im Sinne der neuen Verfassung galt, da dies noch nicht geklärt war. Siehe hierzu Gosewinkel, Dieter: Einbürgern und Ausschließen. Göttingen 2011, S. 113.

308 Daniel Jonah Goldhagen: Hitlers willige Vollstrecker. Ganz gewöhnliche Deutsche und der Holocaust. Berlin 2012. Die vielbesprochene Originalausgabe: Daniel Jonah Goldhagen: Hitler's Willing Executioners: Ordinary Germans and the Holocaust. New York 1996.

309 Die mehrfache Olympia-Biathletin Magdalena Neuner aus dem bayerischen Dorf Wallgau formulierte es folgendermaßen: »Heimat ist ein Gefühl.«

310 Andreas Fahrmeir: Die Deutschen und ihre Nation. Geschichte einer Idee. Ditzingen 2017, S. 8, bringt es in seiner Einleitung auf den Punkt: »Zentrale Frage von jeder Geschichte von Nationalismen ist daher, wer die Grenzen von Nationen zu unterschiedlichen Zeiten wie bestimmte und welche Resonanz solche Grenzziehungen hatten.«

311 Ganz besonders zu empfehlen bei dem Thema Migration ist die Veröffentlichung von Jochen Oltmer: Migration. Geschichte und Zukunft der Gegenwart. Darmstadt 2017 (Künftig zit.: Oltmer).

312 Luther, dem wir weite Teile der deutschen Sprache verdanken, verwendet als Übersetzung für die lateinischen Wanderungsbegriffe: »reisen«, »ziehen« und »wandeln«. Die Gebrüder Grimm, Sprachforscher, nahmen sich ebenfalls den Wanderungsbeschreibungen an und verwendeten für »migrare« und »migratio«, genau diesen Begriff »wandern« im Sinne von Fortzug.

313 Davon profitierte auch die Hauptstadt Berlin, in der 1700 jeder fünfte Bewohner hugenottische Wurzeln hatte.

314 Oltmer, S. 49.

315 Zahlen nach Oltmer, S. 22.

316 Hierauf kann nicht groß eingegangen werden, aber Länder Südamerikas wie Argentinien und Brasilien erfreuten sich auch hoher Beliebtheit bei den auswanderungswilligen Deutschen.

317 Logistik ist hier das Stichwort. Neue maritime Möglichkeiten mit großen, modernen Passagierdampfern erleichterten, den gewünschten
Zielort zu erreichen.

318 Eine Rolle spielten hierbei auch die finanziellen Rücküberweisungen,
die es schon lange gibt und die bei den Daheimgebliebenen die Hoffnung und Zuversicht, auch am Geldsegen teilzuhaben, schürten.

319 Oltmer, S. 68, verweist auf die Praxis in Hannover (in den 1840er-
Jahren), bei denen 3.000 Ausreisewilligen die Passage bezahlt wurde.
Das galt als »Export der sozialen Frage«.

320 In Hochzeiten des Eisenbahnbaus, um 1875, sollen bis zu einer halben
Million Schienen verlegt worden sein.

321 Nach Oltmer, S. 93.

322 Im geringeren Maße waren sogar Arbeiter aus Belgien und den Niederlanden sowie Italien angelockt worden. Die ganz überwiegende Mehrheit war jedoch preußisch-polnisch, polnisch und russisch-polnisch.

323 Die »antipolnische Abwehrpolitik« manifestierte sich in einer Reihe von
Gesetzen, die alle darauf gerichtet waren, Bestrebungen der Sesshaftigkeit zu verhindern. Sie liefen unter den Begriffen wie Rückkehrzwang
und Sperrfristen sowie unter Identifikations- und Legitimationskarten.
Kontrolle als Vermeidungsstrategie.

324 Oltmer, S. 92 belegt diese Entwicklung mit Zahlen. Während 1871
schon 15 Prozent aller Juden Städter geworden waren, lagen die anderen
noch bei einem Drittel. 1910 lebten 53 Prozent aller Juden in Großstädten, aber nur 21 Prozent der gesamten Bevölkerung.

325 Mit diesem Begriff ist die geheime Unterstützung der äußeren Feinde
des Landes – während Kriegszeiten – gemeint. Also mit anderen Worten
eine Art von Verrat.

326 Als Folge des Nationalsozialismus und des Zweiten Weltkrieges emigrierten viele Russen dann in die Vereinigten Staaten.

327 Oltmer, S. 20.

328 Eine wesentliche Rolle zur positiven Öffentlichkeitsmotivierung spielten auch private Initiativen, wie die des Journalisten Rupert Neudeck,
mit »ein Schiff für Vietnam« und die »Cap Anamur«. Von diesen Schiffen konnten Flüchtlinge direkt nach Deutschland gebracht werden.

329 Jochen Olmert im Interview von Cornelius Pape. Erschienen am vom 09. August 2019 In: MiGAZIN – Integration und Migration in Deutschland. Dort das abschließende Zitat.

330 Das Bundesvertriebenengesetz (BVG) kam im Mai 1953 und wurde als »Instrument zur Kriegsfolgenbewältigung« eingesetzt. Seitdem wurde es mehrmals überarbeitet.

331 Erste Warnungen zu einer Flüchtlingswelle, die sich langsam ihren Weg aus Syrien Richtung Europa und damit Deutschland bahnte, gab es schon 2013 auf der Diskussionsagenda der Münchner Sicherheitskonferenz. Diese wurden jedoch zugunsten anderer Themen, die für wichtiger erachtet wurden, gestrichen.
Erste Klagen von italienischer Seite, dass in Lampedusa massenhaft Leichen von afrikanischen Flüchtlingen angespült wurden, stammen von 2009. Dementsprechend kann eigentlich nicht von einer überraschenden Flüchtlingsbewegung die Rede sein.

332 Bundesinnenminister Thomas de Maizière in seinem Zehn-Punkte-Katalog für eine deutsche Leitkultur, April 2017. Zu finden unter: https://www.faz.net/aktuell/politik/ausland/bundesinnenminister-wir-sind-nicht-burka-14994266.html.

333 Derselbe. Zu finden unter: https://www.faz.net/aktuell/politik/inland/de-maiziere-entfacht-heftige-debatte-ueber-leitkultur-14994920.html.

334 Luther in seinen Reden bei Tisch, in: Veit-Jakobus, Dietrich: Martin Luther. Sein Leben und seine Zeit. München 2017.

ZEITTAFEL

Die Ur-Deutschen: die Germanen

1.000 v. Chr.	Erwähnung der »wilden Stämme«
600 v. Chr.	Germanische Stämme siedeln
550 v. Chr.	Bajuwaren kommen als Stamm hinzu
325 v. Chr.	»Gerüchte« über die Existenz der Germanen
117 v. Chr.	Germanischer Treck kommt nach Kärnten
105 v. Chr.	Schlacht von Arausio
101/102 v. Chr.	Römer schlagen die germanischen Heere
53 u. 55 v. Chr.	Caesar reist über den Rhein nach Germanien
9 n. Chr.	Schlacht im Teutoburger Wald
16 n. Chr.	Kaiser Tiberius ruft seine Truppen aus Germanien zurück
350 n. Chr.	Erste Bibelübersetzung durch Wulfila
375–568 n. Chr.	Völkerwanderung
418 n. Chr.	Erste Edikte
475 n. Chr.	Codex Euricianus
476–493 n. Chr.	Germane Odoaker
ab 500 n. Chr.	Germanische Sprache entwickelt sich Christlicher Glaube im germanischen Gebiet
466–511 n. Chr.	Frankenkönig Chlodwig

482–918	*Franken*
482–511	Chlodwig I., erster fränkischer Herrscher
498	Chlodwig tritt zum Christentum über
507	Paris wird Hauptstadt des Frankenreiches
542	Pest
688–741	Karl Martell
720/21	Salbung Pippin III.
720–755	Mönch Bonifatius
756	Pippinische Schenkung
741–768	Pippin III.
742–814	Karl der Große
768–814	Regierungszeit Karls des Großen
784	Schlacht mit den Sachsen
794	Aachen wird das Zentrum des Reiches
800	Krönung Karls des Großen
814–840	Ludwig der Fromme
830	Vita Karoli Magni
843	Vertrag von Verdun
911–918	Konrad von Franken
1165	Heiligsprechung Karls des Großen

Das Deutsche Mittelalter: Von den Ottonen bis zum Investiturstreit

919–1024	Liudolfinger: Dann *Ottonen* genannt
919–936	Heinrich I. von Sachsen
912–936	Otto der Große
ab 930	Regierungszeit Ottos des Großen
955	Schlacht auf dem Lager Lechfeld
962	Kaiserkrönung Otto I. (Heiliges Römisches Reich)
973–983	Otto II.
980–1002	Otto III.
996	»Kaiser der Römer«
1000	Otto III. lässt die Gruft Karls des Großen öffnen
1024–1125	*Salier* (auch Franken)
973–1024	Heinrich II.
1000–1039	Konrad II.
1039–1056	Heinrich III.
1050–1106	Heinrich IV.
1020–1039	Papst Gregor VII.
1054	Spaltung der Kirche in eine Römische und eine Orthodoxe
1077	Gang nach Canossa
1095	Aufruf zum Kreuzzug
1106	Heinrich V. wird König
1111	Heinrich V. wird zum Kaiser gekrönt
1122	Wormser Konkordat
ab 1152	Dynastie der *Staufer* übernimmt
1152–1190	Friedrich I. von Hohenstaufen (Barbarossa)
1155	Kaiserkrönung Friedrich Barbarossas
1184	Reichstag in Mainz
1165–1197	Heinrich VI.

1191	Heinrich VI. von Staufen zum Kaiser gekrönt
1194	Heinrich VI. als König von Sizilien gekrönt
1194–1250	Friedrich II. von Staufen
1215	Deutscher König
1220	Kaiserkrönung
1197–1250	Regierungszeit Friedrich II.
1160–1216	Papst Innozenz
1230	Gründung der Stadt Berlin
1254–1273	Interregnum

Der Schwarze Tod im Spätmittelalter

1273	Wahl Rudolf von Habsburg zum Kaiser
ab 1273	mit Unterbrechungen: Die *Habsburger* Dynastie
1268–1314	König Philipp IV. von Frankreich
1305–1314	Papst Clemens V.
1309–1414	Kirchenschisma: Päpste leben in Avignon
ab 1316	Papst Benedikt XII.
ab 1342	Papst Clemens VI.
ab 1343	Ablasshandel
1347–1353	Pestseuche
1349	Luxemburger Karl IV.
1356	Goldene Bulle
1358	Erste deutsche Universität (Prag)
1440	Erfindung des Buchdrucks
1495	Reichstag zu Worms

bis 750 n. Chr.	Lingua Romane: Lateinisch wurde gesprochen
ab 1000	die verschiedenen germanischen Sprachen benannt
600–1050	Althochdeutsch
ab 800	Sprachentwicklung unter Karl dem Großen
825	Kloster Fulda: Althochdeutsche Bibelversion
1050–1350	Mittelhochdeutsch
1356	Goldene Bulle als erstes Reichsgesetz
1350–1650	Neuhochdeutsch
1400–1468	Johannes Gutenberg
1446	Buchdruck
1466–1536	Erasmus von Rotterdam
1516	Erste Druckausgabe des Neuen Testamentes
1532	Erstes Deutsches Strafgesetzbuch (Constitutio Criminalis Carolina)
1483–1546	Martin Luther
1521–1534	Luther übersetzt die Bibel
1544	Luthers gedruckte Bibelübersetzung
ab 1605	gab es gedruckte Zeitungen
1785–1863	Jacob Grimm
1786–1859	Wilhelm Grimm
1854	»Der Grimm«: Erstes Deutsches Wörterbuch
1812–1819	Grimms Kinder- und Hausmärchen
1829–1911	Konrad Duden
1876	Orthographische Konferenz
1880	Rechtschreibwörterbuch: »Der Duden«

Die Reformation und der Dreißigjährige Krieg

1480–1520	Deutscher Humanismus
1517–1618	Reformation(s)kriege
1415–1500	Friedrich III. von Habsburg
1459–1519	Kaiser Maximilian I.
ab 1508	Krönung Maximilians zum Kaiser
1500–1558	Karl V.
ab 1519	Krönung Karl V. zum Römisch-Deutscher Kaiser
1466–1536	Erasmus von Rotterdam
1473–1543	Nikolaus Kopernikus
1400–1468	Johannes Gutenberg
1517	Luthers Thesen
1520	Luthers »*Freiheit eines Christenmenschen*«
1521–1534	Luthers Bibelübersetzung
1521	Reichstag zu Worms
ab 1523	Reformatoren werden als Ketzer betrachtet
1523–1525	Bauernkriege
1525	Luthers »*Ermahnung zum Frieden*«
1525	»*Wider die räuberischen Rotten der Bauern*«
1529	Verbot aller Glaubenserneuerungen
1530	Reichstag zu Augsburg
1545–1563	Konzil von Trient
1555	Augsburger Religionsfrieden
1503–1564	Ferdinand I.
ab 1556	als Kaiser Ferdinand
1578–1637	König Ferdinand II.
1619	Krönung Kaiser Ferdinand II.
1618	Prager Fenstersturz; Beginn des Krieges
1618–1648	Dreißigjähriger Krieg

1620	Katholischer Sieg
1643	Zusammenkunft in Münster, Westfalen
1648	Westfälischer Frieden

Absolutismus und Aufstieg Preußens

1648–1806	Zeit des Absolutismus
ab 1700	Zeitalter der Aufklärung
1648	378 Gebietsteile bilden das Heilige Römische Reich
1620–1688	Friedrich-Wilhelm von Brandenburg
ab 1640	»Der große Kurfürst«
1646	Heirat mit Louise Henriette von Oranien
ab 1646	Zuzug von Holländern in die Mark Brandenburg
1675	Schlacht bei Fehrbellin
1685	Aufnahme von Hugenotten in Brandenburg-Preußen
1701	Krönung des ersten Preußischen Königs
1701–1714	(Spanische Erbfolgekriege)
1713	König Friedrich Wilhelm I. (Soldatenkönig)
1634–1715	Ludwig XIV. von Frankreich
1717–1780	Maria Theresia von Habsburg
1741–1795	Preußische Expansionskriege
1741–1743	Erster Schlesischer Krieg
1744–1745	Zweiter Schlesischer Krieg
1742	Römisch-Deutscher Kaiser Karl VII. (v. Bayern)
1756–1763	Siebenjähriger Krieg
1772–1795	Teilungen Polens
1657–1713	Friedrich III.

ab 1701	König Friedrich I.
1688–1740	König Friedrich Wilhelm I.
1732	Salzburgische Protestanten kommen nach Preußen
1712–1786	König Friedrich II.

Von der Aufklärung zur Französischen Revolution

1789–1815	Zeit der Revolution
1792	Frankreich wird zur Republik
ab 1792	Revolutionskriege
1792–1814	Sechs Koalitionskriege gegen Frankreich
1792–1797	Erster Koalitionskrieg mit Preußen/Österreich/England
1799–1802	Zweiter Koalitionskrieg mit Österreich/Russland/England
1804	Napoleon krönt sich zum französischen König
1805	Dritter Koalitionskrieg mit Russland/Österreich/Schweden
1807/07	Vierter Koalitionskrieg mit Preußen
1812–1814	Sechster Koalitionskrieg mit Preußen
1813/14	Befreiungskriege
1744–1797	Friedrich Wilhelm II. von Preußen
1770–1840	Friedrich Wilhelm III. von Preußen
ab 1790	Kaiser Leopold von Habsburg
1768–1855	Kaiser Franz II.
1804–1835	Kaiser Franz I. von Österreich
	Ludwig XVI. von Frankreich
Februar 1792	Freundschaftsvertrag zwischen Österreich und Preußen

April 1792	Französische Kriegserklärung an Österreich
	Preußen stellt sich an die Seite Österreichs
August 1792	Koblenzer Manifest
September 1792	Kanonade von Valmy
September 1792	Abschaffung der Monarchie in Frankreich
	Ausrufung der Republik
1793	Mainzer Republik
April 1795	Basler Frieden
Februar 1801	Frieden von Lunéville
Februar 1803	Reichsdeputationshauptschluss
1804	Kaiserkrönung Napoleons
1806	Gründung des Rheinbundes
1806	Ende des »Heiligen Römischen Reiches
	Deutscher Nation«
Oktober 1806	Kriegserklärung Preußens an Napoleon
Oktober 1806	Preußische Niederlage bei Jena und Auerstedt
Juli 1807	Frieden von Tilsit
1807–1811	Stein-Hardenberg'sche Reformen
1812	Napoleons Russland-Feldzug
Oktober 1814	Völkerschlacht bei Leipzig
1814/15	Wiener Kongress
Februar 1815	Flucht Napoleons von Elba
Juni 1815	Schlacht bei Waterloo

Deutsches Biedermeier und Revolutionäre der Einheit

1815–1848	Biedermeier Zeit
	Zeit der deutschen Industriellen Revolution
1848/49	Revolution
1818–1883	Karl Marx
1820–1895	Friedrich Engels
1848	Kommunistisches Manifest
1867	Karl Marx: »Das Kapital«
1795–1861	Friedrich Wilhelm IV.
1797–1888	Friedrich I.
1815–1898	Otto von Bismarck
ab 1840	Friedrich I. zum »Thronfolger« ernannt
ab 1858	Regent für seinen Bruder
ab 1861	König Friedrich I. von Preußen
ab 1871	Kaiser in Deutschland
1861–1890	Bismarck als preußischer Ministerpräsident

Zweites Deutsches Kaiserreich: Der Nationalstaat

1871–1883	Gründerzeit
1871	Kaiserproklamation in Versailles
1871–1888	Kaiser Friedrich I.
1815–1898	Otto von Bismarck
1857	Wirtschaftskrise
1863	Allgemeiner Deutscher Arbeiterverein
seit 1871	Kiel: »Reichskriegshafen«
1871–1878	Kulturkampf

1873	Drei-Kaiser-Bund: Deutsches Reich, Österreich und Russland
1873	Bankenkrise
1877–1884	Bau des Kaiser-Wilhelm(I.)-Kanals
1875	Gründung der Sozialistischen Arbeiterpartei
Juni/Juli1878	Berliner Kongress
1878–1890	Kampf dem Sozialismus
1879	Zweibund (Deutsches Reich und Österreich-Ungarn)
1882	Dreibund (Deutsches Reich/Österreich-Ungarn/Italien)
1883–1889	Bismarcks Sozialgesetzgebung
1884–1899	Bildung Deutscher Kolonien
1887	Rückversicherungsvertrag
1888	»Drei-Kaiserjahr«
1890	Gründung der Sozialdemokratischen Partei
1890	Entlassung Bismarcks
1893	Franco-Russische Allianz
1895	Eröffnung Kaiser Wilhelm-Kanal
1898	Gesetz über die Kriegsflotte
1900	Bürgerliches Gesetzbuch (BGB)
1898–1914	Gründungen von Flottenvereinen

1904	Anglo-Französische Achse
1907	Anglo-Russische Allianz
1907	Dreier-Achse: Großbritannien/Frankreich/Russland
1914–1918	Erster Weltkrieg
28. Juni 1914	Attentat von Sarajewo
28. Juli 1914	Österreich erklärt Serbien den Krieg
1. August 1914	Kriegserklärung an Russland
3. August 1914	Kriegserklärung an Frankreich
4. August 1914	Kriegserklärung Großbritanniens
August 1914	Schlacht bei Tannenberg
Sept. 1914	Schlacht an der Marne
Okt.–Nov. 1914	Ypernschlacht (1. Flandernschlacht)
1914/15/17/18	Vier Flandernschlachten
ab 1915	Erstarrung der Westfront
1915	Hungerkrawalle
7. Mai 1915	Versenkung der Lusitania
ab 1916	Oberste Heeresleitung: v. Hindenburg und Ludendorff
Mai–Juni 1916	Seeschlacht bei Skaggerak
Juli–Nov. 1916	Schlacht an der Somme
Feb.–Sept. 1916	Schlacht bei Verdun
Nov.–Dez. 1917	Schlacht bei Cambrai
15. Dez. 1917	Waffenstillstand von Brest-Litowsk
3. März 1918	Frieden von Brest-Litowsk
August 1918	Schlacht bei Amiens

26. Sept. 1918	OKH forderte den sofortigen Waffenstillstand
1. Okt. 1918	Waffenstillstandsgesuch
3. Okt. 1918	Max von Baden zum Reichskanzler ernannt
1.–3. Nov. 1918	Matrosenaufstand in Kiel
7. Nov. 1918	Räterepublik in Bayern
9. Nov. 1918	Ausrufung der Republik durch Philipp Scheidemann
8.–9. Nov. 1918	Waffenstillstandsverhandlungen in Compiègne
8. Nov. 1918	Revolution
9. Nov. 1918	Ende der Monarchie (Prinz Max v. Baden) Ausrufung der Republik
11. Nov. 1918	Waffenstillstand
1919–1923	Pariser Vorortverträge
15. Januar 1919	Ermordung von Luxemburg und Liebknecht
Januar 1919	Spartakusaufstand
Februar 1919	Weimarer Nationalversammlung
28. Juni 1919	Friedensvertrag von Versailles
14. August 1919	Verfassung von Weimar tritt in Kraft
März 1920	Kapp-Putsch Generalstreik der Gewerkschaften
April 1922	Vertrag von Rapallo
1923	Hyper-Inflation
9. Nov. 1923	Hitler-Putsch in München
15. Nov. 1923	Währungsumstellung
April 1925	Reichskanzler Paul v. Hindenburg
Sept. 1926	Deutschland wird Mitglied des Völkerbunds
Mai 1928	Reichstagswahlen
Mai 1929	Straßenkämpfe in Berlin

Oktober 1929	Beginn der Weltwirtschaftskrise
ab 1930	Regierung mit Notstandsgesetzen
Sept. 1930	Reichstagswahlen
1930–1932	Zentrumsregierung unter Brüning
31. Juli 1932	Reichstagswahlen
Nov. 1932	Reichstagswahlen

Die Totale Katastrophe des 20. Jahrhunderts

1933–1945	Das »Dritte Reich«
1941–1945	Holocaust
1889–1945	Adolf Hitler
1906–1913	Hitler lebt in Wien
1913	Hitler zog nach München
9. Nov. 1923	Hitler-Putsch in München
30. Jan. 1933	Hitler wird Reichskanzler
1. Feb. 1933	Auflösung des Reichstages
27./28. Februar	Reichstagsbrand
5. März 1933	Letzte freie Reichstagswahl
23. März 1933	Ermächtigungsgesetz
ab März 1933	Aufbau von KZs
30.6.–2.7. 1934	Röhm-Putsch
2. August 1934	Hitler übernimmt auch das Amt des Reichspräsidenten
1. März 1935	Saarland kommt zu Deutschland
16. März 1935	Einführung der allgemeinen Wehrpflicht
15. Sept.1935	Nürnberger Rassengesetze
1936	Winter- und Sommerolympiade
1938/39	Jüdische Massenflucht

13. März 1938	Anschluss Österreichs
30. Sept. 1938	Münchner Abkommen
15. März 1939	Einmarsch in die Tschechoslowakei
April 1939	Nichtangriffspakt (Polen) aufgekündigt
24. August 1939	Hitler-Stalin-Pakt
25. August 1939	Hitler unterzeichnet die Angriffspläne auf Polen
1. Sept. 1939	Deutsche Truppen greifen Polen an
	Beginn des II. Weltkrieges
3. Sept. 1939	Kriegserklärung Großbritanniens und Frankreichs
8. Nov. 1939	Attentat Georg Elsners auf Hitler
9./10. Nov. 1939	»Reichskristallnacht«
seit 1940	»Kampf um England«
April/Juni 1940	Besetzung Frankreichs, der Benelux-Staaten,
	Dänemark und Norwegens
14. Juni 1940	Besetzung von Paris
Winter 1940/41	Krieg auf dem Balkan
seit 1941	»Kampf um Afrika«
22.Juni 1941	Einmarsch der Wehrmacht in die Sowjetunion
ab Okt. 1941	Jüdische Emigration verboten
ab Dez. 1941	Vernichtungslager/Todeslager
ab 1942	Bombardement der deutschen Städte
20. Januar 1942	Wannseekonferenz
Juni 1942	Weiße Rose, in München
23. August 1942–	
2. Februar 1943	Schlacht von Stalingrad
Januar 1943	Sowjetischer Sieg in Stalingrad
Sept. 1943	Britische und amerikanische Truppen in Italien
6. Juni 1944	Landung der Alliierten in der Normandie
22. Juni 1944	Beginn der sowjetischen Offensive
20. Juli 1944	Missglücktes Attentat auf Hitler

ab Sept.1944	Volkssturm
Januar 1945	Sowjetische Truppen überschreiten die Grenze
25. April 1945	Sowjetische und amerikanische Truppen in Torgau
30. April 1945	Hitlers Selbstmord
2. Mai 1945	Berlin kapituliert
8. Mai 1945	Bedingungslose Kapitulation Deutschlands

Die »Stunde Null« und die Nachkriegsrepubliken

1944/45	1–2 Millionen Flüchtlingen aus dem Osten
25. April 1945	Zusammentreffen bei Torgau/Elbe
1. Mai 1945	»Gruppe Ulrich« fliegt ein
Juni 1945	Zulassung von Parteien in der SBZ
Ab Sommer 1945	Enteignungen und Bodenreformen in der SBZ
20. Nov. 1945	Nürnberger Prozesse
1946	9,6 Millionen Flüchtlinge
April 1946	SED bildet sich aus KPD und SPD
Sommer 1946	Erste Landtagswahlen im Westen
1946/47	Bi-Zone als gemeinsamer Wirtschaftsraum
März 1947	Truman-Doktrin
Juni 1947	Marshall-Plan (1946–1952)
	OECD
Februar 1947	Föderale Aufteilung im Westen
März 1947	Londoner Konferenz
März 1948	Tri-Zonen Bildung (mit Frankreich)
Feb.–April 1948	Londoner Sechsmächte-Konferenz
Juni 1948	Londoner Empfehlungen
20./21. Juni 1948	Währungsreform

Juni 1948–	
Mai 1949	Berlin Blockade
März 1948–	
Sept. 1949	Konstituierung von Bundestag und Bundesrat
1949	Zwei Deutsche Staaten
Oktober 1949	Gründung der DDR
	Gründung der Bundesrepublik
April 1949	Washingtoner Außenministerkonferenz
23. Mai 1949	Grundgesetz tritt in Kraft
1949–1963	Konrad Adenauer als »erster« Kanzler
20. Sept. 1949	Erste Regierungserklärung Konrad Adenauers
1953	Volksaufstand
5. Mai 1955	»Souveränität« Westdeutschlands (Pariser Verträge)
1955	Beendigung des Besatzungsstatus

Die Wiedervereinigung

9. Nov. 1989	Mauerfall
18. März 1990	Freie Wahlen in der DDR
18. Mai 1990	Staatsvertrag zwischen der BRD und DDR
Juli 1990	Währungsunion
12. Sept. 1990	»Zwei-plus-Vier-Vertrag« (Moskau)
3. Okt. 1990	Tag der Deutschen Einheit
2. Dez. 1990	Gesamtdeutsche Bundestagswahl
1990–1998	Helmut Kohl als gesamtdeutscher Kanzler Schwarz-Gelbe Koalition
Juni 1991	Berlin wird Hauptstadt

1998–2005	Bundeskanzler Gerhard Schröder
	Rot-Grüne Koalition
1.Januar 2002	Einführung des Euro
September 2005	Bundestagswahl
2005–2009	Bundeskanzlerin Angela Merkel
	Schwarz-Rote Koalition
2009 – 2013	Bundeskanzlerin Angela Merkel
	Schwarz-Gelbe Koalition
2013–2017	Bundeskanzlerin Angela Merkel
Ab 2018	Schwarz-Rote Koalition

Von Wanderungsbewegungen zur Willkommenskultur

375–568	Völkerwanderung
1773–1774	Zarin Katharinas II. Ansiedlungspolitik in Russland
Ab 1680	Hugenotten in Brandenburg
1702–1782	Auswanderungswelle nach Amerika (Philadelphia)
1840–1880	Auswanderung nach Amerika von ca. 4 Mio.
1830 –1900	5,5 Mio. verließen insgesamt Deutschland
1870	Bergbau im Rheinland
1945	2,5 Mio.–14 Mio.»wilde Vertreibungen« (Osten) Flüchtlinge im nach dem II. WK
Ab 1955	»Gastarbeiter« kommen nach Deutschland
1978 –1982	Aufnahme vietnamesischer »Boatpeople«
2015	Flüchtlingskrise

Bibliographie

Abelshauser, Werner: Deutsche Wirtschaftsgeschichte seit 1945. München 2004.

Albisetti, James C.: Mädchen- und Frauenbildung im 19. Jahrhundert. Bad Heilbrunn 2007.

Arendt, Hannah: The Origins of Totalitarism. New York 1951.

Arendt, Hannah: Elemente und Ursprünge totaler Herrschaft. Antisemitismus, Imperialismus, totale Herrschaft. 21. Aufl. München 2019.

Arendt, Hannah: Wir Flüchtlinge. Mit einem Essay von Thomas Meyer. Stuttgart 4. Aufl. 2016.

Aretin, Felicitas von: Mit Wagemut und Wissensdurst. Die ersten Frauen in Universitäten und Berufen. München 2018.

Aretin, Felicitas von: Die Enkel des 20. Juli 1944. Leipzig 2004.

Barth, Rüdiger/Friedrichs, Hauke: Die Totengräber. Der letzte Winter der Weimarer Republik. Frankfurt/M. 2018.

Becher, Matthias: Karl der Große. 6. Aufl. München 2014.

Becker, Jean-Jacques/Krumeich, Gerd: Der Große Krieg. Deutschland und Frankreich im Ersten Weltkrieg 1914–1918. Essen 2010.

Beevor, Anthony: Der Zweite Weltkrieg. 2. München 2016.

Beevor, Anthony: Berlin 1945: Das Ende. München 2002.

Benz, Wolfgang: Der Holocaust. 8. Aufl. München 2014.

Bergdolt, Klaus: Die Pest. Die Geschichte des Schwarzen Todes. München 2018.

Bergdolt, Klaus: Der Schwarze Tod in Europa. Die Große Pest und das Ende des Mittelalters. 7. Aufl. München 2017.

Berghahn, Volker: »Der Erste Weltkrieg«. München 2009.

Beuys, Barbara: Die neuen Frauen–Revolution im Kaiserreich 1900–1914. Berlin 2015.

Blom, Philipp: Der Taumelnde Kontinent. Europa 1900–1914. München. 7. Aufl. 2015.

Bock, Gisela: Frauen in der europäischen Geschichte. Vom Mittelalter bis zur Gegenwart. München 2005.

Böhler, Jochen: Der Überfall. Deutschlands Krieg gegen Polen. Frankfurt a. M. 2009.

Brandes, Detlef/Sundhausen, Holm/Troebst, Stefan (Hrsg.): Lexikon der Vertreibungen. Deportation, Zwangsaussiedlung und ethnische Säuberungen im Europa des 20. Jahrhunderts. Wien 2010.

Becher, Matthias: Otto der Große. Kaiser und Reich. Eine Biographie. München 2012.

Bergdolt, Klaus: Der schwarze Tod in Europa. Die große Pest und das Ende des Mittelalters. 2. Aufl. München 2003.

Bremen, Klaus-Jürgen: 70/71. Preußens Triumph über Frankreich und die Folgen. Darmstadt 2019.

Brenner, Wolfgang: Die ersten hundert Tage. Reportagen vom deutsch-deutschen Neuanfang 1949. Freiburg 2016.

Bruch, Rüdiger von/Hofmeister, Björn (Hrsg.): Kaiserreich und Erster Weltkrieg 1871–1918. Stuttgart 2000.

Caesar, Gaius Julius: De bello Gallico. Der Gallische Krieg. Lateinisch/Deutsch. Commentarii belli Gallici. Die Commentarien über den Gallischen Krieg. Übersetzt und herausgegeben von Marieluise Deißmann. Stuttgart. 2015.

Clark, Christopher: Von Zeit und Macht. Herrschaft und Geschichtsbild vom Großen Kurfürsten bis zu den Nationalsozialisten. 4. Aufl. München 2018.

Clark, Christopher: The Sleepwalkers: How Europe Went to War in 1914. London 2013.

Clark, Christopher: Die Schlafwandler. Wie Europa in den Ersten Weltkrieg zog. München 2013.

Clark, Christopher: Wilhelm II. Die Herrschaft des letzten deutschen Kaisers. München 5. Aufl. 2009.

Clark, Christopher: Preußen. Aufstieg und Niedergang 1600–1947. 11. Aufl. London 2008.

Conrad, Sebastian: Globalisierung und Nation im Deutschen Kaiserreich. München 2006.

Conze, Eckart: Die Suche nach Sicherheit. Eine Geschichte der Bundesrepublik Deutschland von 1949 bis in die Gegenwart. München 2009.

Conze, Eckart: Die Große Illusion. Versailles 1919 und die Neuordnung der Welt. München 2018.

Daban, Mirhag: Kolonialismus. Kolonialdiskurs und Genozid. München 2004.

Damals. Das Magazin für Geschichte. Das Reich Karls des Großen. Hrsg. in Zusammenarbeit mit der W(issenschaftliche)B(uch)G(esellschaft). Darmstadt 2011.

Delius, Hans-Ulrich (Hrsg.): Martin Luther, Studienausgabe, Band 1. Oakland 2009.

Deutsch-Russisches Museum Berlin-Karlshorst. Katalog zur Dauerausstellung. Berlin 2014.

Dreyer, Boris: Arminius und der Untergang des Varus. Warum die Germanen keine Römer wurden. Stuttgart 2009.

Echternkamp, Jörg (Hrsg.): Die Politik der Nation: Deutscher Nationalismus in Krieg und Krisen, 1760–1960. München 2002.

Engelberg, Ernst: Größe und Tragik des Eisernen Kanzlers. München 2017.

Engelberg, Ernst/Engelberg, August: Bismarck. Sturm über Europa. Biographie. München 2014.

Ennen, Edith: Frauen im Mittelalter. 6. Aufl. München 1999.

Evans, Richard J.: The Third Reich in History and Memory. London 2015.

Fest, Joachim: Hitler: Eine Biographie. Berlin 2002.

Frevert, Ute: Frauengeschichte zwischen bürgerlicher Verbesserung und neuer Weiblichkeit. Frankfurt 1986.

Fried, Johannes: Die Deutschen. Eine Autobiographie. Aufgezeichnet von Dichtern und Denkern. München 2018.

Fried, Johannes: Die Anfänge der Deutschen: Der Weg in die Geschichte. Berlin 2015.

Fried, Johannes: Karl der Große. Gewalt und Glaube. Eine Biografie. München 2013.

Fried, Johannes: Canossa. Entlarvung einer Legende. Berlin 2012.

Fuhrmann, Horst: Die Päpste. Von Petrus zu Benedikt XVI. München 2005.

Gall, Lothar: Bismarck. Der weiße Revolutionär. München 1997.

Gerhard, Ute: Frauenbewegung und Feminismus. Eine Geschichte seit 1789. 3. Aufl. München 2018.

Gerhard, Ute (Hrsg.): Frauen in der Geschichte des Rechts. München 1997.

Gerwarth, Robert: Die Besiegten. Das blutige Erbe des ersten Weltkrieges. München 2016.

Gerwarth, Robert: »Republik und Reichsgründung. Bismarcks kleindeutsche Lösung im Meinungsstreit der ersten deutschen Demokratie«. In: Heinrich August Winkler (Hrsg.): Griff nach der Deutungsmacht. Zur Geschichte der Geschichtspolitik in Deutschland. Göttingen 2004. S. 115–133.

Gilcher-Holtey, Ingrid: Die 68er Bewegung. Deutschland– Westeuropa–USA. München 2001.

Goldhagen, Daniel Jonah: Hitlers willige Vollstrecker. Ganz gewöhnliche Deutsche und der Holocaust. Berlin 2012.

Goldhagen, Daniel Jonah: Hitler's Willing Executioners: Ordinary Germans and the Holocaust. New York 1996.

Görich, Knut: Die Staufer Herrscher und Reich. 2. Aufl. München 2008.

Gosewinkel, Dieter: Einbürgern und Ausschließen. Göttingen 2011.

Gruner, Wolf D.: Die deutsche Frage in Europa 1800 bis 1990. München 1993.

Gruner, Wolf D.: Deutschland in Europa 1750–2007. Vom deutschen Mittelalter zum europäischen Deutschland. Klausenburg 2009.

Gruner, Wolf D.: Der deutsche Bund. 1815–1866. München 2012.

Gruner, Wolf D.: Der Wiener Kongress 1814/15. Stuttgart 2014.

Haffner, Sebastian: Anmerkungen zu Hitler. München 1994.

Hage, Wolfgang: Das Christentum im Frühen Mittelalter. in: Manfred Jacobs (Hrsg.): Zugänge zur Kirchengeschichte, Göttingen 1993, Band 4.

Hägermann, Dieter: Karl der Große. Eine Biographie. München 2010.

Hartmann, Christian: Unternehmen Barbarossa. Der deutsche Krieg im Osten 1941-1945. München 2. Aufl. 2012.

Heiberger, Raphael: Die soziale Konstruktion von Preisen. Bamberg 2014.

Hentig, Hartmut von: Nichts war umsonst. Stauffenbergs Not. Göttingen 2008.

Wilfried Hartmann: Karl der Große. Stuttgart 2010.

Hein, Dieter: Deutsche Geschichte im 19. Jahrhundert. München 2016.

Herbert, Ulrich: Geschichte Deutschlands im 20. Jahrhundert. München 2014.

Herwig, Holger H.: Marne 1914: Eine Schlacht, die die Welt veränderte? (Zeitalter der Weltkriege. Bd. 13). Paderborn 2016.

Hoffmann, Peter: Claus Schenk Graf von Staufenberg. Die Biografie. München 2007.

Ilsemann, Alexandra von: Die Politik Frankreichs auf dem Wiener Kongress. Talleyrands außenpolitische Strategien zwischen Erster und Zweiter Restauration. Hamburg 1994.

Ilsemann, Alexandra von: Frauen stützen die Hälfte des Himmels. Asiens Frauen zwischen Tradition und Moderne. Frankfurt 2005.

Jesse, Eckhard (Hrsg.): Totalitarismus im 20. Jahrhundert. Eine Bilanz der internationalen Forschung. Bundeszentrale für politische Bildung. Schriftenreihe Band 336. Bonn 1996.

Jones, Gareth Stedman: Karl Marx. Die Biographie. Frankfurt/M. 2017.

Kampmann, Wanda (Hrsg.): Bismarck, Paderborn 1967.

Kaufmann, Thomas: Martin Luther. 5. Aufl. München 2017.

Karl, Michaela: Die Geschichte der Frauenbewegung. 4. Aufl. Stuttgart 2011.

Keil, Lars-Broder/Kellerhof, Sven Felix: Lob der Revolution. Die Geburt der deutschen Demokratie. Darmstadt 2018.

Kennan, Georg F.: Bismarcks europäisches System in der Auflösung. Die französisch-russische Annäherung 1875–1890. Frankfurt/M., Berlin, Wien 1981.

Kershaw, Ian: Achterbahn. Europa 1950 bis heute. München 2019.

Kershaw, Ian: Der Hitler Mythos. Führerkult und Volksmeinung. München 2018.

Kershaw, Ian: Höllensturz. Europa 1914 bis 1949. München 2017.

Kershaw, Ian: Das Ende: Kampf bis in den Untergang. NS-Deutschland 1944/45. München 2013.

Kershaw, Ian: Wendepunkte. Schlüsselentscheidungen im Zweiten Weltkrieg 1940/41. 4. Aufl. München 2010.

Kershaw, Ian: Der NS-Staat. Hamburg 2009.

Kershaw, Ian: Hitler 1889–1945. München 2009.

Knipp, Kersten: Im Taumel. 1918. Ein europäisches Schicksalsjahr. **Darmstadt 2018.**

Kolb, Eberhard: Bismarck. München 2014.

König, Mareike/Schulz Matthias (Hrsg.): Die Bundesrepublik Deutschland und die europäische Einigung 1949–2000. Politische Akteure, gesellschaftliche Kräfte und Internationale Erfahrungen. (Festschrift für Wolf D. Gruner zum 60. Geburtstag.) Stuttgart 2004.

Krebs, Christopher R.: A Most Dangerous Book. Tacitus' Germania from the Roman Empire to the Third Reich. New York 2012.

Krieger, Karsten (Hrsg.): Der Berliner Antisemitismusstreit 1879–1881, 2 Teile. München 2003/04, Teil 1.

Krumeich, Gerd: Die unbewältigte Niederlage. Das Trauma des Ersten Weltkrieges und die Weimarer Republik. Freiburg 2018.

Krumeich, Gerd (Hrsg.): Versailles 1919. Ziele, Wirkung, Wahrnehmung. Essen 2001.

Kruse, Wolfgang: Die Kriegsbegeisterung im Deutschen Reich zu Beginn des Ersten Weltkrieges. In: Ders.: Der Erste Weltkrieg, München 2014.

Kummer, Joachim: Die gefegte Messe. Luthers Reform des Gottesdienstes. In: Rolf Sons (Hrsg.) Wie feiern wir Gottesdienst? Gemeinde zwischen Tradition und Erlebniskultur. Wuppertal 2005, S. 63.

Langewiesche, Dieter: Der gewaltsame Lehrer. Europas Kriege in der Moderne. München 2019.

Langewiesche, Dieter: Nation, Nationalismus, Nationalstaat in Deutschland und Europa. München 2000.

Leonhard, Jörn: Der überforderte Frieden. Versailles und die Welt 1918–1923. München 2018.

Leonhard, Jörn: Die Büchse der Pandora: Geschichte des Ersten Weltkrieges. München 2014.

Lindner, Konstantin: Biografische Zugänge zur Kirchengeschichte. Religionsdidaktische Auslotungen. In: Stefan Bork, Claudis Gärtner (Hrsg.): Kirchengeschichtsdidaktik. Verortungen zwischen Religionspädagogik, Kirchengeschichte und Geschichtsdidaktik. Stuttgart 2016.

Longerich, Peter: Hitler. Biographie. München 2017.

Luft, Stefan: Die Flüchtlingskrise. Ursachen Konflikte, Folgen. 2. Aufl. München 2017.

Machtan, Lothar: Kaisersturz. Vom Scheitern im Herzen der Macht. Darmstadt 2018.

Machtan, Lothar: Der Endzeitkanzler. Prinz Max von Baden und der Untergang des Kaiserreiches. Darmstadt 2018.

Machtan, Lothar: Hitlers Geheimnis. Das Doppelleben eines Diktators. Berlin 2001.

Machtan, Lothar: Die Abdankung. Wie Deutschlands gekrönte Häupter aus der Geschichte fielen. München 2016.

Mai, Gunther: Die Weimarer Republik. 2. Aufl. München 2013.

Malitz, Jürgen: Die Historien des Poseidonios. München 1983.

Mazon, Patricia M.: Gender and the Modern Research University. The Admission of Women to German Higher Education, 1865–1914. Stanford (Kalifornien). 2003.

Meding, Dorothee von: Mit dem Mut des Herzens. Die Frauen des 20. Juli. München 1995.

Meier, Mischa: Geschichte der Völkerwanderung: Europa, Asien und Afrika vom 3. bis zum 8. Jahrhundert n. Chr. München 2019.

Meyer, Birgit: Can Women change Politics before Politics change Women? The Influence of Women Parliamentarians in Germany after World War II. In: Hoekstra, Hanneke/ Oldersma, Jantine (Hrsg.): Lady Macbeth's sisters–Women's Power in Political Elites in the Transition from Monarchy to Democracy. Leuven, Paris 2011. S. 163–183.

Meyer, Birgit: Frauen in der Politik und Wirtschaft der Bundesrepublik. In: Günther Schulz (Hrsg.): Frauen auf dem Weg zur Elite. Büdinger Forschungen zur Sozialgeschichte. München 2000. S. 189–205.

Meyer, Birgit: Von den Müttern lernen. Politikerinnen im Nachkriegsdeutschland und heute. In: »Ein Glücksfall für die Demokratie«: Elisabeth Selbert. Die große Anwältin der

Gleichberechtigung. Hrsg. von der Hessischen Landesregierung. Frankfurt 1999. S. 249–260.

Meyer, Birgit: »Sie ist der einzige Mann in der Fraktion!« Versuch einer Würdigung der ersten Parlamentarierinnen in der Bundesrepublik Deutschland. In: Bracher, Karl-Dietrich/Funke, Manfred/Schwarz, Hans-Peter (Hrsg.): Deutschland zwischen Krieg und Frieden. Beiträge zur Politik und Kultur im 20. Jahrhundert. Festschrift für Hans Adolf Jacobsen. Düsseldorf 1991. S, 428-441.

Münkler Herfried: Der Grosse Krieg. Die Welt 1914 bis 1918. Hamburg 2015.

Neffe, Jürgen: Marx. Der Unvollendete. Ditzingen 2017.

Nippel, Wilfried: Karl Marx. München 2018.

Nipperdey, Thomas: Deutsche Geschichte 1866–1918. Arbeitswelt und Bürgergeist. München 1990.

Nolte, Cordula: Frauen und Männer in der Gesellschaft des Mittelalters. Darmstadt 2011.

Nonn, Christoph: Bismarck: Ein Preuße und sein Jahrhundert. München 2015.

Oertzen, Christine von: Science, Gender and Internationalism. Women's Academic Networks, 1917–1955. New York 2012.

Ohler, Norman: Der totale Rausch. Drogen im Dritten Reich. Köln 2017.

Oltmer, Jochen: Migration. Geschichte und Zukunft der Gegenwart. Darmstadt 2017.

Oltmer, Jochen: Globale Migration. Geschichte und Gegenwart. 3. Aufl. München 2017.

Pantle, Christian: Der Dreißigjährige Krieg. Berlin 2017.

Pantle, Christian: Die Varusschlacht. Der germanische Freiheitskrieg. 2009.

Paunel, Eugen: Die Staatsbibliothek zu Berlin. Ihre Geschichte und Organisation während der ersten zwei Jahrhunderte seit ihrer Eröffnung. 1661–1871. Berlin 1965.

Platthaus, Andreas: 18/19. Der Krieg nach dem Krieg. Deutschland zwischen Revolution und Versailles. Berlin 2018.

Pohl, Dieter: Verfolgung und Massenmord in der NS-Zeit 1933–1945. Darmstadt 2003.

Pohl, Walter: Die Germanen. Enzyklopädie Deutscher Geschichte Nr. 57. München 2000.

Pötzl, F. Norbert: Bismarck. Der Wille zur Macht. München 2015.

Georg Friedrich Prinz von Preußen (Hrsg.): Kaisertage. Die unveröffentlichten Aufzeichnungen (1914 bis 1918) der Kammerdiener und Adjutanten Wilhelms II. Texte von Paul Schönberg und Stefan Schimmel. Konstanz 2018.

Rahewin IV, Kapitel 86. In: Margarethe Wevers: Einhards Vita Karoli Magni in der mittelalterlichen Geschichtsschreibung und Heldensage. Marburg 1929.

Recker, Marie-Luise: Geschichte der Bundesrepublik Deutschland. 3. Aufl. München 2009.

Reuth, Ralf Georg: Hitler. Eine politische Biographie. Berlin 2005.

Reuth, Ralf Georg: Hitlers Judenhass: Klischee und Wirklichkeit. Berlin 2009.

Reuth, Ralf Georg: Kurze Geschichte des Zweiten Weltkriegs. Berlin 2018.

Ritter, Gerhard A.: Der Preis der deutschen Einheit. Die Wiedervereinigung und die Krise des Sozialstaats. München 2007.

Rudow, Alexander: Furor Teutonicus. Der Sieg des Arminius über die Römer in der Varusschlacht. Rheinbach 2014.

Sandner, Harald: Chronologie einer Apokalypse. Berlin 2018.
Scharff, Thomas: Ein Klassiker mittelalterlicher Geschichtsschreibung. Einhards »Vita Karls des Großen«. In: Regina Toepfer (Hrsg.): Klassiker des Mittelalters, Hildesheim 2019.
Schieffer, Rudolf: die Karolinger. Stuttgart 2006.
Schneidmüller, Bernd: Karl der Große lebt weiter. S. 115–127. Strategien mittelalterlichen Erinnerung III. In: Damals. Das Magazin für Geschichte. Das Reich Karls des Großen. Hrsg. in Zusammenarbeit mit der **W**(issenschaftliche)**B**(uch)**G**(esellschaft). Darmstadt 2011.
Schulthess, Konstanze von: Nina Schenk Gräfin von Stauffenberg. Ein Portrait. München, Zürich 2008.
Schulze, Hagen: Kleine deutsche Geschichte. München 2007.
Seebald, Christian: Libretti vom »Mittelalter«. Entdeckungen von Historie in der (nord)deutschen und europäischen Oper um 1700. Tübingen 2009.
Sitter, Carmen: Die Rolle der vier Frauen im Parlamentarischen Rat: Die vergessenen Mütter des Grundgesetzes. Münster 1995.
Smith, Helmuth Walser: The Continuities of German History: Nation, Religion, and Race across the Long Nineteenth Century. Cambridge 2008.
Staas, Dieter: Migration und Fremdenfeindlichkeit als politisches Problem. Münster, Hamburg 1994.
Steinbach, Peter/Tuchel, Johannes (Hrsg.): Widerstand in Deutschland 1933–1945. Ein historisches Lesebuch. München 2000.

Steinbacher, Sybille: Wie der Sex nach Deutschland kam. Der Kampf um Sittlichkeit und Anstand in der frühen Bundesrepublik. München 2011.

Steinberg, Jonathan: Bismarck. Magier der Macht. Berlin 2015.

Steiner, André: Von Plan zu Plan. Eine Wirtschaftsgeschichte der DDR. München 2004.

Steiner, André (Hrsg.): Überholen ohne einzuholen. Die DDR-Wirtschaft als Fußnote der deutschen Geschichte? Berlin 2006.

Steinfeld, Thomas: Herr der Gespenster: Die Gedanken des Karl Marx. München 2018.

Stollberg-Rilinger: Das Heilige Römische Reich Deutscher Nation. Vom Ende des Mittelalters bis 1806. 5. Aufl. München 2013.

Stöver, Bernd: Der Kalte Krieg. München 2003.

Sonnabend, Holger: Triumph einer Untergrundsekte. Das frühe Christentum–von der Verfolgung bis zur Staatsgründung. Freiburg 2018.

Straub, Eberhard: Kaiser Wilhelm II. in der Politik seiner Zeit. Die Erfindung des Reiches aus dem Geist der Moderne. Berlin 2008.

Süß, Werner (Hrsg.): Deutschland in den neunziger Jahren. Politik und Gesellschaft zwischen Wiedervereinigung und Globalisierung. Opladen 2002.

Tacitus: Germania. Zweisprachige Ausgabe: Lateinisch-Deutsch. Übertragen und erläutert von Arno Mausberger. Köln 2009.

Thamer, Hans-Ulrich: Adolf Hitler. Biographie eines Diktators. München 2018.

Thiemayer, Guido: Europäische Integration. Motive–Prozesse– Strukturen. Köln, Weimar, Wien 2010.

Ueberschär, Gerd R. (Hrsg.): Der Nationalsozialismus vor Gericht. Die alliierten Prozesse gegen Kriegsverbrecher und Soldaten 1943–1952. Frankfurt/M. 2000.

Ueberschär, Gerd R. (Hrsg.): Der 20. Juli. Das »andere Deutschland« in der Vergangenheitspolitik. Berlin 1998.

Ullmann, Hans-Peter: Der deutsche Steuerstaat. Geschichte der öffentlichen Finanzen vom 18. Jahrhundert bis heute. München 2005.

Ullrich, Christina: »Ich fühl' mich nicht als Mörder«. Die Integration von NS-Tätern in die Nachkriegsgesellschaft. Darmstadt 2011.

Ullrich, Volker: Adolf Hitler – die Jahre des Aufstiegs: 1889–1939. Bd. I. Frankfurt 2013.

Ullrich, Volker: Adolf Hitler – die Jahre des Untergangs: 1939–1945. Bd.II. Frankfurt 2018.

Ulrich, Sebastian: Der Weimar-Komplex. Das Scheitern der ersten deutschen Demokratie und die politische Kultur der frühe Bundesrepublik 1945–1959. Göttingen 2009.

Vanden Berghe, Yvan: Der Kalte Krieg 1917–1991. Leipzig 2002.

Vierteljahreshefte für Zeitgeschichte: Hitlers Eintritt in die Politik und die Reichswehr. Jahrgang 7 (1959) Heft 2, S. 177–227.

Vollnhals, Clemens (Hrsg.): Der Schein der Normalität. Alltag und Herrschaft in der SED-Diktatur. München 2002.

Walkenhorst, Peter: Nation, Volk, Rasse. Radikaler Nationalismus im Deutschen Kaiserreich 1890–1914. Göttingen 2007.

Wehler, Hans-Ulrich: Nationalsozialismus. Geschichte, Formen, Folgen. München 2001.

Weinhauer, Klaus (Hrsg.): Terrorismus in der Bundesrepublik. Medien, Staat und Subkulturen in den 1970er Jahren. Frankfurt/M., New York 2006.

Weinke, Annette: Die Nürnberger Prozesse. München 2006.

Weisbrod, Bernd (Hrsg.): Historische Beiträge zur Generationsforschung. Göttinger Generationsforschung 2. Göttingen 2009.

Weischedel, Wilhelm (Hrsg.): Immanuel Kant: Beantwortung der Frage: Was ist Aufklärung? In: Immanuel Kant: Werke in zwölf Bänden. Frankfurt 1977.

Werner, Eva-Maria: Kleine Geschichte der deutschen Revolution von 1848/49. Wien 2009.

Werner, Michael: Die »Ohne-mich«-Bewegung. Die bundesdeutsche Friedensbewegung im deutsch-deutschen Kalten Krieg. Münster 2006.

Wettig, Gerhard: Chruschtschows Berlin-Krise 1958 bis 1963. Drohpolitik und Mauerbau. München 2006.

Wiegels, Rainer/Woesler, Winfried (Hrsg.): Arminius und die Varusschlacht. Geschichte–Mythos–Literatur. Paderborn, München, Wien, Zürich 1995.

Wildenbruch, Ernst von: Gesammelte Werke. 15. Band: Gedichte und kleine Prosa. Nikosia 2017.

Winant, Howard: Race and Race Theory. In: Annual Review of Sociology, Vol. 26 (2000), S. 169–185.

Winkler, Heinrich August: Der lange Weg nach Westen. Deutsche Geschichte I. Vom Ende des Alten Reiches bis zum Untergang der Weimarer Republik. München 2014.

Winkler, Heinrich August: Der lange Weg nach Westen. Deutsche Geschichte II. Vom »Dritten Reich« bis zur Wiedervereinigung. München 2014.

Winkler, Heinrich August: Weimar 1918–1933. Die Geschichte der ersten deutschen Demokratie. München 2005.

Winkler, Heinrich August (Hrsg.): Griff nach der Deutungsmacht. Zur Geschichte der Geschichtspolitik in Deutschland. Göttingen 2004.

Wirsching, Andreas: Deutsche Geschichte im 20. Jahrhundert. München 2011.

Wirsching, Andreas: Der Preis der Freiheit. Geschichte Europas in unserer Zeit. München 2012.

Wolfram, Herwig: Die Germanen. 9. Aufl. München 2009.

Wolfram, Herwig: Die 101 wichtigsten Fragen – Germanen. Beck'sche Reihe. München 2008.

Wolfram, Herwig: Das Reich und die Germanen. Zwischen Antike und Mittelalter. Berlin 1998.

Wolfrum, Edgar: Geschichte als Waffe. Vom Kaiserreich zur Wiedervereinigung. Göttingen 2001.

Wolfrum, Edgar: Die geglückte Demokratie. Geschichte der Bundesrepublik Deutschland von ihren Anfängen bis zur Gegenwart. Stuttgart 2006.

Wolfrum, Edgar: Welt im Zwiespalt. Eine andere Geschichte des 20. Jahrhunderts. Stuttgart 2017.

Wolters, Reinhard: Die Römer in Germanien. München 2008.

Wolters, Reinhard: Die Schlacht im Teutoburger Wald. Arminius, Varus und das römische Germanien. München 2017.

Wood, Diana: Clement VI. The Pontificate and Ideas of an Avignon Pope. Cambridge Studies in Medieval Life & Thoughts. Cambridge 2003.

Zey, Claudia: Der Investiturstreit. München 2017.

Zitelmann, Rainer: Hitler. Selbstverständnis eines Revolutionärs. 5. Aufl. Reinbek 2017.

Danksagung

Mein ganz besonderer Dank gebührt einer aufstrebenden jungen Historikerin namens Penelope Poetis. Sie ist verantwortlich für das Korrektorat und Lektorat und war mir eine ganz große Hilfe.